第一章

巴塞尔协议的演变

从"巴塞尔协议Ⅰ"到"巴塞尔协议Ⅱ",再到如今的"巴塞尔协议Ⅲ",巴塞尔协议伴随着银行业经营环境的变化也在不断更新,这不仅体现了金融监管和创新的循环推进过程,也在一定程度上反映了监管者与被监管者、不同利益主体与利益代表的监管者之间的博弈和利益追逐。本章在提纲挈领的基础上为后续篇章陆续展开做好铺垫,有利于我们对于未来金融监管走向的把握。本章从历史的角度阐述巴塞尔委员会以及巴塞尔协议的由来,包括三次巴塞尔协议修订的时代背景、主要内容、修订过程的曲曲折折等,从一个宏观的逻辑视角向读者呈现巴塞尔协议的渊源。

第一节 巴塞尔协议

巴塞尔协议的出台源于前联邦德国 Herstatt 银行和美国富兰克林国民银行(Franklin National Bank)的倒闭。这两家著名国际性银行的倒闭使监管机构在惊愕之余开始全面审视拥有广泛国际业务的银行监管问题。"管制新论"(The New Economic Theory of Regulation)将管制视为管制集团与被管制集团间锱铢必较的政治程序,是被管制集团提出要求、满足这种要求并从中获利的一种商品。该理论将管制视为消除或减少市场破产成本进而保护公众利益的手段。由于当时的最终贷款人(最终贷款人通常以低于市场的利率放贷)制度以及存款保险制度的建立,商业银行一方面有通过增加高风险投资转嫁保险成本、获取高额利润的欲望。另一方面也有扩大债务依存度的冲动和便利,破产风险因此不断累积。正是在这样的背景下,发达国家以及由发达国家组成的巴塞尔委员会才逐步将银行的监管从外围修补转到内部调控,并对影响银行风险的主要因素进行详细剖析。

一、巴塞尔委员会

(一)巴塞尔委员会的由来

20世纪70年代以来,随着金融创新和全球经济一体化的发展,各国的金融监管水平参差不齐但逐渐显露出放松趋势。与此同时,大型的跨国银行凭借其雄厚的资本得到了长足发展,在全球金融市场上的地位日益重要。此外,各国金融监管水平的不同带来了一个重要问题就是国际监管存在"真空"地带,外资银行有逃避东道国监管的机会,造成对外资银行监管的不充分管理和低效率。1974年,美国著名的法兰克林国民银行(Franklin National Bank)和德国赫斯德特银行(Herstatt Bank)相继倒闭,随之而来的连锁反应,使许多国家客户受到巨大损失,给两国经济乃至全球金融业造成了严重影响,建立统一的国际银行监管体系已势在必行,这也是促使巴塞尔委员会产生的直接导火线。

1974年底,在国际货币与银行市场经历了剧烈的动荡之后,经十国集团中央银行行长倡议,于1975年2月成立巴塞尔银行监管委员会(Basel Committee on Banking Supervision),简称巴塞尔委员会。委员会成员由比利时、加拿大、日本、法国、德国、意大利、卢森堡、荷兰、瑞典、瑞士、英国和美国银行监管当局和中央银行的高级代表组成,其常设秘书处设在国际清算银行,委员会主席由成员国代表轮流担任。委员会的主要职责是交流金融监管信息、建立各个领域能够认同的最低监管标准、加强各国监管当局的国际合作和协调,维护国际银行体系稳健运行。明确了以"堵塞监管中的漏洞,改善监管水平,提高全世界银行监管质量"为工作目标。作为国际清算银行的一个正式机构,巴塞尔委员会以各国中央银行官员和银行监管当局为代表,总部在瑞士的巴塞尔。每年定期集会4次,并拥有近30个技术机构,执行每年集会所订目标或计划。

巴塞尔委员会自成立以来,先后制定了一系列重要的银行监管规定。鉴于其合理性、科学性和可操作性,许多非十国集团监管部门承认并自愿遵守巴塞尔委员会制定的协议和协定,特别是那些国际金融参与度比较高的国家和银行组织。所以,巴塞尔委员会虽然不是严格意义上的银行国际监管组织,没有任何凌驾于任何国家之上的正式银行监管权力,但事实上已成为银行监管国际标准的制定者。

金融理论与实务系列丛书

总主编 赵 晋

实施新资本监管对中国银行业的影响

徐建业 赵晋主编

中国海洋大学出版社

·青岛·

图书在版编目（CIP）数据

实施新资本监管对中国银行业的影响/徐建业,赵
晋主编 . 一青岛:中国海洋大学出版社,2013.12
　　ISBN 978-7-5670-0516-7

　　Ⅰ. ①实… Ⅱ. ①徐… ②赵… Ⅲ. ①金融监管一影
响一银行业一经济发展一研究一中国 Ⅳ. ① F832

中国版本图书馆 CIP 数据核字(2013)第 303058 号

出版发行	中国海洋大学出版社		
社　　址	青岛市香港东路 23 号	邮政编码	266071
出 版 人	杨立敏		
网　　址	http://www.ouc-press.com		
电子信箱	ouccll@163.com		
订购电话	0532-82032573（传真）		
责任编辑	陈　琳	电　　话	0532-85901092
印　　制	日照报业印刷有限公司		
版　　次	2013 年 12 月第 1 版		
印　　次	2013 年 12 月第 1 次印刷		
成品尺寸	170 mm × 230 mm		
印　　张	23.5		
字　　数	439 千字		
定　　价	37.00 元		

金融理论与实务系列丛书
《实施新资本监管协议对中国商业银行的影响》
编委会

FOREWORD 序

　　自 1975 年 2 月成立巴塞尔银行监督委员会至今已 38 年。从"巴塞尔协议 I"到"巴塞尔协议 III",协议总是伴随着银行业经营环境的变化以及在经营过程中出现的新矛盾、新问题,不断地更新。在不同程度上反映了监管者与被监管者、不同的利益主体与利益代表的监管者之间的博弈和利益的追逐。

　　新资本协议是一个全面的商业银行资本监管框架,要求商业银行根据风险程度的大小配置相应资本。这将更有效地激励商业银行提高风险的测量和经营风险管理水平。银行业在一个国家的经济中起着至关重要的金融中介作用。在过去的几年里,由于我国经济的高速增长及适应经济发展的货币政策。我国银行业维持了高速发展的态势。但在资产质量、经营管理、风险控制等诸多方面与发达国家的监管还存在一定的差距。正确处理好我国经济发展与银行业的发展平衡,适应我国新时期经济发展的需要,符合新资本监管协议的要求,将是我国银行业今后发展的重要课题。

　　2013 年 11 月中国共产党十八届三中全会发布的《中共中央关于全面深化改革若干重大问题的决定》中,第十二条提出了完善金融市场体系落实金融监管改革措施和稳健标准,完善监管协调机制,界定中央和地方金融监管职责和风险责任;建立存款保险制度,完善金融机构市场化退出机制;加强金融基础建设,保障金融市场安全高效运行和整体稳定。研究"巴塞尔协议 III",正迎合了我国全面深化金融改革,保障经济发展,防范各类金融风险的要求。

　　本书通过对巴塞尔协议的演变过程,新资本协议与发达国家、发展中国家的银行监管现状,针对我国银监会近期发布的《商业银行资本管理办法(试行)》中的内容,着重从信用集中、银行账户利率、流动性、战略、资产证券化风险等方面,对我国商业银行实施新资本协议监管，提出"巴塞尔协议Ⅲ"中国化的对策和建议。对于研究我国银行业监管与"巴塞尔协议Ⅲ"的实施，以及各商业银行实施过程中应遵循的原则、目标提出了前瞻性较强的理论基础。期待我国商业银行在与新资本协议接轨中顺利前行，明天会更好。

编　者

2013 年 12 月

CONTENTS **目 录**

第三章 新资本协议与新兴工业化国家银行监管政策

第六章 中国银行业实施新资本监管：基础、展望与对策建议

（二）巴塞尔委员会的不断壮大

随着全球经济的发展,特别是一些发展中国家的经济迅速崛起,全球经济格局发生了变化。以巴西、印度、中国和南非等金砖国家为代表的新型经济体在世界经济中的地位和份额逐渐提高,这些国家的金融市场也对国际金融市场产生了一定的影响。为了更好维护全球金融稳定,促进银行业的公平竞争,使更多的国家和地区能够贯彻落实巴塞尔委员会的监管原则,巴塞尔委员会也在后来的时间内陆陆续续地吸收了一些国家作为其新的成员。2009年3月16日,巴塞尔委员会吸收澳大利亚、巴西、中国、印度、韩国、墨西哥和俄罗斯等7个国家为该组织的新成员[①]。2009年6月10日,巴塞尔委员会邀请20国集团(Group of 20,简称G20)中的非巴塞尔委员会成员、新加坡以及中国香港加入委员会。新加入巴塞尔委员会的G20成员国包括阿根廷、印度尼西亚、沙特阿拉伯、南非和土耳其。

至此,巴塞尔委员会的成员扩展到世界上27个主要国家和地区,包括阿根廷、澳大利亚、比利时、巴西、加拿大、中国、中国香港、法国、德国、印度、印度尼西亚、意大利、日本、韩国、卢森堡、墨西哥、荷兰、俄罗斯、沙特阿拉伯、新加坡、南非、西班牙、瑞典、瑞士、英国、美国和土耳其。

二、巴塞尔委员会标志性成果——巴塞尔协议

要体现全球金融监管的发展方向,必须对现存的金融监管制度进行修改。要通过调整现存的金融监管框架以体现各个国家、各个地区金融发展的要求,维护各个国家(地区)的利益。目前国际金融监管的章程体现在巴塞尔银行监管委员会所制定和公布的一系列协议和文件中,这些协议和文件主要有《巴塞尔协议》和《有效银行监管核心原则》等。有关巴塞尔协议的文件构成情况,如图1-1所示。

通过上述巴塞尔委员会的文件规范构成可以看出,在巴塞尔银行委员会的文件中有三个重要的构成,即原则、标准和指引,它们的详细程度依次递进。此外,除此三个重要构成以外,还有一些不太成熟的构想和建议,其约束力相对而言较前要更低一些。这些协议和文件普遍得到各成员国政府的认可。因此,尽管

---

① 2009年3月13日,巴塞尔委员会发布公告,为提高履行职责的能力和代表性,邀请澳大利亚、巴西、中国、印度、韩国、墨西哥和俄罗斯七个国家作为新成员加入,银监会和人民银行作为中国的代表加入巴塞尔委员会并全面参与了委员会各个层级的工作。

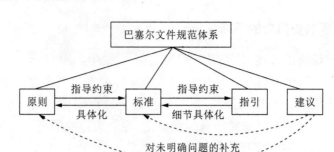

图 1-1 巴塞尔委员会文件规范的构成体系

《巴塞尔协议》不具备法律约束力,但在一定程度上,它在成员国范围内还是具有相当的约束力,多数成员国已将其作为所在国银行监管的重要标准。

在巴塞尔银行委员会若干文件中,比较有代表性的有:《巴塞尔协议》和《有效银行监管核心原则》。现择其要点简述如下。

1975 年 12 月,十国集团和瑞士中央银行批准了《对银行的外国机构的监管》,这一文件一段时期曾被国际社会称为第一个巴塞尔协议,它奠定了国际监管合作、协调的机制和指导的基本原则。

1983 年 5 月,巴塞尔银行监管委员会又通过了修改后的《巴塞尔协议:对银行国外机构监管的原则》,它对第一个巴塞尔协议作了补充和完善。协议重申应当使用综合监管法来检查任一银行的全球营业,而且应当考虑跨国银行的最后贷款人在母国和东道国之间的责任分担问题。此外,还确定了监管责任的分工体系,规定了分行清偿能力的监管由母国金融监管当局负责,但是其子行的清偿力监管则由东道国和母国共同负责。

1988 年的巴塞尔协议为《关于统一资本衡量和资本标准的协议》。该协议规定了资本的构成,它分为核心资本和附属资本两部分。它们的构成如图 1-2 所示。

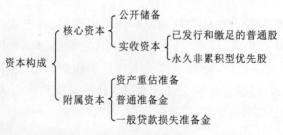

图 1-2 银行资本的构成情况示意图

在上述两类资本构成中,各自的组成有一定的比例规定和限制,且附属资本的规模不能超过核心资本。该协议将资产负债表内的资产,按信用风险划分为0,10%,20%,50%和100%五个风险权数。表内风险资产由表内资产和其相应的权数乘积决定;对资产负债表外资产,则按确定的信用转换系数换算为相应的表内资产的风险权数,即:表内资产 = 表外资产 × 信用转换系数 × 表内相同性质资产的风险权数。1997年,《有效银行监管核心原则》(以下简称《核心原则》)颁布,它是继"巴塞尔协议Ⅰ"之后推出的又一份重要文件。《核心原则》共25条,其基本内容可概括为七类,即银行业有效监管的先决条件[①]、获准经营的范围和结构[②]、审慎管理和要求[③]、银行业持续监管的方法[④]、信息要求[⑤]、监管人员的正当权限[⑥] 以及跨国银行业监管[⑦]。

2010年颁布了最新版的巴塞尔协议,即"巴塞尔协议Ⅲ",该版本"巴塞尔协议"最显著的特征是,在银行业监管的理念上,将金融机构的"安全"置于其经营"效率"之上,这是自20世纪70年代以后银行监管理念的又一次重大转变。尽管"巴塞尔协议Ⅲ"出现了很多金融监管方面的新变化,但其强调资本监管的核心思想却未发生根本变化。

纵观巴塞尔协议的发展之路,我们可以看到,三个版本的巴塞尔协议前后连贯,一以贯之,在秉承以微观框架下的资本监管作为风险监管核心的同时,不断追求监管资本更高的风险敏感度。本轮金融危机后,巴塞尔协议从主流的微观

---

① 规定监管机构要有明确的责任和目的,各个金融监管当局应拥有适当的人力和物力资源,能自主地实施监管,在监管者之间共享监管信息并对所获信息进行保密安排,有相应的、适当的银行监管法规框架。

② 规定对银行机构和人员方面的监管,包括对新银行的审批、对高级管理人员的资格审查、银行股权的转让、银行的重大收购或投资等,应达到的最低标准。

③ 规定监管者应要求银行达到1988年《巴塞尔协议》中关于资本金的最低要求;监管者应要求银行加强信用风险管理,建立稳健的信用审批、监测的标准和程序,建立资产分类制度和资产质量评估政策,防范集中性风险,控制关联贷款的发放;监管者应要求银行建立有效、充分的内部控制机制和风险管理系统,加强对市场风险、主权风险和其他风险,如利率风险、流动性风险、操作性风险的管理和控制。

④ 规定监管者应能在综合并表的基础上对银行实施现场检查和非现场检查,并保持与银行管理层的定期联络。

⑤ 规定监管者应确保银行的财务登录符合会计原则和会计惯例,以便准确、公平地评价银行的财务状况和赢利能力,并保证银行定期发布的财务报表真实地反映其状况。

⑥ 规定监管者应掌握充分的监管手段,以便在监管当局作出种种努力后,银行仍不满足审慎监管要求,如最低资本充足率要求时,监管者能采取及时的纠正措施或行动。

⑦ 规定监管者必须实施全球性综合并表监管,加强监管的国际合作,保证监管信息在监管者之间的流动和对外保密。

监管逐渐扩展到微观、宏观相结合的审慎监管,从资本监管的单一主线延伸到全面的流动性风险领域,从而形成全面有效的银行风险监管体系。

总之,历次版本的巴塞尔协议及其文件,在促进银行业公平竞争和安全稳健方面,业已发挥了重要的作用。总结巴塞尔银行委员会制定的一系列原则、文件和协议等规范体系,可以看到,它们相互补充、相互配合,互相完善,构成了巴塞尔银行委员会对全球金融监管的思想和方法,具体说来,巴塞尔协议具有以下一些特点。

首先,巴塞尔协议一直是以资本监管框架为基础的风险监管体系。从1988年的"巴塞尔协议Ⅰ"到2004年的"巴塞尔协议Ⅱ",再到金融危机后的"巴塞尔协议Ⅲ",监管范围越来越广,对监管当局提出的要求也越来越高,但是基本的监管理念没有改变,贯彻三个版本的"巴塞尔协议"的核心思想就是基于风险的资本监管。可以说,以资本监管为框架的风险监管体系是"巴塞尔协议"历次版本的宗旨,也是巴塞尔协议金融监管思想的生命线。显然,在持续经营的前提下,资本金是银行吸收损失的唯一途径,因此资本金的数量、质量决定着银行的战略和业务选择。金融机构的资本金决定着金融机构的安全。

其次,《巴塞尔协议》的修订过程,是努力寻求提高监管资本对风险的敏感度的过程。在这一过程中,出台了很多方法和手段用以提高监管的科学性和有效性。在巴塞尔协议的修订中,从信用风险到市场风险,再到操作风险,以及金融危机后加入系统性风险、交易对手风险等,银行机构面临的风险不断被识别、计量和覆盖。"巴塞尔协议Ⅱ"中很大的改进就是采用更加先进的模型来测度风险,以使资本要求对银行承担的风险更加敏感和反映。不过,复杂的资本监管模型可能带来较大的模型风险,寻求监管套利的金融创新使银行得以在满足资本充足要求的前提下建立大量高风险的表外业务,大大提高了银行的杠杆水平。因此,金融危机后,在"巴塞尔协议Ⅲ"中,提高了基于风险的资本充足率标准,还引入了与风险无关的简单杠杆率标准作为补充机制,以便能够从总体上把握银行机构杠杆经营的情况。

第三,《巴塞尔协议》从单一的资本监管走向资本监管与流动性监管并重的监管体系。历次版本的"巴塞尔协议"一方面秉持资本监管的思想,另一方面,又把资本监管的视野不断扩大、深化。比如在资本监管核心思想的指引下,"巴塞尔协议Ⅰ"和"巴塞尔协议Ⅱ"已经对信用风险、市场风险、操作风险等银行机构面临的重要风险进行了系统的研究,然而对危机中关乎银行存亡的流动性风险未能予以足够重视。这个局限性在本轮金融危机中体现得非常显著,于是,在"巴塞尔协议Ⅲ"的修改中,针对银行流动性风险的监管更加突出和强化。"巴塞尔协议Ⅲ"将最低流动性要求纳入监管框架,使之与最低资本要求相结合,并列为银行业监管的两大最低要求标准,从而形成了一个更加全面的银行微观审慎监管框架。

第四,从单纯微观层面的审慎监管提升到微观和宏观审慎监管并重的监管理念。"巴塞尔协议Ⅰ"和"巴塞尔协议Ⅱ"的监管对象是单个银行机构,希望通过单个金融机构的监管达到整个金融体系的安全与稳健。然而金融危机的发生启示人们,银行业总体的监管资本要求水平并非是个体银行风险相适应的监管资本要求的简单加总,还应当考虑资本监管的顺周期性问题,以及个体银行转移出去的风险叠加成为系统风险的可能。因此,《巴塞尔协议Ⅲ》引入了保护缓冲资本、逆周期缓冲资本等创新的制度工具,而且对系统重要性银行提出更高的资本监管要求。这些宏观审慎监管措施也使得金融机构风险管理与金融系统性风险管理结合起来。

总之,巴塞尔协议在推进全球银行业的发展,构建全球金融监管的协调与合作机制等方面都发挥了重要的作用,并对国际金融秩序的重建产生了深远的影响。

三、"巴塞尔协议Ⅰ"的时代背景

20世纪70年代初,随着全球经济一体化的发展,在金融自由化和金融创新的推动下,各国普遍放松了对金融业的监管,大型跨国银行得到了高速发展,其业务呈现出全球化、金融操作与工具创新和投机活动等特点。然而,由于跨国银行监管的难度、各国银行监管水平的差异、全球金融监管协调能力、银行资本和风险资产比例的差异,使得金融机构在国际金融市场上存在着不平等的竞争。这集中体现在层出不穷的新产品和金融创新火热的交易背后,隐藏着极其巨大的金融风险。

20世纪70年代开始后,经济学家将管制理论运用到银行领域,并逐步取得了共识。他们认为,在"追逐论"、"社会利益论"及"管制新论"三种最有影响的管制理论当中,"追逐论"(The Capture Theory)将管制者与被管制者视为博弈中的猫与鼠,最终是管制者对被管制者有利,因而主张放弃管制。这种理论显然忽视了社会公众能从管制中受益的事实;"管制新论"(The New Economic Theory of Regulation)则将管制视为管制集团与被管制集团间锱铢必较的政治程序,是被管制集团提出要求、管制集团满足这种要求并从中获利的一种商品。由于"管制"这一商品供求双方的数量函数难以确定,因而降低了这一理论的实践价值;只有

"社会利益论"（The Public Interest Theory）最具理论和实践意义。该理论将管制视为消除或减少市场破产成本进而保护公众利益的手段,市场破产成本根源于自然垄断、外部效应及信息的不对称。与前两种理论明显不同的是,这种理论既找到了管制的依据,也明确了管制的意义和努力方向。

尽管 Benton 和 Gilligen 等人在 20 世纪 80 年代初都论证过,银行业可能存在某种程度的规模经济,但多数金融学家都否认银行的自然垄断性质。从外部效应和信息的不对称来看,银行业务的特性决定了银行是一个高风险行业,其外部负效应不仅体现为债权债务链条的断裂,从而给工商企业和社会公众带来巨大损失。而且这些又反过来造成银行体系的混乱,并殃及社会的稳定;信息的不对称对银行而言则是一把双刃剑,它既可以掩盖银行储备不足和资产质量低下的窘迫,也可能因公信力的丧失而破产倒闭。银行困境的解脱取决于清偿能力尤其是流动性的大小。解决这一问题的传统做法一是资产变现,二是市场介入,但是这两种做法的劣势非常明显。除了要损失大量的交易费用之外,还要受到市场资金可供量的严格制约,从而产生巨大的市场风险。因此,各国中央银行一方面充当最终贷款人,在商业银行面临流动性危机时对其施以援手,另一方面则推出存款保险制度,对受损公众进行补偿。这类亡羊补牢式的举措都是立足于银行的外围,没有对银行的经营过程提出根本性要求,因而不仅未能有效地遏制银行的倒闭,反而可能增大了银行破产的风险,故而遭到经济学家的批评。由于最终贷款人的存在(最终贷款人通常以低于市场的利率放贷)以及存款保险制度的建立,商业银行一方面有通过增加高风险投资转嫁保险成本、获取高额利润的欲望。另一方面也有扩大债务依存度的冲动和便利,破产风险因此不断累积。正是在这样的背景下,发达国家以及由发达国家组成的巴塞尔委员会才逐步将银行的监管从外围修补转到内部调控,并对影响银行风险的主要因素进行详细的剖析。

基于上述背景,1974 年 9 月,由美国、英国、日本、德国、法国、意大利、比利时、瑞典、瑞士和加拿大组成的十国集团成立了巴塞尔银行监管委员会(Basel Committee on Banking Supervision,简称巴塞尔委员会),对国际银行进行监管。自此出台了一系列的银行监管相关文件,这些文件统称为《巴塞尔协议》。

导致巴塞尔协议出台有两个导火线,第一个导火线是 1974 年 5 月美国法兰克林国民银行(Franklin National Bank)的倒闭。这家银行在外汇买卖中出现巨额损失,不良资产大量出现,最终走投无路,被 7 家欧洲银行联合接管。

第二个导火线是同年 6 月破产的德国赫斯塔特银行(Herstatt Bank)事件。这家银行由于低估了浮动汇率下的外汇风险和外汇交易的市场风险,在外汇投机中损失了约一亿美元,当接到清算命令时,已无力向交易对手支付美元,导致破产,使国际上多家银行受到牵连损失。

这两家著名的国际性银行的倒闭事件引起国际金融界极大的震惊。银行风险成为人们关注的热点,人们从这两个事件中清醒地认识到了加强跨国银行监管的重要性。一方面,跨国银行的发展虽然带来了效率的提高和利润的增加,但另一方面,跨国银行的发展也使金融危机和风险由一国之内向全球蔓延,这就加剧了国际银行业和整个国际金融体系的不稳定性,因而需要更为有效的风险管理技术和方法,这是促使巴塞尔委员会制订相关协议出台的直接原因。

以 1988 年的《关于统一国际银行的资本计算和资本标准的报告》作为开端,到 1996 年《关于〈巴塞尔协议Ⅰ〉中市场风险的补充规定》(即巴塞尔协议Ⅰ)的颁布,可以认为是"巴塞尔协议Ⅰ"的形成与完善过程,这个过程经历了 8 年多的时间。在这一阶段中,初生的巴塞尔委员会在银行监管方面弥补了之前的监管空缺,提出了创见性的监管原则与指导方法:如资本的分类、资本计算的要求、风险权重的设置等,翻开了银行监管发展史上崭新的一页。

四、"巴塞尔协议Ⅰ"的主要内容

为加强国际银行体系的稳定性与安全性,消除国际间银行业不平等竞争的根源,1988 年 7 月,巴塞尔银行监管委员会颁布《关于统一国际银行的资本计算和资本标准的报告》,此即《巴塞尔协议Ⅰ》。《巴塞尔协议Ⅱ》颁布后,有一段时间它曾被称为旧巴塞尔协议;《巴塞尔协议Ⅲ》出台后,为了区别,它不再称旧巴塞尔协议,而被统一称为"巴塞尔协议Ⅰ"。

1988 年巴塞尔协议全称为《统一资本衡量和资本标准的国际协议》,其目的是通过规定银行资本充足率,减少各国规定的资本数量差异,加强对银行资本及风险资产的监管,消除银行间的不公平竞争。

1988 年巴塞尔协议基本内容由四方面组成。

(1)资本的组成。巴塞尔委员会认为银行资本分为两级。第一级是核心资本,要求银行资本中至少有 50%是实收资本及从税后利润保留中提取的公开储备所组成。第二级是附属资本,其最高额可等同于核心资本额。附属资本由未公开的储备、重估储备、普通准备金(普通呆账准备金)、带有债务性质的资本工具、长期次级债务和资本扣除部分组成。

(2)风险加权制。巴塞尔协议确定了风险加权制,即根据不用资产的风险程度确定相应的风险权重。计算加权风险资产总额:一是确定资产负债表内的资产风险权数,即将不用资产的风险权数确定为五个档次:0、10、20、50、100;二是确定表外项目的风险权数,确定了1、20、50、100四个档次的信用转换系数,以此再与资产负债表内与该项业务对应项目的风险权数相乘,作为表外项目的风险权数。

(3)目标标准比率。总资本与加权风险资产之比为8%(其中核心资本部分至少为4%)。银行资本充足率 = 总资本/加权风险资产。

(4)过渡期和实施安排。过渡期从协议发布起至1992年年底止,到1992年年底,所有从事大额跨境业务的银行资本金要达到8%的要求。

1988年巴塞尔协议主要有三大特点:一是确立了全球统一的银行风险管理标准;二是突出强调了资本充足率标准的意义,通过强调资本充足率,促使全球银行经营从注重规模转向资本、资产质量等因素;三是受70年代发展中国家债务危机的影响,强调国家风险对银行信用风险的重要作用,明确规定不同国家的授信风险权重比例存在差异。

20世纪90年代中期,在金融创新的不断推动下,金融衍生工具层出不穷,衍生品交易迅猛增长,银行业通过资产证券化等方式,与金融市场联系更加紧密,因而金融市场的波动对银行的影响也越来越显著。1995年,巴林银行破产事件给金融界带来了巨大的震撼,银行和监管当局开始更多地关注银行内部约束、监督机制,致力于创造更加稳健的经营模式。

"巴塞尔协议 I"出台后面临的巨大挑战是巴林银行的倒闭。有资料显示,巴林银行资本充足率在1993年年底时远远超过"巴塞尔协议 I"所规定的8%的资本充足率要求,这在当时看来,直到事发的1995年1月巴林银行还被认为是安全的。然而,巴林银行在1995年2月末便突然宣告破产。

巴林银行破产这一突发事件使巴塞尔委员会认识到,"巴塞尔协议 I"虽然一定程度上降低了银行的信用风险、市场风险和操作风险,但由于金融衍生工具为代表的金融创新的影响,市场风险瞬息万变,仅靠资本充足率这一单一指标尚难以充分防范金融风险的爆发,必须建立更加完善的银行监管指标体系。

实践促使巴塞尔委员会进行反思和修改。从1995年起,委员会先后进行了一系列的修订、补充等完善工作,包括对银行表外业务风险权重调整、推出市场风险的加权计量等一系列的补充规定。

1996年1月,巴塞尔委员会发表了《关于〈巴塞尔协议 I〉中市场风险的补充规定》(Amendment to the Capital Accord to Incorporate Market Risks,以下简称为补充规定)。在这一补充规定中,巴塞尔委员会允许银行在监管当局的指导下,采用标准计量法或者基于内部模型结果的测算方法,来计算它们的市场风险资本。那些运用内部模型的银行将会受到严格的定性与定量指标监管,进而提高它们的风险管理水平。巴塞尔委员会开展了进一步的研究来调查以上两种方法产生的影响,包括比较两种方法下各自的资本要求数量估计值。这些基于银行实际资产组合的估计值表明,内部模型法计算出的资本要求将会低于标准法下的结果。

巴塞尔委员会相信,这一结果与实际情况是符合的,因为内部模型法能够恰当地考虑到风险分散化策略带来的好处,还能激励银行建立并实施稳定的内部模型。此外,巴塞尔委员会还邀请业内机构针对特定风险(Specific Risks)开展研究,然而,尽管内部模型法具有鲜明的创新色彩,由于缺乏足够的经验数据,巴塞尔委员会并不能肯定银行的内部模型能够捕捉到所有的特定风险要素,因此仍将保留当前的规定。巴塞尔委员会同时表示,只要业界提供足够可信的证据表明内部模型法能够充分准确地计量特定风险,就会马上对现行规定作出修改。

五、"巴塞尔协议 I"的影响及评价

(一)"巴塞尔协议 I"的影响

由于巴塞尔协议的实质性进步体现在 1988 年 7 月通过的《关于统一国际银行的资本计算和资本标准的报告》(简称《巴塞尔报告》),并且《巴塞尔报告》反映出报告制定者监管思想的根本转变,所以通常将该报告所产生的影响默认为是"巴塞尔协议 I"的影响。该报告的影响包含以下几个方面。

首先,监管视角从银行体外转向银行体内。此前的协议都注重如何为银行的稳定经营创造良好的国内、国际环境,强调政府的督促作用以及政府间的分工协作,对银行体本身尤其是对银行防范风险屏障的资本没有作出任何有实际意义和可行标准的要求。而《巴塞尔报告》则直指主要矛盾和矛盾的主要方面,从资本标准及资产风险两个方面对银行提出明确要求,从而解脱了监管当局劳而无获或收获甚微的尴尬。

其次,监管重心从母国与东道国监管责权的分配转移到对银行资本充足性的监控。《巴塞尔报告》规定银行必须同时满足总资本和核心资本两个比例要求,总资本和核心资本都必须按明确给定的标准计量和补充。这既是对以往经验教训的深刻总结,也表明报告真正抓住了事物的本质。报告出台以前,各国虽然也对资本金规定了规模要求,但并没有对资本的内涵和外延做出明确规定,这使银行可以轻易地通过会计处理增加银行账面资本金,并实际加大资产与负债的落差,进而加大银行的经营风险;此外,由于资本金的管理还处在原始的静态管理

状态,无法形成根据资产和负债的性质及其变动相应调整的机制,因而使这种资本金管理形同虚设,发挥的作用也极其有限。

第三,注重资本金监管机制的建设。资本金监管的生命力在于它突破了单纯追求资本金数量规模的限制,建立了资本与风险两位一体的资本充足率监管机制。这表明报告的制定者真正认识到资本是防范风险、弥补风险损失的防线,因而必须将其与风险的载体(即资产)有机联系。而资产的风险程度又与资产的性质相关。报告以不同的风险权重将不同风险的资产加以区分,使得同样规模的资产可以对应不同的资本量,或者说同样的资本量可以保障不同规模的资产。资本的保障能力随资产风险权重的不同而异,体现出报告的动态监管思想。针对以往银行通常以金融创新方式扩大表外业务以逃避资本监管的现象,报告认识到监管表外资产的必要,因而首次将表外资产纳入监管。由于当时表外业务的种类、规模及其破坏力有限,报告只能简单地将期限种类各异的表外资产套用表内资产的风险权数来确定其风险权重,并相应提出了资本充足性的要求。

第四,过渡期及各国当局自由度的安排表明,报告真正认识到国际银行体系健全和稳定的重要,各国银行的监管标准必须统一。而这种安排则充分考虑到了银行的国别差异,以防止国际银行间的不公平竞争。

《巴塞尔报告》的推出意味着资产负债管理时代向风险管理时代过渡。由于监管思想的深刻、监管理念的新颖、考虑范围的全面以及制定手段和方法的科学合理,这个报告成了影响最大、最具代表性的监管准则。此后围绕银行监管产生的核心原则或补充规定等,都是在报告总体框架下对报告的补充和完善。尽管巴塞尔委员会并不是一个超越成员国政府的监管机构,发布的文件也不具备法律效力,但各国的监管当局都愿意以报告的原则来约束本国的商业银行。

"巴塞尔协议Ⅰ"的最初目的是建立一套国际通用的银行监管标准,在这一标准中通过加权方式衡量表内和表外风险的资本充足率标准,以加强对信用风险的防范和管理。同时,这一协议也反映出全球监管主体对银行业监管思想的根本转变,银行资本充足得到了空前重视,成为新时代防范风险、弥补损失的最主要屏障,这样的监管思路是符合20世纪末金融创新高涨、监管放松、风险集聚的时代特征的。为提升银行资本安全,在资产风险权重的划分、完善资本分类等方面都有进步,成为保障资本安全的重要防线。协议还在表外业务监管、动态监管、成员国实施等方面进行了改革。

总之,"巴塞尔协议Ⅰ"以其深刻的监管思想、新颖的监管理念,成为了20世纪末影响最大、最具代表性的监管准则,为日后协议的不断补充完善提供了良好的基础,对全球银行业的公平竞争、健康发展起到了举足轻重的作用。

（二）"巴塞尔协议Ⅰ"的评价

从发展历程来看,巴塞尔协议经历了一个内容不断更新、方法不断改进、思想不断成熟的深化过程。该协议实际上没有一个明确的新旧分界点。学术界一般将 1988 年的《巴塞尔报告》称为旧巴塞尔协议,将 1999 年 6 月公布的《新巴塞尔资本协议》征求意见稿(第一稿)称为新巴塞尔协议。其实,1988 年的旧巴塞尔协议经过多次修改补充后,已将新巴塞尔协议的基本框架搭建就绪,因此才有了新巴塞尔协议第一稿。而 2001 年推出的两个新巴塞尔协议征求意见稿直接就是对第一稿的充实与完善。因此本报告以《新巴塞尔资本协议》征求意见稿(第一稿)为分水岭,此前的所谓旧巴塞尔协议实际上包括 1988 年的《巴塞尔报告》及其后的补充规定和核心原则;而新巴塞尔协议则统指三个征求意见稿。

尽管 1988 年的《巴塞尔报告》历经修改与补充,但学术界和银行界还是对其中的许多原则以及旧协议的市场适应性提出了批评和质疑。

首先是国家风险问题。旧巴塞尔协议只是重新确定了经合组织(OECD)成员国的资产风险权重,但对非经合组织(OECD)成员国的风险权重歧视仍未解除。这一方面造成国与国之间巨大的风险权重差距(多为 100%),这种差距不仅在成员国与非成员国之间存在,而且在成员国与成员国之间也存在,致使信用分析评判中的信用标准扭曲为国别标准;另一方面则容易对银行产生误导,使其对经合组织(OECD)成员国的不良资产放松警惕,而对非经合组织(OECD)成员国的优质资产畏葸不前,从而减少银行的潜在收益,相应扩大银行的经营风险。此外,这一规定仍然遵循静态管理理念,未能用动态的观点看待成员国和非成员国的信用变化。

其次是风险权重的灵活度问题。这实际上是一个企业风险权重歧视问题,且与国家风险权重歧视交织在一起。对于非经合组织(OECD)成员国对银行、政府超过一年的债权,对非公共部门的企业债权,无论其信用程度如何,风险权重均为 100%;而由经合组织(OECD)成员国对金融机构担保的债权,则一律为20%,不考虑贷款对象的评级,这种近似于"一刀切"的做法,使得金融监管不具有针对性和适用性。此外是风险权重的级次过于简单且不合理,仅有 0%、20%、50%、100% 等四个档次,没有充分考虑同类资产的信用差别,也就难以准确反映银行面临的真实风险。美国经济学家俄特曼(2001)根据美国非金融机构所发债券的数据,运用蒙特卡洛模拟实证研究后得出的结论也证实了这一点。

再次是对金融形势的适应性问题。旧协议从一开始就注意到了表外业务的潜在风险,也提出了对照表内项目确定表外资产风险权重的做法,但随着金融新业务的推出和银行组织形式的更新,旧协议的涵盖范围和监管效果都难以让人满意。最典型的是银行资产证券化和银行持有债券,金融控股公司的广泛建立以及银行全能化等,由此不仅引发逃避或绕开资本金管束的问题,而且会引发信用风险以外的市场风险。另外,对违约贷款的时间上没有动态发展的看待。由于对违约贷款过于关注眼前的损失,缺乏长远的动态考察,因而在协议的制定上没有对其潜在回收和收益情况加以充分考虑,这势必影响到银行对于贷款情况的真实全面认定。

最后是全面风险管理问题。旧协议已经在 1997 年形成了全面风险管理的理念和基本框架,但并未对其内容作详尽的阐释,更未提出切实、可行的方法,也没有考虑贷款组合的风险分散效应问题。因而对于信用风险、市场风险和操作分析的全面管理还停留在理论上论证、方法上探索的阶段。至于这三类风险的计量应建立哪些模型、模型中应选择哪些参数,以及相应的资本金要求应如何设计等问题,几乎都没有涉及。此外,在旧协议中,银行始终处于被动地位,银行危机的产生主要由借款人的风险引起,银行风险的规避取决于监管当局对其资本金计提方法和计提数量的监督,并不注重当事人主体能动作用的发挥,也没有对银行提出如何适应市场以及如何主动接受市场约束的问题。

由于上述三个缺陷,理论上第一版巴塞尔协议被业界认为风险敏感度严重不足,实践中许多银行为规避资本监管,节约昂贵的资本资源,纷纷运用资产证券化等手段,从事监管资本套利活动。

第二节　巴塞尔协议 II

巴塞尔银行监管委员会自从实施它的 1988 年资本协议以来,20 多年时间已经过去。20 多年来,一方面,巴塞尔协议已成为名副其实的国际银行业竞争规则和国际惯例,在加强银行业监管、防范国际金融风险中发挥出了重要作用;另一方面,近年来,金融创新(经常采取规避资本充足规则方法)层出不穷,新的风险管理技术迅速发展,使巴塞尔协议日益显得乏力和过时。尤其是 1997 年爆发的东南亚金融危机,波及全世界,而巴塞尔协议机制没有发挥出应有的作用,受到人们的责难。

在这样的背景下,1999 年 6 月,巴塞尔委员会(以下简称委员会)发布第一次建议,决定修订 1988 年协议,以增强协议规则的风险敏感性。在此基础上,委员会于 2001 年 1 月 16 日提出了一个更加全面、具体的新建议,并在 2001 年 5 月

31 日前向全世界征求意见,计划在 2001 年底出版新巴塞尔协议的最终文本。

一、"巴塞尔协议 II"的出台背景及修订过程

(一)"巴塞尔协议 II"的出台背景

20 世纪 90 年代中后期,金融创新特别是证券化技术的不断精细化,国际银行业竞争的进一步加剧,金融创新层出不穷,金融产品日新月异,银行开始越来越多地介入衍生品交易,业务愈发多样化、复杂化。银行借助金融创新规避金融监管,潜在的风险日积月累,成为国际银行业稳定的隐患。加之,亚洲金融危机导致国际银行业风险日益复杂、挑战性越来越高,为提高监管资本标准的风险敏感性,减少监管套利行为,巴塞尔委员会从 1998 年启动资本监管标准的修订。

从 1988 年颁布"巴塞尔协议 I"到 1997 年亚洲金融危机发生,已时隔多年。第一版的巴塞尔协议在很多方面已经有所滞后,特别是在银行业务、资本要求、风险管理和监管实践等方面都已经无法适应新的时代发展要求,单一的风险计量手段、"一刀切"(one-size-fits-all)缺陷、资本计量对风险的敏感性低(Broad Brush Structure)、只关注信用风险等问题已经得到了广泛的认知。因此巴塞尔委员会决定对原协议进行修改,用一套更具风险敏感性的框架来取代原资本协议。1997 年 7 月全面爆发的东南亚金融风暴,也将人们的关注点迅速引向市场风险与信用风险的综合管理以及操作风险的量化问题。"巴塞尔协议 I"的修改工作显得日趋迫切,一个适应新形势的新资本协议呼之欲出。

(二)"巴塞尔协议 II"的修订过程

随着世界经济一体化、金融国际化浪潮的涌动,金融领域的竞争尤其是跨国银行间的竞争日趋激烈,金融创新日新月异使银行业务趋于多样化和复杂化,银行经营的国内、国际环境及经营条件发生了巨大变化,银行规避管制的水平和能力也大为提高。这使 1988 年制定的《巴塞尔报告》难以解决银行实践中出现的诸多新情况、新问题。为应对这些挑战,巴塞尔委员会对报告进行了长时期、大面积的修改与补充。

(1)1991 年 11 月,在认识到准备金对银行经营的重要性及其在不同条件下的性质差异后,重新详细定义了可计入银行资本用以计算资本充足率的普通准备金与坏账准备金,以确保用于弥补未来不确定损失的准备金计入附属资本,而将那些用于弥补已确认损失的准备金排除在外。

(2)初步认识到除经合组织(OECD)成员国与非成员国之间存在国别风险

之外,经合组织(OECD)成员国之间同样也存在国别风险,因而一改"巴塞尔报告"中对所有经合组织(OECD)成员国均确定零主权风险权重这一极其简单化的衡量方法,于1994年6月重新规定对经合组织(OECD)成员国资产的风险权重,并调低了墨西哥、土耳其、韩国等国家的信用等级。

(3)作为金融快速国际化的反映,开始提升对市场风险的认识。20世纪90年代以来,由于金融市场自由化速度的加快和国际银行业的迅速扩张,加上新技术的广泛运用,使得国际金融市场间的联系空前紧密,世界金融形势错综复杂;随着衍生金融品种及其交易规模的迅猛增长,银行业越来越深地介入了衍生品种的交易,或是以资产证券化和控股公司的形式来逃避资本金管制,并将信用风险转化为市场风险或操作风险,银行与金融市场的交互影响也越发显著。这使巴塞尔委员会认识到,尽管"巴塞尔报告"的执行已经在一定程度上降低了银行的信用风险,但以金融衍生工具为主的市场风险却经常发生。这说明仅靠资本充足率已不足以充分防范金融风险。最典型的案例是巴林银行。这家银行的资本充足率1993年底时远远超过8%,1995年1月还被认为是安全的,但到2月末,这家老牌银行便宣告破产。

鉴于这些情况,巴塞尔委员会在1995年4月对银行某些表外业务的风险权重进行了调整,并在1996年1月推出《资本协议关于市场风险的补充规定》。该规定认识到,市场风险是因市场价格波动而导致表内外头寸损失的风险,包括交易账户中受到利率影响的各类工具及股票所涉及的风险、银行的外汇风险和商品(如贵金属等)风险,它们同样需要计提资本金来进行约束。值得注意的是,"补充规定"已经改变了"巴塞尔报告"中将表外业务比照表内资产确定风险权重并相应计提资本金的简单做法,提出了两种计量风险的办法:标准计量法和内部模型计量法。标准计量法是将市场风险分解为利率风险、股票风险、外汇风险、商品风险和期权的价格风险,然后对各类风险分别进行计算并加总;内部模型法也就是基于银行内部VaR(Value-at-Risk)模型的计量方法,这是将借款人分为政府、银行、公司等多个类型,分别按照银行内部风险管理的计量模型来计算市场风险,然后根据风险权重的大小确定资本金的数量要求。内部模型法的推出是一大创新,引起了银行界的广泛关注。但鉴于当时条件的限制,所提出的计算方法又不够具体和完善,因而并未得到广泛运用,以至于银行对此法的运用还需满足诸如要有足够的高水平模型运用人员、要认真执行风险管理等条件并得到监管当局的批准。

1997年7月全面爆发的东南亚金融风暴更是引发了巴塞尔委员会对金融风险的全面而深入的思考。从巴林银行、大和银行的倒闭到东南亚的金融危机,人们看到,金融业存在的问题不仅仅是信用风险或市场风险等单一风险的问题,而是由信用风险、市场风险外加操作风险互相交织,共同作用造成的。

1997年9月推出的《有效银行监管的核心原则》表明巴塞尔委员会已经确立了全面风险管理的理念。该文件共提出涉及银行监管7个方面的25条核心原则。尽管这个文件主要解决监管原则问题,未能提出更具操作性的监管办法和完整的计量模型,但它为此后巴塞尔协议的完善提供了一个具有实质性意义的监管框架,为新协议的全面深化留下了宽广的空间。新协议所重头推出并具有开创性内容的三大支柱:最低资本要求、监管部门的监督检查及市场约束,都在《核心原则》中形成了雏形。

二、"巴塞尔协议Ⅱ"的主要内容

(一)概述

巴塞尔新资本协议的五大目标是:促进金融体系的安全性和稳健性(保持总体资本水平不变);更全面地反应风险;继续促进公平竞争;重点放在国际活跃银行,更敏感地反映银行头寸报备情况及其授信业务的风险缓释;巴塞尔新资本协议的基本原则适用于所有银行;与1988年资本协议相比,应该说以上五大目标中"更全面地反映风险"和"更敏感地反映银行头寸及其业务的风险程度"是新协议最明显的不同之处。所谓全面就是三大支柱涵盖的风险从最初的信用风险扩大到信用风险、市场风险和操作风险。所谓敏感就是要求银行根据风险状况的变化及时调整资本,保持资本能够随时与风险状况匹配。下面将详细介绍巴塞尔新资本协议这两个突出的变化。

巴塞尔新资本协议的全称为《统一资本计量和资本标准的国际协议:修订框架》,它是在1988年发布的《统一资本计量与资本标准的国际协议》即巴塞尔资本协议基础之上经过修订发展而来的,由巴塞尔银行监管委员会在2004年6月26日发布。广义上,它由巴塞尔委员会发布的一系列文件组成。这些文件包括1996年发布的《关于市场风险补充规定》、1997年发布的《有效银行监管的核心原则》和1998年发布的《关于操作风险管理的报告》等。

(二)巴塞尔协议的修订进程

1998年9月,巴塞尔委员会开始正式征询操作风险,并公布了对十国集团主要银行操作风险方面的一系列调查访谈结果。调查结果显示,虽然一些大银行开始重视操作风险,但是更多的银行仍然处于监测和控制操作风险的初级阶段。

这次对操作风险的征询表明,巴塞尔委员会将在今后持续地监控各个银行在操作风险管理领域的最新进展,鼓励银行自身或与监管者们一起,不断研究开发鉴别、测量、管理和控制操作风险的新技术。

1998 年 10 月 22 日,在第十届国际银行监督官大会上,巴塞尔委员会和参会代表着重讨论了操作风险问题,主要涉及六个方面:业务持续计划、外部审计、商业智能的外包、千年虫问题、电子银行与电子货币、金融市场交易中的操作风险。以上六个方面的讨论为处在风险日益复杂环境下的银行提供了一系列多样而又实用的建议。会议代表一致认为,操作风险必须得到足够的重视,并强烈赞同巴塞尔委员会在推动银行业共享这方面信息和建立有效防控措施方面的努力。

1999 年 6 月,巴塞尔委员会发表了一个取代 1998 年"巴塞尔协议 I"的新资本充足性框架的草案,即《新资本协议(第一征求意见稿)》。该草案首次提出了"银行监管三支柱"(即资本充足率、监管部门监督检查和市场纪律)。该"新资本协议框架"由于明确了新的资本监管协议的三大支柱,因而,在巴塞尔委员会的文件及各项协议中具有重要的地位。

"巴塞尔协议 II"的出台经历了一个数次修订、完善的过程:1999 年、2001 年、2003 年的三轮征求意见稿,2004 年的新资本协议框架以及 2006 年的新框架完整版本。与上一阶段(即指"巴塞尔协议 I"的制定阶段)相比,在"巴塞尔协议 II"的制定、修改与完善中,巴塞尔委员会开始重视市场风险和操作风险对银行运作的潜在威胁,着手在跨境经营的风险管理、银行内部治理和银行会计准则的确定等方面加强监管,并在"巴塞尔协议 II"公布后连续进行了五次定量影响测算,考察新资本协议的实际效果,适时加以完善。这一阶段是对上一阶段不足的弥补,更是对下一阶段进一步发展的铺垫,在整个"巴塞尔协议 I"、"巴塞尔协议 II"的修改完善过程中,甚至对"巴塞尔协议 III"的修改进程中都起到了积极的作用。

(三)"巴塞尔协议 II"的测算

根据新协议,银行系统资本要求的计算将与银行资产的风险密切相关,其影响的衡量必定十分复杂。单个银行所得到的结果依赖于他们的风险概况和资产组合,不同地区的不同银行会有很大差别。为考察新协议对银行资本要求的冲击,巴塞尔委员会面向全世界的监管部门和金融机构,着手开展数次所谓定量影响测算(QIS)的问卷调查,请这些机构就实施新协议可能给本地区和本机构带来的影响做定量测算。参加测算的银行可以应用不同的方法——基于外部评级的简单方法(标准法)和基于银行自己评级的内部评级(IRB)法。在所进行的一系列测算过程中,来自不同国家的众多银行提供了数据,用于估计新协议对他们当时的资产组合所要求的最低资本。

第一次定量影响测算(QIS1)于 2000 年第四季度展开,作为初次尝试,如同所预料到的,测算结果显示银行之间的差异明显,但调查中存在很多数据问题,在调查范围和结果上都相对比较局限。

2001 年 4 月,巴塞尔委员会对 G10 和一些其他国家的银行开展了第二次定量影响测算(QIS2)。研究目的在于分析 2000 年年初发布的"巴塞尔协议 II"第二个意见征求稿的基础上,重点关注对资本要求的影响,其间共有 25 个国家的 138 家银行参与了 QIS2。调查结果显示,并不是所有银行都有能力采用标准法和内部评级法(包括初级法和高级法)来计量信用风险的资本要求①。

为了更好地对新资本协议草案作出修改,尤其是对内部评级法的应用提供调查数据,巴塞尔委员会在 QIS2 后修正并展开了第二次附加的定量影响测算(QIS2.5),要求参与银行重新计算在内部评级法下测算的结果。

基于 QIS2 的结果,为了不让基础内部评级法所导致的资本要求大幅增加打消银行业的积极性,巴塞尔委员会对其进行了修正,并展开了一次附加的定量影响测算(QIS2.5)。银行需要估计新巴塞尔协议中一些可能改动的影响。这些改动包括:

调整内部评级法中各种资产组合的风险权重函数;在内部评级法中,专项准备金(specific provisions)可以用于冲抵违约贷款资本要求中的预期损失(EL)部分;一般准备金(in excess of the amount included as Tier 2 capital)可以冲抵 EL;可能取消内部评级法中的集中性(granularity)调整;去掉处理信用风险缓解技术时的 w 因子;承认更多的抵押品。

由于时间有限,且焦点集中在基础内部评级法上,所以巴塞尔委员会将调查的对象限定为第一组银行(规模大、业务分散、一级资本超过 30 亿欧元的国际活跃银行)。最终的参与者为 38 家银行,其中 35 家参与了 QIS2。

在 QIS2.5 中,大部分银行的资本要求相对于现行方法有所降低。38 家中有 24 家发现资本要求将降低,所估计的最大降幅为 35%。

2002 年 10 月,巴塞尔委员会又进行了第三次定量影响测算(QIS3),关注的重点在于新资本协议下最低资本要求的设定。在公布了 QIS3 技术指导文件后,

---

① 其中 127 家银行能够顺利实施标准法,55 家银行能够运用内部评级法,而只有 22 家银行能够利用高级内部评级法对所有资产组合进行风险测算,而应用相同方法的国家得到的测算结果也千差万别。

巴塞尔委员会花了大量的时间与业界进行磋商,并依此对新资本协议进行修改。

2004 年 12 月,巴塞尔委员会发布了第四次定量影响测算(QIS4)的指导意见,尽管不是巴塞尔委员会独立完成的,但它为这些影响测算提供了支持,例如,涉及调查问卷并为如何完成这些调查问卷提供了相应的使用说明书等。

2005 年 10 月,巴塞尔委员会进行了第五次定量影响测算(QIS5)。调查结果表明,在两种内部评级法的应用中,使用高级法的银行计算出的最低资本要求与标准法相比,显示出较大幅度的下降(7.1%),而使用初级法的银行计算出的最低资本要求下降了 1.3%,这些结果为衡量"巴塞尔协议Ⅱ"的影响提供了大量可靠数据。

可见,巴塞尔协议的制定和修改是极为慎重和认真的,在正式颁布之前,经过了成员国较长时间的测试和验证,表 1-1 记录了"巴塞尔协议Ⅱ"修改进程中的主要事件。

表 1-1 "巴塞尔协议Ⅱ"修改进程大事记

发展阶段	主要内容	有关时间	重要事件
巴塞尔协议Ⅱ	跨境经营的风险管理	1996.6	通过《巴塞尔协议Ⅱ(第一征求意见稿)》
		2001.1	通过《新协议草案》
		2001.6	通过《巴塞尔协议Ⅱ(第二征求意见稿)》
		2002.10	出台协议建议的最新版
		2003.4	通过《巴塞尔协议Ⅱ(第三征求意见稿)》
		2003.8	通过《巴塞尔协议Ⅱ跨国实施的高级原则》
		2005.4	通过《巴塞尔协议Ⅱ在跨国银行交易活动中的应用及对双重违约影响的处理》
	测算"巴塞尔协议Ⅱ"的影响	2000.1	第一次定量影响测算(QIS1)
		2000.2	第二次定量影响测算(QIS2,QIS2.5)
		2002.10	第三次定量影响测算(QIS3)
		2004.11	第四次定量影响测算(QIS4)的指导意见
		2005.7	通过《第五次定量影响测算(QIS5)的征求意见稿》

资料来源:作者根据有关资料收集整理。

(四)巴塞尔新资本协议的三大支柱

1. 第一支柱:最低资本充足率

1988 年的巴塞尔资本协议显示出资本充足率在整个框架中举足轻重的地

位,它的计算公式为银行持有的资本数量除以银行的风险加权资产,并规定最低比率为8%。那么巴塞尔新资本协议关于资本充足率的规定新在什么地方呢?

(1)最低资本充足率8%的底线保持不变,明确将操作风险纳入加权资产范围。所以,有关资本比率的分子(即监管资本构成)的各项规定保持不变,改变的内容在于对风险加权资产的定义方面。1988年协议明确提出其包括的风险加权资产有信用风险和市场风险,而新协议明确把操作风险涵盖进新加权资产当中,所以,新协议包括的三大风险加权资产分别为信用风险、市场风险和操作风险。即资本充足率这一比率的分母扩大了范围。由此可以得出结论,如果银行想要保持8%的最低资本充足率不变,那么它将不得不相应扩大分子即资本的数量,这样做的结果便是使银行具备了抵御较大风险的能力。

规模的资本数量,达到了巴塞尔委员会监管风险的目的。其中心思想和最终目的是大幅度提高最低资本要求的风险敏感度。

(2)新协议对信用风险的处理方法也做出了大量改动。由于对信用风险的衡量方法做出了修改,于是包括信用风险的风险加权资产必然会相应地发生改变,这也同时引起了最低资本充足率的改变。关于对信用风险处理方法的改变将在本章第二节巴塞尔新资本协议的三大风险当中的信用风险下做详细阐述。

2.第二支柱:监管当局的监督检查

(1)概述。面对越来越复杂的外部环境和银行业务的多元化发展,巴塞尔委员会意识到只依靠对银行最低资本充足率的监管似乎很难达到新资本协议提出的五大目标。于是委员会更多地在新资本协议中强调监管当局的监督检查作用,这成为了新资本协议的第二支柱,与第一支柱的最低资本充足率和下面要介绍的第三支柱市场约束共同构成了新资本协议的主体框架。巴塞尔委员会之所以会把监管当局对银行进行审慎性监督检查当做一大支柱提出,目的在于通过有效和及时的监督检查,防止银行在资本不充足情况下从事高风险的投资活动,出现大规模的呆账坏账导致流动性不畅甚至破产。监督银行日常行为以保证银行系统、金融系统和整个国家宏观经济的正常运行,防止由于银行危机造成金融系统混乱甚至经济瘫痪。新资本协议规定了监管当局监督检查应该遵循的四大原则:银行应该具备与其风险状况相适应的评估总量资本的一整套程序,以维持资本水平;监管当局应该检查和评价银行内部资本充足率的评估情况及其战略,以及银行检测和确保满足监管资本比率的能力;监管当局希望银行的资本高于最低资本监管比率,并应有能力要求银行持有高于最低标准的资本;监管当局应争取及早干预,从而避免银行的资本低于风险所需的最低水平,如果资本得不到保护或恢复,则需迅速采取补救措施。这四大原则构成了监管当局监督检查行为的指导方针,同时也指出了监管当局监管的核心内容。

(2)监管当局监管的重点问题。

① 银行账簿下的利率风险。所谓利率风险,是指金融机构的财务状况因不利的利率变动而须承受的风险。对于银行而言,当利率发生浮动时,银行的收入和成本,以及它的资产负债表内和表外的各种资产和负债的价值都会相应地发生增值或者贬值,从而影响银行的总体收入和资本金额,直接威胁银行的资本安全。国际活跃银行把账簿区别为银行账簿和交易账簿,相应地将利率风险区别为银行账簿下的利率风险(也称为非交易性的利率风险)和交易账簿下的利率风险(也称为交易性利率风险)。因为巴塞尔委员会的指标中检测到银行账簿下的利率风险是非常重要的风险,于是把它纳入第二支柱,而对于交易账簿下的利率风险则直接体现在第一支柱资本充足率的计算之中。新资本协议要求银行要建立起有效的内部系统来计量银行账簿下的利率风险,并配以相应的资本金水平。如果监管当局认为银行所持有的资本与其利率风险水平不相符,就会要求银行降低风险或增加一定量的资本金,当然也可以同时采取这两种方法。

② 信用风险。第二支柱的监督检查也对信用风险涉及的很多问题进行了说明。首先,新资本协议给出了违约的参考定义,如果银行采用了这个定义,监管当局就需要对其采用情况进行监督检查。如果一国银行采用的是该国监管当局给出的违约定义,监管当局就必须按照这个定义进行检查监督,检查银行是否有按定义严格界定风险范围,是否有擅自缩小或忽略风险的做法。同时,委员会也同意银行采用自己的违约定义。其次,新资本协议允许银行可以采用一系列风险缓释工具来降低风险对银行资本金的要求,但是这种允许同时也产生了新的风险,如押品不能及时变现,担保人不能按时履行担保责任造成坏账呆账等,对这些"剩余风险",监管当局也需制定相应的监管政策,对其进行有效的控制和处理。再次,关于信用风险的内部评级法,新资本协议要求银行要对资本水平进行压力测试,目的是测试银行在出现极端状况情形下能否继续保持稳定经营。监管当局还需要对银行压力测试的方法和过程进行监督检查,判断其是否符合审慎性的原则。最后,监管当局还要将其他的银行风险集中情况纳入监管范围,定期对银行贷款风险集中的程度、银行的管理水平等进行评估,对表内和表外的集中性风险全面地测评,以保证银行有足够的资本金水平抵御集中性风险对其可能造成的破坏和影响。

③ 操作风险。虽然对操作风险的度量已经纳入第一支柱的范围,但是委员会认为单靠第一支柱的衡量还不能精确的估测操作风险,为了避免对操作风险

的低估,第二支柱下的监督检查也要求监管当局对操作风险对应的资本水平进行评估和检查。基本指标法和标准法中用于计算操作风险的总收入,只是计量银行操作风险的一个代用指标,在某些情况下,若银行的利润或收益低,则会低估操作风险的资本要求。此时监管当局就应考虑,第一支柱计算出的资本要求是否与这个银行的操作风险相符,并相应地督促银行采取必要的措施。

④ 监督检查的其他问题。新资本协议第二支柱下对监督检查的其他两个问题也分别做了说明,一个问题是监管的透明度和问责制,另一个问题是加强跨境交流与合作。这两个问题对监管当局的行为做了一定的约束和鼓励,加强了监督检查的有效性。

3. 第三支柱:市场约束

(1)概述。市场约束即强调信息披露。新资本协议将它单独设立为一个支柱,与最低资本要求和监管当局的监督检查共同构成三大支柱,通过这一点就能分析出巴塞尔委员会对银行内部信息披露情况的重视程度。巴塞尔委员会之所以认为信息披露十分重要,是因为新资本协议允许银行采用内部评级法等方法对资本充足性进行计算,这使得银行在资本评估方面具有了更大的自主权,也就更容易导致银行自觉性不高的问题出现,那么充分而有效的信息披露就变得尤为重要。它可以让银行的利益相关者、市场参与者和监管当局及时全面地了解银行的风险状况和资本水平,起到公众监督检查的约束作用。市场对银行业的激励约束作用是通过投资者、存款人和相关利益者的行为发挥作用的。银行业的信息披露使投资者、存款人和相关利益者能真实、准确、及时、完整地了解其财务状况、风险管理状况、董事和高级管理人员变更以及其他重大事项等信息,以便他们从自身利益出发,作出相应的反映,这些行为反过来激励约束银行业金融机构完善法人治理结构、加强风险管理和内部控制、提高经营管理和盈利能力。

巴塞尔委员会制定了统一的信息披露框架,披露的信息包括核心信息和附加信息两部分。对于国际活跃的大型银行,每季度要进行一次信息披露。对于市场风险,在每次重大事件发生后都要进行及时披露。对于一般银行,每半年要进行一次信息披露。另外,新协议一个重大突出特点是,对信息披露要求定性与定量披露相结合,这样更能直观准确地使市场参与者全面了解银行的风险暴露与风险管理情况。

(2)信息披露的内容和程度。

① 新协议的适用范围。新协议规定披露的适用对象为银行集团最高层次的并表,对集团下属的银行不做强制的披露要求。披露的具体适用范围为:定性披

露集团的母公司名称,遵照会计准则规定的主要子公司及子公司列表,集团内资金或监管资本转移的限制或主要障碍。定量披露集团资本中对保险子公司的投资总额与监管资本要求之间的差额,未并表子公司的实际资本与监管资本的差额及这些子公司的名称。集团在保险实体的股份总额,这些实体的名称,注册国或所在国在这些实体的股权比例。

② 资本结构和资本充足率。资本结构方面主要定性地披露资本工具的主要特征和情况,定量地披露一级资本情况,主要包括实收资本／股本、在子公司股本中的少数股权、资本公积、二级资本、创新工具以及三级资本的总额、合格资本总额等。在资本充足率方面,要定性地披露银行所采取的计算资本充足率的方法和未来适用情况,定量地披露信用风险的资本要求,内部评级法下股权投资风险的资本要求,市场风险的资本要求,操作风险的资本要求,总资本充足率和一级资本充足率。

③ 风险暴露和风险评估。银行须对每类风险进行风险管理目标和风险政策的描述,包括:规避和／或缓释风险的政策;策略和过程;相关风险管理职能的结构和组织;监测规避／缓释工具持续有效性的策略和过程;风险报告和／或测量系统的范围和特点等。a. 信用风险状况。对于所有银行的总体披露,需要定性披露的有:逾期及不良贷款的定义,对银行信用风险管理政策的论述等内容,需要定量披露的有:信用风险暴露的总额,暴露的地域分布,暴露的行业或交易对手分布,每个行业或对手的逾期及不良贷款总额,专项和一般准备,贷款损失准备变化的调整等内容。这是对所有执行巴塞尔新资本协议的银行所要求的信用风险披露的重点内容,涵盖了信用风险的来源、金额、分布、准备金等方面。关于信用风险,银行还需要披露标准法和内部评级法监管风险权重下的资产组合。其中对采用内部评级法评估信用风险所需的监管资本是信息披露的一个重要内容。这里需要定性披露的内容包括监管当局对方法的认可,内部评级系统的结构,内部评级与外部公众评级的相互关系,除了应该用于内部评级法计算资本之外,其他所有使用内部估值的情况。识别并且管理信用风险缓释技术的前后流程,评级系统的控制机理,内部评级过程的简述,以及对于每类资产组合的概述等。需要定量披露的是历史结果,包括前期每个资产组合的实质性损失,与以前的差别,银行根据较长期的实际结果做出的估计。另外,对信用风险缓释工具和资产证券化方面也要求进行必要的定性和定量的披露。如对抵押品估值管理的政策和程序。银行持有的主要类型抵押品的描述。至于证券化银行业务的目标在于:资产证券化过程中银行所扮演的角色,以及每个过程中商业银行的参与程度,商业银行资产证券化实施过程中的会计政策,银行资产证券化的各类风险暴

露余额等。b. 市场风险状况。新资本协议对银行市场风险暴露情况的披露分为使用标准法的银行披露和使用内部模型法的银行披露。对于使用标准法的银行，协议规定了定性披露的范围为市场风险的总体定性披露要求（包括标准法覆盖的资产组合）。定量披露的内容为外汇风险、利率风险、股权头寸风险、商品风险。对使用标准法的银行也需定性披露市场风险总体定性披露要求和每个资产组合的主要内容，包括对每个资产组合压力测试的简述等等。监管当局接受的范围也在定性披露之列。还要定量披露内部模型法下的交易资产组合报告期和期末的高、低和平均风险值。c. 操作风险状况。操作风险只需要定性地披露总体的披露要求，银行认为合格的操作风险资本评估方法，银行所采用的高级计量法等情况。

④ 银行账簿的股权投资和利率风险。对于银行账簿的股权投资，需要定性地披露有关股权风险的总体定性披露要求，如因期望获得资本收益的股权和因关系和战略等其他原因的股权之间的差异。定量披露资产负债表中的投资额，以及这些投资额的公允价值。投资股权的种类和特征。报告期内在出售和清算中已实现的累积收益。总的实现收益和总的潜在重估收益。对于银行账簿的利率风险，要定性地披露总体披露要求，包括银行账户利率风险的特点和重要假设，贷款提前支付和无期限存款行为的认定假设，银行账户利率风险测量的频度。要定量披露根据银行管理层测量银行账户利率风险的方法，在利率向上或向下变动时，按相关币种披露收益或经济值的增加或减少。

⑤ 与会计披露的关系及对专有信息披露。我国对于信息披露的法律规范也逐渐更新，主要有：《人民银行法》第 33 条、《商业银行法》第 61 条及 62 条等银行法律法规中的原则性规定；与内部基本法相适应的《公司法》、《会计准则》。

2004 年中国银监会在《商业银行信息披露暂行办法》的基础上，制定并发布了《商业银行资本充足率管理办法》。该办法对商业银行的信息披露提出了较为具体而详细的要求。

2002 年，中国人民银行颁布了《商业银行信息披露暂行办法》，宣布从 2003 年 1 月 1 日起至 2006 年 1 月 1 日分阶段实施。它就商业银行信息披露的原则、内容、方式、程序做出了总体规范。具体做出的规范有：规定了有关商业银行信息披露的管理；规定了商业银行应披露的有关内容；规定商业银行信息披露应遵循真实性、准确性、完整性和可比性原则；规定了商业银行披露的年度财务会计报告须经获准从事金融相关审计业务的会计师事务所审计；规定该办法适应的对象，即在中华人民共和国境内依法设立的商业银行，包括中资商业银行、外商独资商业银行、中外合资商业银行、外国银行分行。

该暂行办法是我国商业银行信息披露管理方面一个重要的文件,它标志着银行信息披露法律制度的初步建立,同时也标志着我国银行业信息披露的过程极大提高了规范性,遗憾的是该暂行办法未给出披露准则。

(五)巴塞尔新资本协议的三大风险

1. 信用风险及其衡量方法

(1)信用风险概述。相比 1988 年的资本协议,新资本协议虽然将资本金约束的范围增加到包括信用风险、市场风险、操作风险在内的三大风险。但是,根据现代银行业的经营特点和现实情况显示,银行的主要风险还是信用风险,因此信用风险依然是影响银行资本金充足程度的占主导地位的风险种类,巴塞尔委员会加强了对它的监管力度。但是,在衡量信用风险大小方面,新资本协议却提出了一系列新的操作方法,主要体现在提出了两种信用风险衡量方法,分别是标准法(Standardised Approach)和内部评级法(TheInternal Rating Based Approach, IRB),而内部评级法又分为两种——内部评级初级法和内部评级高级法。运用这几种新的信用风险衡量方法去约束资本金,是巴塞尔委员会对全球银行业信贷风险衡量方法的一项重大贡献,对国际银行界产生了巨大的影响。

(2)信用风险的衡量方法。

① 标准法。标准法的基本理念是外部评级机构评出的银行资产评级结果,相应地对应不同级别资产的风险权重,信用风险的加权资产就由风险资产和其对应的风险权重相乘得来。标准法是对 1988 年资本协议中风险加权计算资本充足率的深化,是修订了的风险加权法,变化在于风险权重的确定是根据借款对象的不同而发生变化的。新资本协议中的标准法还修改了 1988 年协议中比较不合理的对主权风险的评定方法,取消了歧视性的、易产生资本套利的区分经合组织成员国和非经合组织成员国的方法。新资本协议在这一点上的创新使得对银行的资本要求与银行面临的实际风险更加紧密地结合,外部评级级别高的国家将得到优惠风险权重,激励借款的主权国家努力提高自己的外部评级,也激励银行持有更多高评级国家的债权。

② 内部评级法。与标准法相对应的是内部评级法,内部评级法是新资本协议的核心。顾名思义,内部评级法是建立在银行内部评级结果基础之上的,相对于标准法,内部评级法给予了银行自身风险识别和衡量的更大自主性。其基本思路是银行估计借款人可能出现违约情况,根据已经存在的信息和以前的经验总结,对损失进行评估,根据评估结果来约束资本金。

　　银行在风险监管过程中应该注意的问题可以归结为信贷资产的分布情况（即什么地区,什么行业,什么部门,什么客户,什么产品更容易发生违约情况）,违约发生后可能产生损失的概率有多大？银行是否有足够的资本来弥补这些损失？如果用已有资本来弥补损失,对银行的盈利能力是否会产生影响？如果用来弥补的资本不足,那么可能被消耗的资本会有多少？资本被消耗之后还能否达到8%的最低资本充足率水平？巴塞尔委员会把以上的这些问题归结为六项重要的风险指标,分别为违约概率（Probability of Default, PD）,违约损失率（Loss Given Default, LGD）,违约风险暴露（Exposure At Default, EAD）,有限期限（Effective Maturity, EM）,预计损失（Expected Loss, EL）,未预期损失（Unexpected Loss, UL）。内部评级法就是要求银行建立起对这六项风险指标的监测体系,通过这一体系进行数据收集、模型度量和校验,并由此计算出维持银行正常运行的资金需求水平。

　　内部评级的应用在银行风险控制中主要涵盖了两个方面,分别是客户评级和债项评级,内部评级能够提供许多关键指标,包括客户违约概率、违约敞口、违约损失率、非预期损失率、预期损失率等,并在信用风险控制方面起到了巨大的作用。主要有六种表现途径:一是能够在信贷审批环节中为信息使用者提供技术支持;二是能够作为贷款发放时定价的计算依据;三是能够为风险限额管理提供技术支持;四是能够提供风险预警信息和提高风险预控水平;五是使商业银行能够用于计提损失准备金,预先进行风险补偿或消化银行信贷过程中所可能发生的预期损失和非预期损失,从而维持商业银行的稳健经营;六是可以作为经济再资本分配的主要组成部分。内部评级法已经被越来越多的国际大型商业银行所采用,同时也取得了显著的效果。a. 内部评级初级法。巴塞尔委员会认为内部评级法相比标准法更能精确地度量银行的风险水平,但是采取内部评级初级法却对银行的自身提出了更高的要求。初级法规定,银行计算所的监管资本之前,需要满足的条件包括:有意义地对信用风险进行区分;具有完备和完整性的评级;对评级体系和过程能够有效地监督;科学的评级体系标准的建立对违约概率的估计;完善的IT系统对相关数据的收集;在整个过程中运用内部评级法进行内部和外部验证和回馈检测。可以看出银行采取内部评级初级法,要具备比较高的自身条件。b. 内部评级高级法。内部评级高级法的基本原理与初级法一致。它们之间的主要区别反映在数据要求上,前者要求的数据是银行自己的估计值,而后者要求的数据则是由监管当局确定。二者的区别见表1-2。

表 1-2　内部评级初级法与内部评级高级法比较

数　据	IRB 初级法	IRB 高级法
违约概率(PD)	银行提供的估计值	银行提供的估计值
违约损失率(LGD)	委员会规定的监管指标	银行提供的估计值
违约风险暴露(EAD)	委员会规定的监管指标	银行提供的估计值
期限(M)	委员会规定的监管指标或者由各国监管当局自己决定允许采用银行提供的估计值(但不包括某些风险暴露)	银行提供的估计值(但不包括某些风险暴露)

资料来源:巴塞尔银行监管委员会.统一资本计量和资本标准的国际协议:修订框架〔R〕.第3版.北京:中国金融出版社.2004年11月15日

表 1-2 表明,所有采用内部评级法的银行都必须提供违约概率的内部估计值。此外,采用内部评级高级法的银行必须提供 LGD 和 EAD 的内部估计值,而采用内部评级初级法的银行将采用监管当局考虑到风险暴露属性后而规定的指标。总体来看,采用内部评级高级法的银行应提供上述各类风险暴露剩余期限的估计值,然而也不排除在个别情况下,监管当局可允许采用固定的期限假设。对于采用内部评级初级法的银行,各国监管当局可自己决定是否全国所有的银行都采用固定期限假设,或银行自己提供剩余期限的估计值。但是,有一点是毫无疑问的,无论是选择内部评级初级法还是内部评级高级法,都将是对银行管理、技术和信息系统的巨大挑战和考验。

2. 市场风险

关于对交易业务市场风险的处理方法,新资本协议对这部分内容没有进行修改,依然以 1988 年资本协议和巴塞尔委员会 1996 年公布的《关于市场风险补充规定》为准。因为没有做出改变,这里只提出这一风险存在的地位,不做详细说明。

3. 操作风险及其衡量方法

(1)操作风险概述。新资本协议一大突破和创新之处便是在加权风险计算中首次加入了操作风险,并要求银行为操作风险配备一定的资本金水平。这也是国际银行业发展所带来的改变,操作风险已经越来越频繁地给银行业带来巨额的损失。为了便于对操作风险的认识,巴塞尔委员会根据英国银行家协会,国际掉期和衍生品交易协会,风险管理协会及普华永道咨询公司的意见,将操作风险定义为"由不完善或有问题的内部程序、人员及系统或外部事件所造成损失的风险"。操作风险的覆盖范围非常之广，大到可以跟一个国家的政治、经济、社会情况相关，小到跟银行职员的一次普通操作相关，所以实质上操作风险覆盖了银行日常经营管理过程中的所有风险。相对于已经被熟知的信用风险和市场风险，操作风险是更加难以度量和数据化的。因为操作风险中的风险因素存在于银行日常的业务操作之中，而且一次操作失误所带来的操作风险损失是难以衡量和量化的。因此，操作风险的识别、计量、监督和管理对巴塞尔委员会来说是一次挑战，同时也对国际银行业提出了更高的要求。

2003年2月，巴塞尔银行监管委员会公布了《操作风险管理与监管的稳健做法》，对于银行对操作风险的监管巴塞尔银行监管委员会制定了十项基本原则，也可以称作是银行操作风险管理的十项要求。这十项要求概括如下。

① 商业银行董事会知晓本行的主要操作风险，并对它们给予足够的重视，定期核查本行业务涉及的操作风险。

② 商业银行董事会要保证本行内部的操作风险管理系统可以得到银行内审部门全面、有效的督查。内审部门应该拥有一只操作独立、专业精通、不被干扰的内审队伍。

③ 商业银行内部高级管理层应负责执行经董事会批准的操作风险管理系统。确保本行中的各个部门和各级员工都熟悉自己在这套操作风险管理系统中的任务和责任。

④ 银行应该利用自己的操作体系对其所有的业务、产品和活动进行操作风险测评。银行还需要对其即将引进和发行的新业务、产品和活动进行操作风险评估。

⑤ 商业银行应该制定一套定期监测操作风险状况和重大损失风险的程序，并向积极支持操作风险管理的高级管理层和董事会定期报告有关信息。

⑥ 商业银行应该制定控制或缓释重大操作风险的政策和程序，并定期根据自身的风险喜好和状况，相应地调整其操作风险状况。

⑦ 商业银行应该制定应急管理措施和连续营业预案，以有效保障在发生严重的业务中断事件后能保持连续经营并能使损失得到控制。

⑧ 商业银行业监管机构应该要求辖区内所有的商业银行制定有效并且合理的制度和流程来对操作风险进行识别、评估和控制，并且该结果将其作为全面风险管理的一部分。

⑨ 商业银行监管部门应该定期地对各银行的操作风险政策、程序进行独立评估，并且确保他们悉知银行的进展情况。

⑩ 商业银行对外界的信息披露应保持足够的样本量,允许市场参与者评估银行的操作风险以及管理方法。

以上十项原则,既涉及银行自身对其操作风险的防范和控制,又对监管部门对操作风险的监督检查提出了要求,足见巴塞尔委员会在新资本协议中对操作风险的重视程度。

(2)操作风险的衡量方法。

第一,操作风险包括那些发生的频率不是很高,但是一旦发生损失将会导致巨大的自然灾害、社会动荡、大范围的舞弊等情况。

第二,操作风险主要指日常业务操作上的细微错误。同时也包括日常工作中经常发生,但不会给银行产生损失或损失极小的操作错误。因此,想用一种方法去衡量和监管操作风险几乎是不可能的。新资本协议将三种度量方式列为操作风险的范畴,第一是基本指标法,第二是标准法,第三是高级度量法。其中,高级度量法又分为内部度量法(也有被称之为内部风险法)和损失分布法。基本指标法计算操作风险是用银行的总收入乘以 15%,其理论依据是银行的资产越大,非利息收入就越高,相应的操作风险就越大。基本指标法操作相对容易,但也存在显而易见的缺点,它对于不同银行之间的风险管理水平辨识力较低,单就资产规模决定操作风险的高低有失偏颇。标准法与基本指标法类似,它把银行的业务分为八个类,每类业务有各自的风险权重指标,据此来计算操作风险。

委员会认为任何银行都可以采用基本指标法和标准法,但是不鼓励大型商业银行和国际活跃银行采用。高级度量法给予了银行更大程度上的自由性,委员会并没有具体地规定度量方法,一些国际上知名商业银行所采取分析法主要是银行内部数据度量法和经营损失计量分析法。此两种方法与基本法和标准法相比而言,商业银行可以使用内部度量法对银行内部可能损失的数据进行有效的估计并按模型标准预期损失量,并将此损失量作为计算资本比率达标的关键性参考指标。而损失分布法的应用效果则比较内部度量法更加先进,它有别于内部度量法之处在于损失分布法直接对未预期的损失进行预先评估,而并非采取对预期损失的假设和对未预期损失的相关性之间的关联关系来对未预期损失进行评估,这一点又对实施的银行提出了更高的要求。巴塞尔委员会允许商业银行对经营中的业务采用标准法和高级度量法相结合的方式,但要明确指明界定的原则。

(六)巴塞尔新资本协定希望达成的主要目标

(1)增进金融体系的安全与稳健。

（2）强调公平竞争。

（3）采用更完备的方法来因应风险。

（4）资本适足要求的计算方法，能与银行业务活动保持适当的敏感度。

（5）以国际性的大型银行为重点，但也适用其他各类银行。

三、"巴塞尔协议Ⅱ"的影响及评价

（一）"巴塞尔协议Ⅱ"的影响

新协议将对国际银行监管和许多银行的经营方式产生极为重要的影响。首先要指出，以三大要素（资本充足率、监管部门监督检查和市场纪律）为主要特点的新协议代表了资本监管的发展趋势和方向。实践证明，单靠资本充足率无法保证单个银行乃至整个银行体系的稳定性。自从1988年资本协议问世以来，一些国家的监管部门就已在不同程度上，同时使用这三项手段强化资本监管，以实现银行稳健经营的目标。然而，将三大要素有机结合在一起，并以监管规定的形式固定下来，要求监管部门认真实施，这无疑是对成功监管经验的肯定，也是资本监管领域的一项重大突破。

与1988年资本协议所不同的是，从一开始巴塞尔委员会希望新协议的适用范围不仅局限于十国集团国家，尽管其侧重面仍是国家的"国际活跃银行"（internationally active banks）。巴塞尔委员会提出，新资本协议的各项基本原则普遍适用于全世界的所有银行，并预计非十集团国家的许多银行都将使用标准法计算最低资本要求。此外，巴塞尔委员会还希望，经过一段时间，全世界所有的大银行都能遵守新协议。客观上看，新协议一旦问世，国际金融市场的参与者很可能会采用它来分析各国银行的资本状况，而有关国际组织也会把它视为新的银行监管的国际标准，协助巴塞尔委员会在全球范围内推广新协议，并检查其实施情况。因此，发展中国家需要认真研究新协议的影响。

与1988年资本协议相比，新资本协议的内容更广、更复杂。这是因为新协议力求把资本充足率与银行面临的主要风险紧密地结合在一起，力求反映银行风险管理、监管实践的最新变化，并尽量发展水平不同的银行业和银行监管体系提供多项选择办法。应该说，银行监管制度的复杂程度，完全是由银行体系本身的复杂程度所决定的。十国集团国家的银行将在规定时间内实施新协议。为确保其在国际竞争中的地位，非十国集团国家也会力争在规定时间内全面实施新协议。同发达国家相比，发展中国家的市场发育程度和监管水平存在较大的差距，实施新协议的难度不可低估。在此，还必须提出，就方案来说，新协议首先是十国集团国家之间的协议,还没有充足考虑发展中国家的国情。

新资本协议提出了两种处理信用风险办法:标准法和内部评级法。标准法以 1988 年资本协议为基础,采用外部评级机构确定风险权重,使用对象是复杂程度不高的银行。采用外部评级机构,应该说比原来以经合组织国家为界限的分类办法更客观、更能反映实际风险水平。但对包括中国在内广大发展中国家来说,在相当大的程度上,使用该法的客观条件并不存在。发展中国家国内的评级公司数量很少,也难以达到国际认可的标准;已获得评级的银行和企业数量有限;评级的成本较高,评出的结果也不一定客观可靠。若硬套标准法的规定,绝大多数企业的评级将低于 BBB,风险权重为 100%,甚至是 150%(BB- 以下的企业)。企业不会有参加评级的积极性,因为未评级企业的风险权重也不过是 100%。此外,由于风险权重的提高和引入了操作风险的资本要求,采用这种方法自然会普遍提高银行的资本水平。

将内部评级法用于资本监管是新资本协议的核心内容。该方法继承了 1996 年市场风险补充协议的创新之处,允许使用自己内部的计量数据确定资本要求。内部评级法有两种形式:初级法和高级法。初级法仅要求银行计算出借款人的违约概率,其他风险要素值由监管部门确定。高级法则允许银行使用多项自己计算的风险要素值。为推广使用内部评级法,巴塞尔委员会为采用该法的银行从 2004 年起安排了 3 年的过渡期。

(二)"巴塞尔协议 II"的影响

第一,应该说,新巴塞尔协议对旧巴塞尔协议作了进一步的完善。它充分考虑了银行可能面临的多种风险;具有较强的灵活性,主要体现在评判资产风险的方法上为银行提供了多种选择;此外,信息披露的要求也将使银行更透明地面对公众。

第二,新巴塞尔协议同样还存在不足之处。

(1)主权风险问题 + 虽然国别标准的地位下降,但它仍然在银行的资产选择中发挥作用,其潜在的影响力仍不可低估。

(2)风险权重问题。若由监管当局确定指标,难以充分保证当局指标选择的客观、公正和科学,若由银行自行决定,这样的问题也同样存在。

(3)计量方法的适用性问题。新协议鼓励银行使用基于内部评级的计量方法,但真正具备长期经营记录,因而拥有足够丰富的数据、有高效处理这些数据的强大技术力量的大型银行毕竟属于少数,多数银行还是难以摆脱对外部评级及对当局建议指标的依赖。

（4）监管对象主要还是商业银行,然而在金融国际化大趋势下,银行百货公司不断涌现、非银行金融机构和非银行金融业务不断攀升,对此,新协议的作用空间将非常有限。

四、"巴塞尔协议Ⅱ"的创新之处

(一)监管模式进一步完善

1. 国际银行监管模式的变迁

从国际银行监管模式发展历程来看,现代金融业的监管模式经历了从传统的行政审批监管,到全球化程度不断提高条件下的标准化监管,进而到目前最为先进的金融机构具有更大选择灵活性的内部监管的过程。传统的行政审批监管采取的是监管当局以行政命令和行政审批的手段对银行进行监管,再结合政府部门规定出银行可以开展的业务范围,这种监管方式在市场经济初级阶段市场单一简单的情形下其执行成本可能相对较低,但这一模式的缺陷也是显而易见的,它忽视了不同银行在风险管理方面的差异性,"一刀切"的方式对不同环境不同条件下的银行来说可能会导致不公平现象的出现。这样的缺陷成为1988年巴塞尔资本协议产生的现实推动力。于是1988年协议首次突出了资本充足率的重要性,并且规定了这一比率的最低标准,实现了标准化监管。同样地,标准化监管模式也存在着灵活性不足的缺陷,它没有考虑到不同银行在金融市场上的不同环境,不同业务范围银行风险的差异性,不同业务操作水平银行所面临的不同规模的风险,统一规定最低资本充足率8%的标准。同时这一模式也仅仅考虑到了信用风险,可能产生银行为逃避信用风险而利用金融工具将信用风险转移为其他风险的情况,这样更加大了监管的难度和监管结果的可靠性。

2. 巴塞尔新资本协议体现的监管模式

正由于以上两种监管模式随着时代和银行业的发展变化暴露出来的弊端,巴塞尔委员会在新资本协议中采取了更为灵活而多样化的监管模式,提供给不同管理能力的银行进行选择。例如对信用风险的计量,规定银行可以采取内部评级初级法和内部评级高级法,对操作风险的计量也同时认同高级度量法,这些都给予了银行自身更大的自主性和自由发挥空间,只要银行制定出监管机构认为可行可靠的风险管理方法和程序,并且可以有序有效的实施,监管部门就给予支持和承认,同时提供一个内在的资本递减的激励机制促使银行自身创造和采用更为复杂同时也更为精准的风险管理方式。这样一个监管模式的变化体现了巴塞尔新资本协议监管思路的进一步完善。当然,目前的模式依然存在着各种大大小小的弊病,巴塞尔委员会也密切关注着这些变化和不妥之处,以便进一步丰富和完善其监管思路。可以预见巴塞尔委员会在未来的监管理念必定会更加完善和完备,对待风险的监管也必定会随着监管思路的越加清晰而越加有力有效。

(二)从单一的风险管理到全面风险管理

巴塞尔资本协议是国际银行业对于风险监管方面的指导指南,也是国际活跃银行长期风险监管实践得到的宝贵经验总结。新资本协议的整个修订过程清楚地表明了银行的风险管理已经从单一的对信用风险的管理发展到对包括信用风险、市场风险和操作风险等更多风险在内的全面风险管理阶段,这一改变同时也标志着银行业全面风险监管时代的到来。这种改变是由诸多方面原因共同造成的。

1. 风险的发展规律决定了要进行全面的风险管理

进入 20 世纪 90 年代,一些国际银行先后发生了倒闭事件,例如巴林银行和大和银行。而按照 1988 年资本协议对这些银行的资本充足率进行计算,它们理论上是不可能倒闭的,于是这提醒了巴塞尔委员会进行单一的信用风险监管已经不能适应复杂的外部环境变化,必须做出改变,扩大监管风险范围。

2. 银行降低风险管理成本的需要决定了要进行全面风险管理

银行为了规避风险而进行的风险监测、计量和防范措施都需要一定成本,通常这种成本不单单是简单的财务成本,而是包括内容广泛的经济成本。一家银行经济成本的高低决定了其在市场竞争中的地位和角色。例如,一家银行为了持续经营而付出的财务成本不高,但是它对公众贷款的决策过程却复杂繁琐,耗用了大量的时间和精力而使银行总体的经济成本过高,那么在争夺客户的过程中就会败下阵来,丧失成长的机会。经济成本是存在着边际效应递减规律的,也就是说管理单一风险的成本是高于管理多种风险的成本的。又由于银行的各种风险不是孤立地存在着的,各种风险相互渗透相互交织,组成了一个密不可分的风险网络。于是这就要求银行要进行全面的风险管理,以避免对风险管理的重叠和真空现象出现,这也同时减少了银行风险管理的经济成本。

3. 银行业自身技术的进步为全面风险管理创造了条件

近年来银行业风险度量工具呈现出多样化发展趋势,银行内部风险管理组织框架也更加完善。20世纪90年代以来,由于几家大型的国际银行先后出现了危机以致不得不倒闭现象的出现,使得国际银行业尤其是西方发达国家的大型商业银行更加注重对风险的防范和管理,同时也加大了对风险度量工具的研究和探索,各大银行纷纷拿出适合自己银行规模的风险度量模型和计算方法,使得风险度量的工具呈现出明显增长的趋势。而对于银行内部风险管理组织框架的构建和完善也一直是国际活跃银行所追求的目标,同样在积极的努力和探索下取得了巨大的进展,这些都为银行进行全面的风险管理创造了有利和必须的条件,使全面风险管理的步伐加快。

(三)从规则监管方式到过程监管方式

巴塞尔新资本协议的重中之重就是"监督检查",且将该部分内容列于三大支柱的第一要位,巴塞尔新资本协议对银行业监管机构提出了更加严格的要求,并且在主动权上也更加积极,新协议规定银行业监管机构应当主动参与商业银行风险控制体制的评估、建立、完善等相关过程,实现从规则监管到过程监管的转变。巴塞尔新资本协议自2004年问世之后,它正在潜移默化地对西方国家以及我国银行业的风险控制理念和监督管理方式进行着改变。并逐渐成为了各国银行业和银行业组织中最重要且最新的管理办法。

所谓的过程监管就是重塑风险性监管的监管程序,过程监管与传统的监管方式相比,银行的风险控制将面向整个银行经营过程进行全方位的跟踪以及监控,而不是像以前一样仅仅局限于财务指标或某一时点处经营结果对全局的影响,过程监管是一个贯彻始终、循环运转、对信息连续进行跟踪处理的流转方式,过程监管就能够通过了解银行的运转、确定现场检查方式、实施现场检查过程,从而对银行辅导工作可以逐步完善。另外,对于被监管机构,这种管理方式是循环往复,可以实现彼此互动的监管机制,银行业监管机构对商业银行内部营运过程中呈现的各种问题进行及时的考量和指导,并且整个指导的过程始终贯彻抓住风险的行为标准,牢牢根据商业银行的风险处置标准而采取行动,自始至终贯彻的是银行业监管机构对银行内部操作的风险警报、风险预测、风险分析和风险评价,并保持实施合理的监管流程,始终贯彻提高风险监管工作中的及时预见、效率当先、提高预警等思想。其他手段还应包括银行间交流会议、政策传达例会、上下级机构交流会议、预警模型展望和监管通知函等方法,加强监管信息的反馈,做到时效有限。另外,对商业银行的潜在问题应做到"及时指导",通过对政策传输机制的改良做到及时疏通监管机构同商业银行间信息交流,提高银行业监管机构的监管效率。逐步完成从"事后解决问题"到"事前预防问题"的变革;

监管机构应做到以风险预警为前提,建立风险前置报备系统和操作风险指标红线;保证监管期间的合理,实施效果的显著、监管效力的持续。

(四)强调市场约束和信息披露的重要性

巴塞尔委员会总结过去二十年监管过程的经验,发现银行自身的最低资本约束有时存在着舞弊状况,即银行为了追求高受益而冒险降低资本水平,没有严格的自身约束机制。而仅仅靠各国监管当局的监督检查也只是杯水车薪,难以达到全面及时监管的目的。所以委员会清醒地意识到可以动用市场参与者和银行利益相关者的力量,共同对银行的风险暴露和资本水平等各项指标进行监督检查,这很像股票市场的"股票机制",要想甄别出风险小、并且有持续盈利能力的银行,和只顾短期利益的银行,可以利用充分和有效的信息披露,这种方式可以帮助市场使资源向经营稳健且持续的银行集中,从而保持整个银行体系高效率的运行。巴塞尔新资本协议三大支柱之一的市场约束就是通过这种方式进行运转,巴塞尔新资本协议对信息披露在商业银行内部风险控制和银行内部风险监管中的地位也进行了强调,进一步加强了对于商业银行风险控制的监督,对于实现商业银行风险的有效合规管理起了非常重要的作用。

第三节 巴塞尔协议Ⅲ

在雷曼兄弟破产两周年之际,"巴塞尔协议Ⅲ"在瑞士巴塞尔出炉。最新通过的"巴塞尔协议Ⅲ"受到了2008年全球金融危机的直接催生,该协议的草案于2010年提出,并很快获得了最终通过。从2009年7月到2010年9月15日"巴塞尔协议Ⅲ"曾经颁布了一系列的文件,这些文件汇总共同构成了"巴塞尔协议Ⅲ",这是广义范围上的"巴塞尔协议Ⅲ"。另外"巴塞尔协议Ⅲ"几经波折,最后于2013年1月6日发布其最新规定。新规定放宽了对高流动性资产的定义和实施时间。

一、"巴塞尔协议Ⅲ"的时代背景

2008年突如其来的金融危机对于定稿不久的"巴塞尔协议Ⅱ"形成了事实上的冲击,从某种程度上讲,与其说"巴塞尔协议Ⅲ"是对"巴塞尔协议Ⅱ"的修订和补充,毋宁说"巴塞尔协议Ⅲ"是对本次金融危机的补救和应对措施。

2010年9月15日,巴塞尔委员会主席卡如纳先生在西班牙首都马德里召开的第三次桑坦德国银行会议上正式提出了"巴塞尔协议Ⅲ"的征求意见稿,它是对目前银行资本与流动性标准的一次全面且综合的修正。这是对"巴塞尔协议Ⅲ"的狭义理解,事实上,从2009年7月到2010年9月15日"巴塞尔协议Ⅲ"出台,曾经颁布了一系列的文件,这些文件汇总共同构成了"巴塞尔协议Ⅲ",这是广义范围上的"巴塞尔协议Ⅲ"。

多年实施"巴塞尔协议Ⅱ"的过程中,随着金融市场的不断发展,以资本监管为核心的"巴塞尔协议Ⅱ"逐渐暴露出一些缺陷和不足,引发了各方长久的争议。特别是2008年金融危机的爆发,更使巴塞尔协议的完善和修改成为亟待解决的现实问题。

(一)金融危机暴露出第二版协议在监管准则方面的漏洞

首先,"巴塞尔协议Ⅱ"把风险调整后的资本充足率作为监管的唯一标准,然而金融危机中,破产的金融机构大多能够满足当时的资本充足标准,反而是流动性的不足使得他们无法清偿存款负债,最终破产倒闭。另外,此次陷入困境的资本充足的银行大多采用以高杠杆为特征的经营战略,过度应用资产证券化产品和金融衍生工具,逐渐酿成这次危机。因此,是否应该把资本充足率作为唯一的监管指标,是否应该引入流动性监管标准,是否需要引入杠杆率作为辅助监管指标,以及如何引进相关标准也引起了金融界广泛的讨论。

其次,在金融危机中,一些原来被计算在资本金范围内的债券或资产负债表科目,如短期的次级债,并不能承担吸收损失、防止金融机构倒闭的功能,反而使之暴露于更大的危险之中。这样的科目是否还能算作资本有待商榷。

再次,"巴塞尔协议Ⅱ"对交易账户中的交易对手风险考虑不足。随着金融创新的发展,金融工具交易性日益复杂,1996年的《资本协议市场风险补充规定》对交易账户风险的管理也显得粗糙。

(二)金融创新挑战金融监管

在竞争日益激烈的经济全球化环境中,金融创新如泉涌般不断出现,风险管理的内涵与外延也随之扩大,"巴塞尔协议Ⅱ"在新的环境中面临更多的挑战。

第二版本的巴塞尔协议颁布之后,围绕金融创新与金融监管的争议一直持续不断,金融创新不断挑战金融监管。实际上,银行监管的改善只是一种心理上的感受,甚至可以说是一种错觉,金融监管某种程度上说,仅仅是一种信仰或是心理安慰,通过这种所谓的心理感受让被监管者明白,金融监管当局正在敦促、监督金融机构完善它们的有关规章制度,对金融风险进行控制,而一些金融机构的高管或许在思考如何可以巧妙地绕过有关的金融监管规则,美其名曰"规避监管"。比较有代表性的就是金融创新,坦率地说,金融创新的目的就是规避金融监管,当然有时也为了各种需要,把金融创新包装成为提升金融效率,促进金融发展,等等。金融监管与金融创新的关系,就是在相互冲突中相互促进,在相互促进中相互冲突。二者是如影随形的,又是对立统一的。

由于"巴塞尔协议Ⅱ"是建立在微观审慎监管基础之上的,一定程度上忽略了对系统性风险等宏观因素的监管,这是一个显著的漏洞。"巴塞尔协议Ⅰ"和"巴塞尔协议Ⅱ"的监管对象都是单个银行机构,在这种监管框架下,银行为避免金融监管而创造出资产证券化等金融工具,将风险从银行转移到了非银行金融机构,但是,这种风险仍然存在于金融体系中,并且被衍生工具不断传播、叠加、放大,成为了整个体系的系统性风险。可见,第二版本的巴塞尔协议存在明显的监管真空。

此外,全球的金融市场已经连成一体,但是监管却在各国分散进行,不同的监管准则形成监管套利空间,使得规避监管的金融创新迅速发展。美国1999年《金融服务现代化法案》颁布后,金融机构恢复混业经营,监管实行"伞形监管模式",即金融控股公司的各子公司根据业务的不同接受不同行业监管机构的监管。这种监管模式使得监管空白和监管重叠相继出现,导致监管效率低下,也为金融危机的发生埋下了伏笔。

(三)金融危机促进了第三版协议的出台

首先,对资本监管的核心理念的坚持,以及风险覆盖范围的增大,评级方法的风险敏感度的增强,都带来更加显著的顺周期效应(Procyclicality)。其次,"巴塞尔协议Ⅱ"中引入大量复杂先进的模型,这不仅使得监管的实施成本提高,更重要的是,复杂的模型中可能蕴含很大的模型风险。最后,由于巴塞尔协议框架采用成熟金融市场数据作为参考样本,因而在规则的设立以及监管的有效性方面可能对新兴市场国家和中小银行具有一定的不公平性。

虽然"巴塞尔协议Ⅲ"是为了解决过去危机中所暴露出来的弱点,但BIS的主要目的是为银行业应对下一次危机。无论危机的起源是什么,全球化与更快速的金融创新意味着所有国家都需要持有更高的资本和流动性缓冲来保护出现意外风险的银行系统和经济体系。

本次危机的一些起因实质暴露了巴塞尔协议在金融监管方面的不足,比如:全球流动性过剩,过多的杠杆,资本不足以及流动性缓冲不足;顺周期进一步加剧了去杠杆化过程以及各系统重要性被认为过于大而不倒闭的金融机构之间的相互联系;其他一些因素也发挥了重要作用,诸如风险管理,公司治理,透明度,补偿机制以及高层人员的监管等。

"巴塞尔协议Ⅲ"新标准的实施并不妨碍实体经济的复苏。这一方面,是由于巴塞尔协议的主导思想在于确保金融稳定,另一方面,为了稳妥起见,"巴塞尔协议Ⅲ"新标准的执行尚有足够的时间安排,条规从颁布到实施有足够长的时间以利于消化。例如,2009年7月颁布了"关于加强对资本市场活动监管的资本和信息披露"要求,但它的生效时间是从2013年开始,并在2019年逐步采用。同时,所有BIS成员国必须在2013年的最后期限前将"巴塞尔协议Ⅲ"的规定纳入本国的法律和监管规定。

此外,虽然"巴塞尔协议Ⅲ"是应对金融危机所暴露问题的核心监管应对措施,但新标准和规定仍不充分,提高全球监管水平及其干预性是下一步的关键性任务。BIS将强化监测机制以确保新标准得以充分实施,并为此组建了负责新标准的实施监测和同业审查工作的工作小组,并重点关注新标准的统一解释和可能存在监管套利的领域。BIS还将关注对银行和监管机构在压力测试和稳健的流动性风险管理方面的执行情况并对其作出评估。

二、"巴塞尔协议Ⅲ"的修订进程

从2008年到2010年,"巴塞尔协议Ⅲ"修订工作逐步展开。在其制定的一系列全面的修改框架的指引下,巴塞尔委员会从微观审慎监管和宏观审慎监管两个层面开展修订工作,微观层面主要包括加强最低资本要求和添加流动性要求两个方面,针对系统性风险的宏观审慎监管层面主要包括逆周期资本监管和对系统重要性机构提高资本监管标准等措施,从此巴塞尔银行业监管体系成为微宏观相结合,资本监管与流动性监管相结合的综合监管体系。

针对危机中暴露出的银行业监管中的种种问题,巴塞尔委员会在2009年1月16日发布了《巴塞尔协议Ⅱ框架完善建议》的征求意见稿,在全球范围内征集修改意见,其最终稿于2009年7月13日发布。此文件是对"巴塞尔协议Ⅱ"框架进行修订的纲领性文件,是巴塞尔委员会改进银行资本监管体系的重要部分。

2010年9月12日,巴塞尔银行监管委员会管理层会议就旨在加强金融监管的"巴塞尔协议Ⅲ"达成一致。同年11月12日,二十国集团(G20)领导人"首尔峰会"批准了巴塞尔委员会提交的金融监管国际新标准,即《关于商业银行资本和流动性监管改革的一揽子方案》,要求各成员经济体两年内完成相应监管法规的制定和修订工作,新监管标准将于2013年1月1日起在全球范围开始实施,要求在 2019 年 1 月 1 日前全面达标。因此,针对 2004 年"巴塞尔协议Ⅱ"在 2007～2009 年金融危机中暴露出的缺陷,为加强银行风险管理和监管,巴塞尔委员会出台了一系列更加严格、全面的改革方案,即"巴塞尔协议Ⅲ"。

2010 年 12 月 16 日,巴塞尔委员会公布了第三版巴塞尔协议正式文本,包括《增强银行体系强健性的全球监管框架》和《流动性风险计量标准和监测的国际框架》。国际银行资本监管改革是本轮金融危机以来全球金融监管改革的重要组成部分,为提高资本吸收损失的能力,提高国际银行体系防范系统性风险的能力,2009 年二十国集团领导人匹兹堡峰会明确提出了"大幅度提高银行体系资本质量和资本数量"的改革目标。据此,金融稳定理事会(FSB)和巴塞尔委员会(BCBS)着手对资本监管国际标准进行改革。2010 年 9 月 12 日中央银行行长和监管当局负责人会议(GHOS meeting)就资本监管改革一些关键问题达成了共识,巴塞尔委员会于 2010 年底正式公布资本监管改革的最终文本。

2010 年 12 月 16 日,巴塞尔委员会发布了"巴塞尔协议Ⅲ"的规则文本,这表明关于银行资本充足率和流动性全球监管标准的详细信息已得到巴塞尔银行委员会成员的认可。其后,在 2010 年 11 月份举行的"首尔峰会"上又得到了 G20 领导人的支持。委员会还出版了全面的定量影响研究结果(QIS)。巴塞尔银行监管委员会主席、荷兰银行董事长 Nout Wellink 曾高度评价"巴塞尔协议Ⅲ"框架为"有利于保护金融稳定和促进可持续经济增长的一个划时代成就"。他认为更高级别的资本,结合全球流动性框架,将会大大降低将来银行危机发生的概率及严重程度。根据这些改革,巴塞尔委员会传递着 2009 年 9 月 G20 领导人在"匹兹堡峰会"上制定的国际活跃银行的银行业改革议程。规则文本体现了"巴塞尔Ⅲ"框架的详细信息,它包括宏观审慎和微观审慎的元素。框架制定了更高质量的资本、更好的风险覆盖和基于风险要求增强的杠杆比率,这些措施促进了资本的积累,它可以在压力时期得以应用,同时框架也介绍了两个全球流动性标准。

三、"巴塞尔协议Ⅲ"的主要内容

"巴塞尔协议Ⅲ"是巴塞尔银行监管委员会针对"巴塞尔协议Ⅱ"在 2007～2009 年金融危机中暴露出的缺陷,为加强银行宏微观审慎监管和风险管理在近年来密集出台的一系列监管改革方案的总称。作为对金融危机的系统监管改革回应,"巴塞尔协议Ⅲ"的全面实施将在全球银行业的发展进程中产生深远影响。

（一）资本定义的持续严格

为提高资本吸收损失的能力，"巴塞尔协议Ⅲ"提出了新的更审慎、更严格的资本定义[①]。

"巴塞尔协议Ⅲ"主要内容的修改体现了加强银行业监管以及更广泛的银行体系的稳定。"巴塞尔协议Ⅲ"框架包含了宏观审慎措施，以帮助解决相互联系的系统性风险。"巴塞尔协议Ⅲ"大幅增加资本质量和数量主要集中在普通股权益，以吸收损失。

（二）整体监管框架不断完善

针对危机中暴露出的银行业监管中的种种问题，巴塞尔委员会在 2009 年 1 月 16 日发布了《巴塞尔协议Ⅱ框架完善建议》的征求意见稿，在全球范围内征集修改意见，其最终稿于 2009 年 7 月 13 日发布。此文件是对"巴塞尔协议Ⅱ"框架进行修订的纲领性文件，是巴塞尔委员会改进银行资本监管的重要组成。

2009 年 12 月 17 日，巴塞尔委员会公布《增强银行体系稳定性（征求意见稿）》，目标是增强银行业危机下吸收损失的能力，降低银行风险向实体经济的负溢出效应。这份重要的文件是巴塞尔委员会总结危机经验的全面改革方案。主要内容包括提高资本的质量、延续性和透明度，增强银行在危机中的损失吸收能力；扩大资本协议的风险覆盖范围，在《巴塞尔协议Ⅱ框架完善建议》的基础上增加了对衍生产品、回购和融券行为的交易对手信用风险暴露的资本要求；在第一支柱下引入杠杆率作为原有基于风险的框架的校验和补充；引入逆周期缓冲资本的监管框架；对国际上活跃银行要求一个全面的短期（30 天）最低流动性覆盖标准和长期的结构性流动性标准等。在资本和流动性标准中都考虑了市场压力，以降低银行杠杆率，尽量减小顺周期性，使银行体系在压力下保持长期的稳健。

除了以上提高银行的风险管理能力和促进信息披露等其他措施以外，巴塞尔委员会还研究了对"系统重要性"金融机构的跨境行为和有关"宏观金融审慎监管"方面的解决方案。本轮金融危机表明，金融体系重大系统性风险，对金融体系自身、实体经济、金融市场、社会公众的信心及全球增长造成影响。因此，需通过实施宏观审慎监管，提高金融稳定的效果。虽然实施宏观审慎监管并不能完全消除金融体系周期性和易受冲击性，但正确使用宏观审慎监管可以增强

[①] 这个版本规定一级资本只包括普通股和永久性优先股，并要求各家银行最迟在 2017 年底完全达到针对一级资本的严格定义。

金融稳定性、增强市场抵抗冲击能力,确保潜在的未来危机能被及时地识别和解决。各国可以根据经济、金融和文化的不同,自行选择实施宏观审慎监管的组织架构,但必须保证其独立性和权威性,并具有透明度和可靠性。

(三)全面风险覆盖

在"巴塞尔协议Ⅲ"下,持续引入了风险管理、监管和披露标准,特别是有关资本市场活动方面的风险。例如,强调风险价值要求的交易账户风险暴露。为此,银行必须持有更长期的流动性较差、信用敏感的资产。这样,就使得证券化风险控制在银行的资本费用与银行账户相一致的前提条件下。

除了上述宏观审慎措施之外,"巴塞尔协议Ⅲ"还引入了新的全球监管框架基本要素。这些措施包括:一是资本缓冲,可以促进保护银行业应对信贷泡沫,并减少其"压力期"。同时,也可以减轻例如目前亚洲地区所面临的房地产价格向上压力;二是借鉴了一个基于风险管理体制支撑的简单杠杆比率;三是达成了国际性的流动性统一框架。

本次"巴塞尔协议Ⅲ"的修改扭转了过去"轻触式监管"(light touch regulation)、资本效率优化以及金融产品创新等所带来的弊端,在"巴塞尔协议Ⅲ"的核心要素中,大幅增加了一些诸如提高交易账户资本要求、资本定义审查、全球流动性监管审查、压力测试、价值估算以及预估交易对手信用风险等方面的实质性内容。危机爆发后,巴塞尔银行委员会采取了一系列有力的监管措施加以应对,包括要求监管人员掌握先进的风险分析和评估的能力、及时有效地执行监管决策等。同时,委员会强调在快速的金融改革或存在不确定性的情况下,银行持有优质资本与流动性缓冲的重要性。

四、对"巴塞尔协议Ⅲ"有关指标的评估

2010年12月16日委员会公布了全面定量影响研究的结果。委员会进行了全面定量影响研究工作,以评估2009年7月公布的资本充足标准和2009年12月发布的"巴塞尔协议Ⅲ"资本及流动性建议的影响。来自23个委员会成员共计263家银行参与定量影响研究的演练。这包括94家第一类银行(即那些核心资本超过30亿欧元,具有多样化国际活动的银行)和169家第二类银行(即其他所有银行)。定量影响研究并没有考虑到任何过渡安排,比如逐步扣除和豁免安排。相反,提交的评估假设是基于2009年末的数据,针对最终的"巴塞尔协议Ⅲ"一揽子计划的全面实施。有关银行的盈利和行为反应都不作为任何假设,如从

那时起或在将来银行资本或资产负债表组成的变化。

（一）对核心资本充足率的评估

主要包括所有改变对资本的定义、风险加权资产的影响，并且假设充分执行为 2009 年 12 月 31 日，与新的 4.5% 最低的资本需求。第一类银行的平均普通股本的核心资本充足率（CET1）为 5.7%。第二类银行的平均普通股本的核心资本充足率（CET1）为 7.8%。为了使第一类银行满足 4.5% 的新的平均普通股本的核心资本充足率（CET1）要求，附加的资本需求估计为 1 650 亿欧元。对第二类银行来说，附加的资本需求估计为 80 亿欧元。

（二）对流动性标准的评估

银行到 2015 年要达到流动性覆盖比（LCR）标准和到 2018 年要符合净稳定资金比率（NSFR）的标准，这些将反映任何的修订都要经过一个标准的观察期。低于 100% 所需最小值门槛的银行可以满足这些标准，比如，通过延长他们的融资期限或重组业务模式，在压力时期这些行为最容易导致流动性风险。应当指出的是，流动性覆盖比（LCR）和净稳定资金比率（NSFR）的差额是不可附加的，因为一个标准的差额减少可能导致其他标准差额的下降。

五、"巴塞尔协议Ⅲ"过渡期安排的相关规定

"巴塞尔协议Ⅲ"从修订、颁布到实施经历了一个较长的时间，因此，围绕"巴塞尔协议Ⅲ"的实施提供了一个过渡期安排。根据 2010 年 9 月 12 日巴塞尔银行监管委员会管理层会议达成的共识，所有成员国执行期从 2013 年 1 月 1 日开始，分阶段达标[①]。

（一）过渡期内的资本标准和国民待遇问题

在过渡期内，扣除项中非来源于一级资本的部分将继续由现行国民待遇承担。如果扣除项是来自于一级资本，则在 2014 年时其处理方法为：20% 的金额来源于一级资本，80% 的金额来源于用于支撑现行国民待遇的扣除项。如果扣除

---

① 即 2013 年初普通股权益／风险加权资产提高到 3.5%，核心资本充足率达到 4.5%，充足率达到 8%。此后，每年普通股权益／风险加权资产和核心资本充足率在 2013 年基础上提高 0.5 个百分点。反周期缓冲的充足率要求则是从 2016 年开始，每年提高 0.625%，4 年后达到 2.5% 的水平。

项是现行国民待遇的风险权重,则在 2014 年时其处理方法为:20% 的金额来源于一级资本,80% 的金额来源于根据现行国民待遇的风险权重。同样的,如果"巴塞尔协议Ⅲ"调整了现行国民待遇,则在过渡时期,一级资本的金额将相应地增减。

一些一级和二级工具因为超过有关界定而未被"巴塞尔协议Ⅱ"认可,则在过渡时期仍不能被计入。若监管调整结束还未开始新的调整,则应当暂时服从过渡时期的安排。其目的是处理未变现亏损,同时也适用于其他目前的转向"巴塞尔协议Ⅲ"的监管调整。

(二)不受新规定约束的例外情况

不受新规定约束的范围仅包括某些特定工具。若某个工具在 2013 年 1 月 1 日被终止确认,其不计入固定不受新规定约束的范围。如果一项工具的有效到期日在 2013 年 1 月 1 日之前而且未被买回,则根据 2011 年 1 月 13 日的文件其有资格不受新规约束。若其到期日在 2013 年 1 月 1 日之后,而且因此而不必遵守 2013 年 1 月 1 日的进入标准,其需在到期日前被逐步淘汰并终止确认。

如果某个适用于不受新规限制的二级工具在 2013 年前开始其最后五年的分期偿还期,只将实际分期偿还金额计入不受新规限制范围,而不是总名义金额。股票溢价和不受新规限制的工具之间的关系:股票溢价如与某项适应进入标准的工具有关,则其只适应于进入标准而已。

(三)一级资本安全期的规定

在前瞻性的基础上,如果达到了符合所有附属一级资本合格要求的一级资本安全标准,则在买回日期 2014 年 12 月 31 日和随时可偿还日期 2014 年 1 月 1 日后,其安全性将计为 80%。如果不买回,则在 2015 年 1 月 1 日时计为 100% 的安全性。但是同时需注意前提是所有逾期未付工具属于一级资本。

在过渡期间,由子公司发行的盈余资本的计算并非取决于第三方投资者本身的转变。例如,2014 年剩余普通股核心资本的计算并非反映了当时普通股核心资本的最低值(RWAs 的 4%)和当时的资本保护缓冲区(RWAs 的 0%)。在其他条件相同时,在过渡期间以上两个例子将导致更高的扣减。

如果"巴塞尔协议Ⅲ"第 87 段规则文本规定的三个项目(普通股、DTAs、MSRS 这三项重大投资)的数额门槛超过 15% 的限制,那么超出部分需要被扣除。从 2018 年起,这多余的 100% 将从普通股核心资本中被扣除。在过渡期间,这多余部分将需要部分从普通股核心资本中、部分从"现有的国民待遇"被扣除。在过渡期间,从 2013 年 1 月 1 日起,这些项目的加权风险均为 1 250%(即在"巴塞尔协议Ⅲ"第 90 段规则文本中描述的部分)。

现将有关具体情况总结概括如表 1-3 所示。

表 1-3　与"巴塞尔协议Ⅲ"相关的潜在监管时间表

日　期	事　件	说　明
2010 年 9 月 7 日	巴塞尔委员会会议	对资本充足率下限做出决定
2010 年 11 月 11～12 日	韩国首尔 G20 峰会	通过新的"巴塞尔协议Ⅲ"
截至 2010 年底	公布"巴塞尔协议Ⅲ"的最终规则	2010 年底公布
2011 年 1 月～2012 年 12 月	对杠杆率的监督期,着重于建立对杠杆率进行追踪的模板	
2012 年 12 月 31 日	计划实施修订后的"巴塞尔协议Ⅲ"资本规则	巴塞尔委员会将采取适当的过渡措施并允许旧规则在足够长的时间内逐步过渡到新标准
2013 年 1 月～2017 年 1 月	杠杆率以及净稳定资金比率的过渡期,将对杠杆率及其组成加以跟踪,银行层面的杠杆率及其组成的披露从 2015 年 1 月 1 日开始	
2017 年 1 月以后	杠杆率以及净稳定资金比率的最终确定和全部实施	

资料来源:Group of Governors and Heads of Supervision announces higher global minimum capital standards, Basel Committee On Banking Supervision. Sep. 12, 2010

第二章

新资本协议与西方发达国家
银行监管现状

本章在承接第一章对巴塞尔协议历史渊源叙述的基础上,以独特的视角从新资本协议对西方发达国家的银行监管影响的现状角度入手进行分析,选取的例证国家包括美国、英国、日本、德国等欧美亚洲的老牌资本主义强国。通过对新巴塞尔协议对这些国家金融银行影响现状的总结,提炼出此种影响对我国现阶段及今后银行监管发展的启示,对今后我国银行业发展与新资本监管的更好协调有较大的指引和促进作用。

第一节　西方发达国家金融监管的历史演进

金融监管是在金融业发展过程中,伴随着金融波动与危机逐渐形成和发展的。金融监管是一国政府为保持金融体系稳定,通过设立监管机构对金融机构实施的监督和业务管制,在维护公众对金融体系的信心、保护存款人(投资人)利益、提高金融体系效率和控制金融体系整体风险等方面发挥了巨大作用。

一、金融监管理论概述

金融监管是在金融业发展过程中,伴随着金融波动与危机逐渐形成和发展的。金融监管是一国政府为保持金融体系稳定,通过设立监管机构对金融机构实施的监督和业务管制,在维护公众对金融体系的信心、保护存款人(投资人)利益、提高金融体系效率和控制金融体系整体风险等方面发挥了巨大作用。

（一）金融监管的理论基础

现代经济学的发展,尤其是"市场失灵(failure of markets)理论"和"信息经济学"的发展为金融监管奠定了理论基础。其主要内容如下。

（1）金融业财务杠杆理论。也称为金融体系的负外部性效应,是指金融机构的破产倒闭及其连锁反应将通过货币信用紧缩破坏经济增长的基础。金融业自身的经营特点是金融机构(特别是商业银行)的资本利用率大大高于普通企业,它可以用同样的资本支撑起更大的资产运营,即金融企业的财务杠杆较高。相对于整个资产来说,所有者以较少的投资可能获得较高的收益,但自身承担的风险要小得多。这种制度安排加大了金融机构所有者和经营者的冒险动力,一旦出现问题,社会公众承受的风险也远高于普通企业。美国学者林捷瑞恩指出:当银行倒闭损害其他银行和经济成分时,这种消极的外在影响就发生了。这种"负外部效应"的消除通过市场机制运行无法解决,只能通过政府的外部干预来实现。

（2）金融体系的公共产品特性。公共产品的特点在于其消费既不具有排他性,也不具有竞争性,即增加一个消费不引起边际成本的增加,也不减少其他消费的可能性。公共产品是市场失灵的一个重要原因,任何人没有必要也无法排斥他人对这种产品的消费,其中也包括不付费的搭车者。稳定、公平而有效的金融体系可以被近似地看作公共产品,一方面任何人都可以尽享这样一个金融体系提供的信心和便利,另一方面任何人享受这种好处并不妨碍他人享受这种好处。当利用金融产品的公共性而使得搭便车行为日益盛行时,投资者的决策质量极易受到影响,潜在风险巨大。在这样的环境中,会有金融机构违背审慎经营原则,冒险成为个别金融机构的理性行为,最终却可能导致集体的非理性后果,导致公共产品的供应不足。金融体系的这一特性,决定了其运行必须要有一个无私的主体,对所有金融机构个体进行限制和监督,以维护金融体系的稳定性。

（3）信息不完备和信息不对称。以凯恩斯对经济运行中普遍存在的不确定性理论为基础,1961 年斯蒂格勒发表了《信息经济学》一文,将信息问题引入经济学分析中,由此兴起了以信息不完备和信息不对称为研究基础的信息经济学,其核心是信息不完备和信息不对称对个人选择和制度安排的影响。在金融领域中,商业银行与存贷款者之间、承保机构与被保险人之间、证券投资者与发行者之间都存在着大量信息不完备和不对称的情况,导致即使主观上愿意稳健经营的金融机构也有可能随时因信息问题而陷入困境,难以承受搜集和处理信息的高昂成本,使金融产品的交易成本增加,交易量萎缩,并造成金融资源的浪费。由于信息产品的公共特性,将搜集和整理信息的任务自然落在政府身上,政府有责任采取措施减少金融体系中信息不完备和信息不对称,以积极态度通过适度的方法和手段对金融市场、金融主体和金融产品进行干预。

(4)金融机构自由竞争的悖论。金融机构是经营货币的特殊企业,它所提供的产品和服务的特性,决定其不完全适用于一般工商业的自由竞争原则。一方面,金融体系的效率与稳定性之间存在一种替代关系。同其他行业一样,金融业的效率来源于充分竞争,而这种竞争是通过优胜劣汰的机制实现的。由于金融机构个体对整个金融体系有很强的外部性,被淘汰的有问题的金融机构的支付困难,会引起社会恐慌而在整个金融体系传播。另一方面,金融机构规模经济的特点使金融机构的自由竞争很容易发展成为高度的集中垄断,而金融业的高度集中垄断不仅在效率和消费者福利方面会带来损失,而且也将产生其他经济和政治上的不利影响。要实现金融体系效率与稳定的平衡,对其进行合理的管理与调节是必要的。

(二)金融监管理论的发展

金融监管理论来源于人们化解金融危机、保持金融稳定的实践需要,并在一次次的危机中修正与完善。在这一过程中,金融监管理论经历了以下四个主要发展阶段。

1. 古典经济学框架下的金融监管理论的自然萌芽阶段

古典主义的自由经济理论在20世纪初叶之前,一直占据着主流经济学的地位。在以亚当·斯密为代表的古典主义经济学家看来,自由竞争的市场经济无疑是最完美的,在市场这只"看不见的手"引导之下,市场机制能自动调节供求,实现资源配置的帕累托最优效率,经济运行形成一种理想的"自然秩序",政府不需要对经济进行干预,政府的职能"仅限于守夜人的角色"。那一时期,西欧、美国等早期发达资本主义国家的实际经济运行也最接近完全竞争条件,处于自由资本主义时代,因此古典主义的自由经济思想体现在金融领域,就是放松甚至反对金融管制,政府在制定金融管制措施与制度上推进缓慢,没有形成系统的金融监管理论。

但是,完全自由竞争状态只是相对而言的,周期性的金融危机从16世纪开始在欧洲就出现了,并且每隔10多年就爆发一次。早期的金融危机往往起因于对证券的过渡投资,股票或债券的价格在公众的投机获利心理驱使下和自身价值发生严重背离,导致金融泡沫出现。在这一时期,最著名的事件当属18世纪初发生在英国的"南海泡沫事件"。英国政府为避免因此引发巨大的金融危机,先后颁发《泡沫法案》(*The Bubble Act*)和《禁止无耻买卖股票恶习条例》。但是,在古典经济学框架下,政府不承认市场的缺陷和不完备性,把金融体系的不稳定归结为经济参与者的恶意和无耻行为,导致两部法案的实施均以失败告终。虽然如此,这两部法案建立了最初的金融监管理念,成为金融监管的雏形。

总而言之,20世纪30年代以前,自由市场经济正处于鼎盛时期,理论界关心的重点是如何保持货币的稳定和防止银行挤兑,金块主义者和反金块主义者的"金块论战"、银行学派和通货学派关于货币供给的争论以及"最后贷款人"理论的提出成为这一时期金融监管理论的代表,对于金融机构经营行为的规制、监管和干预都很少论及,总体上来说是片面而粗浅的。

2. 20世纪30～70年代现代金融监管理论初步形成

1929～1933年的大危机提供了一系列证明市场不完全性的充分证据,使经济理论界开始认识到古典经济学所推崇的"看不见的手"的调节并非是万能的,由于私有经济内在的不稳定性,在放任自流的情况下必定会陷入萧条之中。立足于市场不完全、主张国家干预经济的凯恩斯主义经济学逐渐占据主流地位。

在金融市场上,由于市场信息的不完全和金融体系的自身特点,市场的运作有时也会失灵,在20世纪30年代大危机中,大批银行及其他金融机构的倒闭,给西方市场经济国家的金融和经济体系带来了极大的冲击,甚至影响到了资本主义的基础。大危机后,金融监管理论在凯恩斯主义的主流经济学影响下,开始快速发展。这段时期的金融监管理论研究成果认为,自由的银行制度和全能的金融机构具有较强的脆弱性和不稳定性,认为银行过度参与投资银行业务,并最终引发连锁倒闭是经济危机的导火索。因此,这一时期的金融监管理论主要以维护金融体系安全、弥补金融市场的不完全为研究的出发点,将研究重点放在经济运行的内在不稳定上,并将监管的中心环节从危机前的控制货币发行转向对金融机构的微观行为的管制与监督上,以保证即使存在市场缺陷的情况下,金融体系仍能平稳运行。主张政府干预,弥补市场缺陷的宏观政策理论,以及市场失灵理论和信息经济学的发展进一步推动了强化金融监管的理论主张。这一时期金融监管理论主要是顺应了凯恩斯主义经济学对"看不见的手"的自动调节机制的怀疑,为30年代开始的严格而广泛的政府金融监管提供了有力的注解,并成为第二次世界大战后西方主要发达国家对金融领域进一步加强管制的主要论据,使得当时的金融监管呈现出严格监管、安全优先的特点。

3. 20 世纪 70、80 年代金融监管过度理论的兴起

20 世纪 70 年代,困扰发达国家长达十年之久的"滞胀"宣告了凯恩斯主义宏观经济政策的破产,越来越多的学者开始怀疑各种制度的管制程度和政府解决市场不完备的能力。如斯蒂格勒于 1971 年提出:在当前政治经济形势日益复杂的情况下,无法确定什么是合理的社会整体利益,无法保证政府不会将特殊利益置于社会整体利益之上。某些市场确实需要管制,但最终在多大程度上实施管制则取决于市场参加者相互牵制的力量。发达国家的金融体系在这时也发生了重大变化,金融创新产品开始大量涌现,各类金融机构交易活跃并出现业务交叉,计算机和通讯技术在金融领域被广泛应用。技术进步和金融创新引起了金融体系的一场持续至今的革命,同时也要求较为宽松的金融管制环境,金融参与者认为以往的金融管制过于强调安全和稳定,限制了金融创新。

这一时期,以新古典宏观经济学和货币主义、供给学派为代表的自由主义理论和思想开始复兴,"捕获理论"、"卡特尔管制理论"、麦凯和里德的"社会选择理论"、哈耶克为代表的新自由主义观点、麦金农的"金融抑制理论"等金融自由化理论逐渐发展起来,并在学术理论界和实际金融部门不断扩大其影响。金融自由化理论主要从两个方面对 30 年代以后的金融监管理论提出了挑战。一方面,金融自由化理论认为政府实施的严格而广泛的金融监管,使得金融机构和金融体系的效率下降,压制了金融业的发展,从而最终导致了金融监管的效果与促进经济发展的目标不相符合;另一方面,金融监管作为一种政府行为,其实际效果也受到政府在解决金融领域市场不完全性问题上的能力限制,市场机制中存在的信息不完备和不对称现象,在政府金融监管过程中同样会遇到,而且可能更加严重,即政府也会失灵。"金融压抑"和"金融深化"理论是金融自由化理论的主要部分,其核心主张是放松对金融机构的过度严格管制,特别是解除对金融机构在利率水平、业务范围和经营的地域选择等方面的种种限制,恢复金融业的竞争,以提高金融业的活力和效率。

如果说 30～70 年代金融监管理论的核心是金融体系的安全优先的话,那么,金融自由化理论则尊崇效率优先的原则。30 年代以前基本不受管制的自由金融体系在 30 年代的大危机中崩溃,导致金融体系的安全性成为人们优先考虑的目标,30 年代到 70 年代日益广泛、深入的金融监管,特别是那些直接的价格管制和对具体经营行为的行政管制,严重束缚了金融机构自主经营和自我发展的手脚,而在存款保险制度已充分发挥其稳定作用、银行挤提现象已经大为减少的情况下,金融机构的效率、效益要求就日益凸显出来,并超越了安全性目标的重要性。所以,金融自由化理论并不是对政府金融监管的全面否认和摒弃,而是要

求政府金融监管做出适合于效率要求的必要调整。

4. 20 世纪 90 年代以来适度监管理念的回归

在 80 年代后半期和 90 年代初,发达国家的金融自由化达到了高潮,很多国家纷纷放松了对金融市场、金融商品价格等方面的管制,一个全球化、开放式的统一金融市场初现雏形。但从 20 世纪 90 年代初开始,一系列区域性金融危机的相继爆发,迫使人们又重新开始关注金融体系的安全性及其系统性风险,金融危机的传染与反传染一度成为金融监管理论的研究重点。

经济学家发现,金融危机不再与经济危机相伴产生,而是呈现出独立性。对于金融危机爆发的原因,一般倾向于认为,金融自由化和金融管制的放松并不是最主要的,问题的关键可能在于,那些实行金融自由化的国家,其政府管理金融活动的能力,以及经济发展和开放策略的顺序可能存在差异。金融体系的脆弱性是无法从根本上消除的,只能通过两种方式减少:一是通过适当的措施来减少脆弱性,如通过监管加强金融信息的完全性等;二是对公众遭受的脆弱性风险提供防护性措施,如存款保险制度等。

20 世纪 90 年代的金融危机浪潮推动了金融监管理论逐步转向如何协调安全稳定与效率的方面。与以往的金融监管理论有较大不同的是,现在的金融监管理论除了继续以市场的不完全性为出发点研究金融监管问题之外,也开始越来越注重金融业自身的独特性对金融监管的要求和影响。这些理论的出现和发展,不断推动金融监管理论向着管理金融活动和防范金融体系中的风险方向转变。鉴于风险和效益之间存在着替代性效应,金融监管理论这种演变的结果,既不同于效率优先的金融自由化理论,也不同于 30 ～ 70 年代安全稳定优先的金融监管理论,而是二者之间的新的融合与均衡。

此外,面对经济一体化、金融全球化的发展,对跨国金融活动的风险防范和跨国协调监管也已成为当前金融监管理论的研究重点。以国际清算银行、国际货币基金组织以及巴塞尔委员会等为代表的国际金融组织对国际金融监管理论的发展作出了新的贡献。

二、西方发达国家金融监管的历史渊源

(一)巴林银行事件

1. 事件简述

巴林是英国商业银行之一,于 1762 年由德国移民的儿子所创立。本来巴林

银行是英国最大的银行,享有悠久的历史。在 1803 年,巴林帮美国筹集资金购买路易斯安那州,这块土地面积为 3 200 多万顷并占有现代美国总面积的 23%。巴林银行还辅助英国为拿破仑战役筹资:因此英国政府就将 5 个贵族爵位赠与巴林家族。

银行客户包括英国皇室成员与英国女王,依照英国标准巴林被视为享有声望的银行。银行总价值为 4.4 亿英镑,虽然根据现代的标准其规模并不大,但巴林银行享有了良好的口碑。

但是,在 1995 年 2 月 24 日这倒霉的日子,该行行长彼得·巴林向英格兰银行进行报告解释巴林新加坡子公司的一名交易员由于投机日经 225 股指期货与期权而遭受了巨额损失。后来调查发现总损失达 9.27 亿英镑,一笔完全能够使该行倒闭的巨金额。接着英格兰银行拒绝承担巴林银行的损失债务。同年 2 月 26 日英格兰银行要求巴林宣布破产。一周之后,倒闭的巴林银行的资产与债务由荷兰 ING 金融集团接管。

2. 事件发生的原因

导致巴林银行崩溃的是一名不合格交易员——尼克·李森,他在伦敦沃特福特区长大。大学毕业之后,李森一开始就在摩根·斯坦利银行的清算部门工作。他于 1989 年 7 月 10 日正式到巴林银行工作。进入巴林银行后,他不久就取得机会到银行的印尼分部去工作。由于他富有耐心和毅力,善于逻辑推理,能很快地解决以前别人未能解决的许多问题,使工作有了起色,因此,他被视为期货与期权结算方面的专家,伦敦总部对李森在印尼的工作相当满意,并允诺可以在海外给他安排一个合适的职务。

1992 年 3 月巴林总部将李森调到银行的新加坡子公司工作。在新加坡李森担任经理,并负责管理巴林期货子公司后台的会计和结算部门。巴林银行建立巴林期货新加坡(BFS)子公司,以便在新加坡国际货币交易所(SIMEX)上进行交易。子公司为客户和巴林其他分行提供交易服务,因此其主要利润来源为交易经纪佣金。

李森的首要任务是管理结算部门:他要处理和交易有关的文件并记下合约价格,这种工作与典型的投行后台相同。在 1992 年 SIMEX 作为金融交易所历史还并不长,为了进一步吸引生意,SIMEX 当时与远东其他的交易所相比,其交易规则较宽松而且交易费用也低。

李森的另一任务是协助巴林东京办事处的同事在 SIMEX 和大阪证券交易所之间进行套利交易。任务并不难,他只要接电话按照既定的价格买入或卖出金融契约。但李森特别有本领获得低于市场的价格,巴林总部对李森的表现十分满意,因此就提高了由李森所提供的服务相关费用。到1992年9月,巴林的日本同事也对李森的工作能力有了信心,他们停止了与李森讲契约价格而让他凭自己的判断力进行契约买卖。实际上,为了讨好日本同事,同时也实现自己变成交易员的愿望,李森故意将契约价格定得过低。

不久巴林总部就答应了李森的要求,即让他参加SIMEX交易员资格考试。他顺利通过了考试当年便做起交易来。在1992年年底和1993年年初李森被提升为后台总经理和交易主管。结算部门经理应提供交易活动记录的独立验证,所以金融机构一般就将交易职能和结算职能分开来管。巴林新加坡子公司关键的问题是李森被提拔为交易主管时,他同时还在负责管理后台部门的业务。总部没将子公司的前台职能与后台职能分开,等到总部管理人员对子公司如此危险状况醒悟过来时,往交易所的'末班车'已经出发了。

到1992年9月李森的交易已亏本了。试图挽回损失的他就开始用巴林公司的账户做起交易来。巴林管理人员以为李森在大阪证券交易所和SIMEX之间进行日经225股指期货及日本政府10年债券期货的套利交易,这种套利交易基本上是无风险的。根据李森同伦敦总部所说的话,巴林子公司客户通过李森所做的期权交易使他自己占有一个内部消息灵通的立场,因此他做套利交易就方便,利润又大。换句话说他做内部交易有优势。当总部管理人员蒙在鼓里时,他已经开始投机于东京股票市场的价格走向。

李森所报的数字不得了,他的交易利润不久就占了巴林银行总利润相当明显的一部分,这使得管理人员很高兴。在1992年巴林新加坡子公司的净利润为140万美元。在1993年净利润为1 400万美元,1994年其已达到4 000万美元。到了1994年底李森总共为巴林银行赚过1.5亿美元。当时作为巴林银行的主要利润来源之一,李森的交易也增加了大家的年终奖。巴林银行看起来一帆风顺。

后来经过调查,真相才漏出来了:李森所报的数字从头到尾都是虚假的。由于李森在同时兼管交易和结算,窜改账目、歪曲交易活动对他来说很是方便。在1992年7月他建立了一个特殊账户,账号为88888,并且嘱咐他手下的员工不要将88888账户里的交易内容对伦敦总部进行报告。他调整了交易价格,以便在转给伦敦的正式账户上只出现利润数字,同时他将任何交易损失掩盖在未经授权的88888账户里。巴林新加坡子公司后台部门的员工相信了李森对88888账户的解释,是某一位要保持匿名的客户。李森所管的业务范围过度广泛,因此一面隐瞒交易损失一面报着巨大利润的数字。

到1992年年底李森已亏了200万英镑。1993年间亏损英镑2 100万,1994

年亏损达 1.85 亿英镑。至 1994 年年底,累积损失为 2.08 亿英镑。这累积损失还超过了巴林集团当年的总利润,即 2.05 亿英镑。

(二)美国富兰克林国民银行破产事件

1. 事件的经过

在 1973 年年末,富兰克林国民银行是美国第十二大银行,拥有大约 50 亿美元的资产。1974 年 10 月 8 日它被宣布破产,其存款被欧美银行接手。当时它的总资产是 36 亿美元,其中 17 亿美元是通过向纽约联邦储备银行借款融资取得的。由于富兰克林国民银行的破产没有引起恐慌,尽管 1974～1975 年经济的大幅下滑和之后没有完全恢复都与它的破产有关,但美联储作为最终贷款人还是被认为进行了良好的操作。通过实行这些操作,美联储使富兰克林国民银行偿还了其海外分支机构存款人的债务。美联储和联邦储蓄保险公司对国内存款的保护延伸到对海外分支机构存款的保护。富兰克林国民银行实际上是在同一把伞下面的三家银行:长岛零售银行、纽约批发银行和 1969 年在伦敦开业的海外分行。伦敦银行的资金是通过在伦敦市场上支付一定费用借的,被用来在欧元市场上发放贷款。这些贷款通常是以高出资金成本很小的利息率发放。在 1973 年年末,富兰克林国民银行在伦敦分行拥有大约 10 亿美元的存款,在纽约批发银行有大约 14 亿美元的存款,在长岛零售银行约有 26 亿美元存款。

富兰克林国民银行的问题并没有在 1974 年突然爆发出来。早在 1972 年 12 月检查者就已经从 18.21 亿美元的贷款组合中找出 1.93 亿美元归为不符合标准的资产,占总贷款量的 10.6%。在 1974 年 6 月,随着对富兰克林国民银行挤兑的不断发展,被查出的贷款比重增至 12.7%。银行业国内贷款资产的业绩不佳是导致银行破产的重要原因。

富兰克林国民银行本已捉襟见肘的头寸还取决于它的收益情况。在 1970 年,它的总资产收益率是 0.66%,当时其他大规模银行的这一比率为 0.98%。1972 年之前富兰克林国民银行仍在盈利,但总资产收益率仅为 0.3%,而其他规模较大的纽约银行达到 0.78%。每 1 美元的资产赚 0.30 美元利润难以弥补人为过失或利润损失。随着经济体进入两位数通货膨胀和利息率的区间,富兰克林国民银行的资产价值、现金流和流动性都逐渐减少了。在这种环境下,1974 年早些时候富兰克林国民银行的利润就蒸发掉了。

1972 年,卢森堡的一家公司获得了对富兰克林国民银行的控股权,这家公司被一位名为 Michele Sindona 的意大利银行家控制。他花费了大约 4 000 万美元购得富兰克林国民银行 21% 的股份。仅仅通过 4 000 万美元 Sindona 就取得了约 50 亿美元资产的控制权,相当于每 1 美元的投资获得 125 美元的资产。在一家管理层和董事会仅持有少量股份的银行中(富兰克林国民银行即是如此),管理层融资量与其管理的总资产的比率是很低的。在这种环境下,除非管理层完全忠于职守,否则很有可能发生银行资产被管理层收购,这将是监管当局主要关注的问题。导致富兰克林国民银行不稳定状况的发展历程是有迹可寻的。在 1974 年 5 月 3 日,刚好在公开宣布分红派息前夕,富兰克林国民银行拥有 47 亿美元的资产。在其总负债中,有 9 亿美元来自国外的借款,有 13 亿美元来自纽约货币市场。此时,该银行还没有从美联储借款,并且国外的分支机构实际上也只为总部带来了微不足道的资金(约 700 万美元)。

1974 年 5 月 17 日,就是在银行困境公开后不久,总资产就降低了 4 亿美元。在两周内,货币市场的债务减少了 7 亿美元,变为 6 亿美元,在国外分支机构的存款减少了 1.6 亿美元,变为分支机构欠总部 1 亿美元。为了弥补损失的资金和存款,富兰克林国民银行向美联储举借了 9.6 亿美元借款。从富兰克林国民银行的联邦基金和同业存放账户的变动情况看,银行业团体明显对该银行缺乏信心。5 月 3 日,富兰克林国民银行还有 5 亿美元的联邦基金债务和 3 亿美元的同业存放债务。到了 5 月 17 日,联邦基金的借款变为零,同业存放账户减少到 1 300 万美元。在危机的最初两个星期内,也有一些国内定期存款发生了取回。从 5 月 17 日到破产关闭这段时期,富兰克林国民银行越发依赖于联邦储备银行。截至 7 月底,它向联储共借了 14 亿美元的借款,而且还欠总部大约 3.5 亿美元的海外分支机构债务。国内活期存款和定期存款从 1974 年 5 月 3 日的 18 亿美元缩减到 12 亿美元。美联储给这些金融机构明显保护的结果是,这些机构能够通过联邦基金市场获得资金。当富兰克林国民银行最后在 10 月 8 日被宣布破产时,它的总资产还不到 36 亿美元,比 5 个月前困难公开化时的 47 亿美元下跌了近 25%。在破产关闭时的全部债务中,欠美联储贴现窗口就达 17 亿美元。总资产减少 11 亿美元和对美联储的负债增加 17 亿美元,两者叠加起来意味着,富兰克林国民银行私人债务的大规模取回受到了影响。

2. 事件的评析

作为一种纯技术操作,纽约联邦储备银行对富兰克林国民银行的再融资实施得很成功。在欧元市场或者银行大额可转让定期存单市场上并没有出现可以观察到的恐慌和逃离。尽管几乎在 1974 年 6 月同时出现了巨大的"德意志银行"的破产,但仍然出现这种相对平静的局面。两家国际性的银行几乎同时破产,本应导致国际金融市场恐慌,但是,美联储有效地承接了富兰克林国民银行伦敦分支机构的存款,从而避免了从其他的美国银行出现挤提风波。这些银行在国内和海外的损失被认为是巨大的,这造成了他们在欧洲的分支机构的发展出现障碍。对这些更大规模银行海外机构存款的挤兑可能会导致整个市场恐慌,如果不加抑制,将会走向深度萧条。

对美联储而言,保护富兰克林国民银行海外业务中的存款人也许是正确的。但是,1974年在使经济避免了因对富兰克林国民银行的挤兑而造成的最糟糕结果之后,美联储并没有提议对美国银行海外业务进行重大改革,这在一定程度上为今后美国银行业的发展埋下了"定时炸弹"。

(三)危机事件与西方的金融监管

上述事件的发生虽然没有直接导致金融监管的产生,却是金融监管产生的历史渊源。因为人们狂热的、非理性的证券投资活动对社会经济往往产生巨大的破坏,严重地影响了一国的经济发展和人们的生活水平,甚至动摇政府的执政根基。危机事件发生后,政府开始尝试以法律的、行政的手段介入人们的市场交易行为,以防止此类事件的发生。但是在17、18世纪,由于总体的金融业并不发达,金融交易的方式简单,内容也不复杂,因而并没有出现职能化的金融监管机构。

现代意义上的金融监管直到20世纪初才出现,但是监管思想的产生往往要追溯到那些已经发生的危机事件。在寻求金融监管的立法依据时,人们往往会引用上述事件,以说明需要对人类非理性的投机活动进行必要的监督管理。金融监管追求的最初目标也就是维护金融业的稳定,防止过度投机。

三、西方发达国家金融监管理论的演化与发展

金融监管诞生于政府对货币的管制,金融监管理论得到了政府干预理论的强力支持,它的实质是在金融市场的发展过程中,政府弥补市场机制缺陷的制度安排。金融监管理论的演化与发展同金融监管历史的演变、发展相伴而生,结合金融监管发展的历史,可以将金融监管理论研究划分为以下四个阶段。

(一)早期金融自由化监管理论(20世纪30年代以前)

现代金融监管理论的发端是19世纪中央银行制度的普遍确立。这一时期的古典和新古典经济学家认为货币是中性的,不会对经济产生实质性的影响,但事实上货币发行和票据清算统一之后,许多银行不谨慎的信用扩张通常会导致

货币紧缩进而制约经济的发展。因此中央银行由不干预金融机构的微观行为转为承担起信用保险的责任。中央银行开始行使最后贷款人的职责,为金融机构提供资金支持和信用保证,并建立存款保险制度防止银行挤兑。这一时期的有关金融和中央银行的理论虽然不能算作真正的金融监管理论但却为今后的金融监管活动奠定了一定的理论和实践基础。20 世纪 30 年代以前是自由资本主义盛行的金融自由化阶段,人们不承认市场是有缺陷的,坚信亚当·斯密的"看不见的手"的力量。金融监管理论建立在古典经济学和新古典经济学自由放任的理论基础之上,主要集中于实施货币对策和防止银行挤兑的层面,理论不够系统。20 世纪 30 年代的大危机表明了市场不是万能的,最终扭转了金融监管理论的关注方向。

(二)传统的全面控制金融管制理论(20 世纪 30～70 年代)

20 世纪 30 年代全球性经济大危机爆发以后,各国政府纷纷建立起完备的金融体系,针对银行业特有的风险采用了资本充足度、贷款集中度以及银行内部管理制度等金融监管措施。至此,单纯以法律约束为特征的金融管制阶段逐渐发展成手段和内容丰富的全面金融管制阶段。这一时期金融监管的重点是货币及银行机构的监管,监管目标是防止金融体系崩溃,维护金融业的安全、稳定。

全球性的经济大危机使人们不再相信市场万能论,重新认识到金融监管的必要性。此时,凯恩斯的宏观经济理论在西方经济对策中占据了支配地位,中央银行的职能从传统的货币管制转化为货币对策的制定、执行,政府直接管制的金融监管倾向加重。为了适应经济发展的需要,该时期的金融监管理论以对市场的不完全认识为基础,围绕市场失灵的表现展开,主要以弥补金融市场的不完全、维护金融体系安全为研究的出发点和主要内容。这一时期主要的监管理论有:"负的外部性监管理论",负的外部性无法通过金融机构的自由竞争消除,必须通过政府的干预和管制;"公共利益监管理论",金融体系作为公共产品,具有非排他性和非竞争性,金融交易很容易产生搭便车现象,政府要保持金融体系公共产品的稳定性,就要通过各种监管手段规制个体金融机构的行为;"信息不完全监管理论",政府可以通过外部监管解决金融体系的信息不完备问题,提高金融效率,减少经济损失。

(三)金融监管理论(20 世纪 70～90 年代)

20 世纪 70 年代西方国家经济陷入"滞胀"危机,凯恩斯主义失灵,人们开始认识到 30 年代的金融管制忽视了金融效率问题,过分强调维护金融体系的安全与稳定。世界金融市场发生的显著变化,使人们开始关注维护金融创新的金融环境问题。

1973 年麦金农(Ronald. I. Mckinnon)和肖(Eduard. S. Shaw)分别出版了《经济发展中的货币与资本》和《经济发展中的金融深化》,对新古典学派的货币理论进行了批评,认为发展中国家普遍存在"金融压抑"现象,政府利率的严格管制,抑制了经济增长。他们主张取消政府过度严格的金融管制,实现"金融深化",金融自由化运动在世界范围内展开,金融自由化理论正式形成。70 年代以后,布雷顿森林体系的固定汇率制崩溃,银行业为了在激烈的竞争中生存,被迫选择金融创新逃避法律的监管。对此,1975 年西方十国集团签订了《巴塞尔协议》,达成了联合监管和监管标准的共识。作为一种积极的国际联合监管,它承认银行始终处于风险之中,在保证银行风险处于可控制状态的前提下鼓励公平竞争,并防止银行的个别风险演变成金融系统风险。20 世纪 80 年代拉美和日本等国家金融危机频繁爆发,人们开始思考金融自由化是否会导致金融风险,反金融自由化的阶段到来。麦金农在 1986 年的《金融自由化与经济发展》中提出发展中国家要加强对银行的有效监管,金融自由化的改革不能操之过急。他还在 1991 年的《经济市场化的秩序——向市场经济过渡时期的金融控制》一书中提出了财政控制应优先于金融自由化的论断,提出了金融控制的国家政府职能。

20 世纪 70 年代至 90 年代的金融监管更加注重政府采取有效的对策工具,如货币对策、外汇对策等来加以监管。要求政府对金融监管作出适合于效率提高的调整和改革,经历了从崇尚金融放松管制到金融存在脆弱性需要监管的发展阶段。

(四)效率与安全并重的金融监管理论(20 世纪 90 年代至今)

20 世纪 90 年代初开始,金融危机的频繁爆发使人们关注的重点重新转移到金融体系的安全性保障和系统风险的防范上来,金融监管理论逐步转向如何协调效率与稳定的关系的研究上来。特别是 1997 年的亚洲金融危机给沉醉于金融自由化、全球化的人们上了沉重的一课。赫尔曼、穆尔多克、斯蒂格里茨等经济学家在对东亚经济的分析中指出,现实中不仅瓦尔拉斯均衡难以实现,更重要的是发展中国家普遍存在着信息严重不对称、道德风险和逆向选择的问题。经济学家普遍达成共识,认为危机的原因在于在宏观经济不稳定、金融体系不健全的条件下过早、过度进行资本开放。经济学家指出要建立一个更为广泛的金融监管体系包括加强风险管理,突出内部控制,完善市场机制等。从更为宏观的角度进行监管,尊重市场的调节和金融体系的效率。该时期典型的金融监管理论包括以下内容。

1. 信息经济学的金融监管论

一系列金融危机的爆发,特别是 1997 年由新兴市场经济国家开始的亚洲金融危机后,金融监管理论在信息经济学分析框架下不断取得新进展。由于金融中介无法避免道德风险和逆向选择问题,投资者必须实施各种监督措施比如筛选、审计、信息披露等。但是这些措施执行起来极其复杂,耗费的财力、物力远远超出个人能力,此时,政府的监管非常必要。

2. 功能观金融监管理论

该理论来源于金融体系的"功能观"学说。主要代表人物有默顿、博迪(Merton, Bodie, 1993)等。莫顿认为实现金融监管效率的根本是要保证金融因素在经济发展中起到稳定、持续的促进作用以及实现资源跨时间、跨地域的最优配置。他的观点不仅拓展了金融监管理论的视野,更对美国的金融监管产生了巨大影响。1999 年美国通过《金融服务现代化法案》,取缔了《格拉斯-斯蒂格尔法》,该法打破了以前的限制,允许金融业务的混业经营。在法律的名称上,将银行业和非银行业的全部金融活动统称为金融服务,取代银行、证券、保险等分开业务名称。

3. 激励性监管理论

20 世纪 80 年代以前,被监管者的监管激励问题较少涉及,人们关注更多的是监管理论的经济学经验研究,缺乏系统性研究。1993 年拉丰、梯若尔(Laffont, Tirole)的《政府采购与监管中的激励理论》出版后,监管理论才得到了微观经济学范畴内真正的系统性研究。拉丰和梯若尔监管经济学的最大特点是:把监管看成是最优机制的设计问题,并将激励机制引入到监管问题的分析中,尽可能地从本源上分析监管中的问题,运用相对成熟的完备合约方法分析监管者和被监管者双方的行为。

20 世纪 90 年代至今的金融监管理论通过信息、激励理论的原理向功能观的监管理念发展,是与当今金融业全球化、一体化的发展趋势相适应的表现。这一时期各个国家关注的重点是如何实现金融监管的安全、稳定与效率之间的协调问题。

四、美国的金融监管体制

美国的金融体系是独立战争以后逐步形成的,虽然仅有 200 多年的发展历史,但其金融体系最为健全,金融市场发育也最为成熟。美国金融业长期以来实行的分业监管体制,其完善、高效的特点对金融体系的发展起到了巨大作用,也成为许多国家研究和借鉴的对象。

(一)美国金融监管体制的发展历程

1. 1864 年《国民银行法》颁布——金融监管体制的萌芽

18 世纪 80 年代,美国经过 8 年的战争取得独立,百废待兴,金融业处于自由发展的状态。当时联邦政府没有被授权对金融业进行监管,州政府的监管也仅是接受银行注册的申请。但各银行为追求短期利益,大量发行银行券,造成通货膨胀,金融秩序极为混乱。美国政府为规范金融业经营行为,解决国库空虚的问题,于 1791 年成立了美国第一银行。该银行在联邦政府注册,不隶属于任何一个州,既办理存贷款业务,又发行银行券,并充当政府国库,具有商业银行和中央银行双重职能。但第一银行的雄厚实力影响了各州银行的发展,实际上处于不公平竞争的状态,因此联邦政府于 1811 年解散了第一银行。但政府不能容忍金融业的混乱状态,于 1816 年又成立了美国第二银行,在原第一银行的职责之外,增加了管理各州注册银行的职能,成为商业银行准入监管的雏形。但第二和第一银行遇到了同样的问题,于 1836 年宣布停业。

此后的几十年,美国进入了自由银行时代。这一时期,联邦政府和各州政府为稳定金融秩序,先后颁布了多项法案。如 1829 年纽约州设立了"安全基金"系统,成为后来联邦存款保险制度的雏形;此外还推行了萨福克银行制度(Suffonk Banking System),成为后来存款准备金制度的雏形。这些都为金融监管制度的全面设立奠定了基础。但到了 19 世纪 60 年代,美国商业银行的规模越来越庞大,银行券的发行也趋于混乱,为扭转金融业安全性差的局面,联邦政府于 1864 年通过了《国民银行法》。这部法案的基本内容是:建立财政部货币总监局,负责国民银行的注册和检查;对国民银行设定了最近资本金的要求;对贷款发放的种类和额度进行了限制;对银行的发钞量进行了约束;设立存款准备金制度。这种国民银行监管制度的确立,标志着联邦政府和州政府双线进行金融监管的开始,并一直延续至今。

2. 1914 年建立联邦储备体系——金融监管体制基本形成

美国建立的国民银行制度,在一段时期内保证了通货稳定,财政部货币总监局成为美国历史上首个专门的金融监管机构。但随着国民经济的快速发展,联邦政府感觉到货币供给在流通领域缺乏弹性和流通性,准备金制度不能完全覆盖商业银行的经营风险,同时证券业、保险业对经济的影响作用越来越大,这就需要成立一个高度集中的机构来掌管整个金融业,实现对金融业风险的全面控制。但是,美国宪法确立了联邦政府和州政府的分权体系,建立大一统的监管机构难以行得通,因此美国一直没有向其他国家那样成立中央银行来监管金融业。

1907 年,美国爆发了经济危机,造成大量中小金融机构的倒闭,严重挫伤了社会公众对金融机构的信心。为彻底解决金融风险问题,美国于 1913 年通过了《联邦储备法》,将全国分成 12 个联邦储备区,设立 12 个联邦储备银行,在首都华盛顿设立联邦储备局作为最高决策机构。《联邦储备法》规定,所有国民银行必须无条件加入联邦储备体系,州银行可自愿加入;废除各银行发行的银行券,由联邦储备局统一货币发行,并根据实际经济需要调节货币供应量;将再贴现作为货币供应量的调节手段;实行更为有效的存款准备金制度等。至此,美国的现代金融监管体制基本确立。

3. 20 世纪 30 年代大危机——现代金融监管体制最终形成

1929 年,爆发了资本主义国家有史以来最为严重的经济危机。在大危机的几年中,大量银行破产,许多国家的股市崩盘。美国虽然在此之前建立了联邦储备体系,但 1929 年有 642 家银行倒闭,1930 年有 1 345 家,1931 年有 2 298 家,1932 年有 1 453 家,1933 年则猛增到 4 000 家。除银行大量倒闭外,此时美国的金融监管仍面临较大问题:一是在古典经济学占据主导地位的情况下,政府对宏观经济的调控力度不够,仍然将"看不见的手"作为调控的基本手段,美联储对金融监管奉行不干预原则;二是未能有效遏制金融欺诈,投资银行普遍存在向社会公众隐瞒信息和误导投资的行为,许多公司在发行证券过程中造假、掺水,以牟取暴利;三是证券市场投机风气过浓,大量金融机构都有内幕交易和操纵有价证券价格的行为,投资者的风险意识不足;四是证券交易保证金比例过低,信用过度膨胀,造成股市泡沫严重。

为加强对金融业的监管,及早摆脱大危机的影响,美国联邦政府颁布了《1933 年银行法》,禁止金融业混业经营,并建立联邦存款保险公司(FDIC)。随后,美国在《1935 年银行法》中进一步增加了美联储的监管职能,赋予美联储执行货币政策、制定证券买卖保证金和信贷控制等权力。在对证券业的监管方面，1934年设立证券交易委员会（SEC）对证券市场进行全面管理。这样，从注重安全和要求金融机构审慎经营的理念出发，美国现代金融监管体系最终形成。

4. 20 世纪 70 年代以后——金融监管体制的进一步发展

由于美国在大危机后建立起较为完备、有效的金融监管体制，保证了金融体系在之后的几十年中稳定发展，金融业出现前所未有的繁荣。但到了 20 世纪 70 年代，"滞胀"的出现使得凯恩斯主义经济学失去主流地位，自由主义思潮回归，人们普遍认为过度的金融监管降低了金融体系的效率和活力。美国的金融机构在国际市场的竞争中越来越处于不利的局面，欧洲和日本在国际金融市场上的份额不断上升。同时，1973 年"布雷顿森林体系解体"，引起国际金融市场的动荡，加上两次石油危机，在美国引起较为严重的通货膨胀，大量存款在严格利率管制下从商业银行流到各种提供市场利率的金融产品中，出现"脱媒"现象。在这种情况下，美国的金融监管当局意识到原有的监管思路已不能完全适应时代的发展，异常严格的监管制度出现松动。1991 年美国财政部提出了《金融体制现代化：使银行更安全、更具竞争力的建议》的银行改革方案；1995 年美国众议院金融委员会通过《金融服务竞争法》，允许商业银行通过建立金融服务控股公司的方式涉足证券业务；1996 年美国货币总监署放宽了国民银行从事证券和保险业务的限制。1999 年美国颁布《金融服务现代化法》，彻底结束了长期实行的金融分业经营制度，开始了全能银行的时代。但是，美国的金融监管体制却并没有像金融机构经营体制转变那样，由分业监管变为混业监管，只是在监管理念和监管方式上进行了调整，更多地注重金融体系效率的提高，强化对金融风险的量化分析和对金融创新的风险管理。

（二）美国监管体制的基本框架

美国的金融监管体制实行由联邦政府和州政府共同负责的分业监管，分为联邦管理系统和州管理系统两部分。其中，美联储、货币监理署、联邦存款保险公司以及州政府的相关部门共同负责对银行业的监管；美国证券交易委员会负责对证券业的监管；美国全国保险监督官协会以及各州设立的保险局负责对保险业的监管；美国商品交易委员会负责对期货业的监管。美国金融监管机构的分工情况如表 2-1 所示。

表 2-1 美国主要金融监管机构分工情况

监管分工 金融机构		联邦监管体系				州监管体系
		美联储	存款保险公司	货币监理署	证券交易委员会	
金融(银行)控股公司		监督				
银行机构	国民银行		检查	监督许可		
	美联储会员	监督	检查			许可
	存款保险公司会员		监督			许可
	其他					监督许可
证券机构					监督许可	
保险机构						监督许可

主要监管部门的具体职责如下。

1. 美国联邦储备体系(FRS)

美联储作为美国的中央银行,其首要任务是制定和执行货币政策,同时对会员银行和银行持股公司行使广泛的管理权力。该系统由联邦储备理事会、联邦公开市场委员会、联邦储备银行和联邦咨询委员会等机构组成。

(1)联邦储备理事会。是联邦储备系统的最高决策机构,具有制定货币政策和实施金融监管两方面职能:一是制定存款准备金、股票法定准备金和再贴现等货币政策;二是监管储备银行和会员银行的经营行为,管理银行控股公司、在美国的外国银行和美国银行的海外业务。在日常事务中,联邦储备理事会把主要的精力和时间放在执行金融和管理职能上,因为监督管理整个金融体系并保持其活力,既是货币政策得以顺利贯彻执行的重要保证,又是考察货币政策效果的主要渠道。

(2)公开市场委员会(FOMC)。由联邦储备委员会 7 位成员和各储备银行的代表组成,根据经济发展实际情况,通过公开市场业务操作来调节货币供应量,从而调节国民经济。

(3)联邦储备银行。美国共设立 12 家联邦储备银行,负责执行货币政策和向各金融机构提供必要的服务。

(4)联邦咨询委员会。由 12 个联邦储备银行的董事会各派一名代表组成,负责收集各方面对金融监管政策的意见,向联邦储备委员会提出建议。

作为美国金融监管体系中最重要的监管主体,美联储也一直在根据金融业发展的实际情况不断创新监管手段,进行必要的改革。依据不同银行的规模、业务范围和风险承受能力实行差别化监管,提高监管的灵活性。同时加强对金融创新的管理,密切关注金融衍生品、金融控股公司的风险。

2. 货币监理署(OCC)

它是根据 1863 年的《国民银行法》设立的,虽然在政府机构体系中隶属于美国财政部,但货币监理署有很高的独立性,直接对国会负责。其主要职责是负责国民银行的监管,包括:对银行进行现场检查;颁发国民银行、外资银行分行的执照;审批国民银行设立分支机构,资本、公司或银行结构等变更事项;对违法违规行为或不稳健经营行为采取监管措施,撤换银行管理人员或董事,协商改进银行经营方式,颁布处罚令,采取民事经济处罚;制定并下发有关银行投资、贷款及其他操作的法规等。截至 2004 年 9 月,美国商业银行共计 8 129 家,资产总额为 8.61 万亿美元。OCC 负责监管其中的 1 934 家国民银行和 52 家外资银行分行,监管资产为 4.6 万亿美元,监管银行数量和监管资产分别占美国商业银行总数和总资产的 24% 和 53%。此外,OCC 监管的大银行(资产总额超过 250 亿美元的银行)数占美国大银行总数的 53%。

3. 联邦存款保险公司(FDIC)

FDIC 是根据美国《1933 年银行法》设立的,具有存款保险和监管的双重职能,对出现问题的金融机构提供存款赔付、购买资产、资助兼并收购等援助。美联储的会员银行必须向 FDIC 投保,非会员银行可自愿参加,目前新成立的银行必须向 FDIC 投保。由于 20 世纪 80 年代美国先后爆发了储贷协会和银行业危机,联邦政府开始对 FDIC 进行了一系列改革。1989 年通过了《金融机构改革、恢复和加强法》,将联邦储蓄贷款保险公司划归 FDIC 领导,加强了 FDIC 的权力。《1991 年 FDIC 改善法》将 FDIC 的借款能力提高到 700 亿美元,并根据风险状况调整保险费以防范道德风险。

4. 联邦金融机构监察委员会

该机构是根据 1978 年《金融机构管理和利率控制法》设立的,目的是为保持对金融机构监察和管理的一致性,主要任务是为金融的检查建立统一的原则和标准以及报告形式。

5. 证券交易委员会(SEC)

该机构设立于 1934 年,主要负责对证券业的监管。

6. 专项监管机构

美国全国信贷联社管理委员会(NCUA)和全国信用社保险基金(NCUSIF)负责对信用社的监管。联邦土地银行系统对 12 家联邦土地银行和专门发放农业贷款的金融机构进行监管和资金融通。

7. 各州的金融监管机构

美国各州都设立有自己的金融监管机构,负责在本州注册的金融机构的监管,包括机构与业务准入、业务检查等。

(三)美国金融监管体制的特征

(1)分业监管体制。1929 年大危机后,为有效控制金融业风险,美国于 1933 年颁布的《格拉斯—斯蒂尔法案》将银行业与证券业严格分开,奠定金融业分业经营的基础。但随后的几十年中,各金融机构之间在追求利益最大化的驱动下从未停止过互相渗透。特别是到 20 世纪 70 年代之后,严格的分业经营已经使得美国金融机构在市场拓展上屡屡受阻,难以和其他国家的综合金融集团相竞争,为此,美国金融监管当局逐渐放松对分业经营的管制。70 年代中期,监管当局允许美国最大投资银行之一的美林公司成立货币市场共同基金(MMMF)和现金管理账户(CMA),使得投资银行与商业银行之间的界限变得模糊不清。1987 年,美联储利用《格拉斯—斯蒂尔法案》的漏洞准许三家银行持股公司——花旗集团、银行家信托公司和 JP·摩根公司办理部分有价证券业务。而 20 世纪末的金融业并购浪潮更是席卷美国,1998 年花旗集团和旅行者集团合并成横跨银行、证券和保险领域的大型金融集团,美国金融业的分业限制名存实亡。1999 年 11 月,美国颁布《金融服务现代化法案》,金融业混业经营时代正式开始。但是,美国的金融监管体制却并未随着经营体制的改变而改变,没有像英国、日本、德国等发达国家那样由分业监管转变为混业监管,只是更强调了美联储的综合监管职能,并加强了众多监管部门的协调与配合。

(2)独特的双线监管模式。长期的社会和历史原因,使美国确立了三权分立的联邦政治体制,反垄断和抑制权力过分集中的理念非常广泛。政治因素对金融监管体制的形成产生了较大的影响,在一定历史条件下是政治力量博弈的结果,反映在金融监管上就存在着联邦和州的双轨体制,金融监管的区域化、部门化特征明显。世界各国采取双线金融监管的国家很少,除美国外,还有巴西在 20 世纪 60 年代参照当时美国的模式建立了双线分业的金融监管体制。

（3）受长期实行的单一银行制影响较大。为防止金融集中和垄断,美国联邦政府一致限制银行机构的跨州经营,美国单一银行制度的形成导致全国银行机构的数目超过 1 万家,而金融业发展比美国要早的英国由于实行总分行制,银行机构才有几百家。这也正是美国一直采取分业监管模式的重要原因,单一的监管机构难以高效、全面地监管所有的金融机构,必须依靠设在各州的监管部门实行属地监管。但随着时间的推移,在银行持股公司快速发展和金融业兼并浪潮兴起的情况下,美国的单一银行制在《1994 年跨州银行法》出台后宣告结束。上述这种长期实行的单一银行制,对美国金融监管体制的发展变革影响较大,成为联邦政府实施监管体制改革所要考虑到的重要因素。

（4）纷繁复杂的金融监管法律体系。美国是世界上金融法规最为严密也最为庞杂的国家,联邦政府和各州的立法机构都出台有相关金融监管法规,在银行、保险、证券等领域都有章可循。但是,由于美国各州的独立性很强,各自所制定的金融监管法规具有很大的差异性,也造成美国在短时间内难以实行统一监管。

五、英国的金融监管体制

英国是金融业发展最早的国家,从 1694 年英格兰银行成立就开始了金融监管体制的自然形成与演进的过程,但真正意义上的现代金融监管形成却大大晚于美国、德国等发达国家。历史上英国金融监管体制以法制宽松而著称,更多地依靠行业自律来维护金融体系的稳定。1997 年 10 月,英国金融服务局成立,标志着英国金融监管体制由分业监管模式转变为混业监管模式,对研究金融监管体制的发展趋势有很强的借鉴作用。

（一）英国金融监管体制的发展历程

1. 1979 年以前——行业自律式监管

1694 年,为解决政府财政困难,促进资本主义工商业发展,改变高利贷横行局面,英国成立了英格兰银行,负责借贷及发行银行券,标志着现代银行业的开端。1844 年,英国通过《皮尔条例》,使英格兰银行在货币发行方面享有其他银行所不具有的特权,英格兰银行开始凭借自身的实力和政府支持逐渐担负起中央银行的各种职能。第二次世界大战后,英国政府颁布的《1946 年银行法》将英格兰银行国有化,并授予其对其他银行的监管权。但是,英格兰银行从未行使过这一权力,金融监管依靠的是金融业的自律和道义劝说。在 1979 年以前,英国金融监管不是依据严格而正式的法律法规,而是在监管者与被监管者之间建立起充分信任、共同合作的机制。

20 世纪 70 年代初，英国的房地产市场出现空前繁荣，商业银行将大量贷款投放到房地产业中。1974 年，房地产泡沫开始破灭，大量银行发生信用危机，经营陷入困境，不得不依靠英格兰银行和清算银行提供的临时贷款满足保付需要。这次银行危机暴露了英国自律式银行监管的缺陷，英国政府意识到自律式监管已经不适应现代金融业发展的需要，必须建立起机构独立、权责明确的金融监管体系。

2. 1979 年—1997 年——典型的分业监管体制

在社会各界要求英国政府加强金融管制的强大呼声下，英国政府开始着手建立现代的金融监管体制。但是，各金融机构则从市场竞争机制角度出发，强烈反对政府的过度管制。在各方力量权衡之后，英国形成了自律管理与立法监管相结合的金融监管体制。

《1979 年银行法》的出台是英国金融史上的一个里程碑，它将英格兰银行的监管职能法制化，其有权对接受存款的金融机构进行监管。但是该法赋予了英格兰银行很宽泛的自决权，在管理、评价和解释等方面带有很大的随意性。同时，受传统观念的影响，英格兰银行对信誉高、实力强、历史悠久的金融机构没有采取过多的监管措施，认为对这样的机构依靠自我监管即可。

1984 年 10 月，英国的约翰逊·马丁银行由于对单个借款人放款数量过大，当借款人倒闭时，银行陷入困境，不得不依靠英格兰银行 2 亿英镑的援助才渡过危机。这次事件促成 1985 年《银行监管白皮书》和《利·彭伯顿报告》的发表。在此基础上，英国政府在 1986 年和 1987 年先后颁布《金融服务法》和《1987 年银行法》。《金融服务法》从根本上改变了英国金融市场的管制体系，在该法案基础上成立了证券投资委员会（SIB），对从事各种金融服务的企业和从事证券活动的自我规范组织进行监管。《1987 年银行法》则确立了英国金融监管的法律框架，标志英国金融监管进入规范化和法制化轨道。但它没有过多地对具体问题作出详细、硬性地规定，允许英格兰银行在法律框架内，根据监管对象的具体情况，采取灵活、切实的监管方式。

这一时期英国实行的分业监管体制，贯彻了崇尚自由竞争的思想，迎合了全球金融领域放松监管的要求，也促进了英国金融业的快速发展。

3. 1997 年以后——开始实行混业监管模式

随着金融自由化和全球化程度的加深，英国金融业的风险开始显露。20 世纪 90 年代英国先后发生国际商业信贷银行和巴林银行倒闭事件,说明传统的英国金融监管体制已经不适应新形势的发展。同时,英国的通货膨胀率连续几年居高不下,社会公众认为英格兰在执行货币政策和实行金融监管两方面难以兼顾,造成"都管都未管好"的局面。

1997 年 10 月,英国工党政府在上台伊始即开始着手金融改革,将英格兰银行、证券投资委员会以及其他金融自律管理组织的金融监管职能全部合并,成立金融服务局(FSA),负责金融业的全面监管。这一改革的目的在于:一是适应金融业经营体制由分业经营向混业经营的转变;二是改变金融业监管机构过多,各自为政的局面;三是规范政府债务及现金管理。1998 年,英国颁布新修订的《英格兰银行法》,赋予英格兰银行更大的制定货币政策的独立性,从而在法律上将银行监管的权利移交给金融服务局。2000 年 6 月,英国正式发布《2000 年金融服务和市场法》,这部在英国创下最多修改记录(2 000 多次)的法案是英国建国以来最重要的一部关于金融服务的法律,它使得此前制定的一系列用于金融监管的法律法规都被其取代,成为英国金融业的基本法。该法明确了新成立的金融服务局以及被监管机构的权力、责任和义务,统一了监管标准,规范了金融市场的运作。至此,英国的金融监管体制由分业监管模式转变为全面、统一的混业监管模式。

(二)英国金融监管体制的基本框架

1. 1997 年改革前分业监管模式的基本框架

在 1997 年金融服务局成立前,英国实行单线多头式的混业监管模式,监管权集中于中央政府,由不同的监管机构对不同的金融机构和金融业务进行监管。1986 年《金融服务法》和《1987 年银行法》颁布后,英国的金融监管主要由英格兰银行等 9 家机构共同实施,这 9 家机构分别是:英格兰银行审慎监管司(SSBE)、证券和投资委员会(SIB)、个人投资局(PIA)、投资管理监管组织(IMRO)、证券和期货监管局(SFA)、房屋互助协会委员会(BSE)、贸易和工业部的保险董事会(IDDTI)、互助委员会(FSC)和互助会登记管理局(RFC)。从各个监管机构的名称不难看出,当时的监管体制是按照被监管的机构和业务来分别设置的。

2. 1997 年以后混业监管模式的基本框架

1997 年 10 月英国金融服务局(Financial Service Authority,FSA)成立后,成为集银行、证券、保险三大监管责任于一身的一元化金融监管机构,具有制定金融监管法规、颁布与实施金融行业准则、给予被监管者指引与建议、制定各项金融业务的一般政策和准则等职能。其工作目的是保持公众对英国金融系统和金融市场信心；向公众宣传，使公众能够了解金融系统及与特殊金融产品相连的利益和风险；确保为消费者提供必要的保护；为发现和阻止金融犯罪提供帮助等。

FSA 实行董事会制度，董事由英国财政部任命，董事会的职责是制定FSA 政策，日常作业决策及员工管理由执行董事负责，其主要任务为核准设立（authorization）、金融监管（financial supervision）、强制纠正（enforcement）和消费者关系（consumer relations）四大部分。

FSA 内设部门分为金融监管专门机构和执行机构两大方面，对银行、证券和保险等行业由不同的部门来实施监管，具体内设机构和部门职责如表 2-2 所示。

表 2-2　英国金融服务局主要内设机构及其职责

职能部门	英文简称	主要职责
银行管理局	S&S	银行业务监管
证券与投资管理局	SIS	投资业务监管，证券交易所、清算所监管
证券与期货管理局	SFA	证券与金融期货业务监管
互助金融机构注册部	RFS	互助金融机构、住房信贷机构以及其他互助机构登记
个人投资管理局	PIA	私人投资业务监管
投资基金监管局	INRO	基金管理公司业务监管
保险监管局	ID	保险业监管
互助金融机构委员会	FSC	互助金融机构监管
住房信贷机构委员会	BSC	住房信贷机构监管

此外，FSA 还设有两个咨询机构，分别由被监管机构代表和消费者协会代表组成，可以对 FSA 起到监督制约与顾问咨询的作用。

（三）英国金融监管体制的特征

（1）单线的统一监管体制。在 1997 年英国金融服务局成立后，英国的金融监管体制由分业监管转变为混业监管，所有监管权集中于中央政府，并且金融服务局的监管对象几乎涉及所有的金融行业和业务。

（2）快速而彻底的体制改革的结果。同其他国家相比较，英国在 1997 年的金融监管体制改革是进程较快且一步到位的，在不到 4 年时间里整合了原来众多的金融监管机构，且将全部的金融监管职能赋予金融服务局。而其他国家的改革过程相对时间较长,且不够彻底,如挪威、丹麦、瑞典等北欧国家虽然较早提出金融监管体制由分业向混业转型,但经历的时间较长,加拿大、澳大利亚是先将银行业与保险业的监管机构合并,卢森堡是先将银行业与证券业的监管机构合并,都没有马上变为彻底的混业监管模式。

(3)灵活而温和的监管理念。英国是发展最早的市场经济国家,自由民主思想十分浓厚,形成的金融监管理念同其他国家相比,更注重社会道德和自我约束,并且针对不同的金融机构和业务,金融服务局倡导差别对待。其监管理念是以谨慎规则为本,而不是以控制为基础实施监管;与被监管机构保持距离,避免频频到现场检查。

(4)同中央银行与财政部建立密切的协作关系。虽然金融服务局具有很强的独立性,但它同英格兰银行和英国财政部仍有很密切的关系。英格兰银行主要负责执行货币政策和保持金融市场稳定,在FSA中有代表权,并通过货币供应量的监测和支付体系来发现金融机构存在的问题,同FSA进行信息沟通。英国财政部负责全面金融监管组织框架的确定和金融监管立法。在这三者之间成立了三方小组会谈机制,定期磋商有关问题,保持信息共享,共同维护英国金融体系的稳定。

(5)建立了金融监管制衡机制。为确保金融服务局能正确行使法律所赋予的权力,避免发生以权谋私、权力失控的情况,英国政府成立了金融服务和市场特别法庭(Financial Services and Market Tribunal),用以审理监管当局和被监管机构之间出现的难以协调的矛盾,大大提高了金融监管的规范性和整个金融业的法制化水平。

(6)避免双重监管。20世纪末,欧洲一体化进程加快,特别是欧盟成立后实行了母国金融监管对等原则,即设在欧盟其他国家的金融机构的监管由母国金融监管机构负责。英国金融服务局为避免出现双重监管的情况,不再对欧盟国家设在英国的金融机构进行监管,但与其他欧盟成员国的金融监管机构建立了对话与通气机制。但是英国长期遵循的自律监管理念同其他国家金融机构的经营行为经常出现"不对接"的情况。

六、日本的金融监管体制

日本在明治维新期间,金融业开始快速发展。特别是第二次世界大战之后,在政府的强力干预下,日本采取了金融超前发展战略,即以优先发展金融资本来推动经济的快速发展,金融业成为日本的重要支柱产业。日本在金融监管体制的建设上,一直将美国模式作为范本,在战后实行分业监管体制,但在20世纪末,为顺应金融业的发展,同英国一样实施了金融监管体制改革,转变为混业监管体制。

(一)日本金融监管体制的发展历程

1. 第二次世界大战前日本的金融监管体制

1868 年明治维新后,日本为发展资本主义经济,开始推行"殖产兴业"政策,并着手建立现代银行体系。1872 年,日本模仿美国的国民银行制度制订了《国立银行条例》,大量的国立银行(国立银行并非是国家设立的银行,只是在资本金支付和银行券发行上遵从《国立银行条例》)开始设立,金融业务蓬勃发展。由于发行银行券的机构过多,导致日本的通货膨胀日益加剧,因此日本政府于 1883 年修改了《国立银行条例》,以便将货币发行权逐步上收到日本银行手中。

日本银行是依据 1882 年《日本银行条例》设立的,除商业银行的业务外,还承担有货币发行和代理国库的职能,具有中央银行的性质。1890 年,为加强对金融业的监管,日本出台了《银行条例》,明确由日本银行负责对普通银行的监管,而专业性银行则受各自法律所规定的监管机构进行监管,其中最主要的监管机构就是大藏省(财政部)。但是,《日本银行条例》和 1942 年的《日本银行法》均未对日本银行的监管职能做出具体规定,这一时期的金融监管主要是由政府来承担,大藏省负责具体实施工作。

2. 第二次世界大战后日本的金融监管体制

第二次世界大战后,日本为快速恢复经济,金融业进行了一次大规模的改革,废除了原来的特殊银行和殖民银行,开始设立大量的专门金融机构,如输出入银行、开发银行、长期信用银行、外汇专业银行、各类农林渔业金融机构等,现代日本的金融体系基本确立。

第二次世界大战后一直到 1998 年,日本在金融监管体制上形成了大藏省与日本银行共同监管金融业的格局。大藏省在中央政府指导下,集金融行政权与金融监管权于一身,承担起主要的金融监管责任。大藏省下设银行局、国际银行局、证券局等日常监管部门,其中银行局是对银行业实施监管的部门,负责具体执行对银行机构的调查、规划、日常监管和行政指导等;国际银行局负责对银行的外汇业务、国际贷款和投资进行监管,并负责利用外资政策的制定与实施;证券局负责对证券交易机构的调查和规划等。日本银行作为货币政策的执行者和金融业的监管者,并不对所有的金融机构进行监管,而支队在日本银行开立往来账户或需在日本银行取得贷款的金融机构进行监督检查,其侧重于对金融机构经营风险和资产状况进行管理。

由于日本用严格的行政手段限制金融业的竞争,使得各个金融机构的市场份额和收益水平非常稳定,在很长时间内银行倒闭只是个别问题,通过业内兼并即可解决,防范风险的社会成本很小。如日本在 1971 年就建立起存款保险制度,但直到 1992 年却一直处于休眠状态,从未动用过存款保险金。20 世纪 60 年代至 90 年代,日本经济一直处于高速发展状态,金融市场规模不断扩大,加上日本的高储蓄率,银行资金来源非常充裕,金融业风险被充分掩盖,金融监管机构的作用未得到重视。

3. 1998 年后日本的金融监管体制

进入 20 世纪 90 年代,日本经济发展的步伐放缓,泡沫经济崩溃,房地产价格暴跌,金融业风险开始逐步显露。金融机构的呆、死账成为困扰日本金融界的难题。据统计,1995 年初,日本金融机构的不良债权已超过 100 万亿日元,相当于上年 GDP 的 21.5%,全部银行资产的 15%。如此惊人的数据使得日本举国上下开始思考银行不良债权的成因问题,很多学者和经济界人士认为,大量不良债权的形成归因于日本金融监管当局(主要指大藏省)对金融机构的过度干预,造成资金供求价格发生扭曲,引发资金在产业间的错误配置,最终酿成恶果。

同时,日本接连发生大型金融机构的交易丑闻和倒闭事件。1995 年 9 月,日本著名的大和银行(当年排名全球最富影响力银行第 19 位)违规买卖美国国债的丑闻被曝光,造成 1 100 亿日元的亏损,成为继巴林银行事件之后又一因监管不力招致损失的典型案例。1997 年 11 月,日本历史最悠久的证券机构——山一证券因非法交易安排导致巨额隐藏负债而倒闭。这些事件发生的深刻原因在于,日本政府极力推行金融业的保护与扶持政策,虽然在一定时期促进了金融业的发展,但助长了金融机构的依赖心理,使其竞争力下降。而且由于政府的过度干预,日本金融业的透明度和公开性非常差,普遍认为是大藏省造成了这一情况。

亚洲金融危机的到来,致使日本金融体系出现激烈动荡,银行和证券公司纷纷倒闭,金融安全受到极大威胁。日本政府认识到,金融监管体制已到了不得不改革的时候了。1998 年 4 月,日本国会通过《新日本银行法》,将大藏省所拥有的一般性监管权、业务指令权、日本银行高级职员任免权等全部废除,增加了日本银行的独立性。同年 6 月,日本金融监管厅成立,作为总理大臣府的外设局,负责民间金融机构的检查与监督。大藏省仍然负责金融制度方面的宏观决策、对金融机构的检查和监管存款保险机构等。2000 年 3 月,日本政府决定将中小金融机构的监管权由地方政府上收到中央政府,交由金融监管厅负责。同年 7 月,日本将金融服务厅与大藏省的金融体系规划局合并,成立金融服务厅(Financial Services Agency),并将大藏省的金融制度决策权、企业财务制度检查权等职能转移至金融服务厅,大藏省仅保留与金融服务厅共同对存款保险机构的协同监管权,以及参与破产处置和危机管理的制度性决策。2001 年 1 月,日本撤销金融再生委员会(FRC),将其对金融机构破产和危机管理等职能移交给金融服务厅,同时将证券交易委员会作为金融服务厅的一个专门机构,并将金融服务厅升格为直接归内阁管理。至此,经过 3 年的时间,日本建立了"大一统"的金融混业监管体制。

(二)日本金融监管体制的基本框架

日本金融服务厅作为金融行政监管的最高权力机构,除政策性金融机构由财务省(原大藏省)负责监管以外,银行、证券、保险等商业性金融机构均由金融服务厅独立监管或与其他相关部门共管。由于金融服务厅在地方没有分支机构,其直接监管对象主要是大型金融机构,地方性中小金融机构的监管则委托财务省下面的地方财务局代为实施,但这些中小金融机构占金融总资产的比重很小。

金融服务厅成立后,按照市场化监管的要求,履行制订金融法律、保持金融机构经营的合规性与稳健性、设定金融风险监管规则等职责,尽量避免干预金融机构的具体业务,并通过信息披露、增强社会公众风险意识、发挥会计师事务所等中介机构的服务功能,提高金融机构业务经营的透明度,鼓励社会监督。

财务省、劳动省、农林水产省等行政部门作为金融监管的协作机构,根据或相关法律协助金融服务厅对有关金融机构的监管。日本银行和存款保险机构可依据交易合同对有关金融机构进行检查。为发挥原来金融分业监管体制的专业化优势,日本金融服务厅在内部机构的设置上非常细化,下设总务企划局、检查局和监督局三个职能部门和六个专门委员会,具体情况如图 2-1 所示。

(三)日本金融监管体制的特征

(1)浓厚的行政管理色彩。金融监管体制从明治维新萌芽直到 20 世纪末改革的 100 多年时间里,对行政指导手段的依赖程度非常高,主要原因在于:一是日本是中央高度集权的国家,地方政府权力非常有限,大藏省长期把金融监管的权力牢牢抓在手中,不允许其他部门染指;二是东方的哲学思想倡导对上级的绝对服从,自由民主理念不像西方国家那样深入人心,接受监管的金融机构总是能够无条件服从政府指导,行政手段往往比经济手段更有效率;三是日本在第二次世界大战后赶超英美国家的意愿非常强烈,要保持经济高速增长,金融业的发展必

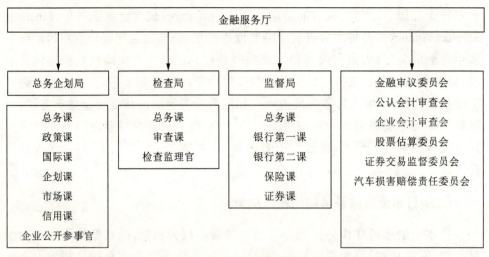

图 2-1　日本金融服务厅

须配合整个国民经济的发展规划和政府产业政策的推行。

（2）中央银行在金融监管体制中的作用不大。1998 年日本金融体制改革前，大藏省是金融监管的主体，日本银行作为中央银行只是起到配合协助的作用，甚至在当时的货币政策也更多地由大藏省掌握。在日本金融监管厅（后重组为金融服务厅）成立后，日本银行在货币政策上的独立性得以确立，但在金融监管上的角色依然没有改变。这一点同英美等其他发达国家有很大的不同。

（3）长期的金融稳定带来金融监管机构的"惰性"。由于日本对金融业的市场准入限制异常严格，金融机构之间的竞争不十分激烈，加之政府的大力扶持与保护，从第二次世界大战后至 1994 年，日本没有发生一起银行倒闭事件。这虽然保证了金融体系的稳定，但却使监管机构缺乏风险意识，放松了对金融机构的监管，效率也得不到保障。同时，在金融全球化浪潮下，日本金融机构的国际竞争力也大打折扣。

（4）渐变式的金融监管体制改革。日本在 1998 年成立金融监管厅，虽然开始行使对整个金融业的监管职能，但很多具体的监管职能仍然分散在其他机构，混业监管的优势没有得到很好的发挥。直到 2001 年金融监管厅改组为金融服务厅之后，日本才逐渐真正实现了较为彻底的混业监管。

（5）高度重视分业监管的优势。从日本金融服务厅的内设机构就可以看出，虽然在整体上实行的是混业监管，但在内部还是实行非常严格的分业监管，银行、证券和保险监管机构截然分开，既保证了由分业监管向混业监管的平稳过渡，又能够充分发挥分业监管所具有的专业化优势。

（6）更加注重功能性监管。功能性监管（Functional Regulation）是基于金融体系基本功能而设计的，更具有连续性和一致性，并能实施跨产品、跨机构、跨市场协调的监管。目前，金融监管理论界将功能性监管作为比机构性监管更为优化的一种监管模式。日本在进行金融体制改革时，为提高改革的长久有效性，充分考虑到未来金融监管理论的发展方向，在监管机构的设计上更贴近功能性监管。

七、德国金融监管体制的发展

（一）德国金融监管体制演变的阶段划分

一般认为，金融监管是伴随着银行制度而建立和发展的，与中央银行制度的发展密切相连。中央银行制度的产生就是政府为了满足其对金融业的统一管理需要，解决银行券的分散发行和流通混乱，克服银行频频倒闭诱发信用危机等一系列问题而赋予大银行种种特权的结果。

德国金融监管体制大致可划分为四个阶段。

第一阶段：萌芽阶段（1875～1931 年）。1871 年德国统一后，威廉一世政府实行了以金马克为基础的货币制度。19 世纪整个 70 年代，随着对法战争的胜利，德意志帝国的建立及马克的使用所带来的经济繁荣，又出现了一个创立银行的高潮。1875 年，帝国银行成立，实际上行使着中央银行的职能。但是在这期间，只有十分有限、零碎的调节和监督制度。

第二阶段，初始阶段（1931～1948 年）。德国真正意义上的银行监管始于1931 年（Fischer and Pfeil, 2003）。此时，总体层面上的许可证要求以及银行监管首次引入，监管机构首次建立。1931 年和 1932 年，银行业危机几乎摧毁了德国的银行系统。在这两年，政府为应付危机临时制定了一些紧急法令，首次引入了对银行的官方监管系统。为了对此进一步回应并巩固已经通过的措施，第一部德国银行法于 1934 年生效[①]。第二次世界大战后十多年，1934 年银行法仍是德国当时银行监管的基础。

第三阶段：发展阶段（1948～2002 年）。1948 年的货币改革以及之后《德意志联邦银行法》（1957）、《德意志银行法》（1961）等法案的颁布，使德国在战后迅速建立了一整套比较健全的货币制度和金融体系，制定了相对稳定的金融货币政策和有力的监管措施，为德国战后经济的恢复和发展奠定了良好的基础。在

---

① 应该注意的是，在这一时期，德国银行体系的基本结构（包括私人、公共和合作机构）已经存在，而且这三类银行组织已经建立了全国和地区层面的协会。

这一时期,德国以社会市场经济思想为指导,进行了大胆的全面经济改革。当时,由于银行和企业处于恢复、发展阶段,无力对金融制度演进过程主动施加影响,而更多的是接收来自政府的规则变化,相应地调整自己的经济行为,政府成为金融制度演进的主角,根据自己的经济指导思想和经济现状重建了经济体系,同时辅以动态调节,为经济的恢复与发展提供有力的金融支持。随后的 1952 至 1967 年,德国经济处于快速发展状态。这一时期,在政府"尽量多的市场,尽量少的国家"和"把蛋糕做大政策"的作用下,银行和企业都获得了独立的经济地位和强大的经济实力。双方的经济关系进一步密切,成为经济运行的主要力量,金融制度演进步入"自主"阶段,金融监管制度也不断发展。

第四阶段:改革完善阶段(2002 年至今)。2002 年,德国颁布了《金融监管一体化法案》,该法案授权成立金融管理局(BaFin),负责对德国银行业、证券投资业和保险业进行统一监管。新成立的金融监管局合并了原银监局、证监局和保监局三个机构,依照原有的《德国银行法》、《保险监管法》和《德国证券交易法》三部实体法,履行对德国金融业统一监管的职能。它是具有法人资格的联邦金融监管机构,直接对财政部负责。金融监管局的监管目标主要包括:第一,确保德国金融业整体功能的发挥;第二,确保德国金融机构的偿付能力;第三,保护客户和投资人的利益,从而维护金融体系的稳定。这一改革的背景是 20 世纪 90 年代以来,德国金融业面临的内外竞争压力不断加剧,迫使金融机构纷纷进行机构改革和战略调整。这种压力主要来自三个方面:一是外资银行在德国市场上份额的扩张;二是全球金融业兼并浪潮深刻地改变了银行的传统观念,加深了金融业内部业务的交叉,催生了大量的创新金融业务;三是德国银行面临信贷风险增加、同行业竞争激烈、内部机构臃肿以及银行盈利水平下降的挑战;四是金融业内部的重组使德国出现了一些大的金融集团,银行业、证券投资和保险业之间的界限更加模糊。这些都使得银行经营风险日趋复杂化、多样化、国际化。因此,为了加强对金融机构的有效监管,德国对金融监管体系实行了相应的改革。

(二)德国金融监管框架的演变

德国金融监管框架的典型变化可以 2002 年为界,简单划分为改革前后两个阶段。在 2002 年以前,根据 1957 年的《联邦银行法》和 1961 年的《银行法》,德国在联邦一级,有 4 个监管机构分别对银行、证券、保险进行监管,如图 2-2 所示。

(1) 微观监管机构。1961 年通过的银行法授权建立了联邦银行监管局(Federal Banking Supervisory Office, FBSO),它是一个独立的联邦监管机制,直接隶属于财政部,多年来在德国银行监管中发挥中心作用。根据《银行法》第 6 条,

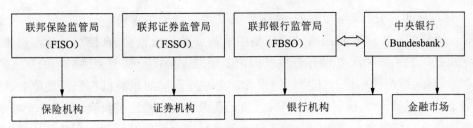

图 2-2　德国金融监管框架

银监局的首要任务是保护投资者和存款人的合法权益,负责制定和颁布联邦政府有关金融监管的规章制度,并采取措施消除各种风险因素。为保护债权人,银监局负责监管银行是否遵守不允许从事风险过大的业务的禁令,保证商业银行按照"三性"原则进行经营,银监局可以要求银行出示其账目,审核资产负债表,保证银行资本充足率,在银行支付能力不足的情况下,可以停止银行动用资金或者分发利润;负责颁发和有权吊销银行开业许可证;批准外国银行在德国设立分行或分支机构等。此外,银监局主要职责是防止滥用内部信息,不定期收集监管信息以及监管重大的股权交易等。除此之外,德国财政部还下设联邦保险监管局(FISO)和联邦证券交易监管局(FSSO)分别负责保险业和证券交易活动的监管工作。

　　(2)中央银行。德意志联邦银行(Bundesbank)是德国的中央银行。德意志联邦银行在制定与执行货币政策上保持高度的独立性,不受政府的指令干预,是西方各工业国家中保持央行高度独立性的典型。联邦银行的领导机构包括中央银行理事会、执行理事会、州中央银行分行。作为金融市场的监管者之一,德意志联邦银行拥有维护金融体系稳定的法律责任。对金融机构的监管是通过联邦银行设在各地的地区办公室进行的,办公室一方面通过对金融机构定期提交的报告对其经营状况作出分析和评价,另一方面通过现场的审慎性审计和评估金融机构的资本状况及风险管理的程序实施监管职能。因此,虽然德国有一个与中央银行分离的银行监管机构,但德国中央银行也在银行监管中扮演重要角色,并对银监局起着重要支持作用,其工作重点是收集和处理相关信息。同时,它在金融市场监管、银行危机管理中也发挥重要作用 [1]。

———————————

[1]　此外,德国中央银行在保护本国银行免受外国银行或非银行机构竞争方面也发挥了重要作用。例如,在 20 世纪 60 年代末,由于越来越多的外国机构希望发行以德国马克为面值的债券,对德国中央银行关于防止马克成为国际货币的战略构成威胁。因此,在 1968 年,德国中央银行与德国的银行机构签订了"绅士协议"(*Gen-tlemen. s Agreement*)。根据该协议,只有德国的银行才能够担任外国机构发行的马克面值债券的主承销人。这实际上限制了外国银行的竞争。该协议于 1980 年得到扩展,1985 年废除。

2002 年,为提高监管效率,德国新成立联邦金融监管局,履行对德国金融业统一监管的职能。它是具有法人资格的联邦金融监管机构,直接对财政部负责,分别在法兰克福和波恩设有办事机构。金融监管局按照德国金融机构的业务和功能,对其组织机构进行了特别的设计。金融监管局的职能机构包括理事会、咨询委员会、3 个分别接替原银监局、证监局和保监局职能的委员会,另设 3 个特别委员会负责整个金融市场的监管工作。改革后的金融监管框架如图 2-3 所示。

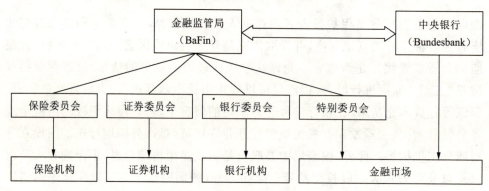

图 2-3　德国联邦金融监管局

另外应该指出的是,在 1999 年欧洲中央银行体系确立之后,德意志联邦银行失去了独立制定货币政策的功能。在此背景下,该银行的重组改革提到了议事日程上。2002 年 4 月 30 日新颁布的《德意志联邦银行法》在未改变联邦银行的基本职能的前提下,确立了新的德国联邦银行体系。改组后的联邦银行由设在法兰克福的总部、9 个地方事务办公室和分设在德国各地大城镇的 118 个分支机构组成。执行理事会是联邦银行的决策机构,它由联邦银行行长、副行长和另外 6 名成员组成。总体而言,随着欧元一体化的逐步扩大,德国联邦银行将逐步强化其宏观经济监管职能,淡化其微观监管职能。

(三)德国金融监管的特点及评价

(1)金融监管享有较高独立性。德国金融监管机构(含中央银行)享有法律赋予的超然地位,不受行政机构的干预,独立地根据金融体系的稳定性要求履行其监管职能,这就保证了监管的有效性和统一性。特别是联邦银行法和银行法的制订实施对德国的金融制度演进进程产生了重大的影响,它从根本上剥离了政府对银行的直接控制和决定权,使其金融制度演进真正成为整体经济变迁中的一个相对独立的过程。

(2)监管法制不断修订完善。德国对金融业实施监管的思想最初源于 1874

年起草的帝国银行法。1934 年《帝国银行法》开始生效。这部法律在制定后曾作过多次修改,它对金融监管的各个方面均作出了详细的规定,是德国对金融业进行监管的重要法律依据。1957 年的《联邦银行法》和 1961 年的《银行法》建立了德国金融监管的法律基础,之后德国的监管法律制度又根据实际情况进行了多次修订完善。以法律为准绳进行金融监管,把全部金融活动都纳入法律范畴,制定一套严格而缜密的金融法律制度体系,这是德国金融监管的另一个显著特点。

(3)金融监管宽严交替。与许多其他国家一样,德国金融监管一定程度上可以主要解释为对银行危机的回应。例如 1931 年始发的银行监管是由于当时出现的银行危机。第二次世界大战结束的初期,盟国占领当局和德国政府对金融体系施行了严格的管理和监督,目的在于控制严重的通货膨胀与混乱的货币信用秩序。及至 50 年代初,经过 1948 年的币制改革后,在艾哈德倡导的社会市场经济政策思想指导下,管理逐渐放松,政府干预也日趋减少。1958 年,德国取消对银行设置分支机构的限制,1960 年又取消了对银行贷款利率上限的限制。对银行体系放松管理具有充分发挥金融机构经营积极性的一面,然而也带来竞争过度、缺乏安全性等弊端。 进入 70 年代后,赫斯塔特银行(Bankhaus Hersatt)于 1974 年 6 月倒闭,引起了德国金融当局极大的震动。从此,金融管理又逐渐严格起来。例如,禁止发行大额可转让存单(CD)等流动性高、利率自由化的金融工具;又如,外国机构发行马克债券必须选择德国银行作为发行主承销人等等。这种严格管理固然有利于国内金融市场的稳定,但却带来了马克大量外流,限制了竞争,并促使近邻卢森堡金融市场的迅速发展。这种情况又迫使金融当局放松管理,实行金融市场自由化和国际化政策。例如,1985 年 12 月,联邦银行又作出允许银行发行大额可转让存单的决定,并于次年 6 月执行;1985 年 5 月后,规定外国金融机构在德国的分支机构可以从事马克债券发行的主承销业务,以促进金融市场的扩大。与此同时,为防止银行倒闭,也加强了对银行安全性的管理,例如,1985 年新颁布的《银行法》规定:金融机构的贷款总额不得超过自有资本和准备金的 18 倍,对每一客户的贷款,不得越过银行自有资本和准备金的 50％等等。

(4)受欧盟法律的影响大。进入 20 世纪 90 年代以后,德国的金融监管法律的很多变化都是为了适应欧盟的要求。例如,1993 年,银行法第四次修订,主要是将"欧洲指令"(European Directives)移至德国法律。又如,在资本市场监管方面,过去德国资本市场的监管一直是其国际化的障碍,既没有禁止内幕交易的法规,也没有保护投资者免于市场操纵之苦的措施,二级市场的监管标准也不符合国际惯例。后来在欧盟的影响下德国的监管力度得到加强。1994 年,德国颁布了《证券交易法》,这部法律不仅履行了《欧共体内幕交易指令》,也履行欧共体其他指令,其明确目标是改进和提高德国金融市场的国际化程度。

八、西方发达国家金融监管体制发展的趋势

金融危机的爆发无疑对全球金融业以致命冲击,也使现存的金融监管体系和规则面临巨大挑战。危机的发生以及造成的严重影响,都使得金融监管体系将迎来巨大变革。诸多国际组织在推进金融监管改革、促进国际协商与合作上发挥着积极作用。美国、欧盟和英国等国家和地区,也针对危机所暴露出来的监管缺陷与漏洞,都相继出台金融监管改革法案,对金融监管体系实行全面改革。不同国家在具体措施上虽然存在许多不同之处,且改革严厉程度不一,但改革法案都是在金融危机的爆发,金融系统受到严重危害的大背景下产生的,共同反映着全球金融监管的发展趋势。

（1）关注系统性风险,注重宏观审慎监管。宏观审慎监管的缺失被认为是本次危机发生的重要原因。各国法案都提出不仅要完善微观审慎监管,同时应加强宏观审慎监管,并将二者有机结合。宏观审慎监管是一种新型的金融监管模式,它是将众多金融机构看成一个整体,从整体上评估金融体系的风险,以此作为基础来制定健全金融市场的政策。宏观审慎监管的重点在于逆周期性政策的引入。历次危机表明,金融系统中的亲周期性因素使得市场盲目乐观,并推动资产泡沫的形成和系统性风险的累积。美国称将成立金融稳定监督委员会对系统性风险实施监管,并且,扩大美联储的监管权限,使这个"超级警察"能够更好地把握金融系统中的亲周期性和货币政策的逆周期性。欧盟也成立了欧洲系统风险委员会（ESRC）负责监测系统性风险,完成预警与协调任务。在英国,英格兰银行负责宏观审慎监管,并赋予其开发宏观审慎监管工具的权利,同时也规定金融服务局通过监管执法来降低系统性风险的危害,并立法明确其维护金融稳定的职责。

（2）加强资本监管和流动性监管,全面提高金融监管标准。2010 年 9 月 12 日,巴塞尔银行监管委员会召开央行行长及监管当局负责人会议,会议就资本充足率监管标准和过渡期安排达成了共识,即"巴塞尔协议Ⅲ"。新巴塞尔协议对资本充足率和流动性指标都有了更高的要求。巴塞尔委员会同时指出,国际金融监管改革的核心在于资本监管和流动性监管标准的全面提高。金融危机的全面爆发以及造成的巨大经济损失,是长期以来放松金融监管,盲目崇尚新自由主义种下的苦果。改革法案规则的具体实施都会有一个或短或长的过渡期,避免过快的高标准影响金融机构的竞争力,阻碍经济复苏的步伐。此外,在美、欧、英

金融监管改革法案中,资本监管和流动性监管都置于重要位置,新标准将全面提高,用以控制金融机构风险。

据悉,截至 2010 年 6 月底,我国国内大、中、小各类银行平均资本充足率达到 11.1%,核心资本充足率达到 9%,我国银行业的资本充足率已超过新标准。因此,"巴塞尔协议Ⅲ"对我国短期内影响不大。相对于西方发达国家银行需要大量补充资本而言,我国银行具有一定程度的优势。近期内,应当根据我国国情,结合新巴塞尔协议的规定,制定适合我国的资本监管政策。短期内"巴塞尔协议Ⅲ"对我国银行业没有直接冲击,但新协议反映出的全球资本监管新趋势仍然值得我们关注。我们应当继续坚持审慎的资本监管,提高资本监管的有效性,不断完善资本监管制度。

(3)注重衍生品的监管,拓宽金融监管范围。无论是危机爆发的起因——衍生品,还是危机蔓延和深化的推手——金融评级机构等都被纳入监管范围。实行全面审慎监管,填补以往金融监管中的漏洞,使监管体系趋于完善。美国金融监管改革法案明确指出,将之前缺乏监管的场外衍生品市场纳入监管视野,大部分衍生品须在交易所内通过第三方清算进行交易。欧盟将所有标准化场外衍生品合同均纳入交易所或电子交易平台,并设置头寸限制。欧盟还将 CDS 类型的卖空交易全面禁止。英国改革法案中明确赋予金融服务局更大的权利来禁止卖空交易,并可要求披露卖空交易的信息。

除此之外,加强对评级机构的监管也获得共识。在总结金融危机爆发的美国国会听证会上,美国三大信用评级机构标普、穆迪和惠誉承认"把灵魂出卖给了魔鬼",具有强大公信力的三巨头尚且如此,其他的可想而知。著名经济学家弗里德曼曾经形象描述过评级机构的强大破坏力,称穆迪可以用证券降级毁灭一个国家。这种描述并不为过,美国评级机构将希腊等国主权信用评级降级从而引发欧洲主权债务危机,进一步深化了金融危机,阻碍了全球经济复苏。

当然,三大评级机构的巨大影响力与美国监管当局的放任是密不可分的,鉴于此,我国应汲取教训,加强对评级机构的监管。与此同时,督促金融机构建立自身的风险评估体系,防止其过度依赖信用评级机构,这才能从根本上削弱评级机构的过度影响力。我国本土评级机构发展还不完善,在国际市场上基本没有"话语权",处于明显的弱势地位,大力支持本土评级机构的发展十分有必要。因为欧债危机的教训警示我们,只有发展本土独立的评级机构,才能彻底维护本国金融主权的核心利益。

(4)华盛顿共识面临严峻挑战,加强政府对于金融业的监管干预再次成为共识。金融危机爆发之前,建立在新自由主义经济理论基础之上的华盛顿共识占据全球主流发展理念的主导地位。危机爆发以来,经济学者们开始反思,单纯地依靠市场力量无法阻止金融危机的降临,政府必须实施一定程度的干预措施,才能使金融监管发挥更加积极的作用。基于此,全球金融监管改革的一项重要内容就包括了进一步明确监管当局的权限和职责,以更好的应对和处理危机。全球金融监管再度由放松监管走向管制的道路。

(5)重视对金融监管组织模式实行调整。全球金融监管模式中,最具代表性的莫过于美国的双线多头分业监管和英国的建立超级监管机构实行统一监管,多年来一直颇受推崇,但无论何种模式都没能阻止金融危机的爆发和严重危害。人们自此清楚地认识了这一点,完美的金融监管模式并不存在,再完善的模式也必定会有漏洞。因此,本次全球金融监管改革并没有哪种监管模式能逃脱调整的命运,无论是美国还是英国,都对现存的金融监管结构进行改革,弥补监管缺陷,提高监管的效率。

(6)全球金融监管高管薪酬体系将迎来大的变革。此次危机暴露出来的高管薪酬令公众咋舌。据揭露,AIG 前 CEO 马丁·沙利文 2005 年和 2006 年两年的奖金总额达到了 4 000 万美元。2008 年 7 月他从 AIG 辞职时,拿到了 4 700 万美元的"分手费"。美林证券前 CEO 奥尼尔,在 2005 年和 2006 年两年的奖金分别为 3 600 万和 4 700 万美元。当他 2007 年 10 月被迫辞职时,获得的期权和股票共值 1. 615 亿美元。2009 年 7 月底,纽约州总检察长科莫公布了一份报告,披露 9 家获得政府巨资援助的银行在去年累计发放了 326 亿美元的高额奖金。传统的华尔街薪酬模式也就是低底薪,高奖金,鼓励高风险高回报的投资模式,这也是促使危机发生的重要原因之一。危机前的薪酬机制下,金融企业高管过于看重短期绩效,缺乏长期风险的激励机制,刺激金融机构的风险偏好,加大了其运营风险。危机爆发后,美法德等国均提出限薪计划,强化激励相容机制。虽然在具体措施上仍有分歧,但各国在限制高管薪酬问题上已然存在共识。

根据 G20 伦敦峰会上各国取得的共识,薪酬机制改革搬上日程。峰会新成立的 FSB 作为此次薪酬制度改革的实施者,为此出台了《合理薪酬管理原则》(The FSF Principles for Sound Compensation Practices)及其执行标准,并要求各国将相关的原则和标准纳入本国监管的法律框架之中。薪酬改革的核心思想包括两个方面:一是改变薪酬的发放依据。新的薪酬原则认为,公司高管的薪酬不应取决于短期效益,而应与企业中长期绩效、风险控制以及管理挂钩。这样能有效地防止过度风险承担行为而导致的投机行为。二是要加强对于薪酬的监管力度。建议出台更加详尽的监管条例,运用更加有效的监管工具以加强对金融机构,特别是具有系统重要性的大型综合金融机构的薪酬管理,力求消除因不合理的激励相容机制而导致的风险积累。

鉴于薪酬制度不合理可能引发的严重危害,对薪酬机制进行改革也是对危机的未雨绸缪。中国的金融高管薪酬虽然不如美英等国高,但相比其他行业来看还是偏高的。2008 年揭露出的中国平安董事长马明哲 6 616.1 万元的天价税前年薪和 2009 年国泰君安证券人均年薪破百万元的风波,两大事件的重大影响导致薪酬改革呼声日益高涨。2009 年 9 月 16 日,经国务院同意,人力资源和社会保障部会同中央组织部、监察部、财政部、审计署、国资委等单位联合下发了《关于进一步规范中央企业负责人薪酬管理的指导意见》,以建立健全中央企业负责人收入分配的激励和约束机制。《指导意见》明确规定,企业负责人的薪酬主要由基本年薪、绩效年薪和中长期激励收益三部分构成。并借鉴国际经验,明确提出了薪酬管理中应遵循的五项基本原则,力求建立使中央企业负责人薪酬结构合理的规范。

尽管如此,薪酬机制仍存在着奖惩机制失衡,薪酬披露机制不透明,业绩评价体系不全面等诸多问题。基于此,首先应加强对于高管薪酬披露的监管,提高透明度。再者,大力完善公司的治理机构,并建立全面综合的业绩评价体系。然后,根据《指导意见》,进一步细化相关规定并保障其落到实处。与此同时,借鉴西方有效经验,逐步完善激励相容机制,遏制激励过度问题,维持金融体系稳定,增进社会福利。

(7) 促进金融信息的交流,推进全球金融监管的协调与合作。有人说,21 世纪是信息占主导的社会。只有准确快速地掌握相关信息,才能事半功倍,监管活动也不能例外。危机之所以发生和蔓延,与金融监管当局未能及时掌握金融业相关信息,并做出相应的回应是有莫大关联的。因此,促进金融信息的收集和交流对金融监管而言十分重要,各监管改革方案中也重点强调了这一点。此外,危机发生后,G20 等国际组织作为合作与协商平台,充分发挥着积极作用,推进全球金融监管的协调与合作。这将有助于各国在金融监管严厉程度上达成统一,避免某些国家过于宽松的监管环境影响自身的国际竞争力。

第二节 西方发达国家银行监管模式的变迁

西方发达国家的银行业经历了长期的风雨洗礼,其银行业监管模式也在摸索中不断地适应新的形势和新的变化,长期发展的实践经验和教训对我国这个银行业发展背景稍显稚嫩的国家,不能不说有着重大的借鉴意义,本章即以美国、英国、德国、日本这几个发达国家为代表研究发达国家银行业监管模式的变迁,希望能对我国未来的银行业发展有所启示。

一、美国银行监管模式

2007年爆发的美国次贷危机,已经演变成波及全球的金融危机。这场危机不仅使美国经济进入衰退,而且导致世界许多国家的经济遭遇寒流,甚至进入冷冬。这场危机深刻地影响甚至改变着当今世界经济金融格局,也给银行业监管提供了反面经验教训。加强银行业监管、防范化解银行业风险已被各国银行监管当局和国际金融领域普遍关注。在不断创新和发展的全球银行业中,如何构建有效的银行监管体系,已成为全球性的议题和难题。在此背景下,美国政府提出了金融监管体制改革的方案,其中对银行业的监管制度进行了大刀阔斧的革新。

随着金融创新和全球一体化进程的推进,我国的银行业将面临更大的机遇与挑战。我国的银行监管体制正处于改革和发展时期,还存在着不少急需改进完善的地方。我国正在积极倡导研究建立国际金融新秩序,探索建设多元化国际货币体系,如何汲取金融危机背景下美国银行监管体制变革的经验与教训,扬长避短,建立和完善我国的银行业监管体制,这是亟待解决的重要问题。

(一)改革前美国的银行监管体制

美国是世界上最早实行银行监管的国家,其银行监管体制曾被公认为是最高效、最完善和最成熟的银行监管体制之一。

1.双线多重特征

美国实行国法银行和州法银行("国法银行"亦称"国民银行",指依照联邦法律登记注册的银行;"州法银行"指按依照各州法律登记注册的银行,而并非州立银行)并存的双重银行体制,法律不仅赋予联邦政府以监管商业银行的职能,而且也授权各州政府行使监管职责。因此,除美国财政部下设的货币监管总署(OCC)以外,各州政府均设立了银行监管机构,形成了联邦和州政府的双线监管体制。OCC和州银行监管当局成为美国银行最主要的两个基本监管者,前者负责对国法银行发放营业执照,后者负责对州法银行发放执照。

其次,美联储、联邦存款保险公司(FDIC)、司法部、证券交易委员会(SEC)、期货交易委员会、储蓄机构监管办公室(OTS)、国家信用合作管理局(NCUA)、联邦交易委员会(FTC)、州保险监管署(SIC)甚至联邦调查局等机构也都从各自的职责出发对商业银行进行监督和管理。其中美联储、FDIC是两类最主要的监管机构。

美国所有国法银行都是联邦储备体系的成员,而州法银行则可自主选择是否成为联储的成员,选择成为联储成员的被称为州成员银行,否则被称为州非成员银行。美联储对所有成员银行均负有直接的、基本的监管职能。同时,美联储还是银行控股公司和金融控股公司的基本监管者,负责发放这两类公司的营业执照。由于监管对象众多,在实际操作中美联储的监管重点主要是大商业银行和大机构,而对众多小银行则主要从清算和资金循环的角度加以监测,对其具体业务活动的监管一般以抽查为主。

美国法律规定,在美国经营的银行要想吸收存款,必须首先加入存款保险,因此所有商业银行都是联邦存款保险公司的被保险人。为保证投保银行乃至整个金融体系的安全和稳健运营,降低风险,联邦存款保险公司除了进行存款保险以外,还兼有金融检查、金融预警的职能,并对投保银行实施严格的直接监管。

2. 伞形监管模式

随着金融创新的浪潮,1999 年 11 月 4 日美国参众两院通过了《1999 年金融服务现代化法案》,允许金融控股公司通过设立子公司的形式经营多种金融业务,如存贷款、保险承销、证券承销和经纪以及投资银行等。但是金融控股公司本身并不开展业务,其主要职能是向联储申领执照、对集团公司及子公司进行行政管理。对应金融控股公司这种伞状结构,美联储被赋予伞形监管者(Umbrella Supervisor)职能,成为金融控股公司的基本监管者,并且与财政部一起认定哪些业务属于允许金融控股公司经营的金融业务。在伞形监管模式下,金融控股公司的银行类分支机构和非银行分支机构仍分别保持原有的监管模式,即前者仍接受原有银行监管者的监管,而后者中的证券部分仍由证券交易委员会(SEC)监管,保险部分仍由州保险监管署(SIC)监管,SEC 和 SIC 被统称为功能监管者(Functional Regulators)。

3. 评价

美国建立了一套完整的、以法律为基础、手段先进、机构复杂、量化管理的银行监管体系,具有持续性、规范化、法制化的优点。各个监管机构分工明确,各司其职,能从不同方面和不同角度及时发现银行经营管理中的漏洞和问题;监管机构之间相互制衡,有助于防范权利滥用,提高监管效果。

但由于美国银行监管机构交叉,职能重叠,出现监管空白或重复监管,从而造成监管效率过低,浪费资源,也使机构之间协调难度增大,影响整体效率。一些不法银行则趁机钻不同监管部门的空子,逃避监管,加剧金融领域的矛盾和混乱。此次金融危机正好暴露了美国银行监管体制中的一些弊端和漏洞,从而促使美国政府决心对金融监管体系进行全面改革,消除监管漏洞,稳定金融体系,建立一种既鼓励金融创新又能保证金融市场健康稳定发展的监管体系,促进美国经济早日走出金融危机的阴霾。

(二)美国银行监管体制改革方案

历史上每次危机都会伴随着制度的调整和社会思潮的转折。2009 年 6 月 18 日,美国政府发布题为"金融规制改革:新基石"(Financial Regulatory Reform:A New Foundation)的金融改革方案,提交美国国会审议。2009 年 7 月 22 日,美国政府又向国会提交"2009 年美国金融监管改革法案"的议题,对金融改革方案进行补充和完善。2009 年 12 月 11 日,美国国会众议院通过金融监管改革方案。这被业界视为美国自上世纪 30 年代以来最彻底、规模最大、影响最广的金融监管改革,它必将对美国金融市场的发展产生深远影响。下文结合金融改革方案,阐述其中针对银行监管体系改革的内容。

1. 增设监管机构

金融改革方案建议组建新的"金融服务监督委员会"(Financial Service Oversight Council, FSOC),成员包括财政部长、美联储主席、证监会主席、全国银行监管署主任、消费者金融保护署主任、商品期货交易委员会主席、联邦存款保险公司主席和联邦住房金融局主任等。委员会主要为国会及其他金融监管机构提供咨询意见及信息交流,负责及时监控识别可能出现的系统性风险,加强各监管机构间信息共享和合作,为解决监管部门间有争议的管辖权问题提供平台。

根据法案,美国拟设立独立的消费者金融保护署(Consumer Financial Protection Agency, CFPA)作为从事消费者保护的联邦级主要监管机构,将原先由不同监管机构共同承担的消费者保护的职责加以归并,统一执行保护消费者权益的职责,减少多头监管,避免监管冲突,确保消费者权益并保护相关法律的公正有效、降低监管成本。该机构对信贷、储蓄、支付和其他金融产品和服务的消费者实施保护,并对上述产品和服务的提供商进行监管,保证消费者在接受金融服务时免受不公平、欺诈性合同条款的损害,为各类金融机构建立公平的竞争环境和制定更高的服务标准。

为消除多重监管带来的监管空白和监管冲突,金融改革方案建议成立一家新的联邦政府机构——全国银行监管署(National Bank Supervisor, NBS),以此取代美国货币监理署和美国储蓄机构监理局,负责对所有联邦特许存款机构、外资银行的联邦分支机构和分理处实施审慎监管。该机构将被授予必要的权力如要求被监管机构履行报告义务、实行监督检查权、执行审慎监管要求等以确保其对有关金融机构实施有效的监管。

2. 扩大美联储监管权限

改革法案的重点是强化美联储的监管权限,使之成为系统性风险监管者和"超级监管者"。根据法案,美联储被赋予对一类金融控股公司进行并表监管的权限。对于在美国境内直接或间接从事金融服务的公司,如美联储认为该公司的财务困境会对美国的金融稳定构成威胁,则可以将该公司归为一类金融控股公司。美联储在资本充足率、流动性管理和风险管理诸方面对一类金融控股公司实行比银行控股公司更为严格的审慎监管标准。

此外,根据法案,美联储还获得在"并表监管实体"和"受监管投资银行控股公司"项目下对证券经纪或交易商公司的并表监管(指对银行集团在并表基础上的审慎监管,即在单一法人监管的基础上,对银行集团的资本、财务及风险进行全面和持续的监管,识别、计量、监控和评估银行集团的总体风险状况)权力;获得对金融体系重要的支付、结算、清算系统和对重要金融机构活动进行监管的权利;获得在不同寻常的紧急情况下提供应急贷款的权利,加强其在防范金融危机方面的责任。

（三）弥补银行机构监管漏洞

美国现行《银行控股公司法》(Banking Holding Company Act, BHC Ac)规定:互助储蓄控股公司、工业贷款公司、信用卡银行、信托公司以及照旧例享有"非银行的银行机构"特权(Grandfathered 'nonbank banks')的公司等不作为银行控股公司,可以豁免美联储的并表监管。结果,一些投资银行如现已破产倒闭的贝尔斯登、雷曼兄弟、商业银行和金融公司通过拥有不被认为是"银行"的存款机构,逃避《银行控股公司法》的管辖,避开了美联储严厉的并表监管。

因此,改革法案规定:凡控制一参保存款机构的公司,无论其组织架构如何,也即所有的互助储蓄控股公司、工业贷款公司、信用卡银行、信托公司以及照旧例享有"非银行的银行机构"特权的公司都成为银行控股公司,都应接受美联储的并表监管,同时应该受到《银行控股公司法》对非银行活动的限制。

改革法案同时强调保留和加强商业银行和商业公司之间的防火墙(即从事不同金融服务的关联机构之间的信息流通、人事安排、业务联营以及资金融通的禁止或限制性制度),因为两者的附属会造成利益冲突、风险传递、经济势力垄断和监管的困难。银行与商业公司间的防火墙还能更好的保护联邦存款保险制度,同时防止联邦存款保险补贴向非存款银行附属机构输送,从而更好地解决银行机构内部存在的利益冲突问题。

(四)提高国际监管标准与加强国际协作

改革方案建议巴塞尔银行监管委员会继续修改和完善新巴塞尔协议,并在2009年底之前细化交易账户和证券化产品的风险权重,引进补充性杠杆比率,完善对资本的界定。同时也敦促巴塞尔银行监管委员会深入评估新巴塞尔协议框架,采取反周期性的资本充足要求,即要求银行金融机构在经济增长时期建立资本缓冲机制(Capital Buffer),以应对经济萧条时资本缓冲之需。

改革方案呼吁各国当局提高相关标准,增强对信贷衍生产品和其他场外衍生交易产品的监管,特别是遵从G20峰会的承诺,通过中央清算对手(Central Counterparties)的运用来改进这一监管,并通过国际协调与合作促进这些目标的实现。改革方案还建议各国当局积极落实G20达成的关于跨境危机管理的若干原则,通过建立监管联盟,加强对国际性金融机构的国际监管合作。

改革法案建议在2009年底之前完成金融稳定委员会(Financial Stability Board, FSB)的重组。金融稳定委员会的成员是G20所有的成员国,主要职责包括关注金融市场风险、加强成员国监管部门之间的合作与信息共享,促进全球金融稳定等。通过重组使其具有的新职能制度化,积极履行工作职责。此外,法案还建议巴塞尔银行监管委员会采取措施提高金融机构流动性风险管理的标准,建议金融稳定委员会和国际清算银行及其他标准制定者一起开发宏观审慎工具。

二、英国银行监管模式

英国金融业在1997年以前一直实行分业监管。金融体系由9家监管机构共同组成。分业监管使得一家金融机构同时受几家监管机构监管的现象大量存在,不仅成本增加效率降低,监管者与被监管者存在大量争议,而且,某些被监管者钻监管者之间信息沟通不充分的漏洞,通过不同业务之间转移资金的方法转移风险,人为抬高盈利的方法偷税、漏税、洗黑钱等,这些再加上金融业创新和混业经营的趋势最终导致了英国以金融服务局(Financial Services Authority, FSA)为核心的集中统一监管的诞生。银行业监管的业务也由英格兰银行转移至FSA。

（一）英国的银行监管机构

1997 年 5 月 20 日,英国财政大臣宣布改革金融监管体系并成立综合性金融监管机构英国金融服务局(FSA),从而拉开了英国金融以 FSA 为核心,由分业监管转向混业监管的改革序幕。1998 年 6 月银行监管职责正式从英格兰银行移交给金融服务局。此后根据英国《2000 年金融服务和市场法》[①] 的规定,其在 2001 年年底前完成由 FSA 接管其他 6 个监管机构职能的任务。至此,FSA 已取代了原来的 9 个监管机构,统一行使对银行业、保险业、证券业的监管职能,从而成为英国整个金融界唯一的监管局。其监管对象大约包括 1 万家金融机构和 18 万个人。金融机构中大约包括投资咨询公司 5 000 家,基金管理公司 1 300 家,证券公司 1 400 家,保险公司 800 家,银行 650 家,还有交易所和登记结算公司 10 家。此外它还监管 1 万多名抵押和保险经纪人。

1. 英国银行监管主体——金融服务局(FSA)

FSA 是一个非政府组织,它由整个金融业提供资金来源,但不从公共部门或国家税收获得资金。它向英国财政部负责,并通过财政部向议会负责,决策机构是其董事会。董事会成员包括 1 名主席,3 名执行董事和 11 名非执行董事。非执行董事组成的委员会主要是确保 FSA 高效地进行运作,检查其财务控制机制以及董事会执行董事的收入分配政策。主席负责 FSA 的战略方向和全面管理。执行董事负责日程决策和行政管理。主席和执行董事共同组成 FSA 的执行管理层。FSA 内部职能部门设置分为金融监管专门机构和授权与执行机构两大块,前者包括银行与建筑协会部、投资业务部、综合部、市场与外汇交易部、退休基金检审部、保险与友好协会部,后者有授权部、执行部、消费者关系协调部、行业教育部、金融罪行调查部、特别法庭秘书处。FSA 虽然要全面负责对拥有 100 多万员工的英国金融业的监管,但其机构并不庞大,现有雇员仅 2 000 多人,这主要依靠其先进的监管手段。

由于在新监管体制下,FSA 拥有的权力非常之大。因此,英国成立了专门的金融监管制约机构"金融服务和市场特别法庭"(Financial Serviced and Market Tribunal),并于 2001 年 12 月 1 日与 FSA 同时开始运作。该法庭主要审理发生在 FSA 与被监管机构之间且经双方协商难以解决的问题。根据有关法律规定,该法庭对金融监管案件的审理采取闭门(对公众保密)审理、公开审理两种方式,

---

① 《2000 年金融服务与市场化法》(Financial Services and Markets Act 2000)是 FSA 全面监管银行、保险、证券的法律基础。在金融服务局的文件里该法案被简称为 The Act。

并以公开审理为主。"金融服务和市场特别法庭"的成立,无疑能够促使 FSA 认真依法进行监管,有助于提高英国金融监管甚至整个金融业的法制水平。使得 FSA 在正确行使法律所赋予的权力,全面履行其负有的监管职责,避免冤、假、错案发生的同时,也能有效地制止 FSA 在金融监管中可能发生的以权谋私、渎职的行为。

虽然 FSA 是英国唯一的负责综合性监管的监管机构,并具有较高的独立性,但它与其他金融管理部门的有效协调与合作仍然是不可缺少的。首先,为了克服审批程序多、监管政出多门等弊端,英国政府于 1997 年 10 月通过发布《财政部、英格兰银行和金融服务局之间的谅解备忘录》[①] 等一系列的制度安排来协调三方的关系,确立了三方合作的框架。2000 年《金融市场与服务法案》的实施,进一步从法律上确认了统一的金融监管体系和合作框架。其次,三方依据《谅解备忘录》框架建立了协调机构——常务委员会,每月开会讨论与金融有关的重大问题。任何一方都应作为牵头机构与另外两方协调发生在自己职责内的问题。第三,工作人员借调安排及高层相互担任对方重要职务以便于及时获得信息。第四,各方收集各自履行职责所需的信息和数据,为了减轻金融机构负担,两家机构不得向同一金融机构收集同样的数据,双方应就由谁收集及如何收集达成协议,然后通过建立信息共享安排,一方可以完全自由地共享另一方所收集的与其职责有关的信息。

2. 金融服务局的银行监管理念

监管理念即监管哲学,指的是金融监管的指导思想及基本原则,如监管尺度的"严"与"宽"、"松"与"紧"等。英国的银行监管在早期受自律文化的影响,表现的相对宽松。

由于历史、地理及其政治环境,英国早期经济发展缺乏成文的法律,而由"习惯法"来代替。由于英国人具有冷静理智、善于自我克制、尊重社会权威和秩序、保全声誉、遵纪守法的传统,使英国社会活而不乱,善于利用传统,既高扬之,又革新之。实用主义及善于观察的经验主义思维方式,使英国经济发展能跟上世界发展的潮流。

在推崇自由化的背景下,英国深受"习惯法"的约束。所谓"习惯",是指仁

[①] 《财政部、英格兰银行和金融服务局之间的谅解备忘录》规定了财政部、英格兰银行和金融服务局之间的权利和义务。规定财政部主要负责立法,英格兰银行主要负责货币政策的执行,而 FSA 则全面负责金融监管。

人志士着意创造或在社会经济生活中逐渐自然形成,为社会成员主动遵守的行为模式。它是在没有外来压力的情况下,人们的习惯性行为,成为稳定社会的一种手段。

以"习惯法"为主,充分表现了英国人自重自律,节制克己,不需要强制性地明令禁止。这种哲学思想在英国银行监管风格上的反映尤为突出。在很长的一段时期里,英格兰银行作为中央银行对金融机构的监管没有一整套正规的监管制度,甚至很少对金融机构进行现场检查,发现问题一般是通过"道义劝说"与"君子协定"等方式来加以纠正或解决。每当发现某家银行在经营管理方面有不妥之处时,英格兰银行只需向该行发出一封较为正式的信函,要求其规范自己的业务活动即可。尽管信函本身不具有法律的强制力,但在实际执行过程中几乎不会遇到任何阻力,正如一位评论家所说的那样:"任何一个精神正常的银行家都不会与英格兰银行较劲。"这种监管方式直至"1979 年银行法"颁布后才有改观。在此期间.英国一直没有发生大的金融动荡和银行危机。这与"习惯法"为主导的监管环境是有一定关系的。

非正式管理体系在 70 年代英国第二次银行危机以及行业激烈竞争中受到抨击。因为它仅能在小的半封闭体系中运作,难以应付大量不接受其伦理标准的新活动者和竞争者,而且其强调人为因素。

于是在这种情况下,1979 年银行法和 1987 年银行法便应运而生。从法律上确立了英格兰银行监管银行的职能。并建立了比较完善的银行监管法律框架。但是,两部法律在总体上还是只作原则性的规定,不主张对银行过分限制。之后,90 年代末,受金融混业和全球化的影响,英国进一步改革了银行监管体系,成立了金融服务局,专门负责银行监管。

改革后的英国金融监管,不能一概而论是更松了还是更紧了,FSA 的基本原则是围绕风险管理这个核心,对不同的金融机构采用"量体裁衣"式的有效金融监管。FSA 对英国的银行业,采用以风险为本的监管方法[①],并根据《巴塞尔资本协议》的规则和要求制定英国银行业的实施法规。

风险为本的监管方法遵循的基本原则:一是重视成本与效益的经营观念。二是加速金融服务业的改革。三是重视金融管理及金融服务业国际化的本质,维护英国的竞争地位。四是在对公司的负担和限制、消费者利益与行业监管利益三者之间取得平衡,维持公司合理竞争的价值。通过以上对金融服务业进行

---

① 该监管方法根据金融机构对 FSA 实现其自身目标所带来的风险大小确定监管资源的分配。可以利用较少的监管资源进行有效监管,是一种高效的监管方法。

监管,来保持高效、有序、廉洁的金融市场,帮助中小消费者实现公平交易。金融监管局与以前监管机构在监管方式上也存在显著不同的特点。

(1)最节约和有效地使用资源进行金融监管。

(2)被监管金融机构管理层是否尽职尽责是相当重要的。

(3)加强金融监管的同时尽可能不压抑金融机构的创新活力。

(4)鼓励被监管的金融机构之间开展有序的金融竞争。

(5)努力保持英国金融业的竞争力及其金融服务和金融市场的国际化特征。

英国银行监管的理念与其金融业的自律性文化特点密切相关,虽然受金融业创新发展和混业经营的影响,监管当局不得不建立相关法律,并逐步完善以减少银行危机,保护存款人利益,但是其不断完善和改革的过程仍然继承了传统宽松式监管的特点。与以往不同的是在一些细节方面,规定了更为严格的措施以防止银行出现问题。总之,改革后的英国银行监管理念应该说是做到了监管的到位,即对监管的各个方面松紧适度。

3. 金融服务局的银行监管目标

世界上大多数国家和地区的银行监管目标都体现在金融法规当中。但因为历史、文化和经济发展的不同,各国的银行监管目标也存在差异。从各国和地区的银行监管目标来看,主要有三个类型:

(1)保护金融消费者及允许银行体系适应经济的变化而变化。

(2)维护银行体系的正常运转,从而促进国民经济的发展。

(3)保护存款人的利益,维护银行的有效经营。

按照巴塞尔协议,它通常包括以下几个方面:资本充足率要求、监管当局的监督检查和市场约束。

英国 20 世纪 90 年代后期的金融改革,使其监管目标发生了很大变化。通过一系列调整和法律的出台,金融服务局将过去金融监管的唯一目标——"保护消费者"扩展到四个目标:一是维护对英国金融市场及银行业的信心;二是提高公众对金融系统的认知度,促进公众对金融制度的理解;三是确保业务有适当经营能力及财务结构健全,以保护投资者;四是监督、防范和打击金融犯罪,减少金融犯罪行为。

(二)英国银行监管的内容

银行监管当局的监管内容主要包括市场准入监管、市场运营监管和市场退出监管。

1. 英国银行市场准入监管

市场准入监管是指银行监管当局根据法律、法规的规定,对经营金融产品的机构进入市场进行管制的一种行为。按照一般经济学的含义,一个行业机构数量的变化对行业的发展有着重要影响。从长期来看,新机构的进入会使行业的平均盈利水平下降;同时,不符合市场准入标准的机构必然会增加行业风险。因此,对银行机构的市场准入监管,可以使银行业的机构数量保持在一个相对合理的水平,把不符合市场准入条件的机构拒之门外,从而为银行业稳健经营、健康发展提供保障。市场准入监管的主要内容有以下几个方面:审批机构、审批注册资本、审批业务范围和审批高级管理人员任职资格。

英国市场准入也分为四个方面:审批机构,资本金准入要求,业务准入限制和高级管理人员准入限制。在审批机构方面,FSA 负责审批银行的准入资本金,业务以及高级管理人员的任职资格等。

在资本金准入要求里有最低资本要求和资本金交付要求。英国金融服务局要求银行最低注册资本为 500 万欧元。在交付资本的形式上,他们允许首期资本交付以借入资金进行,在后期的资本缴付中可以使用非现金资产和政府债券。同时,英国也按照巴塞尔委员会《有效银行监管核心原则》之核心原则三的规定对银行的股权结构进行监督。具体分为四个方面:对单个股东的持股限制、对关联方持股的限制、对非金融机构持股的限制和对非银行金融机构持股的限制。在英国这四个方面监管都比较宽松,均可持股 100%。

在业务准入限制上又分为四个方面:经营范围限制、从事证券保险业务的限制、从事不动产交易和非金融机构股权投资的限制和银行分级制度指标。在经营范围方面,准许进行分业经营,但是需要通过间接的方式并通过附属公司承担间接责任。而对于证券保险业务则必须由独立注册的银行附属子公司经营。银行可以从事不动产交易,也可以持有非金融机构的股权,并且对持股比例并没有限制。业务准入并未设立银行的分级制度指标。

在高级管理人员准入方面,他们规定了四个指标。其中有三个准入条件指标和一个限制准入指标,分别为:适当和合适原则,即强调高管的资历和从业经历;“四只眼”原则,即必须具有两个或两个以上的董事;居住地居民要求,即高管必须为居民;一个非限制准入指标是机构董事、控制者或者经理有欺诈、暴力、玩忽职守、非诚信、非胜任经历的严禁从事。

2. 英国银行市场运营监管

市场运营监管是指对银行机构日常经营进行监督管理的活动。虽然市场准入监管在准入控制环节进行了严格的审核,但并不能保证银行机构在日常经营中稳健运行,银行机构的风险是在日常经营中逐步形成的。因此,市场运营监管任务更重,责任更大。

概括起来讲,市场运营监管的主要内容包括:银行机构资本适度和资本构成、资产质量状况、流动性状况以及内部控制状况等。

首先是英国银行的资本充足性监管。金融服务局对商业银行资本充足率的要求与国际组织基本一致,即银行资本不得低于8%,其中核心资本不得低于4%。但在资本构成的计算上有特殊的规定。他们允许银行将长期次级债务列为附属资本的一部分,但是在重估储备方面,商业银行只有在重估符合审慎性标准后才能将其100%地列入附属资本。在资本扣减项方面,虽然允许对账面未实现的贷款损失的市场价值不扣减,但是要求银行扣减对证券组合中未实现的损失和未实现的外汇损失。

其次是英国银行的资产质量监管。资产质量监管是银行监管的主要内容。由于影响银行资产质量的因素很多,且都不易检测和计量。因此,金融服务局采取了比较宽松的原则型监管。国际上资产质量监管中贷款分类制度和贷款损失准备金计提标准是主要内容。贷款分类制度中有贷款类别、分类权限、逾期时间、关联贷款和担保抵押物等五个方面。贷款损失准备金制度中又有计提比率、抵押物价值和拨备覆盖率三个方面。

在贷款类别的规定上,金融服务局不统一规定银行对贷款的分类标准,但是要求银行修改完善其贷款分类制度。监管当局也希望银行有适当的风险管理程序,包括定期更新的谨慎贷款评估。在贷款分类权限上,英国虽没有统一规定银行的贷款分类标准,但是金融服务局希望银行拥有识别受损资产和决定准备金计提充足性的制度。由于金融服务局对贷款分类没有统一要求,所以逾期时间、担保和抵押等对贷款分类影响方面也不存在相关规定。在关联企业贷款方面也没有相关要求。

在贷款损失准备金制度方面,金融服务局也采取银行自行管理的态度。由此可见,英国银行监管在规则要求方面相对宽松。这可能与其成熟的金融市场,严谨的社会文化相关。

再次是英国银行的流动性监管。英国FSA采用错配方法监管银行的流动性。错配是指通过计算银行在一定时间内到期的资产和负债之间的差额即不匹配额来衡量银行流动性的方法。净错配额度通过一段时间内资金流入量减流出量获得。FSA通过计算一定时期内银行的累积错配额度占银行总存款负债的比例来评估银行的流动性头寸。然后,FSA规定一个最大的错配负债比例——错配指标（mismatch guidelines）①。通常 FSA 只设定 8 天或一个月的错配指标。

在设定错配指标时 FSA 考虑到以下因素：存款的波动性，多样性和来源；存款基础中的集中度表现；对可销售资产的依赖度、资产的市场深度和价格波动性；银行可销售资产的多样化程度；备用额度的可用性和对其的依赖性；管理信息系统的质量；市场声誉和管理能力；总部提供流动性的能力和意愿。

以上指标有定性和定量两部分组成。FSA 通过监管指标并结合监管流程对银行的流动性进行监管。其监管流程首先是要求银行有一个合适的流动性检测系统。该系统应该既能够有效检测流动性，又能够方便 FSA 的监管。之后 FSA 将每季度对银行的流动性进行监管。这时银行必须给 FSA 提供现金流、资产和负债的概况，并且指出超过总存款负债 2% 的群体。同时 FSA 也会根据每个银行的特点和业务状况制定出该银行的管理政策。

最后是英国银行的内部控制监管。FSA 在英国银行的内部控制监管方面总体来讲是以目标为导向的。其要求银行的内部控制应该提供合理的保证即年内能够产生收益的银行利益、支出已被授权和分配、所有的资产都被充分保护、所有的负债都被记录下来。在内控环境②方面，FSA 认为内控环境非常重要，一个相对较弱的内控环境可以逐渐侵蚀一个完好的内控体系。因此，其指出了与内控环境相关的一些因素：与内控相连的管理的重要性、职工被评估和获得奖赏的方式、内控培训和检验内控的方法如内部审计等。

在高层控制方面，FSA 规定银行的高级管理人员应该做到以下几点：一是战略和计划的制订。要求高级管理人员在制定战略和计划时考虑外部因素如宏观经济和竞争等，战略应该每年修正一次，计划应该根据战略进行制定和修改。在具体实施时，一些银行会设定一些敏感性指标来反映战略业务的发展情况。二是风险政策的授权、组织结构的建立和修正、代表团体系、高层管理信息的修正和维持一种持续检测风险的框架③。

在内控体系的建立方面，FSA 也没有给出具体的程序而是同样给出了一些建立银行内控体系的原则：建立的内控体系应该能够使计划的业务顺利进行，审慎地遵守相关部门的政策；交易和执行情况能够直接反映到监控部门；管理能够保护资产和负债；当欺诈违规等错误发生时有最小化风险的措施；会计部门能够

① 见 FSA 监管手册 Mismatch Liquidity in Interim Prudential Sourcebook：Banks.
② 内部控制环境指领导层的态度、意识和行动，内控的管理以及它在公司的重要性，还包括公司文化和员工的价值观。
③ 见 FSA 监管手册 Internal Control Systems，2001.

提供一套完整、准确、及时的信息;管理层能够周期地、实时地检测银行的资本充足性、流动性、收益性和资产质量;管理层能够识别评估和量化风险①;管理应与FSA的报告规则相一致。

在遵循以上原则的前提下制定的内部控制体系应该达到以下目标:权责分明的组织结构②;完善的风险管理框架;检测风险的步骤;授权与批准程序,即所有的业务都需进行授权或批准;完整性和准确性,即所有的交易都需经过授权,交易过程都需详尽记录;资产的保护,即对资产和信息的接触只限于被授权的员工;人力资源,即应该有规定使员工具有与其职责相匹配的能力。

3．英国银行的市场退出监管

市场退出机制的核心是存款保险制度。英国存款保险制度早在1979年的《银行法》中就做出规定。1982年正式实施强制性的存款保险计划,参加存款保险计划的银行按照一定的标准捐款建立存款保险金,连同借款权利约达1 000万英镑。其存款保险计划提供每一个存款人最高的保险金额为1.5万～2万英镑。按照其中的75%给予保险。该计划由独立于央行等政府机关的官营保险公司单独实施并强制银行投保。

对于银行破产而言,英国《破产法》1989年修正案中规定银行破产应适用普通《破产法》,因此,《银行法》不再单独规定银行破产的问题。银行一旦进入破产程序就完全由法院主导,由法院指派破产管理人或接管人并对其活动进行监督。

在跨国银行市场退出方面,英国实行单一法人制度。在这一制度下,银行被作为单一法人关闭。外国的分支机构仅被视为这一大法人的办事处。一家银行在全世界的所有债权人都有权在清算中要求得到清偿。作为一般法则,某一特定分支机构债权人的债权在清算中不得优于其他分支机构债权人的债权。对分支机构的清算是以对整体法人清算相同的方式进行的。在英国监管当局不是清算人,这是因为英国适用于商业法人的清算法也适用于银行。

---

① 这里的风险是指能够周期性的监测和控制的风险。在评估和量化风险的时候,可以对某些可疑负债和资产负债表以外的其他暴露规定特殊的条款。
② 该组织结构不仅需要能确定责任的分配,还要能够识别公司经营各个方面报告的情况,包括关键控制,针对重要人员的工作描述大纲。

（三）英国银行监管的方法

1. 英国银行的现场检查

现场检查是指通过监管当局的实地作业来评估银行机构经营稳健性和安全性的一种方式。具体说，现场检查是由监管机构具备相应专业知识和水平的检查人员组成检查组，按统一规范的程序，带着明确的检查目标和任务，对某一金融机构进入现场进行的实地审核、查看、取证、谈话等活动的检查形式。

英国金融服务局的现场检查主要包括四种类型：一是综合检查，由主监管员及 1～2 名助手负责，现场检查时间不超过 3 天。主要工作是核实非现场工作中得出的结论，并进一步查找隐患。二是专项检查。由一名专项风险检查员和主监管员参加，现场工作不会超过两天。主要内容是详细评估银行某业务领域的特定风险。为了加强专业化分工，金融服务局在主监管员以外设立了约 40 人的专业检查队伍，负责复杂金融产品、信用风险、操作风险和各类模型风险的研究检查。第三类是整改检查。由主监管员和一名助手参加，检查时间 1～3 小时。主要是对银行的风险缓释情况进行现场评估。金融服务局要定期检查银行是否根据整改要求改善了风险管理。通常情况下，这项工作在非现场完成，如果遇到银行的公司治理不健全或内控出现漏洞等重大问题，主监管员则通常需要到现场了解银行整改进度。第四类是共性检查，目的是分析行业普遍存在的问题和风险，实际操作中常常组成专项小组进行检查。

金融服务局的现场检查主要是为了核实非现场监督所得出的结论，详细评估银行的特定风险即风险发生的可能性。金融服务局对现场检查的频率、工作的内容、时间等都有明确的规定。

2. 英国银行的非现场监督

现场检查与非现场监督是密切关联的银行监管方法。非现场监督是监管当局针对单个银行在并表的基础上收集、分析银行机构经营稳健性和安全性的一种方式。非现场监督包括审查和分析各种报告和统计报表。这类资料应包括银行机构的管理报告、资产负债表、损益表、现金流量表、各种业务报告和统计报表。非现场监督体现了风险监测和预警这一监管原则，而现场检查则是验证银行机构的治理结构是否完善，银行提供的信息是否可靠，是从实证的角度来发现和预防风险。除了监管当局自身行使现场检查手段外，还可以委托审计师事务所、会计师事务所等外部力量来实现现场检查功能。

非现场监督有三个主要目的：a. 评估银行机构的总体状况。通过一系列指标和情况的分析,判断银行经营状况的好坏,对银行风险进行预警,以便及时采取措施防范和化解银行风险。b. 对有问题的银行机构进行密切跟踪,以使监管当局在不同情况下采取有效监管措施,防止出现系统的和区域的金融危机。c. 通过对同组银行机构的比较,关注整个银行业的经营状况,促进银行业安全稳健运行。

非现场监督是金融服务局进行监管的主要手段。其工作人员的主要工作就是通过非现场监督,及时发现银行的主要风险,更新非现场监管信息,确定现场检查的重点,制定出风险缓释措施,然后监督银行整改。在非现场监督中收集的信息主要有三类。第一类是银行定期报送的监管报表,包括资本充足率,流动性,大额风险暴露等。第二类是银行内部信息,监管人员通常根据需要确定索要方式,如董事会会议记录,各类委员会会议纪要,内部风险报告及内审报告等。第三类是从银行以外获得的信息,如金融服务局其他部门的情况通报外部审计报告、独立的第三方调查报告、外部评级报告和媒体信息等。实际工作中,监管人员非常看重第二类信息,常常从中了解银行的业务发展、公司治理、内部控制等新情况,并关注由此可能产生的风险。

3. 英国银行的并表监管

银行监管的一个关键因素,是监管当局要有能力在并表基础上进行监管。并表监管是指在所有情况下,银行监管当局应具备了解银行机构和集团的整体结构,以及与其他银行集团所属公司的监管当局进行协调的能力。包括审查银行组织直接或间接(附属公司或关联银行)从事的各项银行和非银行业务,以及国内外机构从事的业务。监管当局除了考虑金融业务对银行机构带来的风险以外,还应当注意这些机构所从事的非金融业务对银行机构或集团带来的风险。监管当局应确定哪些谨慎要求仅适用于单个银行机构,哪些适用于并表的银行,哪些在两种情况下都通用。

英国在银行并表监管方面是以国内银行为基础的。对国外银行集团成员关注的程度以其是否对国内银行的声誉及经营稳固性产生实质性影响为标准。并且,他们把并表监管看作是单独监管的一种补充,而不是单独监管的附属。其并表监管的范围包括:一是银行是从事规定业务活动的母公司;二是如果一个银行不是母公司,但其拥有从事规定业务活动[1]的母公司或者其母公司本身是一个金融机构。

---

[1] 这里的规定业务活动包括辅助的银行服务、借贷、货币兑换服务、担保和承诺等。

英国的并表监管分为定量并表监管和定性并表监管。定量并表监管的主要内容包括资本充足性、大额暴露、完善的内部控制、与混合业务持股公司的内部集团交易等。在资本充足率方面，FSA不仅要求整个集团的资本充足率达标，而且要求集团内单个银行的资本充足率也应达标；在大额暴露方面，银行对于单个交易对手或与集团相关的交易对手的风险暴露应该遵守限制和报告制度①；对于内控，FSA要求银行的内部控制应该可以产生并表监管要求的任何数据和信息。FSA对定量监管的报告要求至少一年对资本充足性披露两次，对大额暴露一年至少四次；在并表技术方面，一般情况下采取完全并表即，所有成员的所有资产和负债的合并。而如果一个银行的某个重要股东愿意随时提供足够的资产以支持其运营时，该银行可采用比例并表②（pro rata consolidation）的方式。

4. 英国银行的风险评级体系

在进行现场检查后，监管当局一般要对银行机构进行评级。银行机构评级用统一的标准来识别和度量风险，是为了实现金融监管目标，进行有效监管的基础。目前，国际上通行的金融监管的检查和评价理论是银行统一评级制度，即"骆驼评级制度"（CAMEL）这一制度是美国金融监管当局为了统一对商业银行的评级标准而制定和使用的、对商业银行的全面状况进行检查和评价的一种经营管理制度。目前，世界上有很多国家的金融监管当局采用了该制度，来对银行的经营状况进行检查和评价。检查主要是围绕资本充足性、资产质量、经营管理能力、盈利水平和流动性五个方面进行。

英国银行风险评级采用ARROW③评级体系。它是一种与美国CAMELS评级体系有着相似功能的评级方法。但是ARROW评级体系与CAMELS体系最大的不同是美国CAMELS是通过对被监管机构的经营结果进行量化评级，而ARROW是一种对风险过程进行评估的程序和方法，不是简单就经营结果进行评级。

英国ARROW风险评级体系的特点如下：它关注被监管机构内部存在的、对监管目标构成威胁的风险，其风险的大小由对风险的关注程度（Priority）来表示；关注程度（Priority）取决于风险的影响程度（Impact）和风险发生的可能性

---

① 该大额暴露制度不仅可以用来计算并表头寸，也同样适用于计算单个头寸。

② 见 FSA 监管手册 *Consolidated Supervision in Interim Prudential Sourcebook：Banks.*

③ ARROW 由英文（the Advanced，Risk-Responsive Operating FrameWork）缩写而来。是金融服务局风险为基础的操作性监管框架，其对风险的监管涵盖了 FSA 的所有风险即公司的特定风险、系统风险和内部风险。

（Probability），即关注程度 = 风险的影响程度 × 风险发生的可能性；它设置了统一的评价标准和风险评估程序，通过对被监管机构内部存在的风险进行持续确认和评估，进而科学确定风险的影响程度和风险发生的可能性（Probability）；它根据关注程度的大小确定具体监管措施，提供及时的指导和帮助，对被监管机构实行过程控制，防止风险的恶化和最终损失的产生。

英国 ARROW 评级体系的程序和方法：ARROW 的程序是将监管期间细分为七个阶段，即准备评估阶段、可能性风险评估阶段、制定风险控制方案阶段、内部确认和调整阶段、发送信函与沟通阶段、跟踪评估阶段、新的评估循环阶段[1]。这七个阶段首尾相连，形成一个连续的监管闭环。

首先，金融服务局通过准备评估、可能性风险评估，来确定银行的风险级别，即高度风险、中高度风险、中低度风险和低度风险。

其次，根据各个银行风险程度的不同分别采取诊断性监管措施（主要包括确定被监管机构的风险状况、衡量现有风险的关注程度、对被监管机构进行风险提示，决定是否采取进一步的风险控制行动等），监测性监管措施（内容包括对已经掌握的信息质量进一步核实、对被监管机构的管理体系和内部控制进行评估、了解最新的信息等），防止性监管措施（如提高被监管机构的资本充足率要求以便对可能发生的风险提供缓冲或稀释功能），拯救性监管措施（主要包括一些强制性的管制措施，如限制其经营范围和活动，取消同业资金拆借资格，直至取消经营资格等，力争将损失的范围控制在最低限度）。

最后，对内部评价结果和方案进行进一步确认和调整，发送信函，跟踪、监测被监管机构的风险变化，直至新一轮的监管开始。

5. 英国银行监管方法的应用

英国银行监管方法的运用可以在监管流程上体现出来。金融服务局在监管流程上大致可分为三个步骤：前期非现场监督、现场检查和后期非现场监督。前期非现场监督一般由主监管员根据手头信息对被监管机构的风险状况进行评估，以确定监管重点。现场检查一方面对前期非现场工作得出的判断进行核实，另一方面对银行相关风险发生的可能性进行评估。后期非现场监督主要是汇总前期非现场、现场检查工作获得的信息，对银行的整体风险做出评价，制定风险缓释措施，同时监管人员还通常检查缓释措施的落实情况。监管流程如图 2-4 所示。

---

① 见 FSA's Risk Assessment Framework。

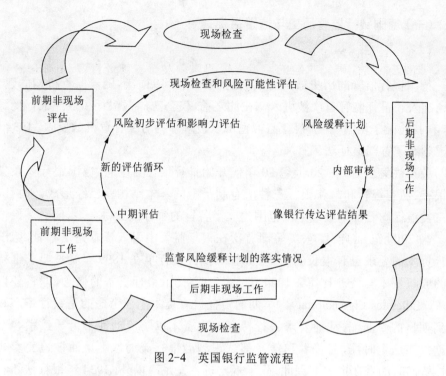

图 2-4　英国银行监管流程

三、德国银行监管模式

　　银行监管是一把"双刃剑",一方面有利于减少金融体系的风险,维护金融业的稳定和安全,另一方面也会给金融业的运行带来成本。如果监管不当或者监管过度,监管成本很可能超过监管收益,从而降低金融机构竞争力,影响金融体系的效率,阻碍金融业的发展。理论界广泛认为,德国银行业过去是稳定的,但却缺乏竞争力。虽然德国个别银行也出现过问题,比如 Bankhaus Herstatt 和 Bankhaus Schöder, Münchmeyer 和 Hengst,但从第二次世界大战后到现在,德国并没有发生过广泛的银行系统危机。德国银行监管对银行体系的稳定可谓功不可没。通过限制竞争的规则,德国全能银行有效地避免了同外国金融机构的激烈竞争。但随着银行监管的改革,限制竞争的规则逐渐被废除,银行监管的重点主要是在确保银行业的正常运作上。德国银行业在稳定的前提下增强了竞争力。因此,效率与安全并重成为当今德国银行监管的新特点。本章将首先概述德国银行监管的历史和目标,以便对银行监管的变迁有一个清晰的脉络;然后我们将开创性地从银行公司治理角度探讨德国银行监管;接着从事前监管和事后安全网这一双重监管机制来对德国银行监管展开具体分析;最后探讨监管体制结构的设定问题。

（一）德国银行监管历史与监管目标

1. 德国银行监管历史

德国银行监管的历史最早可追溯到 1931 年。1931 年，随着监管机构的建立，市场准入和银行监管首次被引入。在此之前，仅公法储蓄银行和抵押银行受到监管。和其他国家相同，德国银行监管也可以被解释为对银行危机的反映。1934 年，德国颁布了首部银行法。

值得注意的是，在 20 世纪 30 年代开始推行银行监管时，德国银行体系集公有银行、私有银行和合作银行三种所有制类型的基本结构就已经形成。而且，所有三类银行均已在区域或全国范围建立了各自的银行同业协会。

当 20 世纪 80 年代英、美等国首次在银行监管中引入资本充足率时，德国对银行资本的要求已有很长的历史。例如，抵押银行早在 1899 年就被要求维持一定的股权资本与资产比率。1934 年银行法定义了银行资本的概念，即责任自有资本（Haftendes Eigenkapital）。早期的责任自有资本主要考虑的是银行资产和负债到期日的不匹配，从而要求银行持有一定资本以防流动性不足导致顾客不能提款。在这个时期，监管者和学者都认识到当银行流动性不足而被迫变卖非流动性资产时的潜在损失。因此，除了规定资本充足率以外，1934 年银行法还制定了另外两条规定，其一限制对单一借款人的贷款量和房地产投资量，其二规定长期股权参与的额度为资本的一定比例。

1937 年，由德国纳粹政府支持，银行加入了一个统一费用和利率的卡特尔似的协议。中央信贷委员会（Zentraler Kreditausschuss）作为统一公有、私有和合作银行业务决策、贷款上限和存款利率的协调机构，于 1936 年建立了起来。虽然今天这样的卡特尔已消失，但中央信贷委员会仍然存在，并作为公有银行、私有银行和合作银行三类银行同业协会的协调机构和监管当局与银行业的沟通平台而继续发挥作用。

1958 年，开设分支行的限制被取消，银行可以在国内任何地方自由开办分支机构。但是由于储蓄银行和当地政府的密切关系，它们并没有涉入其他的地区。因而，这一放松管制的经济影响没有像美国 1978～1992 年期间那样显著。

1961 年，德国颁布了新的银行法（Kreditwesengesetz, KWG）。KWG 的颁布揭开了德国银行监管的新纪元。依据此法，联邦信贷监管局作为专司银行监管的机构建立了起来。此法还要求联邦银行也涉入银行监管过程。此外，每个州都必须拥有一个公法储蓄银行监管当局。联邦信贷监管局负责颁发银行执照，监督银行日常业务，而且还有权获得相关信息、干涉经营决策、撤换银行经理、强迫银行停业整顿和必要时关闭银行。值得注意的是，德国银行监管当局虽然独立于中央银行，但中央银行也同时参与银行监管，支持银行监管当局的工作。作为德国中央银行的联邦银行在监管的各个领域都发挥着重要作用，特别是在信息收集和处理方面。联邦银行参与监管政策的制定、现场监管、审计和监管的国际合作，而且在危机处理方面也发挥着重要作用。

赞成联邦银行涉入监管过程的观点主要是基于货币政策、银行监管和危机处理的信息的范围经济效应。虽然监管职责的划分相对清晰，但事实上谁在监管银行仍很难说得清楚。财政部、联邦信贷监管局和联邦银行都在银行监管中发挥着作用，此外，德国银行监管还包括银行业自律监管。

根据 KWG，联邦信贷监管局还制定了评估银行资本是否充足和流动性的原则，即原则一（Grundsatz I, GS I）、原则二（Grundsatz Ⅱ，GS Ⅱ）和原则三（Grundsatz Ⅲ，GS Ⅲ）。GS I 主要是限制银行信用风险而设置的资本充足率要求，而 GS Ⅱ 和 GS Ⅲ 主要是防止资产和负债期限的不匹配，并要求一定期限的资产必须和相同期限的负债相等。至于利率管制，银行业的卡特尔协议一直持续到1965 年。虽然 1961 年的银行法已经形成联邦利率管制的法律基础，但联邦信贷监管局仅在 1965～1967 年间实施了利率管制。1967 年所有利率管制均被废除，存款和贷款利率可以根据市场需求自由浮动。

除了涉入银行监管以外，联邦银行还参与每一个金融市场监管的决策，从而避免了德国银行同外国金融机构的竞争。例如，20 世纪 60 年代末随着外国机构发行马克债券需求的增加，联邦银行阻止马克成为国际储备货币的策略受到威胁。1968 年联邦银行和德国银行业达成所谓绅士协议（*Gentlemen's Agreement*），协议规定仅德国银行才能成为外国机构发行马克债券的主承销商。这一协议有效限制了外国银行的竞争力，直至 1985 年绅士协议才被废止。

1961 年银行法直到 1974 年基本未发生变更。1974 年，由于外汇风险，Bankhaus Herstatt 银行倒闭。该银行虽然规模不大，但却产生了极大影响，直接导致银行监管制度的变革。首先，基于公有银行、私有银行和合作银行的非官方存款保险体系得以建立。这一新的存款保险体系具有独一无二的特性，因为这一体系至今仍然是各类银行自身所掌控的。其次，建立了流动资金辛迪加银行（Liquiditätskon sortial bank），为流动性不足的银行提供援助。再次，由联邦信贷监管局引入了原则一（GS Ia），将外汇风险和贵金属风险纳入资本充足率计算的范围。1976 年，银行法的再一次修订赋予联邦信贷监管局随时对信贷机构进行审计的权力，并规定了银行损失上限，超过这一限度的银行将被联邦信贷监管局强行关闭。

　　然而,这一系列的改革是否使监管当局能及时准确地获得相关信息呢? 监管当局发现单个银行出现问题的能力是否得到了加强? 事实不完全如此。例如,1983 年,当 Bankhaus Schöder, Münchmeyer & Hengst 由于大额贷款损失破产时,首先发现问题的是私有银行协会,即德国银行业联邦协会(Bundesverb and deutscher Banken),而不是联邦信贷监管局。

　　1985 年银行法进行了第三次修订,要求不但单个银行要遵守资本充足率要求,而且还应该以合并报表为基础核算资本充足率。1985 年以前,银行可以通过附属机构建立信贷金字塔而无须调整资本充足率。1990 年,GS Ia 在计算资本充足率时加入了衍生金融工具价格风险和利率风险。

　　此后,对银行法的修订主要围绕欧盟指令而进行。1993 年第四次银行法修订将欧盟清偿比率和第一资本充足率指令引入德国银行法,并将大额贷款报告要求从 50 万欧元提至 150 万欧元。从 20 世纪 30 年代中期开始,德国银行就被要求向联邦银行报告所有大额贷款,联邦银行在合并报表后再将借款人的债务情况通知贷款银行。

　　1994 年,在长达 6 年的激烈争论后,货币市场共同基金获准在德国运作,这对德国银行的存款业务来说无疑是一个巨大威胁。然而,德国联邦银行在过去的几年出于货币政策的考虑,一直强烈反对投资公司法的必要修改。在以下的分析中我们可以看到,德国联邦银行是如何在金融市场监管方面保护德国银行存款业务的。

　　银行法的另一次修订是在 1995 年,并表监管和大额贷款的规则有了一些改变。接着,1998 年的第六次修订引入了三条欧盟指令:投资服务指令、资本充足指令和所谓的 Post-BCCI[①] 令。这三条指令的引入将投资公司和信贷机构的监管置于同一原则之下。同时,交易账户[②] (trading book)的概念也被引入,原则一也发生了相应改变。同年,存款者保证和投资者保护指令也被引入银行法。一个法定存款保险计划建立起来,同德国业已存在的非官方存款保险制度一起共同发挥保护存款人的作用。1999 年,为适应全能金融的发展,联邦信贷监管局内部成立了一个新的部门,专司跨部门业务的监管。

----

① BCCI 是国际信贷商业银行(Bank of Credit and Commerce International)的缩写,该指令主要涉及对离岸银行的监管和监管当局的国际合作。
② 银行的表内外资产可分为银行账户和交易账户资产两大类。巴塞尔委员会 2004 年的《新资本协议》对其 1996 年《资本协议市场风险补充规定》中的交易账户定义进行了修改,修改后的定义为:交易账户记录的是银行为交易目的或规避交易账户其他项目的风险而持有的可以自由交易的金融工具和商品头寸。

2002年5月1日对于德国银行监管来说是具有划时代意义的一天,因为新的联邦金融监管局(BaFin)成立了。它将原联邦信贷监管局、联邦保险监管局和联邦证券交易监管局三者合为一体,形成统一监管模式。

德国银行监管从第二次世界大战后一直保持两大支柱:一是市场准入和监督检查;二是资本充足率要求。其他监管措施,比如业务限制、利率限制以及开办分支机构的限制,不是根本不存在就是很早以前就已被废除。这似乎和银行监管偏向稳定而限制银行业竞争力的说法有所抵触。但联邦银行考虑自身货币政策而阻碍证券化货币市场工具的措施有效地保护了本国银行业,使外国银行在马克债券承销业务上的竞争力下降。因此,联邦银行在德国银行监管历史中起了极其重要的作用。

2. 德国银行监管目标

银行监管目标的设定尤为重要,因为目标是采取一切措施的前提条件,有了明确的目标以后才能有的放矢。此外,设定了明确的监管目标才能评估监管的有效性,为进一步完善监管制度提供依据。

德国 KWG 规定,BaFin 的首要任务是采取法律赋予的手段,防止和消除信贷和金融服务机构可能出现的不良隐患和弊端:一是金融机构信用资产安全受到威胁;二是正常的银行业务和金融服务制度受到破坏;三是可能对整个国民经济运行带来巨大负面影响的行为。其目标就是:保证银行的正常支付能力,维持银行体系的正常运行,防范银行机构的债权人可能遇到的损失,减少和消除银行业的不良运作对国民经济的危害。

归纳起来,可以认为德国银行监管的目标主要有两个:一是保护债权人利益;二是维护银行系统的稳定。这两个目标的设定实际上体现了不同监管理论的思想。首先,保护债权人的利益实际来自于"代表假说",说明保护债权人利益在银行监管中的重要性;其次,维护银行系统稳定的理论基础可以认为是公共利益说和金融脆弱性理论,银行的特殊性决定了监管的必要性。从以上分析来看,德国银行监管目标的设定是全面而准确的。以下我们将通过德国银行监管的具体分析来说明监管目标如何体现。

(二)德国银行的公司治理机制

事前监管措施主要是为了防止事后安全网引起的道德风险,但随着金融自由化以及混业经营的演进,监管失效时常发生,这对传统银行监管提出了挑战。如何顺应金融业发展潮流、改进银行监管方法、提高银行监管有效性成为迫切需要解决的问题。根据 Dewatripont 和 Tirole（1994）代表假说理论,笔者认为:完善的银行公司治理机制是防范危机的第一道防线。作为公司的银行,通过建立良好的公司治理机制,发挥股东及其债权人对经营者的约束和控制,可以促使银行谨慎经营,实现谨慎监管的目标。根据公司治理理论和银行债务合同的特征,股东和债权人会依据银行业绩来行使治理权,这对银行经营者形成了激励和约束机制。当银行的自有资本严重不足时,从理论上来说,债权人将持有控制权或治理权。股东如果不愿失去对银行的控制权,必须主动增加银行资本,这形成了对股东的激励机制。本节将首先分析银行作为企业的特性和激励机制,然后以此为基础展开德国银行公司治理的分析。

1. 银行的外部融资特征及其公司治理的激励机制

银行的外部融资包括股权融资和债权融资。从结构来看,在银行的资本结构中,股权融资所占的比重很低,债权融资在银行经营中发挥着举足轻重的作用。因此,从股权和债权两方面分析银行的公司治理问题意义重大。

长期以来,在公司融资领域居统治地位的是著名的 MM 定理。Modigliani 和 Miller（1963）指出:在完善的资本市场条件下,公司经营业绩与公司融资结构无关。所谓完善资本市场是指满足完全合同、完全信息及没有交易成本、破产成本和税收优惠等条件的市场。在严格的假定条件下,二人提出企业的资本结构与股价没有关系,即产权结构同企业的运作无关。这成为产权理论中的重要命题。这一命题的出现引起了众多的质疑,这里仅介绍信息不对称和存在破产成本时的研究结论。

当存在未来不确定性和信息不对称时,很难形成完全的合同。当合同不能包括所有未来可能发生的状态时,一旦该状态发生,拥有控制权的应该只有所有者。在过去对所有权的分析中,一般认为典型的所有权特征是拥有剩余收入索取权,实际上这一概念并没有明确表示出所有权的特征。如果经营者的收入包括薪水、奖金、利润分成和股票期权的话,当总利润为 π 时,经营者获得 A,所有者获得 $\pi - A$,二者可以说均是剩余收入的索取者。实际上,表示所有权重要特征的应该是剩余控制权,即当发生预料之外状态时的控制权归属问题,如当经营业绩恶化时,股东可以采取解聘、降低经营者报酬等方式行使控制权。但在这里没有分析债权融资的作用 Aghion 和 Bolton（1987）最早分析了债权融资的作用,即当一方受到财富约束、不得不从外部借款时,形成债务合同。在不完全信息条件下,债务合同的第一个特征是当债务人不能清偿债务时,对资产的控制权将转移到债权人手中,第二个特征是当债务人的利润降低时,控制权也从债务人转移到债权人手中,而且债权人存在的强干预(采取清算行动等)特性可以约束经营者的行为。

1999年9月巴塞尔委员会对公司治理的定义是"公司治理是涉及企业的经营层、董事会、股东及其他的利益相关者之间的一系列关系的总称,它为实现企业经营目标,监督和把握企业经营业绩提供了框架,健全的公司治理是在企业经营者追求自身利益最大化的同时实现股东收益最大化"。

公司的治理理论在非金融企业已经得到了应用和证实。在银行监管中应用,并对其进行理论分析的首推 Dewatripont 和 Tirole。它们的最大功绩是建立了债权人和外部股东同时存在时的银行治理模型。

Dewatripont 和 Tirole 认为,当银行的外部投资者包括债权人和股东时,二者将根据银行业绩的变化行使控制权。当银行业绩良好时股东拥有控制权,银行业绩恶化时债权人拥有控制权。以两时期为例,由于债权人收益是银行第2期收益的凹函数,债权人所得与第2期的收益关系不大,债权人收益最大化的条件是银行经营的稳定,因此,债权人具有限制银行经营者冒险行为的倾向。而股东收益是银行第2期收益的凸函数,股东收益最大化条件是银行第2期收益的最大化,因此,股东不会积极制止银行的冒险行为。根据银行业绩在股东和债权人之间分配控制权的事实对经营者形成最佳激励机制。债权人所具有的积极干预特征不仅对银行经营者起到事前的约束效果,还对股东形成威胁,当银行的业绩恶化而股东不愿失去控制权时,通过自发的增资或减少分红等资本调整计划,可以保持控制权的稳定,这成为对股东的激励机制。这与传统银行监管中的谨慎监管目标基本一致。

2. 德国银行公司治理机制

在德国无论是银行还是企业,其普遍的相互交叉持股和"两会制"的特征,使它们的公司治理范畴既建立起了股东对经营者的制衡机制,又兼顾了其他利益相关者的利益。我们通过分析一般企业的公司治理机制,并得出德国公司治理为内部控制的结论,即外部控制(公司控制权公开市场)作用很小。所以,以下我们将省去公司控制权市场的分析,将重点放在内部控制上。

(1)德国全能银行公司治理的制度基础。

按照德国的公司法规定,股份公司必须设有监事会和管理委员会(董事会)。其中监事会是控制实体,其半数代表由股东选举,半数代表由雇员选举。股东大会选举股东代表。2/3 的雇员代表是公司雇员,另 1/3 是工会代表。监事会从其成员中选出一名主席和一名副主席,候选人要以 2/3 多数的票数才能当选。如果在两轮选举中都没有结果,就由股东代表在股东代表中选出主席,雇员代表相应地选出副主席。结果,主席通常来自股东一方,副主席来自于雇员一方。在监事会的表决不分胜负的情况下,主席有表决权。从这个意义上说,股东掌握着最终控制权。德国监事会规模一般略多于 20 人,在法律上,监事会的成员应代表公司整体的利益,并不仅仅只代表它们所代表的集团利益。

德国的信贷银行大多为股份制银行,因此它一般有三个法人实体:股东大会、监事会和管理委员会。其中监事会与管理委员会之间的关系构成了德国公司治理结构的核心——"两会制"。监事会的职责为:a. 获得某些明确规定信息的权力;b. 任命和解聘管理委员会成员的权力;c. 监督管理委员会的活动;d. 一系列战略需经监事会同意。管理委员会负责公司的日常运作和制定战略决策。

（2）德国大银行的股权状况。

德国大信贷银行大多采取股份公司制的形式,如同大多数股份制公司一样,股权的分散使银行共同决策体系遭遇集体行动的阻力。德国对此采取的措施是允许银行作为代理人替股东投票表决。长期以来,德国的全能银行形成的颇有特色的股权结构也使这一机制极为有利于银行的管理者,从而在一定程度上缓解了共同决策带来的效率与公平的矛盾。

首先,德国各银行在一定程度上持有其他银行的股票并拥有表决权。表 2-3 显示了 1992 年德国五大银行相互拥有表决权的情况。

其次,银行可以让下属投资公司持有银行发行的股票。由于没有明确的法案禁止投资公司持有母银行的股票并在母银行的股东大会表决,下属投资公司持有母公司股票的现象比比皆是。如 1994 年德意志银行有超过 12％的表决权由各银行下属的投资公司拥有,而自己下属的投资公司拥有 2％。这部分股份的表决权或者由基金管理人自己行使,或者委托给母银行的人员行使,不管怎样,这部分表决都听命于母银行管理者。

表 2-3　德国五大银行相互拥有表决权的情况

银行名称	德意志银行	得累斯顿银行	商业银行	巴伐利亚抵押联合银行	巴伐利亚州银行	合　计
德意志银行	32.07	14.14	3.03	2.75	2.83	54.82
得累斯顿银行	4.72	44.19	4.75	5.45	5.04	64.15
商业银行	13.43	16.35	18.49	3.78	3.65	55.70
巴伐利亚抵押联合银行	8.80	10.28	3.42	32.19	3.42	58.11

续表

银行名称	德意志银行	得累斯顿银行	商业银行	巴伐利亚抵押联合银行	巴伐利亚州银行	合　计
巴伐利亚州银行	5.90	10.19	5.72	10.74	23.87	56.42

资料来源: The origins of and justification for the glass-Steagall Act, Saunders and Walter（1994），P31.

（3）从股东与管理者的角度出发的银行公司治理分析。

在这样的股权状况和表决机制下,银行的内部治理有着以下明显的特征: a. 银行管理者通过代理投票权（proxy voting）增强了控制程度。如在 1992 年,德意志银行的管理者在该银行的股东大会上代理 32% 的表决权,德累斯顿银行的管理者代理了超过 18% 的表决权。b. 各银行通过相互参股实现不公开联合。如在德意志银行的股东大会上,超过 82% 的表决权由各银行拥有,德累斯顿银行超过 83% 的表决权由各银行拥有,商业银行超过 81% 的表决权由各银行拥有。

第一个特征在解决了共同决策的效率和决策的连续性问题时,会导致股东和银行管理者的委托——代理风险加剧。具体说来,通过获取代理投票权,银行管理者在一定程度上可以摆脱股东的控制,这样一来经营决策可以及时通过并执行,缩短了决策到执行的时滞,提高经营效率,而且管理层的经营思路得到了延续,确保了银行经营政策的连续性;但另一方面,银行管理者在自身利益与股东利益冲突的情况下,有机会采取有利于自身利益的措施,从而削弱股东利益。缓解该矛盾的关键在于解决对银行管理层的激励和约束问题,德国全能银行通过制度设定很好地化解了委托——代理矛盾。首先,银行的"两会制"有利于实现对银行管理层的有效约束。约束机制的实质是指股东能否有效监督银行管理者,核心在于解决两者之间的信息不对称问题。德国银行管理层是由监事会任命的,而监事会主席一般由股东代表担任,这样从组织结构上体现了股东的有效监督。同时监事会是由现任管理层以外的人选组成（确保监事会的独立性）,并且往往包括了前任管理者,这就使监事会与现任管理者之间的信息不对称问题减少到最低程度,监事会能够比较充分地了解现任管理者的业务能力、道德状况以及政策的连续性,使其行为和政策偏差不会太大。其次,激励的制度设定同样重要。德国对于银行管理层薪酬设置原则是确保管理者追求股东利益和其他利益相关者的利益,在考核方式上与管理层的业绩挂钩,如股票价格考核、会计报表业绩考核,甚至管理层会因为业绩差而被解雇。如果其他银行感觉到业绩差是因为管理者的无能引起的,那么管理者很难再找到另外的工作从而受到严厉的惩罚,经理人市场因而在管理者激励方面发挥重要作用。

　　第二个特征则在培养大银行相互容忍共存的合作精神的同时,会带来银行业的垄断问题。但是在对德国银行业的考察中并未发现超额利润的存在。原因在于:银行对大公司的普遍持股,消除超大银行获取超额利润的动机。从 1995 年的数据来看,德国公司股票的集中程度较高,按其所掌握权益的比例大小排列,上市或非上市公司大约持有所有股票的 39%,银行持有 14%,个人持有 17%,其他金融机构则持有 15%。虽然,从表面的价值构成上来看,银行并未占据绝对的控股地位,但考虑到一些非银行金融机构和个人往往将代理投票权委托给银行,银行对参股企业实际上的控制权往往能达到 40%。这就导致银行收益有很大一部分来源于参股公司的利润,消除了银行攫取垄断利润的动机。所以,德国银行公司治理的目的首先是突出了共同决定的理念,强调银行的经营目标首先是要履行其社会义务,之后才是服务于股东。

　　(4) 从其他利益相关者角度出发的银行公司治理分析。

　　根据现代公司治理理论,广义上的公司治理者除股东和管理层之外,还应考虑到其他利益相关者,比如客户、债权人、雇员、供货商等,它们与企业存在着直接的利益关系,并且是企业生存和发展必不可少的个人和集团。德国的全能银行由于提供的是综合性金融服务产品,其涉及的利益相关者很多:存款者、贷款者、投资者、下属投资公司、控股企业,而且复杂之处还在于一个利益相关者可能具有多重的身份。比如,下属的投资公司的商业银行业务全部委托给母银行,而母银行又购买投资公司发行的投资基金,那么,这个投资公司就扮演着客户和关联企业的双重角色。众多的利益相关者对于银行诉求的重点是不同的:存款者关注的是银行能否确保存款的安全性及其优质金融服务;贷款者关注能否获得公平的竞争地位;投资公司关注其投资基金的发行和收益;控股企业关注的是银行这一特殊股东能否充分发挥其专业角色。而在上述利益关系图中,不同的角色所处的信息地位是不同的,一般的存款者和贷款者显然是处于信息劣势,投资公司与控股企业由于与母银行之间存在着一定的关联交易,处于信息优势地位。显然,德国全能银行的一般商业银行业务客户与银行自身的子公司无法处在同一信息地位,而且可能由于信息披露的不及时损害存款者的利益。在这里我们着重分析关联交易对其他利益相关者产生的影响。

　　德国全能银行除了作投资公司的所有者外,它们还是投资者的受托人。母银行与下属投资公司的业务往来有:a. 保管基金所有的证券和其他资产,进行日常管理(如收取红利,卖出资产后的清算交割等);b. 替投资公司以及银行自己买卖基金资产(证券);c. 代表投资公司向投资者出售或回购投资基金券;d. 因为投资基金券不在交易所上市交易,托管银行负责统计和确定每日投资基金券买卖的价格；e. 给投资者分红；f. 给投资公司支付管理费；g. 母银行购买投资公司发行的投资基金；h. 下属投资公司投资于母公司承销的证券。与控股企业的业务往来则有：a. 存款业务；b. 融资支持（包括贷款和一级市场筹资）；c. 金融服务；d. 参与控股企业的日常经营管理。

在这种多重角色集一身的情况下，银行不同性质的业务之间很难设置防火墙，这就存在着各种利益冲突。我们将有可能产生的利益冲突分析如下：利益冲突一，母银行作为下属投资公司的托管银行，存在着收取高额管理费用的冲动，从而损害投资者的利益。利益冲突二，母银行通过下属投资公司购买自己承销或控股企业的股票，由此对母银行的债务人提供支持。这可能会有损于基金的投资收益和投资者的利益。利益冲突三，母银行通过各种方式对自己的控股企业提供融资支持，进而损害存款者、投资者的利益及导致非关联企业不公平的竞争地位。但是德国的商业银行是否利用了这些利益冲突呢？ Krümmel（1980）认为："总体来说，对全能银行潜在的利益冲突的研究，并没有得出分业经营的结论。相反，这种利益冲突造成的对市场竞争的限制很小，而且这种不利影响可以通过在现有银行系统中的条款来修正和消除。"可见并没有明确的证据证明银行利用了这些利益冲突。而且，德国还以其稳健的全能银行系统支持着战后经济的持续增长，这充分说明尽管存在着潜在的利益冲突，并不意味着银行有动机和机会来利用上述利益冲突。在德国，健全的法规、充分的市场竞争限制了银行利用这些冲突的机会。

对于利益冲突一，德国的投资公司法做出了限制性规定，要求投资契约的期限和条款必须得到监管当局的认定。如果托管银行所收费用的计算方法、最高限额不符合要求，监管当局将不批准该投资契约。但是这种做法只针对公开披露的收费，无法对内部价格进行认定。因为投资公司与母银行实际上是一家，尽管在形式上是对立方，它显然不会跟母银行进行讨价还价。但是如果我们从整个市场的角度来看，将母银行和投资公司视为一个实体，实体（一家商业银行）和实体（另一家商业银行）之间存在着有效的竞争，那么托管费用的问题就属于实体内部的问题了，投资者可以通过基金价格和收益的比较来实现对于母银行和投资公司内部交易的外部约束。这个时候就没有必要用法规来禁止母银行向投资公司提供服务，或考究投资公司的独立性，但是必须确保竞争的充分和信息披露的及时，避免银行业垄断的形成。事实上，德国的银行系统并不限制母银行和投资公司之间的业务往来，绝大多数的投资公司都是选择母银行作为投资基金的托管银行，但是并未出现权利滥用的过度反应，原因就在于德国商业银行之间充分的市场竞争。

对于利益冲突二,银行进行此操作的目的有二:a. 隐瞒内部信息,推销劣质证券,获取投机收益,损害投资者的利益。在德国,同样是法规和市场竞争将银行利用利益冲突的动机和机会降到了最低。如果投资公司通过隐瞒内部信息损害了投资者的收益,投资者可以起诉托管银行或投资公司;同时,如果投资者的收益因对母银行和投资公司之间的"劣等决策"不知情而受损,该银行的声誉将大大降低,对自身的长远发展有极大的负面影响。可见声誉机制在对银行的外部约束上发挥了重要作用。b. 母银行通过下属投资公司持有股票来规避法规对单个股东持股比例的限制,达到控制该公司的目的。德国法律规定,拥有 10% 股权的股东有权在监事会中任职;控股 25% 以上的股东有权否定股东大会的一些决议,即对公司有着实质性的控制权。从这一目的来看,投资者和下属投资公司的利益并没有直接受到损害。

对于利益冲突三,从动机上来说,母银行对自己的控股企业存在着融资倾斜的动机,也就是说德国银企之间的亲密关系创造了一个准内部资本市场,于是与银行相关联的公司,其融资的流动性所受的限制显然小于非关联企业的公司(Elston & Albach, 1995)。实际上,德国近年来一些银行的倒闭事件,其深层原因都涉及监事会或董事会的欺诈行为。由此我们也可以看到没有哪一种治理结构可以完全杜绝欺诈行为。但是我们也可以看到两个方面的原因弱化了这一层利益冲突。首先,银行是通过它们在监事会中的权力影响公司决策,而监事会对管理层的影响是有限的。在管理良好的股份公司里,监事会最重要的作用也许就是它对管理层成员的任命权。只有当公司陷入困境时,监事会的作用才显得更加重要。可见拥有公司监事会代表权并不等于拥有公司的控制权,也不表明在公司困难时期提供融资的协议。另外,银行已经在过去的 10~15 年里,把它们超过 25% 的高比例持股降低到一个相当的程度。而且,银行在监事会的代表权正逐渐减弱。1993 年,在德国最大的 100 家公司中,私人银行持有 99 个监事会席位,相当于总数的 6%。与之相比,1986 年持有 114 席,约占总数的 8%。非银行金融机构在公司参股的情况也有了类似的变化趋势。

综上所述,德国银行公司治理机制以"两会制"、代理投票权、交叉持股和银行自身持股为特征,虽然理论上也存在向控股企业融资的动机,从而可能损害存款人的利益,但现实中这样的情况很少发生。因此,可以说德国银行成功建立起了股东对经营者的制衡机制,同时又兼顾了外部广泛的利益相关者的利益。在公司经营状况良好时,股东能有效控制银行,并兼顾其他利益相关者的利益。但如经营状况恶化,代表广大存款人的监管当局将控制银行,使银行控制权从股东手中转移到监管当局手中。股东为避免这种情况发生,会积极控制银行风险,确保自己的控制权。因此,从这一角度来看,德国银行公司治理机制是完善的、有效的。它将风险控制融入银行经营之中,使公司治理成为防范银行风险的第一道防线。

(三)德国银行的双重监管机制

由于公司治理机制内在的一些缺陷,它不可能完全有效地控制银行风险,因此,在这第一道防线被攻破的情况下,双重监管机制将发挥重要作用。首先是事前监管措施。作为解决事后安全网引起的道德风险问题,事前监管得以建立,并在公司治理防线被攻破时,发挥预警的作用。同时,也可以将事前监管和公司治理看作是一个互相补充的整体共同发挥事前预警和控制风险的职能。其次是事后安全网。它最初是为了避免银行挤兑的发生,稳定存款人对银行体系的信心而建立的存款保险体系。在双重监管机制建立后,一旦事前监管失效,风险暴露可能引发流动性风险或系统风险时,则通过事后安全网处理和化解银行危机。

德国银行监管的一大特点是:虽然银行监管当局独立于中央银行,但中央银行仍然在银行监管和金融市场监管中发挥着不可忽视的作用。因此,本节将首先分析联邦银行在银行监管方面的独特作用,然后依次对德国银行的事前监管和事后安全网进行剖析。

1. 货币市场基金、银行存款与联邦银行的作用

KWG 第 7 条规定,中央银行应与银行监管当局合作,为银行监管当局收集和处理相关数据。但从现实来看,德国中央银行——德国联邦银行出于货币政策的考虑参与金融市场监管和银行监管政策制定的职能影响更大,在一定时期,联邦银行参与金融市场的监管实际上间接起到了限制竞争的作用,成功保护了德国银行。

中央银行货币政策职能与银行监管职能存在利益冲突。而正是这种冲突关系在德国的金融市场监管中发挥着重要作用。由于两次严重的通货膨胀给德国带来的深重影响,中央银行对通货膨胀极其敏感,但抑制通货膨胀的措施有时会降低银行收益,加大银行破产风险,从而破坏稳定的银行体系这一货币政策实施的基础。因此,中央银行必须处理好这一矛盾。银行监管当局与中央银行的分离将这一冲突最小化。但这并不表示中央银行与银行监管当局的完全隔离,中央银行不但参与银行监管而且在金融市场改革中起着重要作用。例如,出于对货币政策目标和利益冲突的双重考虑,联邦银行强烈反对证券化货币市场工具的引入。联邦银行宣称:第一,这样的工具不仅会影响货币政策目标的准确性,而

且会影响作为货币政策工具的存款准备金的有效性。第二,这样的工具会在金融部门引入短期性,使货币政策职能与银行监管职能冲突加剧。如果短期利率占据主导地位,而同时中央银行利率政策的影响力增加时,利益冲突将会加剧。这可以解释为:如果短期利率占据主导地位,当中央银行为抑制通货膨胀而加息的话,随着存款利率的上升贷款利率却不能随之上升时(如住房贷款固定利率),银行收益会受到极大损害,从而危及银行稳定。因此,联邦银行反对引入短期市场工具的做法有效保护了德国银行的存款业务。

最好的例子是 20 世纪 90 年代初期关于货币市场共同基金的争论。1988 年下萨克森州提议修改投资公司法,允许货币市场共同基金的操作,因为德国投资公司法规定,基金不允许投资低于一年期限的短期市场工具。这一建议提出之后,德国各个政治阶层都持赞成意见。但联邦银行却强烈反对,因为联邦银行的独立性和权威性,这一计划搁浅。1992 年 1 月,财政部再一次提议允许货币市场基金的操作,并明确建议修改投资公司法。而这次联邦银行同样立即作出了反映,宣称货币市场基金是不受欢迎的。接着,财政部立刻撤回了提议,并宣布在未来一段时间不再提出这一问题。然而 1994 年,随着欧盟一体化,德国联邦银行不得不改变它的态度。当联邦银行宣布允许货币市场共同基金在德国运作后,德国银行业掀起了一场不小的风波,很多银行特别是大银行的股价都呈下滑趋势,而且货币市场利率与存款利率的差异日益减小使得银行融资成本上升(Fischer and Pfeil, 2003)。

以上分析说明,在 1994 年以前的一段时间,联邦银行出于对货币政策和与银行监管利益冲突的考虑,阻碍了货币市场共同基金的引入,从而间接保护了德国银行业,延缓了对存款业务的威胁,为银行适应这一创新赢得了时间。这充分证明了中央银行在银行监管领域的积极作用。

2. 事前监管措施

从德国银行监管的历史来看,德国银行事前监管措施一直保持两大支柱:一是资本充足率要求;二是市场准入和监督检查。其他监管措施,比如业务限制、利率限制以及开办分支机构的限制,不是根本不存在就是很早以前就已被废除。因此,我们将重点放在资本充足率要求和监管过程上[1],最后我们还将分析巴塞尔新资本协议对德国银行监管的影响。

---

① 监管过程指从颁发银行执照到关闭银行,伴随银行整个生命周期的一系列监管方法。

（1）资本充足率要求。

由于巴塞尔新资本协议的实施，发达国家在银行资本充足率方面已基本趋同，德国也不例外。资本被作为一种对抗不可预测风险的缓冲器。几乎银行的每一个方面都直接或间接受到资本可获得性或资本成本的影响。当评估特定银行是否安全和是否运作良好时，资本是需要考虑的重要因素之一。充足的资本基础是银行在业务进行过程中面临各种风险时的安全网。资本可以吸收可能的损失，因此是维持储户信心的基础。资本也最终决定了银行的贷款能力。银行的资产负债表不可能超越其资本充足率所决定的水平，因此，资本的可获得性决定了资产的最大水平。资本的成本和数量决定着银行的竞争地位。因为股东期望获得净资产的回报，赢得净资产回报的责任会影响银行产品的价格。还有另外一种市场观点：为了发放贷款，银行通常应该能够从公众那里吸收存款。要能够从公众那里吸收存款需要人们对银行有信心，而反过来这种信心的建立和维持依靠的是资本这一缓冲器。假如银行面临着资本短缺问题，或者资本成本很高，在业务上就会输给竞争对手。因此，资本的重要性不言自明。

巴塞尔新资本协议定义了三个层次的资本，即一级资本（核心资本）、二级资本（附属资本）和三级资本，并规定：最低资本充足率标准是风险加权资产的8%，而核心资本（一级资本）应至少为风险加权资产的4%。由于市场风险增加而导致所要求一级资本的增加，三级资本被限制为一级资本增加部分的250%。同时，巴塞尔新资本协议还包括了评估信用风险、市场风险和操作风险的标准法和内部评级法。关于资本充足率的具体描述可参见《巴塞尔新资本协议》，这里将重点放在资本充足率对德国银行的影响上。

关于资本充足率监管的有效性争论由来已久，被广泛接受的观点是：如果银行资产风险是外生的，资本可以作为对抗风险资产产生损失的缓冲器，从而降低银行破产的概率。此外，高风险资产会要求更多资本，从而增加了银行机会成本，银行为避免机会成本的上升就会产生控制风险的动机。当资本充足率不足时，银行要么增发股票、增加留存收益，要么减少在风险资产上的投资。而Rochet(1992)却持反对意见。他认为，资本充足率监管是无效的，因为在资本充足率压力下，银行资本的机会成本上升，利润会降低，银行经理有改变资产投资组合，冒更高的风险而获取较高的收益的动机，即产生资产替代型风险转移的动机，从而使银行资产风险反而增大，导致资本充足率监管的无效性，再加之单一费率的存款保险计划，银行道德风险会增大，这一问题会更为突出。但资本要求是否真的激发了银行经理资产替代型风险转移的动机仍旧不明确，理论研究也没有给出确切的答案。

　　然而,我们可以从公司治理的角度分析是否能控制风险转移这一问题。在银行公司治理机制中,当银行经营恶化时,代表广大存款人的监管当局将会获得控制权,股东为避免这种情况的发生会积极控制风险。这里的关键是,在银行经营中股东是否能有效控制管理层的冒险行为。在对德国银行公司治理机制的分析中,我们已经充分证明了德国银行公司治理机制的完善性。虽然银行管理层通过自身持股和代理投票权增强了控制程度,但德国特殊的"两会制"和激励的制度确保了股东对管理层的有效控制。不管从公司治理理论还是实践来看,德国银行的资本充足率监管都没有出现资产替代型风险转移的问题。同样,对于公法储蓄银行和州银行等公有银行来说,虽然表面上它们是国有商业银行,所有者是国家,因此存在产权缺失的缺陷,虚无的所有者或者说控制者根本不能监督管理层、行使控制权。但是实际上,将储蓄银行和州银行作为国有银行的看法过于简单化。进一步的研究发现在所有公有银行的所有权中州政府、储蓄银行协会和其他州银行各占 30%。这说明虽然产权缺失,但银行同业协会和其他银行的监管起到了弥补的作用。此外,德国公有银行由于政府的隐性担保获得较高的信用评级,因此可以在资本市场上以较低的成本获得资金,再加之较少的红利派发降低了资本获得的成本,德国公有银行比其他银行拥有更强竞争力。正是因为再融资成本优势和获取资本的成本优势,德国公有银行的获利能力更强,因而消除了资产替代型风险转移的动机。

　　从 1988 年巴塞尔协议实施以来,德国银行的资本充足率呈上升趋势。各类银行资本充足率到 2012 年都有不同程度的上升。但不管从资本充足率本身还是从上升幅度来讲,储蓄银行和州银行都是最低的。因为政府的隐性担保破坏了市场纪律,即使公有银行的资本充足率最低,但它们的信用评级仍比私有银行高 1～2 个级别。德国联邦银行 2006 年年报显示,信贷银行业、储蓄银行业和合作银行业资本充足率均在 12% 以上。

　　(2)监管过程。

　　除了资本充足率要求以外,德国银行法规定的第二大监管支柱就是监管过程,它伴随金融机构的整个生命周期,包括发放银行执照、颁布和执行审慎性规则和标准、获取定期报告、进行现场监管、评判罚款和处罚、发起包括停止和终止命令的紧急行动、罢免管理层和清算、关闭银行。如果未经联邦金融监管局许可而开办银行业务、提供金融服务将会受到严厉处罚。颁发营业执照主要考虑是否拥有最低资本金以及银行所有者和经理的数量、资格和可信度。最为特别的是各非官方保险计划也参与颁发银行执照的过程,法律规定在颁发银行执照时,联邦金融监管局需和各非官方保险公司商议。对于银行的市场退出机制,同大多数国家一样,德国银行出现问题并不一定导致市场退出,通常首先考虑的是银行业同业救助和兼并收购。这样的危机处理方式也被公有银行和合作银行采纳,而且这样的兼并收购交易通常被区域性的同业协会促成。

从历史数据来看,停业整顿这样的监管当局强制性干涉很少发生。这样的做法需要监管当局获得及时、准确的信息。不管限制银行的监管规则多么严格,也不管监管当局多么严厉,银行和监管者之间的信息不对称程度仍在继续扩大。减少信息不对称程度成为有效银行监管的关键。及时、准确的信息获取很大程度上决定了银行监管当局是否能发现问题和采取适当的措施,而社会所负担的银行危机的成本又取决于运作良好的早期预警系统。如果监管信息不准确或不及时,银行为复兴而赌博的动机将加剧银行破产的可能,给社会带来巨大的损失。另一方面,维持一个及时有效的报告、审计和检查体系需要很高的成本。在德国,银行和监管当局之间的信息传递非常频繁,但成本相对较高。但这样的估计因为现实数据的难以获得而不能得到量化的证明。德国监管当局有权获得相关的一切信息,而向监管当局提供信息的责任被信贷机构所负担,这无疑加大了信贷机构的成本。值得一提的是,联邦金融监管局和联邦银行过去并没有增加审计和检查人员的数量,而是主要依靠外部审计人员。但随着现场检查和内部市场风险模型的日趋重要,它们也开始增加自己的审计和检查人员数量。

信贷机构提供信息的方式很多,有规则的形式和特别情况报告的形式。通常这样的报告任务非常繁重。报告类型包括大额贷款报告、银行特别情况报告、银行资产流动性和清偿性报告、资产负债表月报、年报和外部审计报告。在这些报告中,外部审计报告特别重要。外部审计人员必须服从联邦金融监管局和KWG 的规定。与私有银行不同,公有银行和合作银行有自己的审计人员而不必同私有银行一样接受第三方审计,而这些由联邦金融监管局授权的公有银行和合作银行审计员通常就是区域性公有银行协会和合作银行协会的审计人员。

在监管当局获得的信息中,外部审计报告之所以重要是因为它提供了风险评估,而其他报告却没有。例如,提交联邦银行的月报包括了资产负债表的一些信息,但却不允许做价格或信用风险的评估,但外部审计报告的缺点在于频率太低,仅每年一次。

此外,联邦金融监管局有权对任何信贷机构随时进行审查。通过这样的措施,监管当局希望获得更多问题银行的信息。资料显示,接受特别审查的信贷机构从 1992 年的 6%增加到了 2000 年的 15%。这一趋势说明,监管当局正努力解决同信贷机构的信息不对称问题,为完善早期预警体系奠定基础。

（3）事后安全网。

事后安全网由存款保险体系和中央银行最后贷款人职能组成。但与其他国家相比，德国有一个独一无二的特点，即联邦银行没有起最后贷款人作用。这个作用是由联邦银行在 1974 年建立的民营的流动资金辛迪加银行（Liquiditätskonsortialbank）承担的。因此，对德国事后安全网的分析将主要集中于存款保险体系。

① 存款保险的原则。

为了减少金融系统崩溃的可能性，以及在发生崩溃时限制其破坏程度和减少财政成本，各国的政策制定者都建立了一套金融安全网。一国的金融安全网由一系列的防范金融系统崩溃的金融政策构成。这些政策包括：隐性和显性存款保险政策、中央银行的最后贷款人便利等。在这些安全网政策中，显性存款保险在近年得到迅速的推广。如今，大多数经合组织的成员和越来越多的发展中国家都建立了某种形式的显性存款保护。

不难解释为何政策制定者对显性存款保险计划如此感兴趣。从短期来看，由于不会马上产生预算支出，显性存款保险计划似乎代表了一种解决银行挤兑或恐慌的无成本方案。除了保持金融部门的稳定性外，保险计划还带来政治上的收益：保护小储户，并改善了小规模银行与大型金融机构竞争存款的机会。此外，显性存款保险能够减小政府对储户的义务，这也许是支持建立存款保险系统的最有力理由。

然而，被政策制定者拒绝或不屑一顾，而又被学术界早已认识到并不断强调的一种事实是，显性存款保险计划可能会产生三个严重的问题：道德风险、逆向选择和代理问题。

② 德国的存款保险体系。

德国存款保险制度非常独特，由非官方存款保险体系和政府强制性存款保险体系构成。前者是指由德国国内三大银行集团（私有信贷银行、公有银行和合作银行）根据各自的需要在 1974 年以后建立的三个独立运作体系，后者则是适应欧盟在 1994 年实施的成员国均要建立强制性存款保险制度规定要求而于 1998 年 8 月建立起来的。但是直到今天，德国的强制存款保险制度的完善还在借鉴非官方存款保险制度的许多有效做法，非官方存款保险体系的运行机制仍然是维持德国银行体系稳健的根本保证。

德国非官方存款保险制度已经成为国际上存款保险制度成功运作的一个典范。德国的非官方存款保险制度是在各银行集团内、以银行同业协会为载体的基础上形成的。早在 20 世纪初，德国三大银行集团就已经分别成立了同业协会，一方面为了保护成员银行和存款人的利益，另一方面也希望在货币、信贷和资本市场等有关业务上与金融监管当局建立沟通的桥梁。这样，三类协会就是三个保护体系，各自相对独立。尽管从 20 世纪 50 年代开始德国就出现了一些地区性存款保险组织，但直到 1974 年 Bankhaus Herstatt 银行倒闭后德国才建起了现行的非官方存款保险制度。20 世纪 60 年代初，德国国内要求对存款进行担保的政治压力日渐高涨。到 1974 年，由于当时最大的私人信贷银行 Bankhaus Herstatt 银行的倒闭事件对社会造成了很大的震动，三大银行集团为了避免政府干预发生，各自提出了存款保险方案。德国联邦银行也顺应这一变革，在此基础上组建了流动资金辛迪加银行（Liquiditätskonsortialbank），以便向有清偿力但暂时缺乏流动性的银行提供流动性支持。

德国银行业联邦协会建立的非官方存款保险是为了应对储蓄银行因政府担保产生的竞争优势。储蓄银行集团存在州级存款保险方案和联邦级补偿计划。尽管储蓄银行的存款人受到公有制的明确保护，但储蓄银行仍需要建立存款保险制度以抵消来自商业银行的不利竞争。如同储蓄银行一样，合作银行集团也存在州级和联邦级存款保险制度。储蓄和合作银行的保险体系并不直接对存款而是对机构本身进行担保。

四、日本银行监管模式

（一）日本传统银行监管体制的形成

第二次世界大战后，由于战争的破坏，日本经济处于瘫痪状态，社会局面混乱不堪，尤其是恶性通货膨胀旷日持久。通货膨胀不仅成为金融制度改革的动力，也左右了金融改革的方向。可以说，战后日本金融政策的重点一直是抑制通货膨胀，这使得战后重建的金融体系也反映出这一特点。随着反通货膨胀政策及美占领军控制期间的一系列经济民主化改革和大藏省的一系列改革措施的出台，日本金融制度不断完善，日本银行监管也逐渐成形。

1947 年日本恢复了银行检查制度，并于 1949 年引进了美国的银行检查制度，由此，银行的检查监督制度基本建立起来了。大藏省作为主管机关，负责对所有银行进行监督检查。它可以随时要求银行和其他金融机构提供业务和财务报告，随时对民间银行及其他金融机构总行要求检查，以及对民间金融机构和其他在日银行的分支机构进行定期检查。在日本金融发展史中，对金融机构的监管一直由大藏省承担。第二次世界大战以后，大藏省的地位也没有发生改变。日本银行则负责对在日本银行开设往来账户、或需要在日本银行取得贷款的金融机构进行监督和检查。大藏省事实上拥有凌驾于日本银行之上的金融监管权,使得大藏省可以按照自己的意愿,构建日本战后金融体制和金融监管体制。

(二)日本传统银行监管的具体内容及操作手段

1. 主管机关

日本政府对银行业实行高度的集中管理,大藏省管理金融事务,央行日本银行在行政上接受大藏省的领导、管理和监督,但日本银行在金融政策的决定上仍具有相对的独立性,形成了由大藏省和日本银行共同负责对日本银行业实施监督管理的监管模式。

(1)大藏省。大藏省作为金融行政主管机关,对金融业的管理和监督具有由银行法和其他金融法律法规确立的极大权力。大藏大臣下设金融咨询机构"金融制度调查委员会",负责对金融政策、制度的调查、咨询、制定、修改等工作。大藏省还设有银行局、证券局和国际金融局,其中尤以银行局主管的银行监管为重。主要分工大体如下:城市银行、长期信用银行、外汇专门银行、信托银行由大藏省直接管辖;地方银行中居前列者也由大藏省管辖,其余归地方财务局所辖,但某些重要业务如开业、合并、停业、解散等仍需经大藏省的许可,总行地址的变更、财务局辖区外增设营业所也需由大藏省讨论决定;信用社和农林渔业系统的金融机构由都道府县和农林水产省监管。

(2)日本银行。日本银行作为货币政策的执行者和对金融业的监管者,主要是对在日本银行开设往来账户或需要取得日本银行贷款的金融机构进行监督管理。其监管的重点在于:从经营风险和资产状况角度,通过对其资产质量和风险状况的角度检查,从保证金融业经营的安全性、相互竞争的公平性目的出发,使金融机构的经营活动与中央银行的政策意向保持一致,促进金融市场的稳定发展。

日本银行在行政上受到大藏省的直接领导和管理监督,在银行监管方面无任何法律权利,不具有独立的管辖地位,只在具体事务上对大藏省进行配合。

2. 主要内容与具体手段

日本银行监管包括以下具体内容:

(1)限制竞争性措施:主要有市场准入监管,分支机构管理,利率管理,业务领域限制,外汇监管,资金分配监管等。

(2)健全性措施:对银行经营的行政指导,经费、红利等经常收支的监管,不动产比率监管,存贷款监管,自有资本比率监管,流动性资产比率监管,金融机构检查等。

(3)安全性措施:最后贷款人机能,1971 年后的存款保险制度(直至 1990 年才开始发挥作用)等。

在以上各项措施中,重点在于限制竞争性措施,并且大多数措施的实施是通过行政指导来进行。所谓"行政指导",指的是日本行政当局可以通过"任意的手段"得到或经过监管对象,即银行机构的同意后,将其诱导向事先设定的理想状态。并且监管当局认为,只要不违反相关的法律,只要该监管措施有其合理性,即使在无法律根据的情况下,也可以进行行政指导。常见的行政指导方式有下发文件通告、征询意见、事先联络、口头联系等。

(三)日本传统银行监管体制的特点

1."护卫船队"式银行监管

"护卫船队"式银行监管指的是按照效率最差的银行为标准,来决定各种各样的监管措施。"护卫船队"式银行监管的特点有:

(1)控制新的市场进入行为,创造半垄断银行机构,产生充分的利益创造机会。

(2)银行机构有相当大的自主权,可以通过向大藏省的经济述求,实现自己的目的。

(3)与市场监督相比,监督成本大大降低。这是因为监督功能全部集中在大藏省身上,无须再通过投资者、评级机构、投行、分析师等角色进行监督,从而监督社会成本获得很好的控制。

"护卫船队"式银行监管的直接后果是,人为地抬高贷款利率、同时降低存款利率,使得银行机构中的效益低下、经营不善者也可以赢利。由于在这种监管模式下,市场机制无法得到充分发挥,可以为各个银行机构创造收益稳定的经营环境,最大程度上保证金融机构和金融市场的稳定,使日本"银行不倒神话"得以实现。

2.以限制竞争为重点的事前监管

日本传统银行监管的目的是限制银行间的竞争,保证现有银行获得超额利润,从而达到保证金融市场稳定以及满足产业发展的资金需求的双重目标。这决定了银行监管主要以事前监管为主,尤其拥有十分严格的限制竞争性措施。

（1）市场准入管理。市场准入管理包括银行机构的设立、废止、解散和合并等。第二次世界大战后，大藏省从原则上禁止新银行开业，对银行间的合并与重组也严加控制。主要的特点是大银行数基本保持稳定，城市银行 13 行体系，长期信用银行 3 行体系和信托银行 7 行体系基本不变。重要性不大的地方银行准入则较为宽松。

大藏省还鼓励同种银行间的合并和对有问题金融机构的救助，不支持不同银行种类的合并。除了救助破产银行机构外，大藏省特别重视合并是否可以达到双方互补，增加实力的效果。大藏省主导了战后所有银行机构的合并与改组，有效地控制了银行总数，从而限制了银行间的竞争，维持了金融市场的稳定。

（2）业务领域限制。业务领域限制主要包括长短期金融领域限制、中小企业金融专门化限制和证券业务限制。

日本有 3 家长期信用银行专门负责长期金融业务。此外，1954 年，大藏省确立了将信托业务和银行业务分开的方针，将兼营信托业务的银行分拆为专门从事信托业务的信托银行和从事银行业务的普通银行，从此由这 3 家长期信用银行和信托银行专门负责提供长期资金。实行长短期金融分离的目的在于避免由于银行资产负债的期限结构不一可能引致的银行经营危机，减轻普通银行资金供应的负担，并在一定程度上满足经济发展对长期资金的需求。其负面作用在于由于证券市场上债券发行的种类、数量、价格等均受到大藏省和日本银行的管制，因此债券发行市场的竞争受到限制。同时，在银行贷款业务方面，限制普通银行的长期贷款，削弱了银行的效率，也不利于实现筹资手段多元化。

日本专门设立了中小企业金融机构向中小企业、个体劳动者等提供融资。这些专门性银行的设立，有助于解决战后中小企业缺乏发展资金的问题，效果相当明显。但是，由于这些中小企业专门金融机构是在大藏省的保护性优惠措施下发展起来的，并且经营范围十分有限，就不免造成了这类金融机构缺乏运营积极性、管理松散、效益低下等问题。

（3）分支机构管理。分支机构管理是对银行准入管理的补充。大藏省通过对银行分支机构的控制，可以达到对现有银行在地域准入方面的限制。

（4）资金分配管制。资金分配管制是对金融机构的资金分配进行管制，以满足日本产业发展计划的需要。资金分配管制主要从两方面来进行。

一是对资金流向进行控制。20 世纪 50 年代，日本兴建了一大批政府金融机构，如国民金融公库、住宅金融公库、日本出口银行、日本开发银行、农林渔业金融公库和中小企业金融公库等，以对海运、煤炭等衰退工业进行保护，对住宅、中小企业、农业等薄弱领域进行投资，促进其发展。另外每年日本的公共金融中介机构如邮政局、大藏省资金运用部、各政府金融机构等都会以国营邮政储蓄、保险、年金等形式吸取大量资金,再按照当年的《财政投资融资计划》,以投资、贷款、认购债券等形式,对产业推行政府投融资活动。此举不仅弥补了战后财政资金和民间金融资本的不足,大力推动了公共设施建设,还对民间资本的投向起了示范性作用,推动了政府产业政策的执行。

二是日本银行对城市银行等普通银行融资数额的管制,即"窗口指导"。具体地说,日本银行对其客户金融机构的日常资金头寸进行指导,使这些机构的贷款增加额不超过日本银行认为的适当范围。其实质是对城市银行的贷款数量进行指导,因而又称为"信贷配给"或"贷款增加额限制"。进行窗口指导的原因在于,金融机构的发展远快于证券市场,间接金融占有绝对优势;企业等严重依靠银行贷款,造成"超借现象";同时银行资本严重不足,贷款额和有价证券投资部分经常超过存款和本金,形成"超贷现象"。因此银行必须紧紧依靠日本银行的贷款,这样就使得日本银行可以通过自己的贷款方向、态度和指导对银行机构发挥重要的影响,从而可以进一步促进国家产业政策的实施和保证既定的经济发展方向。

3. 健全性措施极端薄弱

日本银行监管以预防性措施为主,在预防性管制措施内,也是侧重限制竞争性管制。各经营比率指导作为健全性管制,本意并不是督促金融机构提高经营安全,而是保护、培育金融机构,使它们获得充分收益。因此,在日本,限制与保护的双重职能由预防性措施独自完成,尤以限制竞争性措施为重。"保护"的含义既不是督促金融机构采取安全经营的方针,降低个别风险,并通过保护性措施降低体系风险,以保护整个金融体系,也不是对存款者的保护,而是直接给银行以利益,无论银行优劣,一律保证其正常的经营状态,可以说是"弱者保护"。具体表现在两个方面。

(1)对银行经营的行政指导。

在经营比率管理方面,大藏省的管理一直较为松懈,没有进行严格的资本充足率或自有资本比率监管,并且行政干预色彩浓厚,目的不仅在于控制经营风险,而且主要在于配合政府宏观经济政策。在战后不同历史时期,出于宏观经济形势的不同要求,日本银行经营比率管理上有不同的重点:经济恢复时期以经常收支比率管理为主,目的在于通过经常收支率的控制,确保一定利润,增强银行机构的资本力量;进入 1957～1965 年期间,为配合当时控制投资的宏观经济目标,重点转入存贷款比率管理;70 年代后,转向不动产融资管理,以抑制金融市场中的投机现象;80年代前半期,由于大量发行国债和出现大量新型金融商品,经营比率管理的重要性有所下降;直到80年代后半期,经营比率管理才重新获得重视,并开始启用国际清算银行的自有资本比率管理。

大藏省一直主要采取"行政指导"的方式,即根据银行局下达的一系列"业务运营指导标准"来指导银行的运营。具体的业务运作指导标准主要包括经常收支率、不动产比率、自有资产比率、流动性资产比率等。由于大藏省行政指导中出台各经营指标的目的是保证银行获得稳定收入而非加强银行运营的安全性和稳健度,这些健全性措施实际上并没有发挥应有的作用。

(2)金融机构检查。

对金融机构的检查由大藏省和日本银行共同进行。大藏省的检查是从行政管理的角度,依据金融法规及政策,对金融机构业务经营的合规性进行监督检查。

日本银行只对在日本银行开设账户或取得贷款的金融机构进行检查,并且这种监督关系是由金融机构在日本银行开户时,以签订协议的形势确定下来的。日本银行对金融机构的检查主要是从经营风险和资产状况的角度,通过对资产质量和风险状况的检查,保证金融机构运营的安全性和银行竞争的公平性,并使金融机构的经营活动与中央银行的意向保持一致,促进金融市场的稳定发展。80年代以前,日本银行监察的最大作用是维持金融机构与金融政策保持一致。日本银行对金融机构的风险管理查核体系和银行统一评级制度都是80～90年代的产物,此前,因为当时金融机构发展的首要目标是获得稳定收入,以便最大程度地服务产业发展计划,大藏省的一系列严格管制手段已经使金融机构的资产运用受到极大限制,经营风险降到了最低水平,所以没有统一的资产质量和风险状况的监察体系。

4. 形同虚设的安全性措施——存款保险制度

20世纪60年代中期,日本投资设备主导型的高速增长结构有所变化,开始向开放型经济转变,金融体制改革迫在眉睫。大藏省的金融制度调查会在调查后,认识到随着个人金融资产的不断积累,尤其是个人存款的不断增加,存款的地位已大大提高,保护普通居民存款的意义已日益重大。因此需要改变原有的对金融机构的保护和对存款者的保护分开进行的做法,用存款保险制度取而代之。鉴于金融制度调查会的报告,1971年,日本制定了《存款保险法》,并于同年成立存款保险机构。

日本存款保险制度主要是以大部分民间金融机构为对象,强制其加入保险机构。其业务也限于收取保险费和支付保险金之内。特别是由于当时根本不存在银行破产的现象,一直到 80 年代,存款保险机构都没有支付过一次保险金,存款保险机制可以说没有发挥过任何作用。实际上,正是由于大藏省协同日本银行通过一系列事前监管手段,保护了银行免于破产,从而代替存款保险制度行使了保证金融秩序稳定的职责。

(四)传统银行体制的缺陷

大藏省的行政手段大多数没有直接的法律依据,也不具有强制性。但日本的银行机构愿意听命于大藏省的行政指导,原因在于听从大藏省的行政指导,可以避免在激烈的竞争环境中受到较大损失,也可以避免大藏省的报复性惩罚。在缺乏法律基础上建立起来的银行监管体系,其缺陷是十分明显的。

1. 透明度低,责任不清

由于判断问题及进行处理的标准都只在监管当局的掌握之中,未予公开,很难判断监管当局设定的目标和手段是否正确,同时也就无法区分各方在其中所负的责任。银行监管的封闭性也对外国银行机构进入日本市场形成一定的排斥作用。

2. 无视市场作用

大藏省的监管虽然获得金融市场高度稳定、战后资金得到有效分配的成效,但是却严重危害了金融市场和金融机构的经营效率,利率机制完全不起作用,业务范围、营业区域都被严格划定,各银行可以说是在各自的区域里坐享其成。在这种过度保护下,银行都无视存款人的利益要求,排斥了以存款人为代表的市场力量发挥作用。

3. 落后的事后安全网建设

传统的监管将重点放在事前监管上,忽视了事后安全网的建设。存款保险制度一直形同虚设,关于破产银行的处理,基本只采取救助合并一条途径。这使得监管当局在银行破产的处理上一直处于被动的状态。

(五)日本金融体制改革背景及大体步骤

受“泡沫经济”破灭和 1997 年亚洲金融危机的双重打击,加之金融危机的应对措施不当,1998 年以来日本的金融机构倒闭事件迅速增加,每年有大约 20

家以上的金融机构破产。面对金融机构大量破产,公众逐渐失去了对金融机构的信任,社会舆论也逐步认识到大藏省"一省独大"、独揽金融监管权的现行金融监管体制是失败的,是导致金融危机的根源所在,要想推进金融改革,必须首先对传统金融监管体制进行大刀阔斧的改革。所以在国内金融业经营状况不断恶化、国际金融竞争日益加剧、金融创新步伐逐步加快、尤其是国内各界舆论的压力越来越大等多重因素作用下,日本政府终于被迫开始对自己开刀,以1998年通过《新日本银行法》为新的起点,开始对其金融监管体制进行大幅度的机构调整和改革,其改革步骤大体如下。

(1)1998年4月1日,修改后的《新日本银行法》获得国会通过。该法案使日本银行与大藏省的关系发生了根本性变化,将长期以来一直为大藏省所拥有的业务指令权、日本银行高级职员的罢免权等统统废除,日本银行的独立性大大增强。同时,强化了日本银行货币政策委员会的决策功能,委员会由日本银行总裁1名、副总裁2名以及审议委员6名组成,过去的政府代表名额被废除。此外,《新日本银行法》还明文规定,日本银行拥有对所有在日本银行开设账户、与日本银行存在交易行为的金融机构进行考查(检查)的权力,从而将日本银行的习惯做法以法律的形式规定下来。

(2)1998年6月成立金融监督厅,作为总理府的外设局负责民间金融机构的检查与监督。大藏省仍然负责金融制度方面包括金融制度、宏观政策和法律法规的规划、提案,以及金融机构的破产处置和危机管理等的宏观决策、检查金融企业财务制度、监管存款保险机构等。

(3)1998年12月成立金融再生委员会。该委员会作为临时机构,负责执行金融再生法、早期健全法以及金融机构破产和危机管理等方面的立案,并负责处置日本长期信用银行等几家大型金融机构的破产案件。将在此之前成立的金融监督厅归并到金融再生委员会之下,但仍继续行使原有的检查和监督职能。大藏省继续负责金融制度方面的重大决策、企业财务制度检查,而对存款保险机构的监管则由大藏省与金融再生委员会协同监管。

(4)2000年3月,将对中小金融机构的监管权由地方政府上收中央政府,交由金融监督厅负责。

(5)2000年7月,在金融监督厅的基础上正式成立金融厅,并将大藏省所负责的金融制度决策权、企业财务制度检查等职能转移至新成立的金融厅,大藏省仅保留与金融厅一起对存款保险机构的协同监管权,以及参与破产处置和危机管理的制度性决策,但后者重点放在确保决策的顺利实施方面。

(6)2001年1月,撤销了金融再生委员会,并将金融厅升格为内阁府的外设局,独立地全面负责金融监管业务。包括对金融机构的检查和监督、金融制度改革的重大决策、制定与民间金融机构的国际业务相关的金融制度、检查企业财务制度以及金融再生委员会的遗留工作等,同时,协助财务省(原大藏省)共同对存款保险机构进行监督。财务省仅保留对存款保险机构的协同监管职能,地方财务局则以接受金融厅委托的形式重新对地方金融机构行使金融监管职权。

(7)改革存款保险制度,将原存款保险制度规定的全额偿付改为部分赔付,并由 2001 年 3 月延期到 2002 年 4 月以后执行,同时,授权存款保险机构对参保的金融机构进行监管。但由于存款保险机构一直忙于处置不良资产,因此至今未开展此项业务。

此外,日本政府还注意缩小行政监管部门的监管权限和范围,将其权限限定在金融业的宏观政策和法律法规的完善、以及对金融机构的行为合规性和风险度方面的监管等领域,不再干预金融机构的具体业务。监管方式也由过去的行业监管改为职能监管,在职能监管部门之下再细分行业进行检查与监督。另一方面,努力强化市场的约束机能,规范金融机构的信息披露制度,提高金融机构的透明度,完善企业会计制度准则,加强会计师事务所等中介服务机构在社会监管中的作用。

至 2001 年为止,一个以金融厅为核心、独立的中央银行和存款保险机构共同参与、地方财务局等受托监管的新的金融监管体制基本框架已经初步形成。

(六)日本银行监管改革的成效分析

日本传统的银行监管制度中,大藏省拥有至高无上的权力,集金融计划立案与监督检查职能于一身,是造成金融领域不正当交易的根源,也是不良债权问题得不到彻底解决的原因。1998 年 6 月 22 日,日本金融监督厅作为日本总理府外局,一个完全脱离大藏省、具有金融监督检查职能的专门的金融监管机构正式投入运营,这标志着日本传统的金融监管制度的结束。以往侧重于事前限制,从而形成对银行等金融机构过度保护的日本银行监管机制,将转变为注重事后监督,以国际统一会计标准和法律规范交易行为促进竞争的机制,真正建立起透明、公开、公正的金融市场。

金融监督厅特别强调了以下监管原则:第一,明确原则、确立公正、透明的金融监督;第二,实施严格有效的检查,加强监管;第三,加强与海外金融检查监督部门的合作;第四,提高专业水平,恪守高尚的职业道德;第五,完善有关检查和监督体制的各项计划。

现阶段,金融监督厅的监管活动主要是审查银行对自身不良债权分类、清理的自查结果,并判断是否达到了政府确认的标准。由于金融监督厅做出裁决的基础是会计审计报告,因而金融监督厅主抓了规范审计标准以保持监管中立和吸收专业人才两个环节。

(1)完善会计审计制度,强化监管的中立性。

金融监督厅认为,必须强调金融监管的中立性原则,即不仅要对作为一般企业的金融机构负责,更要对市场负责,因此作为监管基础的会计监察程序、监查报告是一种公共性极高的行为,也是市场对参加者的要求。只有实现监管的中立与公平,才能保证市场竞争的透明和效率,才能统一资产质量的衡量标准,使市场竞争更加公平透明,也才能根本摆脱日本传统体制中"人为裁度、随机变化"监管方式,提高量化裁决标准的监管方式的科学性。为此金融监督厅特别强调了健全审计和加强信息披露的重要性。

① 为全力恢复市场对银行财务报表的信任度,监督厅指导银行采用美国会计、审计标准,同时要求非上市金融机构必须履行与上市公司相同的义务,进行同等程度的信息披露,接受相同的会计审计。

② 金融监管部门必须公开银行的检查结果和申请资料中不涉及顾客隐私的一切信息,还必须公开那些曾经接受行政处理的有问题银行违法违规的事实真相。

③ 修改有关法律,当银行董事长、财务总监等高级管理人员伪造财务报表影响储户利益时,必须追究其法律责任。并组建完全由外部人员构成的审计委员会,义务对从业人员进行相关的法律教育。

(2)重视激励机制作用,提高监管的专业水平。

吸引高质量的监管人才是提高监管专业水平的保证。因为金融监管费用和处理破产金融机构的全部损失最终是由全体纳税人承担的,在此意义上金融监督机构是代理纳税人监管金融机构的。如果代理人(政府官员或监管人员)与雇主(纳税人)在追求经济成本最小化过程中动机不一致,监管人就有背离纳税人意志采取相反行动的动机。为减少以至最终杜绝监管者出于个人利益而懈怠监管事件的发生,金融监督厅计划设计一套检查成果与内部资格提升联动的奖励制度,将监管业绩与个人职务和工资收入挂钩,激励监管者恪尽职守以降低代理人成本,保证监管的效率,同时也为公务员制度改革进行一些尝试。

(七)日本银行监管的新特点

如今的日本,"单线多头"监管模式占据着银行业监管的主体位置。"单线"是指对金融业的监管权力集中在中央政府这一级,"多头"是指在中央这一级政府有多个机构负责对金融业的监管。长期以来,大藏省一直是日本金融事务的主管机关,对银行业的监管也主要由大藏省负责。日本银行作为中央银行在行政上接受大藏省的领导、管理和监督,也承担一定的监管职责,形成了由大藏省和日本银行共同负责对银行业实施监督管理的模式。大藏省监督的重点是从行政管理的角度,依据银行法以及相关法规、制度对银行的业务经营的合规性进行监督检查,保证银行体系的健康有序运行。日本银行只对在日本银行开设往来账户或需在日本银行取得贷款的银行进行监督和管理,其监督的重点是从经营风险和资产状况角度,通过对其资产质量和风险状况的监督检查,保证银行业经营的安全性、相互竞争的平等性,使银行的经营活动与中央银行的政策意向保持一致。1998 年,金融监管机构和金融体系计划厅从大藏省分离出来,成立了综合性的金融监管机构——日本金融监督厅,到 2001 年,日本初步形成了一个以金融监督厅为核心,独立的中央银行和存款保险机构共同参与,地方财务局等受托监管的监管框架。实行“单线多头”监管模式的国家大多是经济比较发达的资本主义国家。日本的不同发展层次的市场经济和议会政治结构,导致了比较分散的经济政治管理体制。这种体制反映在日本的银行监管体制中,就形成了“单线多头”的监管模式。这种监管模式的优点在于集中统一的监管可以提高监管效率,形成各权力机构之间的制约与平衡。同时也应该看到这种模式有效运行的关键在于各管理机构之间的协调与合作,在一个不善合作与立法不健全的国家中,这种体制的优势难以得到发挥。同时这种模式也同样面临“双线多头”监管模式类似的问题,如监管职责划分不清,重复监管等。

第三节　西方发达国家银行监管的新发展 及对我国的启示

银行是金融机构的主体,在金融监管的制度安排中,银行监管处于其核心位置。巴塞尔委员会的文件中指出,银行监管是一个动态函数,必须反映市场各种变化,监管者必须为此作好准备,根据新情况定期评估监管政策和做法。近 20 多年来,特别是从 20 世纪 90 年代开始,随着世界经济全球化、计算机及信息技术的发展,银行业正经历着急剧变化,银行监管也在不断发展。探讨西方发达国家银行监管的新发展,对于我国正在进行的金融改革具有十分重要的意义。

一、西方发达国家银行监管的新发展

1. 监管体制呈集中统一化

随着市场的开放、管制的解除和技术的进步,银行业面临着更大的生存和发展的压力,客户对金融服务的要求也越来越高,迫使银行对其产品进行整合,并寻求更为有效的组织形式。在重置成本较高的情况下,银行往往选择横向的组织联合。近年来,银行业的并购浪潮愈演愈烈,银行的规模日益扩大,以致排名世界大银行前列的无一不是并购的产物。与此同时,传统的经营模式被打破,银行与非银行金融机构之间的业务界线逐渐模糊,银行业务呈交叉化、多元化和综合化,银行业混业经营的趋势进一步加强。

银行业结构的变化,特别是"全能银行"的出现使传统的监管安排难以适应,为避免出现监管重叠和监管真空,要求更集中或者至少很协调的监管体制,正如美国联邦储备委员会主席格林斯潘所言,监管体制应适应被监管的对象的变化而变化,1997 年英国新的工党政府成立后,决定把包括英格兰银行在内的原 9 个政府管理机构的金融监管职能,集中由一家新成立的全面对金融领域实行监管的"超级监管机构"——金融管理局(FSA)承担。日本通过"大爆炸式"的金融体制改革,成立一个独立的金融监管机构——金融监督厅,分业监管的代表美国为避免监管冲突,发挥多重监管的效力,也确立了监管的主协调机构为联邦储备委员会。西方发达国家的银行监管朝集中统一化方向发展。

2. 积极监管代替消极监管

所谓消极监管是指通过限制或禁止方式来对金融机构及其活动进行监督管理。积极监管是鼓励金融业从事的经营活动,促使其提高效率的监管。

1929～1933 年的经济危机,宣告了古典自由主义经济理论的破产,凯恩斯主义开始兴起并逐渐占据统治地位,此后西方资本主义国家普遍加强了对经济的干预。为了恢复公众对在危机中大量倒闭的银行的信心,各国加强了对银行业的严格监管,制定了一系列严格的法规。严格的措施把银行的经营限制在一定的范围内,避免了银行业的盲目竞争,保证了银行的安全,但影响了资源的合理配置,也导致了后来为规避管制的金融创新层出不穷。

到了 20 世纪 80 年代,随着金融自由化和全球化,在金融创新浪潮的推动下,西方国家逐渐变消极监管为积极监管,这样既能保护存款人和消费者的利益,又能稳定货币,促进银行业的效益与竞争。美国 1982 年出台的《喜恩一圣高曼存款机构法》允许跨州银行在一定条件下合并,放松对银行业务的限制。1992 年通过的《金融服务现代化法》以强调"效率与竞争"为主题,对美国金融法律进行了重大修改和权威的重述。日本也从 20 世纪 80 年代开始,进行了从政府主导型向市场主导型转变的金融改革,取消对金融机构的过度保护,促进市场竞争,以建立适应经济市场化和全球化的现代金融体制。许多国家在健全金融监管法规的同时,不断加强监管机构的权力和主动性,不硬性规定各项具体谨慎比例,使监管人员能灵活对待具体环境下的监管对象,对可能出现的新业务、新风险做出及时的反映。建立适应金融业发展需要,促进效率和竞争的积极的银行监管,已是银行监管的改革趋势。

3. 监管模式的趋向同一

由于政治、经济、文化等因素的影响,传统银行监管形成了以英国为代表的灵活性监管和以美国为代表的规范化监管的两种模式。

在 20 世纪 80 年代以前,英国银行监管的特点主要是以银行"自我管理"为主,规范化的监管作用很小。此种监管模式的优点在于灵活、有弹性,而缺陷则在于仅能在小的半封闭体系中运作,难以被外来者所接受,易造成监管标准的不一致。1974 年挤兑危机,迫使英国颁布《1979 年银行法》,确立了英格兰银行行使监管职能。但对银行监管仍较松散,直到后来约翰森—马塞银行倒闭,导致了更为规范的《1987 年银行法》出台。该法第一次明确授予英格兰银行监管银行业的法律地位。随后英国通过一系列的金融改革,大量的管制条例被制定出来,英国的银行监管从灵活性逐步向规范化方向发展。美国是典型的法制化、规范化的银行监管模式的国家。但是,这种监管模式不能解决监管机构与银行之间信息和经验不对称的难题,没能激发银行主动加强风险防范,难以提高监管效率。于是,美国各监管机构对其监管方式也在不断进行检讨,不再一味强调外部监管,而是转向内外监管的结合,如推行"预先承诺法"这一新方式,适当取消一些法定数量参数和比率指标,给监管官员更多处理具体问题的灵活性。

总之,西方发达国家在银行监管上已明确认识到两种模式之间的相辅相成,不再偏执于一端,在加强规范化监管的同时,也增强其灵活性,监管模式逐步趋同。

4. 国际协作深化

世界经济的全球化,使国际间资本流动也日益频繁。特别是从 20 世纪 80 年代开始,国际金融业的竞争加剧,美、日等国的银行为增强自身的竞争力,纷纷开拓国际业务,通过并购等方式实现机构的全球化。离岸金融市场的发展实现了国际金融市场的一体化。与此同时,金融创新和金融衍生工具迅速增加。这些因素增加了国际金融体系的系统风险,使银行的不稳定性增强。为防范国际银行业之间的系统风险,必须加强银行监管的国际协作。

早在1974年,由于科隆的赫斯塔特银行和纽约的富兰克林国民银行相继倒闭,诱发十国集团成员及瑞士、卢森堡成立了旨在促进国际金融监督与管理合作的巴塞尔委员会,并在随后颁布了一系列加强国际银行业监管标准统一的协议。但是,这些协议存在着过于抽象,缺乏定量标准,可操作性差等缺陷。随着全球金融自由化和全球化的发展和深入,金融创新所带来的金融风险加大,原有协议已不适应形势的需要。于是,在首先由英国和美国达成的双边协议的基础上,于1988年颁布了以风险为资本标准的基础,把表外业务纳入风险管理,为国际银行监管提供了统一的标准和方法的巴塞尔协议。1994年十国集团公布了金融衍生产品交易的统一标准。1995年西方七国首脑会议提出建立全球金融危机预警机制。巴塞尔委员会于1997年推出了对银行业实行全方位监控,注重建立银行自身风险防范机制和实施可持续监管的《有效银行监管的核心原则》。

在美国,为应付突发事件,财政部、美联储和国际性金融机构以及西方各国金融监管当局经常保持热线联系,磋商对策,以便对可能出现的问题联合采取干预行动。东亚金融危机后,西方各国又成立了"金融稳定论坛"。银行监管的国际合作在不断的深化和发展。

二、西方发达国家银行监管对我国的启示

1.适应混业经营的发展趋势,加强监管机构之间的协调

金融危机前美国实行伞形监管,美联储居于伞顶,各职能监管机构居于伞骨,对金融控股公司从事不同业务的子公司进行监管,加之美联储对这些子公司的监管受限,所以,伞形监管本质上还是混业经营下的分业监管模式。金融危机的教训告诉我们:在金融业高度混业经营并快速发展的背景下,分业监管的制度安排无法有效监管金融市场,甚至由于监管的重叠和空白而导致无法及时识别、化解金融风险,从而使风险进一步累积成系统性风险,最终酿成金融危机。美国的金融监管改革方案实实在在地触及到了这一问题,此举将使美国在功能监管方面迈进一大步。

混业经营是国际金融的发展方向,我国的银行业也正处在由分业经营向混业经营的过渡过程中,并且已经涌现出不少混业经营的银行集团如光大、中信等,金融混业经营方兴未艾,发展迅速,必然要求监管体系也作出必要的调整。

目前中国银行业的主要监管机构是银监会,中国人民银行负责按规定监督管理金融市场,发布有关法规政策、负责金融业的统计、调查、分析和预测等,金融业的其他监管机构还有证监会和保监会,分别负责监管证券市场和保险市场。我国分业监管的模式也存在着美国伞形监管的弊端。2000 年我国开始建立"金融监管联席会议制度",这是银监会、证监会、保监会和人民银行在分工基础上建立的一种合作机制。我国 2003 年 9 月,银监会、证监会、保监会签署了《金融监管分工合作备忘录》,对金融监管联席会议制度进行了设计,但由于缺乏法律保障,收效并不理想。

我国金融监管部门有必要进一步健全完善信息共享机制和协调机制,制定金融市场监管规范,加强银监会、证监会、保监会和人民银行的协调合作,同时加强监管的前瞻性和有效性,处理好监管与创新的关系,为金融创新和混业经营预留合理的发展空间。同时应完善金融监管联席会议制度,进一步改进我国银行监管的架构,对从事混业经营的银行集团实行并表监管,以逐步适应未来银行业发展的需要。

2. 注重消费者权益的保护,建立存款保险制度

随着经济的发展,消费者对银行产品的需求和购买能力日益增长,有力地推动了银行结构的优化和业务的扩张。如果银行监管机构仅关注银行业的利益诉求而忽视了对消费者权益的有效保护,将会挫伤消费者的消费热情,使银行业的发展失去广泛的公众基础和社会支持。

目前,中国还没有专门针对银行业的消费者保护法案,消费者在向银行购买金融产品时还处在明显的弱势地位。《商业银行法》对于消费者的保护规范多为原则性规定,缺乏实际操作性,银行监管部门对消费者权益保护承担的职责不够明晰,同时银行业协会等自律机构在消费者保护问题上发挥的作用也很有限。

因此,我国应当建立和完善银行业消费者权益保护的法律,确立监管机构在消费者保护方面的法律地位和职责,构建消费者争议解决机制;同时加强银行业协会在消费者权益保护方面的职责,要求银行在向消费者出售金融产品时应做到信息披露的全面、准确、充分、及时,保障消费者的金融信息知情权。由于银行服务的专业性和特殊性,可以考虑设立专门的银行业消费者权益保护机构,由其承担对金融产品的消费者实施保护,并对银行进行监管。另一方面,欧美发达国家普遍实行存款保险制度,该制度可以有效地保护存款人的利益,维护公众的信心,同时也可以加强银行监管、防范金融风险。我国可以制定一套适合中国实际情况的存款保险制度,这不仅有利于保护公众权益、促进中国银行监管国际化,

而且有利于银行业的稳定发展,保证整个金融体系的健康运行。

3. 加强银行监管的国际合作

金融国际化在提升一国金融竞争力的同时,也加大了金融风险传导的可能性。银行业是金融的核心,跨国银行的发展在给世界经济带来积极影响的同时,也给传统的金融监管带来挑战,一个银行的危机或破产有可能引起一个国家乃至整个世界金融体系的动摇。金融危机的教训告诉我们:在金融国际化和经济全球化的背景下,任何一个国家都不能独善其身。因此加强金融监管的国际合作,增强银行监管当局行为的一致性与协调性,变得日益重要和迫切。

我国的金融法律、法规已采用了巴塞尔协议的大多数建议,银行监管机构也积极参与国际合作,我国已加入国际货币基金组织、世界银行和金融稳定委员会等国际金融组织,而且与多个国家的金融监管部门签署了金融监管合作备忘录。这些都为我国加强银行监管国际合作构建了良好的平台。但总体来讲,我国的银行监管体系在国际化的道路上还刚刚起步,任重而道远。

首先我们应该建立健全银行监管的法律法规,为监管的国际合作提供全面的法律基础。可以考虑将监管工作中一些成熟且行之有效的做法和经验法律化、制度化,这样既可以提高国内监管效果,又可以增强国际金融机构及监管当局对我国银行业和银行监管的信心,促进我国金融监管的国际合作。

其次,我们应该借鉴和运用国际监管惯例和国际经验,制定适合我国实际需要的风险分析系统和监管指标体系,加强对整个银行业的风险监测分析,为风险预警提供必要的数据支持。

最后,我们应按照国际惯例,建立银行信用评级制度。银行监管部门对银行在资本充足程度、资产质量、资产流动性、经营管理能力、盈利水平等方面进行严格考查,强化商业银行对自身经营和风险程度的识别和管理,增强自我约束能力。

第三章

新资本协议与新兴工业化国家
银行监管政策

　　新资本协议是一个全面的资本监管框架,要求银行根据风险大小配置资本,有力地激励了银行提高风险测量和风险管理水平。但是,鉴于新兴工业化国家的现状,过快地套搬新资本协议并不是理想的选择。积极地提高风险管理水平,而不是被动地遵循复杂的监管条例,是银行业成功的关键。巴西是拉丁美洲金融发展程度最高的国家,"金砖四国"之一。2004年巴塞尔新资本协议出台后,巴西成为第一个对外公布实施该协议时间表的发展中国家。澳大利亚、新加坡和中国香港特别行政区在亚洲属于较为发达的经济体,银行体系的发达程度和稳健性在亚洲区名列前茅,监管当局长期致力于借鉴国际监管标准提升监管能力,已经建立了风险为本的监管框架,在推动新资本协议实施方面,三个经济体也走在亚洲区的前列。韩国作为"亚洲四小龙"之一,新资本协议在该国的推动亦不可忽视。本章将从新兴工业化国家银行监管的历史演进,监管模式以及对其银行监管的经验和启示三个方面阐述新兴工业化国家的监管政策。

第一节　新兴工业化国家银行监管的历史演进

　　本节主要介绍以巴西、韩国、新加坡、澳大利亚等为代表的新兴工业化国家近年来银行监管的发展历史,以及这些国家银行监管改革的特点。另外,南非、印度的银行监管改革历程也不容忽视。

一、新兴工业化国家银行监管的历史沿革

(一)巴西银行业监管的发展历程

巴西现代银行体系是 20 世纪 60 年代中期按照美国的标准建立的。按照当时的法律法规,巴西金融业实行银行业与证券业分业经营,然而在实践中,各个金融机构的业务界限远没有法律规定的那么清晰。进入 20 世纪七八十年代,金融机构的竞争导致收购和兼并浪潮的兴起。在此基础上出现了一些大的全国性全能银行。很多不同的金融机构都属于同一个财团,只是使用不同的会计标准而已。自 1988 年起,针对《巴塞尔协议》的推出,巴西开始对金融体系进行一系列改革。

巴西是拉丁美洲经济最为发达的国家,2005 年巴西的 GDP 达到 8 000 亿美元,跃居拉美之首。巴西经济的增长之快离不开其金融业的稳定发展,特别是 2002 年后巴西中央银行进行的金融改革,逐步完善金融监管体系,健全金融监管法制,不断向国际监管标准发展,巴西的金融环境表现出良好的发展态势,其持续有效的金融监管帮助巴西摆脱了 20 世纪 90 年代的金融动荡,整个金融体系在改革中不断得到稳定。2004 年 12 月,巴西对外发布了实施新资本协议("巴塞尔协议Ⅱ")的时间表,这在所有发展中国家中,巴西是第一个。在 2005 年的巴西金融稳定报告中,巴西中央银行明确指出其国家金融体系(SFN)已明显增强,具有充足的资本应付机构成员所面临的风险。

随着金融危机的爆发,巴西的银行业也在寻求新的出路。伴随着新资本协议的推进,面对复杂多变的金融市场和激烈的国际竞争,国际化已成为其发展的必然趋势。

抓住机遇抄底海外同行。这场金融危机令全球无数银行面临经营困难甚至倒闭的境地,而巴西的银行业却几乎毫发未损,反而乘机大举进军海外市场。《泰晤士报》指出,巴西伊塔乌银行考虑购买次贷危机期间收到英国政府资金援救的英国银行业者股份,并称在英国政府出手苏格兰皇家银行和劳埃德银行股份时伊塔乌银行可能出价收购,而英国政府目前持有这两家银行的股份分别为 84% 和 43%。

大力发展与新兴市场的合作。金融全球化带来金融国际化合作的深入发展,各国开展国际银行业务时也越来越多的把目光投向新兴市场。近年来,中国经济的强劲增长吸引了众多的国外金融机构,加上中巴经贸关系快速积极发展,同作为金砖国家的交流日益密切,使得中国市场成为巴西众多金融机构的合作目

标。目前,巴西多家银行准备或已经在中国开设业务部,主要为中巴企业在双边外贸、投资方面提供相关金融咨询服务。桑托斯银行于 2004 年 1 月 1 日率先在巴西成立了中国业务部,9 月 1 日,又在中国设立了代表处,成为第一家在中国设立代表处的巴西私有银行,不仅为中巴企业开展双边贸易提供帮助,尤其是为有意进入巴西市场的中国企业提供金融、经济、法律和政策等咨询服务。

鼓励国内私有金融机构的发展。20 世纪 80 年代开始,巴西政府逐渐放松了金融管制,重点清除了金融市场中不同领域的壁垒,从此巴西的金融机构正式走上了混业经营的发展道路。同时加强对中小金融机构的监管,大力在欠发达地区建立开发银行,正是由于政府对落后地区的重视和经济开发,并采用得力的方法,加快了落后地区的经济增长步伐,缩小了和发达地区的差异。

后金融危机时代,在其他国家和地区苦于如何恢复国内经济的同时,巴西却被称为“机遇新大陆”,而且不容忽视的是,巴西将会面临一个前所未有的新时期:里约热内卢获得了承办 2014 年足球世界杯和举办 2016 年奥运会的资格。这个机会也将给巴西金融及整个经济的发展注入新的血液。

(二)韩国银行业监管的发展历程

1. 1997 年金融危机前韩国银行业监管状况

20 世纪 60 年代,韩国的金融市场和非金融机构等不发达,银行不能承担金融产业的中枢神经的功能,为了加速国内实体经济的发展,韩国政府采取了一系列的有效措施,其规制也主要集中在银行。自 20 世纪 80 年代开始,为促使金融市场的活跃并适应金融全球化和自由化的国际潮流,韩国政府试图由政府主导型的开发政策向市场主导型的金融自由化政策转变。从 1995 年开始,韩国法律对个人在银行的最高持股比例予以更加严格的限制,规定个人对城市大型银行的持股比例最高由 8% 降到 4%,对地方银行的可持股比例最高为 25%。但是,无论对城市大型银行还是对地方银行,金融专业企业家仍可持有 12% 的银行股份。20 世纪 90 年代以前,韩国基本实行管制金融,政府直接控制银行的信贷经营,将其作为执行宏观经济计划和产业政策的工具,而银行本身也并不追求利润最大化。这种金融体系也确实创造出了韩国几十年的经济飞速发展的奇迹。90年代初期,在外部环境的压力下,韩国政府加快了金融自由化的进程,逐步放松了对金融行业资产的控制,使国内外短期信贷有了更为广阔的空间。政府在对资本流动放松管制的同时,却没建立相应的监管措施,造成监管真空,也使短期资本流动成为金融危机爆发的一个重要原因。

2. 1997 年金融危机后韩国银行业改革状况

（1）银行重组成为主要手段。

1997 年金融危机的爆发，使韩国经济遭到了前所未有的冲击，再加上国内企业和金融机构的经营不善，其对外信任度也大幅下降。为消除经济上的风险因素，韩国政府首先对不良企业和金融机构建立退出机制；为了恢复市场秩序，开始对银行进行重组，银行之间的合并也开展的十分活跃。1998 年 2 月，以国际清算银行为准对自有资本比率未满 8% 的银行，要求其在 4 月末前提出扩充自有资本等经营正常化计划。并在 6 月请由民间专家构成的经营评价委员会对其经营正常化计划可行性进行评估。以此为依据 6 月 29 日金融监管委员会决定让对评价为很难用自有资本进行经营正常化的银行，即大同银行、东南银行、同和银行、京装银行及忠清银行（5 家银行）退出，并引导其他银行进行合并或者与外国金融机构合作。据此带有附加条件的承认银行，即根据 BIS 标准自有资本率 8% 的 7 家银行朝兴银行、韩国商业银行、韩一银行、韩国外换银行、平和银行、忠北银行及江源银行之间进行了相互合并。自 1997 年韩国多达 26 家的一般银行至 2009 年减少为 7 家。现阶段的商业银行主要有 7 家：友利银、SC 第一银行、国民银行、韩国外换银行、新韩银行、韩国花旗银行、韩亚银行。专业性银行有韩国发展银行、韩国产业银行、韩国农业协会联盟和韩国渔业协会联盟。

（2）外资进入成为主要影响。

外国资本大量涌入韩国金融市场，参股韩国商业银行，是由当时韩国的经济情况和相关制度决定的。金融危机过后，当时韩国经济尚未恢复，韩国政府对银行重组的财政支持有限，而韩国政府又不允许国内大型企业和集团公司参与银行经营，这就给了外国资本进入韩国金融市场的大好机会，而韩国政府也对外资银行的进入采取了积极的态度。到 2005 年 6 月底，韩国大型商业银行中，只有友利银行和中小企业银行由内资控股，其他银行均由外资掌控。其中外资持股比例情况为：韩国国民银行 77.77%，韩国外换银行 73.64%，韩亚银行 73.45%，新韩银行 63.25%，韩美银行更是彻底，完全被花旗银行接管，连原有名称都不存在了，更名为花旗银行（韩）。

外资参与韩国国内银行业经营的程度越深，其影响也越大越复杂，既有有利的一面，也有有弊的一面。有利的一面在于：首先，外国资本进入韩国银行业的主要途径是直接收购国内银行或者开设分行，这必定会加剧韩国国内银行的竞争，有助于提高韩国银行业的经营效率。而且，通过竞争而引入的国外先进的银行技术也全面提高了韩国银行市场的服务质量。外资银行对韩国消费信贷市场的侵略也有力地推动了消费信贷的迅猛发展。其次,外资银行的进入有效地抑制了政府对金融市场的过度干预,政府无法像过去一样对市场进行行政干预,而是以市场自身调控为主,使其金融自由化和国际化程度进一步加深。再次,外资银行的参股,直接或间接影响了韩国银行业的大型化和混业化。以金融控股公司为主要组织形式,加深了大银行与中小银行、银行与非银行金融机构间的不平衡现象,使整个银行业的竞争力得到了加强,成为韩国银行业面对国际竞争实现结构调整以提高国际竞争力的重要一环。

不利的一面在于:首先,外资银行资本雄厚,经验丰富,信誉好,服务质量佳,这些优点使它们很容易将国内的一些大公司或企业拉走,成为带给它们长期稳定收益的大客户,而国内银行由于风险管理水平不高又缺乏经验,只能被迫从事一些风险较高而利润空间较小的金融业务,从而加剧了不同规模银行之间的不平等竞争。其次,为度过金融危机,韩国政府为出售不良银行资产和扩充资本急需引入外资,这使得外资银行以短期资本收益作为投资目标而成为银行的所有者。这些投入到韩国国内的资金带有很强的投机性,一旦韩国经济出现不稳定情况,这些外资银行很可能随时卖掉股份撤离,稳定性较差。再次,面对被外资银行占领的金融市场,韩国政府所推行经济政策的效果有不定性。外资银行追求的是利益最大化,当政府的政策有可能影响到外资银行的利益时,将会遭到强烈的抵制而无法落实。这使得政府所采取的稳定金融的短期措施无法取得预期效果,也使得政府可利用的政策手段减少,宏观调控政策的效果弱化。

(三)新加坡银行业监管的发展历程

自 1999 年 5 月新加坡金融管理局宣布实施银行业五年开放项目,到 2003 年 5 月开放项目基本完成,新加坡的金融监管实现了脱胎换骨式转型。

1. 对外开放历程

因为曾经是殖民地,新加坡银行业长期由外资银行占主导地位,本地银行规模小、地位低。1970 年后,新加坡金管局有意识地采取了保护性政策,尤其在零售银行领域,为本地银行发展争取时间。金管局对银行实行分级牌照管理,分为全面银行和离岸银行两类。新加坡本土银行均为全面银行,能够经营所有商业银行业务,而外资全面银行无论其子行、分行在营业网点(包括分支机构和户外柜员机)的扩张上均受到限制。外资离岸银行以经营外币为主,所受限制更多。1971 年,又增加限制银行牌照,主要是限制外资银行吸收本地居民零售存款和开设分支机构,分级牌照至此演变为"全面—限制—离岸"三级牌照。同时出台外资投资入股本地银行不得超过 20% 的限制政策,1990 年将股权限制比例调整为 40%,且要求本地银行将此规定载入公司章程。

新加坡本地银行在政府的保护下逐步成长。但是,金管局清楚地意识到,和国际大型银行相比,新加坡银行无论在规模、技术、产品和服务上都存在较大差距,而全球化和 IT 技术的发展,使银行业的发展和竞争格局大为改变。政府若不主动选择开放,银行业的现状将难以为继。基于此,新加坡金管局于 1999 年 5 月宣布实施五年开放项目,选择了目标明确、谋划缜密、循序渐进的主动对外开放战略。

清晰的理念和明确的目标是新加坡银行业对外开放的特点,这些理念和目标在开放之初即已明确,并公之于众,主导了整个开放历程。理念之一,是本国银行与本国经济发展的长期利益一致,是本国金融体系的基石,因此必须确保本国银行占据相当的市场份额。出于货币政策考虑,尤其希望本国银行在本地存款和支付体系方面占据主要市场份额,不希望外资银行过多吸收本地存款。理念之二,是政府必须确保开放能够加强本国银行的市场竞争力。开放带来的竞争不能自发地解决所有问题,政府需要前瞻性地管理竞争,采取措施帮助本国银行迎接开放挑战、不断发展壮大。金管局强调,新加坡本国银行是在政府有意识的扶持和保护下逐步发展起来的,如果开放削弱了本国银行的竞争力和市场地位,开放就是失败的。从开放的目标看,一是打造强大的新加坡银行体系和本土银行;二是夯实新加坡作为区域性金融中心的地位。

新加坡银行业五年开放项目包括三个重要组成部分:三年内逐步执行一揽子开放方案、改进本地银行的公司治理、取消 40% 的外资投资入股限制。三项内容相互联系、共同作用,达到开放目的,反映的是新加坡政府缜密的开放谋划。其中,"三年内逐步执行一揽子开放方案"是项目主体,主要是逐步增加不同牌照类型的外资银行数量,进一步放宽各牌照下外资银行的业务经营权,但始终没有消除对外资银行零售网点扩张的限制。"改进本地银行的公司治理"是在对外开放的同时对内采取的应对措施,金管局认为,加强本土银行竞争力的关键在于良好的公司治理和一流的人才,并随后出台了公司治理监管规定。在"改进本地银行的公司治理"的前提下,取消外资投资本土银行的股权限制。过去这种限制主要是出于国家利益考虑,但公司治理监管规定出台后,金管局认为 40% 的股权限制已没有必要。因为公司治理监管规定要求本地银行董事会的主要成员必须是新加坡公民或永久居民,且必须设立提名委员会,负责银行高管和关键职位的人选决定。金管局认为,这些措施能够确保银行控制者在决策时充分考虑国家利益。值得强调的是,在取消上述限制的同时,金管局加强了对本地银行累计重大持股的审批规定,在现有的 5% 和 20% 的股权审批门槛以外,增加了 12% 的股权审批门槛。尽管取消了刚性的股权限制措施,但金管局对股权开放仍持审慎态度。批准与否,主要依个案而定,金管局有较大的政策裁量权。其中,是否与国家利益一致是重要审批标准。

开放取得了预期效果。新加坡已发展成为区域性金融中心和全球外汇交易中心。金融业占 GDP 的比重从 20 世纪 70 年代的 5% 上升到 2005 年的 11.3% 左右,银行资产从 1974 年的 360 亿新元增加到 2005 年的 1.4 万亿新元,日外汇交易量从 1974 年的 8 亿新元大幅提高到 2005 年的 2 820 亿新元,使新加坡跃身为全球第四大外汇交易中心。即便从亚太地区发展普遍较为薄弱的债券市场看,新加坡的债券发行量在过去 5 年也增长了 3 倍,发行机构不断多元化和国际化,外国机构发行的债券已达到 20% 的市场份额。截至 2007 年 5 月,新加坡共有 105 家外资银行,其中全面银行 24 家,批发银行 37 家,离岸银行 44 家。

2. 对外开放中的风险防范和安全保障

在推进一系列开放措施的同时,新加坡金管局把提升自身监管能力和本国银行竞争力作为防范风险和保障金融安全的两个重要着力点,使开放能够"为我所用"。

自 20 世纪 70 年代起,新加坡就以其优越的地理位置,良好的交通、海港、通讯等基础设施,东盟组织的经济合作关系,处于连接全球金融活动的时区,加之国内金融稳定的良好信誉等条件,发展成为区域金融中心,并取得很大的成功,吸引了世界各国 100 多家银行在此落户,以新加坡为基地,向区域国家提供金融服务。90 年代期间,金融业对国内生产总值的贡献达到 11% ~ 13%。

然而,90 年代下半期,经济局势起了重大变化,1996 ~ 2000 年,大量资金从东亚流出,高达 3 000 多亿美元,这个数字相当于印尼、马来西亚和泰国的名义国内生产总值的总和。如此庞大的资金流失及 1997 年亚洲金融风暴之后,区域内许多国家的经济受到沉重的打击,有的至今还没有恢复元气,使新加坡作为金融中心的地位和活动深受区域经济萎缩的影响。在此背景下,为了消除金融风暴造成的巨大冲击,新加坡政府以行政手段采取了一系列的金融改革措施,寻求通过对银行业的改革,采取更开放的措施,让外资银行的广泛业务带动金融业的发展,帮助加强新加坡的金融中心地位。

就银行本身来说,其效益呈明显下降趋势。随着金融产品的不断推陈出新,银行的业务已经有了很大的改变,传统的存贷业务虽然在新加坡的本地银行仍是主要的收入来源,但其重要性已逐渐下降,这些业务的本利差在逐渐缩小,本大利小,风险也在加大,尤其在经济不景气时,不良贷款迅速膨胀,致使许多银行损失惨重。这几年,每家银行都为不良贷款拨出大量的准备金,从而使银行的营业成本迅速上升,造成利润下降。因此,为减低风险与提高利润,银行争相积极发展非利息收入的中间业务。在许多先进国家,中间业务的收入已达到银行收入的 60%,它将成为银行间竞争的主要战场。这些业务的新发展促使银行业进入一个结构调整阶段。

新加坡银行改革也是经济全球化和信息化推动使然。新加坡政府对本地银行一向实行高度的保护政策,尤其是国内市场,对外资银行有许多限制。经济的全球化发展,要求开放门户。先进的信息技术可以使各种金融交易活动通过互联网、电子商务或电子银行进行超越国界的广泛而快速的交易,同时,通过高科技可以提高服务素质与减低营业成本。在当今全球化经济环境下,要提高服务素质和扩大营业范围,不充分利用高科技是不可能的,它必将丧失其市场竞争力。因此,新加坡金融管理局认为,不改革就会失去竞争地位,失去时间和主动性。要继续保持金融中心的地位,银行业的改革就显得必要和迫切。

(四)其他新兴市场国家实施新资本协议的历程

在新巴塞尔协议中,关于各新兴市场国家实施新协议要求的时间限制相对来讲是比较宽松的。各国可以依照自身的实际情况制定其实施新协议要求的时间。

比如,澳大利亚审慎监管管理局表示在其谨慎原则下实施巴塞尔新资本协议。并且他们在 2005 年初讨论出实施标准的草案,这个草案主要是针对新资本协议中第一支柱的。澳大利亚审慎监管管理局认为澳大利亚不会被所谓的"交错的实施"所吸引,并相信对于一个共同的出发点,他们从 2007 年开始实施新协议。澳大利亚在前述的时间表下,使用标准法的授权存款机构会有大概三年的时间为巴塞尔新资本协议的实施做准备。可以确信的是这会让这些机构有充足的时间做出必要的体系变更。相反地,实施最高级方法的银行,从"第一天"起,将需要从 2005 年底开始进行一个 1988 年巴塞尔协议下现存体系和巴塞尔新资本协议下体系的平行运行过程。这个时间表对于实施最高级方法的银行是一个较严峻的挑战,但是这些银行和澳大利亚审慎监管管理局在准备上已经将工作紧密地联系在一起了。

而在南非,其时间安排基本如下:在 2004 年讨论巴塞尔新资本协议,讨论内部评级法的相关模型;2005 年完成立法相关事宜;2006 年进行常识性运行;2007年则实施所有方法的平行运行;在 2008 年,正式对巴塞尔新资本协议实施,各方法进入独立运行阶段,所有方法都进入实施阶段。为实行巴塞尔新资本协议,监管当局亦做了充分的准备。在立法方面,公司法、破产法、银行法均达到要求;在会计方面,与国际会计准则兼容;审计和监管方面达到国际标准;其公司治理和风险管理实施情况良好;其支付系统与巴塞尔规划标准小组委员会要求相符;在信息披露方面,与国际会计准则兼容。其实施主要分为以下四个阶段:第一阶段,决定应用的范围;第二阶段,银行能力的评估;第三阶段,监管准备情况的评估;第四阶段,实施。

印度储备银行则采用协商方式。一个由来自14家银行的高级官员组成的筹划指导委员会建立起来,该委员会同时代表印度银行联合会。同时考虑到印度储备银行与国际标准保持一致与协调的目标,实施的最低要求是信用风险标准法。在技术得到充分发展以后,同时在银行和监管层面,一些银行在获得印度储备银行的具体审批后会被允许使用内部评级法。基于筹划指导委员会获得的相关要求,印度实施巴塞尔新资本协议指导方针草案已经由印度储备银行草拟完成,要求各银行在2005年2月15日学习上述指导方针并提供其反馈。印度储备银行在2003年4月接受采用巴塞尔新资本协议。印度储备银行在其2004年5月的年度政策声明中宣布,印度的银行应当深入考察在巴塞尔新资本协议下的可用选择,在2004年12月前规划出实施的路线图以便转移至巴塞尔新资本协议框架下,并按季度回顾在这个过程中取得的进程。印度储备银行会紧密地监督这个过程中各银行所取得的进展。因此,对印度的所有银行的最低要求是对信用风险采用标准法,对操作风险采用基础指标法进行相关核算。当技术得到足够的发展以后,在银行和监管层面,一些银行可能被允许转而使用内部评级法。印度储备银行进行的主动调整主要包括:确认银行拥有恰当的由银行的规模、业务复杂性、风险哲学、市场感觉以及其资产的期望水平确定的风险管理框架。被银行采用的框架需要能够适应银行在未来发生的业务规模改变、市场动态和革新产品。作为试点,对23家银行引入基于风险的监管,配合业务计划和绩效预算系统,鼓励银行对其资本充足率评估方案正规化。

二、新兴工业化国家银行监管改革的特点

(一)澳大利亚银行监管改革的特点

新资本协议对各国的金融监管都产生了不同程度的影响。对于澳大利亚实施标准法的银行,新资本协议带来了银行资本的紧缩。国际性银行最适合拿来作比较。这些银行才是巴塞尔新资本协议最初的设计对象,至少在澳大利亚,他

们持有大量的监管资本。从这一点上看,规模较大的澳大利亚银行看起来与其国外同行类似。

例外的是,一般地澳大利亚银行都有较大比例的住宅抵押贷款。在 1988 年巴塞尔资本协议中,巴塞尔委员会衡量的住宅抵押贷款的风险权重是 50%。而巴塞尔委员会现在认为住宅抵押贷款较之 50% 的风险权重具有更低的风险性,在巴塞尔新资本协议标准法下,住宅抵押贷款的风险权重下降到 35%。将出现的争论是澳大利亚的授权存款机构与其国外同行具有结构性差异,因为他们持有更大比重的低风险资产。就澳大利亚的所有授权存款机构持有较之国外同行持有更大比例的住宅抵押贷款来说,在其他情况一致下,他们可能有理由期待更低的监管资本要求。这种宽泛的主张也可以被应用在银行对巴塞尔协议中高级内部评级法的实施中,因为数据显示,其与巴塞尔委员会的调查结果保持一致的趋势。而大多数较小的澳大利亚授权存款机构,其资产主要由住房抵押贷款和个人贷款组成,在巴塞尔新资本协议下计算其监管资本只有两个明显的变化,并且都是在第一支柱要求中。对这些机构其住房抵押贷款的风险权重会下降,而其操作风险的资本费用会减少。尤其是巴塞尔新资本协议下的计算会以监管资本的小幅度缩减为结果。

尽管拥有证券化贷款,但使其暴露于操作风险的机构,在巴塞尔新资本协议框架下,必持有监管资本来应付上述风险。这部分资产从资产负债表中脱离开来。这些机构与已经被"出售"的信用风险相关的监管资本并没有减少,但是必须持有资本以应对作为销售的一部分而被保留或者获得的操作风险,类似地,那些承担很少和没有承担住宅抵押贷款的机构也必须持有比之前稍微多一些的监管资本,同样是因为持有资本以应对操作风险的要求。在巴塞尔新资本协议框架下,一个机构的总监管资本要求会由其第一支柱和第二支柱的资本组成。对于较小的授权存款机构,第二支柱会与之前的监事会的监督安排运行相同,机构运用超过 1988 年巴塞尔协议规定的 8% 的最低资本要求的资本进行运作。"第二支柱资本"加上标定在第一支柱的风险权重能够提供一个资本缓冲来应对机构面对的各层次风险,而不仅仅是第一支柱的风险。

新资本协议实施后,澳大利亚监管改革呈现出以下明显特点。

1. 实施方法的特点

澳大利亚金融监管局(Australian Prudential Regulation Authority)允许商业银行采取新资本协议规定的所有方法计提资本,但鼓励大型商业银行采取高级方法。(1)绝大多数银行采用标准法。APRA 认为,信用风险标准法主要适用于规模较小、业务简单的小型机构,这些机构风险成因简单,无需采取复杂的风险计量技术;实施标准法的银行合规成本较低,资源投入少,相对于内部评级法,资本优惠较少,符合中小银行的风险管理实践和成本收益匹配的原则。因此,采取标准法并不代表风险管理能力差。APRA 近期的定量影响测算结果表明,澳大利亚的金融环境使得银行更适宜采用信用风险标准法计量;对操作风险实施替代标准法(Alternative Standardized Approach)。APRA 规定,如果商业银行采取标准法,无需经过事前审批。(2)大型银行采用高级方法(IRB/AMA)。目前已有 8 家银行正式向 APRA 提出实施高级方法的申请,即信用风险内部评级法、操作风险高级计量法。虽然 APRA 希望大型银行能同时实施两种高级方法,但考虑到风险计量的复杂性,2008 年只要采取一种高级方法即可,另外一种风险可以采取简单的方法。由于实施高级方法将导致大型商业银行资本要求大幅度下降,为缓解不同资本制度可能导致的不公平竞争问题,APRA 明确规定,采取高级方法的商业银行必须在第一支柱下对银行账户利率风险计提资本,而采用简单方法的机构银行账户利率风险仍在第二支柱框架下考虑。据 APRA 介绍,银行账户利率风险的资本要求占全部资本要求的 2%左右。

2. APRA 对实施高级方法的审批程序

APRA 规定,申请实施高级方法的银行,提出申请必须满足以下 9 个方面的前提条件:一是经董事会批准的非常清晰地陈述整体风险偏好,拆分主要风险类型;二是具备经董事会通过的定义(被持续使用)和针对所有重大风险类型的风险计量方法论;三是具备经董事会批准的信贷、市场和其他风险的限额体系;四是具备先进的经过董事会批准的全面内部经济资本模型;五是具有经董事会批准的方法论来决定资本成本和基准回报率;六是能够明确认知与所配置资本损益平衡点相关的回报率进行风险定价的潜在意义;七是能够按照经济资本模型分配资本中反映出的潜在风险有关回报率来估算业务线和产品绩效;八是具有与假定风险数量实质性挂钩的绩效评估和激励补偿;九是以基于风险分配资本的项目回报为基础评估重大业务的机制。

银行申请实施高级方法前,应对照 APRA 发布的监管框架进行全面的自我评估,并经董事会签字后方能提交申请。APRA 特别重视董事会在风险治理中的功能,确保被监管机构由稳健的、审慎的、合格的董事组成的董事会管理;董事会应确保银行拥有相当数量的风险专家,负责管理和监督的高级管理人员应具有相应技能、经验和知识。

2005 年 APRA 要求,计划在 2008 年 1 月开始实施高级方法的银行应在

2005年9月前提交初步申请和实施规划。商业银行提交的申请先交由 APRA 派驻银行的前线监管组（frontline team）初步讨论，再提交 APRA 的新资本协议实施项目组讨论审查有关技术问题、关键问题，最终结果由新资本协议项目组通过前线监管组做出。前线监管组在银行提交初步申请后负责监督检查商业银行准备工作的进展，确保在今年底前对商业银行做出正式反馈意见。

3. 认可高级方法主要取决于银行内部经济资本模型

新资本协议的目标是监管资本和经济资本趋于一致，但鉴于经济资本模型的复杂性，新资本协议并未明确要求采用 IRB/AMA 的银行必须采用经济资本模型。澳大利亚银行使用经济资本模型的历史已经超过10年，大型银行已建立较为完善的内部经济资本模型，因此，APRA 认为经济资本模型对实施高级方法非常必要。

从澳大利亚大型银行实践来看，其内部经济资本模型与新资本协议的监管资本计提方法论存在一些差别。如新资本协议的最低资本要求是基于未来1年99.9%置信度计算得出的；而目标评级定为 AA- 的大型银行通常是采用99.95%或99.97%的置信度，使用计划期通常也超过1年，并且不同银行所使用经济的模型不尽相同。因此，监管资本和经济资本就会有一定差异。APRA 认为，存在差异是可以的，但银行应对差异做出合理的解释，并且不能导致资本要求下降。

4. 对操作风险标准法进行改造

新资本协议规定，商业银行采用操作风险标准法应将全部业务划分为8个业务条线，APRA 未采纳该规定，商业银行应采取替代标准法计算操作风险资本要求，并且将全部业务仅分为3个业务条线：零售银行（retail banking）、商业银行（commercial banking）和其他业务（other activity）。零售银行和商业银行业务条线采用最近6个半年平均贷款余额为操作风险暴露的指标值，风险因子分别为12%和15%，其他业务条线采用最近连续6个半年的调整后的总收入为操作风险暴露的指标值，风险因子为18%。APRA 认为，由于大型复杂银行将采取 AMA 计提操作风险资本，只有中小银行采用替代标准法，采用3个业务条线的简单划分方法符合中小银行的业务实践，有助于降低合规成本；在3个业务条线中，前两个业务条线的资本要求占比超过了90%，进一步细分业务条线没有必要。

5. 关于第二支柱的考虑

APRA 认为，第一支柱和第二支柱相互补充，鉴于第二支柱的复杂性，建立非常详细的第二支柱规则非常困难也没有必要。实施第二支柱关键在于适度性（proportionality），对不同银行采取有所差异的监督检查方法和监管措施。APRA的第二支柱方法将于现行的"PAIRS"监管评级体系相结合。"PAIRS"是结构化的评级体系，一方面评估银行所面临的各种风险，另一方面评估银行风险计量、管理能力和资本覆盖非预期损失的程度。"PAIRS"的评估结果有助于 APRA 对单个机构确定高于 8% 的审慎资本要求。APRA 不仅评估每个银行所面临的各种实质性风险，而且还要考虑一些调整因素，如压力测试（包括经济衰退）、业务增长计划、风险分散化；同时 APRA 还将考虑商业应急资本补充计划、盈利对资本的补充以及银行获得其他资本支持的便利性等多方面因素。

（二）韩国银行业监管改革的特点

韩国一向被国际社会誉为亚洲四小龙的经济明星，但其金融制度极不健全。金权合体、银行运转不良、债务不清是其典型特征。

（1）金权合体下的金融体制。韩国长期将金融业作为其执行国家产业政策和宏观计划的得力工具，由政府直接控制银行的信贷经营和市场交易范围，属典型的管制金融。这种制度在一定时期内可能是有效和合理的，因为它有利于政府集中资金发展经济尤其是推动一些重要产业的发展。但长期实施，其负面影响亦相当深刻。首先，这种制度剥夺了银行的经营自主权，削弱了银行自身管理和控制信贷风险的能力和积极性，势必出现大面积的优惠贷款和关系贷款，容易形成企业超借、银行超贷之怪现象。其次，这种制度为本国的金融机构提供了法律和政策等多方面的保护，而这种保护的特点是：银行等金融机构永远也长不大，缺乏核心竞争力，难以在经济、金融全球化的世界中独立生存和发展。再次，在政府强力干预下，银行资金源源不断流入受政府庇护的大企业中，滴水成河，经长期积累必然形成大量不良债权，一旦条件成熟，势必波及汇市、股市，进而成为引发金融危机甚至经济、政治危机的重要诱因。

（2）金融自由化的尝试。为弥补商业银行系统资金供应不足，韩国政府在20 世纪 70 年代初便着手扶持和培育非银行金融机构和各类金融市场，以便将地下金融市场的游资引向企业融资，1982 年更是放松了非银行金融机构的市场准入，一年之内成立了 12 家短期信贷金融公司和 57 个合作基金。政府从国有的商业银行逐步抽出股份，并对其进行私有化改造，同时还规定每个股东所持的股本不得超过总股本的 8%，以防止大财团对银行的垄断。1986 年，韩国政府开始允许国内商业银行和非银行金融机构自由设立分支机构。外资银行设立的分支机构也由 1979 年的 18 个升至 1989 年的 66 个，国外证券公司被允许在韩设立代表处,并可持有一定数量的股份。1987年,人寿保险市场也对外国开放。

20世纪80年代,韩国政府逐步放松了对利率的干预和控制。1981年全面放开了企业短期融资票据市场利率,允许企业中、长期债券利率在银行利率上下各100个基本点内自由浮动。从1982年起,可转让企业债券、可转让大额存单利率亦放开,一般性贷款和政策性贷款之间的利差被取消。政府宣布放弃长期以来对银行信贷规模和额度的直接控制,转而通过准备金率、再贴现率和公开市场进行间接调控,准备金率亦由23%下调至15%。90年代初,韩国政府进一步推进金融体系自由化。1993年起,对外资银行实行国民待遇,韩币实现经常项目和资本项目下的自由兑换;1995年,韩国政府允许国外投资者直接进入韩国资本市场和货币市场。不过,银行的存款利率仍然没有放开,政府对金融市场还保有强力的干预。

金融制度的落后和缺陷是导致银行超贷和企业高负债经营的根本原因,也为韩国金融危机的爆发准备了土壤和条件。

(三)新加坡银行业监管改革的特点

新加坡银行业监管机构——金融管理局发表政策声明,提出开放新加坡银行业,标志着新加坡银行业实施改革。这次银行改革政策中包含了一个重要的观点,即面对当今世界的新趋势,过去的保护政策必需改变,应当通过竞争来强化本地银行,特别是通过放宽对外资银行的限制政策,推动本地银行的集中,从而提升竞争力。本地银行在与国际大银行竞争时,必须不断地改革、创新或吸收、模仿和发展新产品,而不能继续在保护环境下墨守成规。其内容可以概括为三个方面:一是银行业的进一步对外开放,二是银行业的进一步集中,三是加强本地银行的企业监管和治理。

1. 银行业向外资的进一步开放

在进入21世纪后,新加坡新的支柱产业将是生命科学、信息科技和其他知识型产业。这些新支柱产业的发展需要更大量的资金投入和承受更大的风险,因为它存在许多不确定性因素。因此,需要通过开放银行业,为新支柱产业的发展提供更充足的支持力量。新的支柱产业对国民经济的贡献,不是短期内能看到显著的效果,而新加坡银行业还有其竞争优势,放宽外资银行的营业范围,使产业规模扩大和提高国际化程度,扩大市场。外资银行业务的扩大,必将引进更多的金融产品和专业人才,在竞争中,本地银行将能够学习其先进的管理经验,有助于本地银行的自我提升,使整体银行业的产业结构升级,提高国际竞争力,从而提高市场绩效,带动国民经济的发展。

在当今世界,银行通过收购与兼并扩大规模与实力来提高竞争力,达到规模效应与提高风险承受能力,已经成为一种趋势。新加坡面对更开放的市场竞争与向区域化发展,更应作好充分准备。基于上述考虑,新加坡银行业开放有下述内容。

(1)利用五年放宽管制计划,增发各类银行执照给外资银行,来推进银行业的行业与市场结构调整:进一步开放让外资银行进入新加坡国内市场:为外资银行签发新银行执照,称为特准全面银行(Qualifying Full Bank),增加限制性银行(Restricted Bank)的数目,允许岸外银行(Offshore Bank)在批发新加坡币的交易方面享有更大灵活性。

(2)取消外国人拥有国内银行股的顶限,通过银行业股份制改造国内银行的产权结构:取消外国人拥有本地银行股权不得超过40%的顶限,以吸引更多外来资金。这可使国内有更充裕的流动资金,也更能体现本地银行的市场价值。政府在决定取消外国人最多只能拥有国内银行40%股份的顶限时,考虑了下述因素:成立任命委员会,让新加坡公民和永久居民成为银行界多数成员,将能使绝大部分银行存款,留在与新加坡经济利益息息相关的人手里。

2. 本地银行业的兼并和集中

随着外资银行的进入,在新政策的冲击下,新加坡本地银行业面对的冲击是明显的。本地银行需要应对已重新布局的市场结构:首先是在放宽管制前,大部分本地居民除了将钱存放在国内银行之外几乎没有更多的选择。在外资银行被允许扩展业务范畴后,出现大量的个人存款向外资银行分流现象,如花旗银行已积极展开吸引个人存款计划。从而,在外资银行的竞争压力下,国内银行分支机构多的优势已在逐步下降。第二,国内银行只有保住现有的存贷流量,才能够在放宽期限内进行实质性改革。因此,在放宽期限内,新政策将制约外资银行,让国内银行继续拥有不少于50%的本地存款。但强行要求国内银行必须提升自己的规模来面对更激烈的竞争。金管局会监督放宽管制的进度与趋势,并在必要时作出调整,来保护国内银行的资金流量。第三,放宽管制后,国内银行的最大冲击是在货币市场里,因现金流量的流失,将国家的现金流量控制权送到外资银行手中。因此,只有在国内银行相对集中情况下,与外资银行竞争现金流量的控制权才是可行的办法。

为争取本地银行保有国内市场不少于一半的占有率,就应加强与扩大本地银行的规模,金融管理局最初设想是将现有的五大银行(包括控股的属下银行共

8家),兼并为不超过两家,并设定由政府控制的新加坡发展银行是其中一间,其主要根据为:(1)集中资源以拥有较强的实力才能与外资银行竞争;(2)国内市场容量小,太多银行将造成恶性竞争,包括过多的分行与相似业务的重复,造成资源内耗,不利于经济与社会效益;(3)未来的竞争将更激烈,传统银行业务创造的价值已经难以支撑未来银行业竞争的需求,需大量投资于高科技产品,以提高服务素质和效率,如创造高效益与高增值率,并降低营运成本,因此,过于分散与太多间较小规模的银行将不能达到规模效应;(4)为提升本地银行走向区域化做好准备。

至此,新加坡的本地银行形成三足鼎立的局面,依总资产排列,若包括新加坡及海外资产合计:第一,发展银行(1 510亿元);第二,大华银行(1 129亿元);第三,华侨银行(860亿元)。若仅依据新加坡国内资产计算,即不包括海外资产:第一,大华银行;第二,发展银行(900亿元);第三,华侨银行。

3. 加强本地银行的企业监管和治理

新加坡政府在推进银行业集中的同时,在加强对本地银行的监管方面也采取了改革措施,最为明显的是,所有本地银行必须设立"五人任命委员会",任务是确保银行在委任董事和主要管理层的人选时,只有那些最能干、能对银行作出贡献、能照顾股东利益的人,才能担任这些职务,而且必须得到金融管理局的批准,目的是避免与预防权力被滥用而损害国家利益。通过对委员会委员的任命,间接牵制了股东通过股份对银行经营权的控制与操纵,以此形成一种产权与经营权相互制约机制,防止内部人交易行为,形成对银行管理层的牵制力,进而形成有效的银行治理结构。

监控本地银行股权的变动方面,要求任何单一股东(个人或机构)拥有超过5%的股权必须得到金融管理局的批准。政府在决定这项措施时,是要确保拥有银行控制权的个人、家族或集团,以国家利益为出发点,这就排除了在银行中由大股东形成垄断局面推选管理层人选的公司治理结构。金管局的新措施确保了银行企业都是由专业人才所管理与控制。

4. 银行业改革的市场效应

新加坡银行业改革后的基本格局可以分为本地银行与外资银行两大组成部分,外资银行则以六家"特准全面银行"为主,本地银行将面对它们扩展业务、抢占市场的强烈竞争与挑战;兼并后的本地三大银行则要守住国内一半市场的底线,又要在这个市场内相互竞争,为企业争取最大的回报,保持竞争优势。

（1）本地银行间竞争力的消长。

本地银行在这次改革中有出人意料的表现。首先是依原定政策要将本地银行兼并为两家的目标至今未能实现，而且重新洗牌的结果，长期据居市场领导地位的发展银行退居次席。且连串挫折影响企业形象，高层人事变动频繁，18个月换了两个行政总裁，过度扩张影响资本负债比率，为筹资而发行债券、变卖非核心业务（即为落实银行管制政策，银行要在某一期限内脱售非核心业务）、配售股权，美国两家投资机构已经拥有超过5%的股权，成为仅次于新加坡政府的大股东，政府股权比例下降。收购多家区域银行后，整合工作耗时费力，企业文化差异影响协同效应，整合成败与效果将影响今后的发展与业绩。简言之，规模扩大了，要达到规模效应的目的才是更艰难的挑战。

（2）本地银行与外资银行的竞争。

下述例子有助于了解改革政策实施后，新加坡银行业在国内市场的竞争情况。

邮政储蓄银行在被发展银行收购后，继续保留于市场，但改变了它原来的非商业性质，因此不能继续享有许多税务优惠，主要是存款超过10万元的存户的利息收入必须纳税。为此，发展银行照章行事作出宣布。不久后，花旗银行即推出投资配套，积极争取这批较富有的客户，并备有专署软件，提供投资配套咨询，每个客户将有一名客户关系经理提供专门服务。发展银行发现后赶快推出相应对策，力图争回这批顾客群。相比之下，不难看出二者之间的差距。花旗银行还做了市场调查，估计新加坡市场约有18万户属于这类的富裕家庭，其市场规模达到几百亿元，即对市场的识别能力和敏感度部分地表现了这两家银行的竞争力水平。当然，发展银行过后极力挽回，认识到这是银行的重要资源，也不失为从经验中汲取教训，从而提升业务水平。这也可以说是引进外资并从中学习的一个例子。

例如，近一个时期，为刺激住用房地产市场复苏，政府对贷款条例作了改革，让按揭银行拥有第一债权人的地位，从而掀起一场激烈的争夺战。

在目前经济不景气的情况下，银行发放贷款非常谨慎，工商企业融资风险大，有条件的企业尽可能直接从资本市场筹集资金，减少向银行贷款，一来减轻利息负担，二来减少债务风险，这就使得银行的业务受到影响。这时，房地产价格处于低水平，按揭风险较小，虽利薄或甚至目前无利可图（第一年），但着眼于第二年及之后的利差收入，以及从这批顾客群发展其他业务的机会，相对来说，还是较值得争取的市场，于是内外资银行纷纷入场争夺。这一例子反映了今后国内市场的竞争将更激烈，本地银行将面对更严峻的挑战。

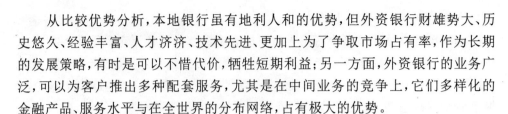

从比较优势分析,本地银行虽有地利人和的优势,但外资银行财雄势大、历史悠久、经验丰富、人才济济、技术先进、更加上为了争取市场占有率,作为长期的发展策略,有时是可以不惜代价,牺牲短期利益;另一方面,外资银行的业务广泛,可以为客户推出多种配套服务,尤其是在中间业务的竞争上,它们多样化的金融产品、服务水平与在全世界的分布网络,占有极大的优势。

(四)香港银行监管改革的特点

1. 根据本地实践确定实施方法"菜单",供各类机构选择性使用

虽然 HKMA 非常积极地推进新资本协议实施,但并未全面照搬新资本协议规定的各种方法,而是结合香港金融市场和银行业结构的特点,为授权机构提供了一套可供选择的实施方法。

(1)为小型授权机构量身定做了信用风险"基础法"。基础法以 1988 年资本协议为基础,借鉴标准法的部分规定(如承诺的处理、信用衍生品信用转换系数、担保抵押的操作性要求),以节约小型机构的合规成本。然而,实施基础法的机构也必须计提操作风险资本,并达到第二支柱、第三支柱的相应要求。

(2)初期不实施操作风险高级计量法(AMA)。在征求意见过程中,授权机构普遍反映短期内达不到实施 AMA 的数据要求,实施 AMA 不符合成本效益的原则,也无助于改进操作风险管理,因此 HKMA 决定暂时不实施 AMA。

(3)不实施资产证券化内部评估法(IAA),HKMA 认为,香港地区资产证券化市场尚不发达,资产支持型商业票据(ABCP)的规模非常小,无需实施 IAA。

(4)不对交易性业务的交易对手信用风险(counterparty credit risk)提出明确资本要求。HKMA 认为,香港地区商业银行以传统业务为主,衍生产品的交易量小,单独计提资本没有必要;同时,HKMA 对业界交易对手信用风险管理进行了专题调查,将于近期发布交易对手信用风险管理的定性和定量要求,并跟踪业界的发展。

2. 在监管政策上鼓励大型机构实施内部评级法

虽然 HKMA 允许各类授权机构基于自身成本收益分析自主决定选择实施方法,但同时又为大型机构向内部评级法过渡提供了激励。一是对于 2009 年底前实施内部评级法的大型机构,在未实施内部评级法之前经 HKMA 批准可以先实施基础法,无需实施标准法,以降低这些机构的合规成本和系统转换成本。二是允许大型银行分阶段地实施内部评级法,对于 2009 年前实施内部评级法的银

行实施初期内部评级法的资产覆盖面(按照信用风险加权资产计算)只需达到70%,2009年底达到85%即可,内部评级法未覆盖的风险暴露可按照基础法或标准法计算信用风险加权资产。三是降低数据历史长度要求,2009年底前开始实施内部评级法的银行只需2年的历史数据,只要在2012年底前具备5年历史数据即可。

3. 原则性监管和规则性监管相结合的原则

一方面为使监管指引能够兼顾银行内部评级体系设计和运作方面的差异,HKMA的内部评级法指引在很多方面采纳了新资本协议灵活的框架,如内部评级体系的设计、运作、量化过程等方面的最低要求,只是结合香港地区的实际,对部分标准进行了调整,如专业贷款不包括高波动性商业房地产(HVCRE)、降低了中小企业的标准等。另一方面为保证内部评级体系的风险区分能力、风险量化的审慎性,HKMA在内部评级体系的内部控制、验证、使用测试、压力测试等方面的要求更加具体和明确。如对董事会、高管层、内部审计部门在内部评级治理中的角色描述非常详尽;在商业银行内部评级体系验证的范围、方法和报告要求等方面细化了标准;明确了内部评级体系运用的13个具体领域;规定了几个具体的压力情景,要求授权机构必须按此情景进行压力测试等。同时在新资本协议允许的国别自裁权上,HKMA采取了审慎的做法,如对零售风险暴露采取与公司风险暴露相同的逾期90天的客观性违约标准,违约定义中不允许考虑重新确定账龄的因素。

4. 建立了严格的资本充足率监督检查程序

HKMA认为,新资本协议第二支柱的基础是商业银行已经建立了稳健的内部资本评估程序(ICAAP),但香港地区银行的ICAAP并不完善,还处于不断演进之中,因此现阶段对ICAAP的要求只能是原则性的,不可能非常细致;为弥补ICAAP存在的缺陷,监管当局的资本充足率监督检查程序(SRP)必须足够强大。为此,HKMA建立一套完善的打分表体系(scoring system),对第二支柱下八大类风险以及相应的风险管理能力进行全面的评估,若评估结果不满意将自动导致资本要求增加(根据《银行业条例》的规定,HKMA有权对单个机构设定高于8%但不超过16%的最低资本要求。HKMA认为,现行的风险为本监管框架已经体现了第二支柱的许多要素,因此严格的资本监督检查程序不会对授权机构造成过重的监管负担,打分表体系也不取代现行CAMELS评级系统,两者互相补充。HKMA计划2008年对打分表体系运行情况进行后评估,并根据评估情况进行适当调整,增强与现行风险为本监管框架的协调性和一致性。

第二节　新兴工业化国家银行监管的模式

　　针对巴塞尔协议的提出,新兴工业化国家采取了相应的监管措施,有力地促进了银行业监管的发展。本节着重介绍巴西、韩国、新加坡在巴塞尔协议框架下的银行监管模式,为中国银行业监管改革提供经验借鉴。

一、巴西银行监管模式

　　(1)引进混业经营模式,统一会计标准。1988年6月,中央银行宣布实施"国家金融体系的机构会计计划",所有的金融机构都使用统一的会计标准。是年9月,巴西证券交易委员会颁布第1524号决议,创建全能银行,打破过去的分业经营模式,全能银行得到极大的发展。1988年颁布的新宪法也正式确认了混业经营体制。

　　(2)雷亚尔计划。1994年7月初开始实行的雷亚尔计划中涉及金融业的改革,其措施包括提高银行利率;进一步加强中央银行的金融监管职能,对州立公共商业银行实行清理整顿;金融机构加强内部管理,精简机构,裁减冗员,从而降低了成本,提高了自身的竞争力和对新经济环境的适应能力等。

　　(3)建立最低银行资本标准制度。1994年8月,依据《巴塞尔协议》,中央银行发布了第2099号决议,建立了新的最低银行资本标准制度,重新规定了银行资产风险程度。这些措施有力地增强了银行经营的稳健性和抗风险能力,促进了金融体系的健康发展。

　　(4)促进银行间的兼并与收购,推动行业竞争。1995年11月,中央银行颁布的第2208号决议和2212号决议,对银行业的购并和新设银行的资本要求做了明确的规定。这一方面提高了新设银行的资本实力;另一方面通过鼓励购并、联合、控制权转移,大大提高了银行的竞争能力。

　　(5)加强对银行的审计工作力度。1996年3月,中央银行通过第1334号临时措施,责成审计公司或独立财务审计师审计金融公司的违规行为。

　　(6)加强对本国银行境外派出机构的管理。1996年7月,中央银行在第2302号决议中规定,在境外设有分支机构或控股境外金融机构的巴西银行也要达到第2099号决议对最低银行资本标准的要求,授权中央银行监管境外巴西的金融机构参股控股的分支机构。

（7）建立健全中央信贷风险系统和银行内部控制体系。1997年5月，国家货币委员会建立中央信贷风险系统，所有银行必须把信贷数额不高于50 000雷亚尔的客户以书面形式上报中央银行。1997年6月，中央银行第2399号决议又把银行最低资本充足率的要求从全部风险资产的8%提高到10%，贷款上限从经股权的12.5倍降至10倍，此决议还宣布对互换业务加强管理。1998年5月，中央银行第2493号决议决定，建立金融信贷证券化公司，它可以购买金融机构的信贷，然后将其证券化，即变为可转换证券。此公司还集中管理银行的部分呆账、坏账，以求减少成本，盘活银行资产，促进和扩大银行的信贷供应。1998年12月中央银行第2554号决议命令，巴西所有银行都要向中央银行递交有关按照巴塞尔委员会标准制定的实现内部控制体系的方案，同时也规范了银行从业人员包括经理人员的行为准则。

（8）减少州立银行的数量和地位，加强联邦银行的作用。1996年8月，重组州立金融体系计划通过，在该计划的指引下，州立银行经过重组，数量由改革开始时的35家下降到2001年的5家，有效地弱化和抑制了州立银行对州和市过度的信用扩张。

（9）银行业的对外开放。根据1962年第4131号法令，巴西运用相互性原则，允许外资进入巴西金融体系。1995年11月，中央银行发布了第2212号决议，废除了外资银行资本充足率必须两倍于巴西本国银行的规定，并且外国资本可以拥有国内银行100%的股权，外资银行开始大量进入巴西。

二、韩国银行监管模式

1. 银行改革的政策措施

（1）成立金融监督委员会，实施金融监管的一体化。1998年3月，依据5金融监管机构联合法，由财政部、中央银行、存款保险公司及司法部共同组成韩国金融监督委员会，具体负责对所有金融机构的监管事务，原来的分业监管机构合并为金融监管委员会的执行机构。由此，金融监督委员会获得独立的监管权力。委员会成立伊始，首先强化了对出现问题的金融机构的监管，一改过去政府对失去偿还能力金融机构给予财政支持的传统做法，断然决定让那些危及金融系统稳定发展的金融机构暂停营业或吊销营业执照。

（2）实施新的银行法案，着力提高银行经营透明度。1998年12月，韩国议会通过了15个主要的金融改革法案，改革的目标是建立以市场为基础的、更有效的金融服务体系。如：银行通法和1997年金融产业重组法，允许金融企业提供更广泛的金融服务，从而打破了以往金融体系的功能分割和制度界限。1998年4月，改组后隶属于金融监督委员会的银行监管局开始贯彻巴塞尔协议中银行监管的核心规则，即：将所有次级资产从二级资本中扣除。进行委托资产管理的银行要向信托受益人完全披露信息。银行进行担保的信托账户应作为表内业务，1999年1月之前，风险权重为50%，2000年1月后，风险权重调整为100%。同时严格规定银行可脱离表内业务的信托账户。严格划分贷款种类，重新确定科学规范的损失准备金率要求。对证券交易的风险暴露头寸按照逐日盯市进行会计登录，所有已套期保值的资产按历史成本进行计账。信息披露和会计规则都要与国际准则相一致。

（3）金融监督委员会采取区别对待原则。那些资本金非常低的银行，限期关闭或被兼并；资本金不足和风险管理体系不完善的银行，业务活动受到一定限制，并必须接受持续、严格的管理规定，限期予以整改；资本金充足、风险管理体系比较完善的银行，则可继续增加风险头寸，进行正常经营。

2. 促进银行重组与民营化

金融危机发生后，韩国政府即开始着手对金融机构进行全面彻底改革，强调对现有银行的进一步整合和并购，并大胆引进外资参与金融改革，特别是倡导强强联合，自愿合并、并购，以促进韩国银行业的规范发展，确保其在世界市场上的竞争力。1998年4月5金融系统结构调整方案发布前后，并购重组活动迅速展开。韩国第一银行和汉城银行先由政府和存款保险公司（KDIC）注资实现国有化（政府控制了94%的股权），之后予以私有化，一家美国投资银行受委托将两家银行出售给外国投资者。一些实力比较雄厚的银行先后增加了资本，1998年，有16家银行发行了97 670亿韩元的股票，3家银行通过外国投资者的资金注入，增加资本3 290亿韩元，其中德国商业银行收购了韩国外汇银行30%股权，汉城银行的民营化则借助的是英国汇丰银行的资本。改制了韩国资产管理公司，使其成为金融危机后处理韩国不良资产的专责公营机构。韩国政府计划对其所有的银行实行私有化，只要投资者具备管理银行的经验，就可对银行进行收购。现在已有四家在国内具有举足轻重地位的银行，其第一大股东已是外国企业，这四家银行分别是韩国国民银行、韩国外汇银行、韩业银行和韩美银行。

3. 改革银行与企业的关系

韩国的银行问题不单纯是由银行本身的脆弱性所致，实际上还与韩国企业融资方式及治理模式的脆弱性密切相关。金融危机后，韩国政府将金融改革与企业重整有机结合起来，以求从源头上抑制不良资产的滋生。重整的目标是：减少负债比例、缩小业务范围、业务集中化、消除相互担保、改革公司管理制度，以提高经营管理水平。1998年9月，前5大财团（现代、三星、LG、大宇、鲜京）进行重整和合并，主要是对相互重叠的生产能力进行置换，减少过度生产。1999年底，贷款银行和5家财团分别签订了重组协议。资产互换和重组后，财团内部的资本结构和治理模式更加清晰，更加市场化。

4. 加强银行治理

韩国政府改变了过去重人事、轻经营效益的银行经营策略。通过颁布法律和政策，结束了政府对银行管理的直接干预；法律扩大了银行董事会的权力，并要求银行经营保持高度的透明度；法律允许国内外投资者对一家银行集中持股，允许外资拥有100%股权并担任银行的董事。证券和外汇法亦作了修改，金融企业之间的敌意收购已成为可能。各家银行内部实行了扁平化管理，依据企业的实际偿还能力确定贷款额度。尤其是开始注重信贷风险管理，并借鉴国外银行的先进经验，纷纷制定出台了相应的管理制度。经过近5年的改革和重组，韩国的银行业已开始从危机中摆脱出来，并比亚洲金融危机中的其他国家走得更快，投资者亦相信韩国的银行能从亚洲的复苏中获益。

三、新加坡银行监管模式

1. 提升监管能力

监管理念的嬗变。新加坡金管局素以监管严格著称，甚至被认为过分严格而有碍商业机构的发展。经历1987年和1997年金融危机之后，金管局意识到应该调整监管与发展的关系，以适应急速变化的全球金融开放格局。为此，新加坡政府于1998年前后启动了金融体制改革，旨在改变新加坡偏于保守的监管理念。金管局确立了如下新的监管理念"风险为本、注重披露、与所有利益相关者同心协力、亲商"。具体地说，就是强调监管者与被监管者之间的互动和交流，强调被监管者自身的公司治理、风险管理与内部控制，赋予被监管者业务创新与自由发展空间，通过加强信息披露，引进市场监督力量，构造三位一体（从业者、监管者与市场）的监管制度。在新的监管理念指导下，新加坡金融市场逐渐从强调管制演变为披露为本和鼓励创新。

构建特色风险评估体系。在监管的技术手段上，随着风险监管在国际监管界主流地位的确立,金管局也适时建立并完善了具有新加坡特色的风险评估体系,包括统一风险评估和冲击力评估两大核心内容。这一体系的特色体现在:适用于金管局监管的所有金融机构,包括银行、证券和保险公司;对被监管机构在主要业务层面、整个机构层面和对金融体系及整个经济实体的冲击力层面进行全面评估。风险评估体系在监管资源配置和监管手段运用方面发挥了重要作用。

2. 提升本国银行竞争力

增加对本国银行监管的灵活性。在开放过程中,为保持本国银行的竞争力,金管局决定在不违反审慎原则的前提下,赋予本国银行更大的经营灵活性。例如,允许和鼓励本地银行成立金融控股公司,以应对金融业务综合化、国际化和多元化的发展趋势。此外,修改了资本充足率监管规定,从 2007 年 3 月 1 日起,新加坡本地注册银行的核心资本充足率要求从 7% 降低到 6%。

鼓励本国银行并购。新加坡国内银行的并购整合实际上一直在进行中,但在更为开放的环境下,进一步整合成为政府急迫的选择。新加坡目前有三家规模较大的银行,分别是星展、大华和华侨银行。金管局认为,新加坡是个小国家,不大可能容纳两家以上的大银行。为此,金管局明确表示希望能够促成国内银行的进一步合并,最终形成两家大银行的格局。尽管不会用行政手段干预并购,但金管局无疑会鼓励和促成其认为有利的并购。事实上,星展银行和邮政储蓄银行的合并就是金管局大力促成的。

3. 外资银行监管的审慎考虑和差别体现

出于国家利益和审慎考虑,新加坡对外资银行的监管实行了必要的差别化对待。确保外资银行在本地存款和支付体系方面的市场份额不超过 50%。

本国银行的长期利益与本国的经济发展是相一致的,而逐利而动的外资银行,包括在本地注册的外资子行并非如此。尤其在发生危机的情况下,国内银行更有可能充当金融体系的稳定器。因此,在进一步开放的环境中,新加坡希望维持本国银行在国内存款和支付体系方面的主要市场份额。对所有外资银行包括在境内注册的子行营业网点的扩张都有程度不同的限制,以制约其取得过高的零售业务市场份额,并确定了外资银行存款份额不超过 50% 的控制目标。金管局已经将这一指标纳入监测范围,必要时随时调整开放范围和速度。

4. 母行、母国情况是外资银行(包括分行和子行)监管的重要考虑因素

外资银行分行或子行均为大型国际金融集团的组成部分,是其全球战略在

东道国的体现,二者之间存在天然的风险传导机制。从全球并表角度而言,外资子行最终的母国监管机构为其母行所在地的监管当局。由于新资本协议下对母国监管当局全球并表监管职责安排的进一步加强,监管时需要充分考虑母国、东道国关系。为此,规定外资子行董事会成员要求至少三分之一为新加坡公民或永久居民,如果其母行已设立提名或薪酬委员会,在书面知会金管局后,子行可不再设立。此外,风险评级、监管指标均充分反映了对母行支持度评估的考虑。

5. 金融信息安全方面的审慎考虑

对很多国际活跃银行来说,其经营决策权、管理信息系统等一些重要功能可能外包给海外机构,给国家和客户的金融信息安全带来一定隐患。为此,金管局发布《外包监管指引》,对银行将业务外包给境外服务商做出了特别规定。首先,银行必须确保能够很好地保护客户信息;其次,如果外包协议中涉及向服务商透露客户信息,银行须事先知会金管局。如果境外服务商也属于受监管的金融机构,监管该服务商的境外机构需要向金管局出具书面确认函,明确允许金管局和其委派的独立审计机构获得外包服务商储存、处理的任何有关银行的文件、交易信息等资料;银行和银行委派的审计机构能够对服务商的控制环境进行现场检查,并将检查结果告知金管局;境外监管机构只有在履行监管职责时,才可以从外包服务商处获得关于银行的信息,且需通知金管局;法律禁止境外监管机构将银行信息透露给任何其他第三方,或者法律赋予其保护银行信息机密的权力。

6. 流动性监管要求及危机情况下的监管措施

无论外资子行或分行,与母行都存在天然的利益联系和进行资产转移的便利渠道。因此,除日常流动性监管外,危机情况下由于母国和东道国之间可能存在的利益冲突,尤其需要确保能够控制境内子行或分行的资产负债。为此,金管局规定了外资子行或分行的合格资产最低水平要求、流动性最低水平要求。限制其业务范围,如限制零售存款或同业拆借等、限制利润转移或分发回母行、更紧密的监管活动与信息呈报。

第三节　新兴工业化国家银行监管的经验与启示

新兴工业化国家的银行业监管为中国银行业应对新资本监管提供了很好的经验。前事不忘,后事之师。新兴市场国家在监管制度改革上存在着种种缺陷,同时这也为中国银行业监管改革创新敲响了警钟。在整个新资本协议实施准备过程中,监管当局和商业银行必须密切合作、加强沟通才能确保实施工作的顺利推进。

一、新兴工业化国家银行监管的经验

(一)巴西银行业监管的经验

从总体上说,巴西银行业的发展水平和竞争能力在发展中国家中是相当高的,这主要表现在以下方面。

1. 巴西银行业拥有更加合理的所有权结构。巴西在 20 世纪 60 年代就开始允许外资金融机构进入巴西,同时鼓励巴西的银行走出去。特别是 90 年代中后期,巴西取消了外资银行进入巴西的种种限制,使得外国资本和外资银行开始大量涌入巴西。外资的进入,给巴西银行业带来了新的产品和技术以及全新的经营理念,促进了巴西银行业的改革与重组,提高了巴西银行业的效率和利益。公营银行、国内私营银行以及外资银行拥有的资产大体相当,呈现出三分天下的局面,激烈的竞争促进了银行业整体水平的提升和整个金融体系的健康发展。

而在我国,长期计划体制形成了国有银行一统天下的局面,虽然随着金融体制改革的进行和深入,股份制银行也得到了一定程度的发展,但无论是资产规模还是市场开拓的广度和深度,都无法同国有银行相比,再加上政策上的歧视,使得国有银行在整个银行业中处于绝对的垄断地位,这一方面使得国有银行逐渐丧失开拓创新的动力,另一方面也限制了其他所有制银行的发展,形成了我国银行业长期以来效率低下的不良局面。

2. 巴西银行业不良资产比重要远远低于中国银行业的整体水平。2008 年联邦银行的坏账率为 33.2%,州银行为 17%,私人银行只有 5.1%,半年后又降为 4.2%。2010 年以来巴西的银行业的坏账率呈逐年下降的趋势,银行业坏账率要远低于现在中国国有商业银行的 20% 以上的坏账率水平。

3. 巴西的银行业运行效率比较高。在发展中国家,一般来说,在其他条件相同的情况下,私营银行参与竞争的程度越高,市场效率越高。巴西国内的私营银行无论从资产规模,还是从资本回报率和资产回报率方面都优于公营银行,这使得巴西的银行业拥有一个良好的市场竞争环境。而在中国,股份制银行的改革和发展起步较晚,由于没有存款保险制度,我国股份制银行的信用要远低于国有银行的信用水平,使得股份制银行的业务开展面临制度上的瓶颈。国有银行的股份制改造刚刚起步,民营银行基本上是个空白,随着外资银行即将全面进入中国,中国的银行业面临着前所未有的严峻考验。

4. 巴西银行业的经营绩效优于中国。我们从资本回报率和资产回报率方面考察一下两国不同所有制银行的经营绩效。据 2011 年 7 月英国《银行家》杂志公布的数据,在入围全球 1 000 家大银行的 16 家中国银行中,我国银行业整体的资本回报率远低于巴西银行业,而由于我国银行业总体的资本充足率偏低,相应地,资产回报率也较低。

(二)韩国金融监管体系整改经验

1. 整合型和分权型金融监管体系整改议论

1993 年财务部在"巴塞尔协议 I"背景下提出金融监管体系整改方案。国内方面正在实施包括利率自由化在内的,扩大金融机构业务领域等放宽金融制度整体规制的金融自律化;国际方面则有乌拉圭多方服务协商和韩美金融政策会议等先进国家的压力下逐渐开始的金融国际化和预防进入 90 年代之后频频发生的金融事故的需求。财政部提出的整改方案的主要内容是,通过改革将多元化的金融监管体系改变为财务部——中间监管机构的分级模式,实现一体化的管理系统。中间监管机构包括银行监督院、证券监督院、保险监督院,第二金融监督院,负责监管各自专业的金融领域,财务部则履行监察和指导中间监管机构的最终监管机构的作用。但是金融监管体系改革的方案也和过去一样,没得到广泛的共鸣。

1995 年 2 月韩国政府提交《金融监督院法案》,这一金融监管体制整改方案给韩国国会审议。韩国政府阐明的这一法案的提交理由如下。通过整合和统一过去韩国银行银行监督院、证券监督院、保险监督院及财政经济院等复杂多机构的金融监管机构,组成有效的监管组织的同时更新监管机构的金融监管及监察业务,提高监管功能之间的相互联系,以确保监管的实效性及明确监管责任等。不过,《金融监督院法案》和有关韩国银行通货信用政策树立的《韩国银行法修正案》在金融监管机构反对整合一元化的立场下未能通过国会审议。而且随着第 14 届韩国国会任期结束法案也自动废弃。

1988～1989 年的讨论和 1993 年的财务部提案,以及 1995 年的《金融监督院法案》都未能获得满意的成果。在此过程中虽然政府和韩国银行之间存在对立立场,但是引起了学界、法律界和有关团体对金融监管体系改革方案的广泛讨论。而且通过这些讨论确认了有关机构和业界、有关团体、学界的认识和立场差异,进而最终导致 1997 年韩国银行法修改案和金融监管体系的改革。

2. 健全性规制及监管,金融风险管理的合理改革

第一,资本充足率(Capital Adequacy Ratio)规制的加强。外汇危机之前银行监督院从 1993 年会计年度末开始实施了 BIS 管制资本充足率规制,1995 年会计年度末开始指导金融机构风险加权资产对比资本充足率超过国际标准 8%。然而保有资本的计算中使用不同于国际标准的方法,导致银行健全性得到过度评价。

第二,即时矫正措施(Prompt Corrective Action)的制度化。保证金融机构自律性的同时又能维持稳定性的方案之一就是即时矫正制度。外汇危机之前也有过与此相类似的经营改善制度。即,规定对未达到最低资本准备金标准的银行适用经营合理化措施,两年以上明显未达到的银行实施经营改善措施。

第三,同一人贷款限额管理制度的加强。这一制度以纠正偏重贷款提高金融平衡性为着眼点,同时还可以限制巨额贷款供应下金融机构所承受的风险。同一人贷款限制管理制度将个人或个别法人规定为同一人进行管理,而集团的系列公司则并没有包括在其中。集团因系列公司之间的相互保证紧密联系在一起,一旦一家出现不良资产有可能导致一系列的连锁反应。因此应该将同一集团的系列企业都包括在同一人的概念之内。规定中还有贷款不能超过资本准备金的15%,保证及接收不能超过 30% 的规定。

第四,随着金融监管体系的整改和金融产业规模和商品开发技术的发展,应将按照金融机构分类的监管体系改变为按照功能分类的监管体系。这一时期的金融监管并没有形成统一,金融监管的效率非常低下。加上金融业务的多元化是国际趋势,各种金融业务之间相互联系在一起,而且同一个金融机构同时提供各种金融服务的倾向逐渐显现。这种情况下按照金融机构进行的分类毫无意义。因此,应该摆脱按照金融机构分类的金融监管体制,积极追求按照功能分类的金融监管下的监管业务的整合,通过金融监管的专业化提高金融监管的效率。尤其是应该废止按照金融机构的金融监管等级区分,构筑金融机构之间公平竞争的条件和平台。

第五,金融基础结构的整顿。银行业在 1994 年 1 月引进《银行经营公示要求制度》,证券公司、投资信托公司、保险公司、综合金融公司也相继引进了相同的制度,不过公示制度存在以金融机构便利性为主运营和会计信息无法正确反映金融机构实际财务状况的问题。尤其是不良债券、巨额贷款等有关银行贷款健全性信息的获取极为困难的制度应该尽早得到改善。而且除了银行之外,非银行存款机构也应该实施经营公示制度。

　　第六，自律监察制度是有效的风险管理方案。相对于政府对金融机构的规制，金融机构。内部监察制度和金融产业自身的相互监察制度在保证金融经营健全性方面更加重要，并且是更加行之有效的风险控制方案。过去韩国金融的监管权限一直集中在政府，所以同业者之间的自律性监察和监管都很少。同时应考虑同行业者之间利害关系而不履行规制责任等问题，确立法定监管当局对自律规制机构的监管权和问责权。

　　第七，存款保险制度的确立。为了避免金融机构的破产引发整个金融制度的不稳定和善意的存款人遭受过度伤害，应引进存款保险制度。不过同时要考虑存款保险制度的引进反而会朝着降低金融制度健全性的方向发展的可能性，应积极检讨部分补偿制度和变动保险费率制度等多元化方案。

　　金融监管体系整改中首先经常被提出来的争议是有关保障韩国银行独立性和中立性的问题。1988年和1989年有过关于韩国银行独立性的法案修改的建议。1980年之后的金融自由化和金融市场的发展，以及1987年强烈的民主化要求的衔接是韩国银行独立性问题获得推进的动力。并且，1987年总统候选人纷纷以确保韩国银行独立性的法案修改为竞选公约。这些修改韩国银行法的尝试持续了两年之久，并且也有过相当的进展，但是法案未能提交到韩国国会就已经告吹。

　　韩国国会和学界的消极态度是韩国银行独立性的法案修改未能成行的原因，其中最大的问题是政府和韩国银行的立场差异。韩国银行的立场是金融通货委员会的委员长由财务部长官变更为韩国银行总裁，将金融通货委员会的权限从通货金融政策的制定扩大到外汇、金融机构监管政策，在第二金融圈和外汇业务中增加国内通货金融相关业务。而韩国政府和执政党在同意提高金融通货委员会的独立性的前提下，希望由金融通货委员会委员长兼任韩国银行总裁等明确韩国银行作为金融通货委员会政策执行机构的作用，维持既有的金融通货委员会政策对象，通过财务部长官的再议要求和业务监察权实现牵制和权利平衡，而且还要求将银行监管功能从韩国银行分离出来。

　　1989年执政党和韩国政府提出的确定案内容是维持韩国银行对银行监督院的管辖，不过财务长官对通货信用政策的提前协商权和有关银行监管的一般指示权等管制制度成为议案进展的绊脚石。在野党和经济界持支持韩国银行立场的态度，金融界方面在支持提高韩国银行独立性的同时在银行监管问题上支持政府的意见。

　　有关提高韩国银行独立性的韩国银行法修改议论中始终伴随着金融监管体系的改善问题。政府意见韩国银行保留属于公权力的银行监管权是不妥当的，而且需要改正。随着确保中央银行独立性的问题持续被提出,韩国政府在 1995 年提示《中央银行制度整改及金融监管机构整合》提案,并将《韩国银行法修正案》和《金融监督院法案》提交韩国国会审议。韩国银行的独立性和金融监管改善的争论焦点中总有银行监管权的归属问题。《韩国银行法修正案》和《金融监督院法案》是将韩国银行从银行监督院分离出来归属到行政部的法案。

二、新兴工业化国家银行监管对我国的启示

(一)巴西银行业监管的启示

通过对巴西银行业监管的分析,中国银行业接下来的改革,应侧重以下几个方面。

第一,加快国有商业银行的股份制改造。国有银行是我国银行业最重要的组成部分,长期计划经济体制使得国有银行背上了沉重的历史包袱。产权不清、治理结构不合理造成所有者缺位,银行运营效率低下,随着加入 WTO 后银行业对外开放承诺的逐步兑现,我国的银行业将面临来自国外的强大竞争,国有银行的股份制改造已是形势所逼,不改不行了。

第二,允许和鼓励民间资本流入银行业,尽快发展民营银行。民间资本流入银行业,可以改善银行的所有权结构,提高银行内部的运行效率,从体制和机制上解决所有者缺位问题。目前,我国对民间资本的进入还没有放开,真正意义上的民营银行在中国几乎是一个空白,这本身就是不公平的,外国资本都已经进来了,为什么不允许本国资本的进入呢,现在不让进入,那么等到外国资本大举进入中国的时候,民营银行的生存和发展将变得更加困难。

第三,建立健全存款保险制度。在我国,国有银行实际上有政府担保,客户不用担心其信用问题。而股份制银行和民营银行则不同,是纯粹的银行信用、民间信用,在信用等级上要远远低于国有银行。而且,在我国,存款保险制度还未建立起来,利率还未完全市场化,这就使得居民担心非国有银行的信用风险和经营风险,为保险起见,绝大多数的居民更倾向于与国有银行打交道。尽管非国有银行在其他许多方面可能要好于国有银行,但在中国,现阶段的绝大多数居民仍是风险规避型的,他们把安全性放在第一位,这就使得非国有银行的发展面临制度上的束缚。建立存款保险制度,可以缓解居民对非国有银行的这种忧虑,为非国有银行的发展提供一个良好的制度环境,同时也会在一定程度上保障中小投资者的权益。

第四,改进对银行的监管方法,提高监管效率。在监管内容上,应将金融创

新与违规经营区别开来;在监管方式上,以合规性监管和非现场检查为主;在监管效率上,应有明确的时限要求;在监管力度上,真正遵循国民待遇原则,对中、外资银行一视同仁。具体思路:一是统一和提高对银行业的监管标准,在符合世贸组织基本原则的前提下,按照巴塞尔协议有关银行业监管标准和我国实际,通过审慎的监管手段,严格准确地把握市场准入标准,通过对内控制度、资产质量、资本充足率和经营绩效等的严格考核,加快建立和完善适应市场竞争条件的风险控制制度。二是实行符合国际会计标准的审慎的会计制度,增加金融监管透明度。上市银行要按规定向社会公众公布资产负债等重大经营信息,非上市银行要向服务所在的地区披露重大信息,要特别加强对所披露信息的真实性、及时性的检查,对违规行为要加大惩处的力度。三是健全市场退出机制,认真贯彻落实有关市场退出的法律法规,对银行业的市场退出实行专业处置。

第五,建立较完善的国家金融体系。巴西的金融体系即国家金融体系(National Financial System,SFN)分为监管部门、吸收存款的金融机构、其他金融机构、金融中介或辅助机构、保险和养老金机构、投资管理机构以及清算和结算系统。除监管部门以外的金融体系机构成员都属于被监管对象。监管部门的主体是国家货币理事会(National Monetary Council),该主体是一个合作主体,由4个金融监管机构构成:巴西中央银行(Central Bank of Brazil,BCB),证券交易委员会(Securities and Exchange Commission),私营保险监管局(Private Insurance Superintendency),补助养老金秘书处(Complementary Pension Secretariat)。4个监管机构或联合进行监管或单独监管,其中最主要的监管机构是巴西中央银行,所有金融机构中只有证券交易所、保险和养老金机构等少数机构不受其监管。吸收存款的金融机构包括:设有商业银行部的多元或全能银行、商业银行、储蓄银行、信用合作社。其他金融机构包括:不具有商业银行职能的多元或全能银行、投资银行、开发银行、消费者财务公司、存贷款公司、抵押放款公司、开发中介、存贷款协会、小型企业家信用公司。金融中介或辅助机构包括:商品和期货交易所、证券交易所、证券经纪人、证券经销商、租赁公司、交易所经纪人公司、外国机构代表处、独立投资代理商。保险和养老金机构包括:私有封闭式养老基金、私有开放式养老基金、保险公司、资本化公司、人寿保险管理公司。投资管理机构包括:共同投资基金、投资俱乐部、外国投资者、管理耐用品消费和服务的协会。清算和结算系统包括:清算和保管国家债券的特别系统、私有事务的保管和金融清算中心、证券交易清算系统。在这些机构中,涉及证券业务的都由巴西中央银行和证券交易委员会联合监管(除证券交易所外),而保险和养老金机构中除私有封闭式养老基金单独由补助养老金秘书处监管外,其他都由私营保险监管局单独监管。

从巴西的国家金融体系的构成来看,目前巴西的金融机构实行的是混业经营。而在 1988 年以前,巴西的银行业和证券业是分业经营的。在所有监管部门中,巴西中央银行是最主要的监管机构,其他的监管机构基本是处于辅助监管地位,因此,巴西的金融监管是以巴西中央银行为主体的混业监管机制,这种监管机制使得巴西监管部门的职能与责任明确,减少了监管部门之间的沟通与协作、信息的共享等方面的障碍。

为更好地实现监管职能,巴西中央银行在内部设立了专门的监管部门,即监督管理局(the Office of the Supervision Director, Difis),该局由四个部门组成:现场检查部、非现场检查部、打击非法外汇交易和非法金融犯罪部、金融系统信息管理部。现场检查部由掌握专业知识和经验丰富的人员组成,依据监管政策和检查程序对金融机构进行现场检查;非现场部主要是评估金融机构是否遵循了审慎性原则;打击非法外汇交易和非法金融犯罪部则是执行行政管理上的处罚,以及在由必要时对金融机构提供临时的补救;金融系统信息管理部则提供文件、内外部会计信息、金融与经济信息,并根据这些信息向其他部门提供咨询和设计管理方案。目前我国的金融业还未进入混业经营,这也导致了我国采取的监管框架是中央银行为主导,银监会、证监会和保监会三大监管机构对我国金融机构分业监管。混业经营已成为金融业的发展趋势,随着我国金融业的国际化,必将进入混业经营,对于现有的监管机制必然提出新的要求,适应金融业的新发展,我国监管当局需要高度重视。

第六,提高银行业竞争力和稳定性。20 世纪 90 年代世界各区域出现的金融危机,对巴西银行业是严峻的考验,为了整顿银行业,提高金融体系的稳定性,巴西中央银行颁布了《鼓励金融体系的重组与强化计划》(PROES)、《银行私营化计划》(PROER)以及《设立信贷担保基金计划》(FGC),激励银行兼并和重组,促进国有银行私有化。之后不到两个月的时间,巴西政府又授予巴西中央银行改进金融体系的法律权利,改变了巴西中央银行过去只能建议而无法律权利的地位,这使得巴西中央银行在促进银行重组和兼并的过程中起到更加积极的作用。目前巴西的银行机构分三大类。第一类银行机构包括第一类银行集团(Banking Conglomerate Ⅰ)和第一类独立银行(Independent Banking Institutions Ⅰ)。第一类银行集团是指至少具有一个典型的商业银行机构或设有商业银行部的全能银行的银行集团。第一类独立银行则是指不参与集团的典型的商业银行机构或设有商业银行部的全能银行。第二类银行机构包括第二类银行集团和第二类独立银行。第二类银行集团是指不含有商业银行机构的集团,但必须至少具有一个投资银行,开发银行,或未设商业银行部的全能银行。第二类独立银行则指不参与集团的典型投资银行、开发银行或不设有商业银行部的全能银行。第三类银行机构则是指信用合作社。

2010年9月巴西中央银行根据资产情况统计出前50名的银行,其有36家银行是属于第一类银行集团,其他14家是第一类独立银行。其中只有10家是属于联邦政府或州政府所有银行,20家是私有银行,18家是外资银行,2家是外资参与银行。而所有金融机构中,第一类银行虽数目不多,但是却占金融机构总资产的85%,此外,巴西第三类银行即信用合作社小而灵活,是机构数最多的。

可以看出,巴西推行的银行业改革,使得巴西的银行业结构更加合理,竞争更加充分,由此促使银行向个人和企业提供更全面优质的服务,这样的良性竞争使得整个金融体系能更加稳定。而我国的银行业结构不合理,国有银行比例过高,这使得竞争明显不足,服务未能跟上,银行自身缺乏控制风险的能力,管理技术落后,金融结构的问题已经是影响到整个中国金融体系发展的关键问题。因此,在金融业对外完全开放之前,我国有必要采用立法的形式促进国内金融机构改革,加快银行业整顿,通过银行重组、合并等方式,提高整个银行业的竞争力,提高整个金融体系稳定性。

第七,实施国际监管标准。1994年7月巴西颁布了第2099号决议,将1988年的巴塞尔协议纳入到巴西监管中,这是巴西实施审慎性监管和国际监管标准的一个里程碑。该决议规定金融机构计算风险加权资产的风险权重为0%、20%、50%和100%,特别是对资产项中的课税扣除部分的权重到2000年底达到300%。决议还规定了机构的资本充足率至少达到11%,并对未能达到最小资本要求的机构实施处分或是纠正措施。为使得SFN适应巴塞尔银行监管委员会2004年6月新发布的《资本衡量和资本标准的国际协议——修订的框架》("巴塞尔协议Ⅱ"),巴西中央银行于2004年12月9日颁布了第12746公报,指出要加快改进审慎性监管的进程,制定了实施新资本协议的时间表,计划2010年以前完全实施内部市场风险模型和信用风险内部评级方法,研究操作风险计算方法和确定其实施的时间。公报指出巴西中央银行将不采用外部信用评级中介的评级结果来计算资本要求,并要求在开始阶段所有金融机构采用简化的标准方法计算信用风险,而一些大型或国际金融机构则有机会采用高级的内部信用评级方法,不过要在巴西中央银行制定的过渡期结束后。

在这个过渡期,这些银行可以先采用基本的内部评级法,最后采用高级的内部评级法。此外,为了适应国际银行业的最新监管动态,巴西中央银行将操作风险的计算纳入到时间表中。目前,巴西中央银行已经开始研究计算操作风险的最佳方法。

我国目前金融监管实施的标准比较国际水平还处于落后的地位,通过国家资产管理公司购买不良贷款,大部分国内商业银行刚刚满足 8% 的资本充足率,这种现状阻碍了我国监管标准的国际化。因此,巴西如何在金融危机之时实施巴塞尔资本协议,对我国尽快实施国际监管标准有借鉴意义。

第八,规范信息披露。在 20 世纪 80 年代,巴西中央银行就已经颁布了《国家金融体系机构会计计划(Cosif)》、《文件编目(Cadoc)》和《交易统一规范(CNC)》,规定了金融机构必须向巴西中央银行提交的所有监管报告和信息。

2000 年颁布的第 2990 号通告中,要求金融机构必须制作和向巴西中央银行提交金融信息季度报告(Quarterly financial information, QFI),同时将此报告公布在巴西中央银行的官方网站上。与会计报表相比,QFI 集合了财务、统计、管理等信息,金融市场能迅速获取金融机构的业务信息和资产负债结构信息。采用 QFI 报告制度加快了金融机构透明制度建设和增强了市场约束,标志着巴西向国际化监管标准迈出了关键的一步。当前我国金融业的信息披露很不充分,不利于对金融业的规范和安全运营实施社会监督。除上市的金融机构受到较为规范的市场监督,不得不按照要求进行信息披露外,其他金融机构的信息披露内容十分有限。虽然金融监管机关发布一系列文件要求金融机构提高信息披露透明度,但一些经营状况欠佳的金融机构由于害怕对己产生不利的影响,不按要求披露信息。然而,从金融业竞争的角度看,规范的信息披露不仅有利于对金融机构的经营形成社会监督的压力,促使落后的金融机构采取有效措施改善经营应对市场竞争,也有利于金融监管机构更充分地了解被监管机构的运营现状,多渠道、多层次提高金融监管的效能。

第九,健全数据信息管理和应用。在巴西金融监管取得的出色表现中,健全的数据信息管理与应用起到了关键的作用。巴西央行采用新的软件系统,将信用风险中心升级为新信用风险中心(SCR),增强了数据分析和咨询功能。SCR 每月从金融机构收取详细的信贷数据,还从合作社、信用卡管理局、巴西开发银行、联邦中介、不良债务者数据库、中央银行数据库、现场检查数据等获取大量的数据。SCR 对这些数据信息进行整理并分析。监管当局根据 SRC 的分析结果,有效监控信用风险,识别可能出现信用风险集中现象,识别高风险的机构和监控风险敞口过大的银行,并作为中央银行监控整个体系的资本充足率和核实每个机构的资本充足率的工具。持有特别许可的金融机构可以通过互联网访问 SCR 获取信贷历史信息,如借款者信息、借款者在所有金融机构中未偿还贷款的信息以及其他有关债务的信息,根据借款者信用情况制定利率,识别借款者、经济部门或地区等风险,减少违约情况,有效控制风险。新系统还可以利用收集的信息对经济决策者的重要问题给予回答。如为了刺激出口部门,多少信贷是合适的,该部门的债务水平怎样,贷款者有多少等。

目前我国尚未具有如此强大功能的信用风险中心,征信系统的建设也才刚刚开始,因此,提高数据信息管理与应用水平,加快类似巴西的信用风险中心,提供监控一个金融机构信息的平台以及可为金融机构控制信贷风险的信用查询系统,可以极大的增强我国金融机构的非现场监管,以及金融机构对自身风险的控制能力,同时有利于我国规范金融机构信息披露,形成和完善市场约束机制。

第十,加强内控和审计。为防范金融市场的风险,巴西中央银行1998年9月颁布了第2554决议,要求受其监管的金融机构必须采取内部控制方法,并且对如何实施内部控制制定了详细的步骤。2002年底,巴西中央银行又对内部控制颁布新的决议,扩大了监管范围,要求机构的内部审计人员必须持续提供详细的工作论文、报告以及其他文件,而且巴西中央银行可以任意获取这些文件,这使得监管活动和机构内部审计职能的关系更加密切。为加强对巴西金融机构的监管,巴西中央银行和巴西证券交易委员会还对金融机构的内部审计制定了一系列的规定,如规定:金融机构必须每4年更换一次独立审计,相同的独立审计必须3年之后才能被继续聘用;在聘用或更换独立审计的时候必须向巴西中央银行提交有关审计的文件;金融机构必须指派一名董事会成员跟随、协调、监管该机构的会计和审计过程;当独立审计认为金融机构有严重违约或出现审计被迫终止的情形时必须向巴西中央银行通报;对于金融机构被干涉或清算时,审计者对之前的疏忽或行为负有责任。

我国实施内部控制制度很晚,2004年12月银监会才颁布《商业银行内部控制评价试行办法》,从2005年2月才开始实施。我国的内部控制制度还是新生的,对于其能否有效实施,监管是否到位,还需要时间的验证。因此,在执行内控制度上,我国监管当局应加大力度,监督金融机构能严格执行内部控制制度,保证金融体系稳健运行。

我国的监管制度对审计的职能提及很少,特别是独立审计,我国监管当局并没有立法确立其职能。在我国现行的监管体系中,国家审计没有被纳入,监管当局没有利用审计的力量,而是与审计机构各行其是。无论是现场监管还是非现场监管,监管当局都没有通过审计机构来印证银行报表的真实性,这不得不对监管的效果置疑。

因此,在监管中引入审计机构,实行合作监管,加紧审计与监管的关系。此外,借鉴和学习其他国家,成立独立的专门审计中介机构,从审计人员到审计机构的成立规范社会审计。为进一步实施内部控制，监管当局还应要求金融机构实行内部审计，这样形成外部审计与内部审计合力监管，从而对金融机构形成有效监管。

第十一，完善经营准入。巴西中央银行在 2002 年下半年重要的监管改革之一是颁布了对金融机构发放经营许可的标准修改方案。在这个方案中，对申请许可的过程分析建立了更加清晰的框架，同时巴西中央银行有了更大权利审批机构申请许可。在金融机构组建时，监管当局要求对该机构进行经济金融可行性分析，以及商业计划和公司治理的结构。进行这样分析的目的是为了对机构最初几年的经营概况进行全面的分析，从而使得巴西中央银行能持续的对新成立的金融机构进行监控。发放许可的标准遵循的一个很重要的原则是：提出申请的机构必须提供足够的信息使得巴西中央银行确信其能以一种安全和稳健的经营方式获得盈利。因此，监管当局审批机构时不仅对新机构的经营计划进行评估，而且把评价新机构的管理队伍是否有竞争能力、经验以及品德是否正直放在最优先的位置。新标准提出对机构控制者的经济与金融方面的能力进行评定，此外还提出了更多的要求，包括股东控制权、机构组织结构以及例如机构资金来源等方面。

2003 年 2 月巴西中央银行又颁布了新的金融机构准入、股东控制权转让、重组以及撤销许可的程序。特别是采用了衡量新成立的机构的安全度和经营连续性的方法。同年 3 月，巴西中央银行又对机构申请许可程序加以完善，使其适应范围扩展到小型金融机构，但相应地减少了对这种机构得要求，如取消了申请机构管理层提供报告以及由在证券交易委员会注册的独立审计进行审计的义务。

我国的《商业银行法》对商业银行的设立也进行了规定，但并未提到申请报告需得到独立审计的印证。在审批金融机构准入操作过程中，我国有必要学习巴西衡量新成立的机构的安全度和经营连续性的方法。

总之，在巴西的金融监管改革中，其监管当局始终朝着国际金融监管标准的方向发展，从引入 1988 年《巴塞尔资本协议》到计划实施 2004 年《巴塞尔新资本协议》，巴西的金融监管不断国际化、标准化，并从信息披露、风险控制、金融体系等多方面进行改革，建立了严格的风险管理体系，使得巴西金融体系日益稳定，从而有力地促进了巴西的经济复苏。今年年底我国金融业将全面开放，这也给金融监管带来了更多挑战与机遇。我国金融业的稳定与发展需要强而有力的金融监管体制，我国也正向这个方向努力。在我国逐步完善金融监管的过程中，需要借鉴各国特别是与我国国情相接近的新兴市场国家的经验，巴西金融监管改革的经验是可以带给我国金融监管一些启示的。

（二）韩国银行监管的启示

中国在改革开放进程中所遇到的一系列问题，与韩国近 5 年所解决的问题有许多相似处。因此，韩国经验对中国大有裨益。

1. 必须果断解除政府与国有商业银行的非市场化关系

韩国金融危机的教训表明，政府与银行暧昧关系的累积成本高昂惊人，系统风险与日俱增，物必自腐而后虫生，如不及时解除，必然为金融危机的爆发埋下隐患。

2. 引进外国战略投资者是再造国有商业银行体制的一条有效路径选择

两低一高是中国国有商业银行的诟病，即使通过政府或国内投资者解决了资本充足率和不良债权问题，但一定时期内不可能使国有商业银行拥有先进的经营管理理念和成熟的产品开发，一条可供选择的有效路径是，引进海外的战略投资者帮助国有商业银行的改革和重组，尽快增强其市场竞争力。韩国的经验也充分证明了这一点。当然，外国战略投资者的股权比例，国家可通过法律予以适当限制。

3. 监管一体化已是大势所趋

韩国在金融危机后果断将分业监管体制变革为监管一体化，顺应了全球金融一体化背景下的监管要求。与韩国完全不同的是，近几年，中国在不断地强化分业监管。银监会、证监会、保监会三驾马车在中国文化背景下能否有效监管，降低金融风险，需要进一步观察。

4. 不良金融资产处理策略要独特有效

金融机构出售不良金融资产给资产管理公司（AMC）是近两年来金融市场上的热门话题。然而，收购数额庞大的不良金融资产后，资产管理公司如何对其进行处理，韩国的经验颇有借鉴之处。韩国资产管理公司（KAMCO）处理不良金融资产的准则是：透过公开、透明、公正的程序，以最快速的方式处理，以达到利润的最大化。采用的方式有：单纯清理、企业协议清偿、企业重组更生、设立合资机构等四种。

5. 银行改革需要稳定的政策环境

韩国及阿根廷等拉美国家的经验表明金融自由化和稳定政策的次序对一个

成功的结果来说是头等重要的。一个重要的教训就是经济的稳定应领先于任何自由化的尝试。

6.韩国的应对措施

（1）采取多种措施稳定金融市场。

一是放松部分监管，增加资产流动性，彻底清查停业的储蓄银行。金融委员会决定放松对储蓄银行资金供应的监管，延长已有流动资产期限，增加其资产流动性。同时为稳定形势，韩国金融委员会下令对上述几家储蓄银行进行彻底清查，停业的储蓄银行需要先进行"自救"，如自救不成将交由韩国存款保险公司管理，最终出售给第三方。

二是提前支付储蓄保险，储户可申请贷款。按韩国相关规定，在金融机构无力支付储户存款时，韩国存款保险公司将为储户存款提供最多5 000万韩元担保。但韩国金融当局担心，一旦民众的不信任情绪加剧，可能会对其他银行产生怀疑，甚至可能导致全国范围内的挤兑潮。因此，韩国金融委员会决定，原定储蓄银行停止营业三周后才支付的储蓄保险，将被提前至两周后支付。

三是政府和银行业界向储蓄银行业注资。为避免储蓄银行的财务问题波及商业银行，韩国金融委员会宣布由银行业界和政府共同向储蓄银行业注资20万亿韩元（约合180亿美元），供其紧急周转并促进金融机构收购兼并。

四是金融监管部门高官在储蓄银行存款，平抑缓和储户情绪。韩国金融委员会委员长金锡东2月22日在釜山表示，自己将在友利储蓄银行存款2 000万韩元，希望能缓和一些储户的情绪。同时，他承诺被勒令停业的储蓄银行数量将不会增加。

五是计划用公共基金购买有关房地产不良贷款。韩国政府将寻求经由韩国资产管理公司（负责收购、处置银行不良资产）所管理的公共基金购买国内储蓄银行持有约3.5万亿韩元（约合31.4亿美元）房地产相关不良贷款。

（2）成立"金融革新专项工作小组"。

韩国成立民、官联合组成的"金融监督院革新专项工作小组"，开始对金融监督院未能尽职监督储蓄银行以及监督院内部腐败等有关情况展开调查。"金融监督院革新专项工作小组"由13位成员组成，韩国开发研究院教授金俊经和总理室室长林采民二人担任共同组长，此外还有6位民间专家和5位有关部门的长官和次官。该小组的主要工作是对韩储蓄银行的倒闭进行调查，查明金融监督院是否疏于监督以及金融监督院是否有腐败或舞弊行为，同时还将对金融监督院的业务和制度改革进行深入研讨，并发表对金融监督院的改革方案。

（3）将金融监督院指定为公共部门韩国政府正积极考虑将金融监督院指定为政府所属的公共机构。政府一位高层负责人 5 月 8 日表示："目前正考虑将引起道德风险争议的金融监督院指定为公共机构，让其接受政府强有力的控制。"

金融监督院被指定为公共机构后，政府将会控制其工资和工作人数，每年进行运营评估。如果评价结果不好，会削减管理人员和普通职员的奖金或建议负责人辞职等，对其进行强有力的监管。韩国政府 2009 年曾考虑到金融监控部门的特殊性而在公共机构中排除了金融监督院。

7. 对我国金融监管的警示

（1）尽快建立存款保险制度。

建立制度化的存款保险制度，最大限度地保护存款人利益，增强存款人信心，保证问题银行机构的有序运行或退出，防范风险扩大，避免金融恐慌和社会不稳定，是国际银行业应对金融风险和金融危机的最佳手段。此次韩国金融监管机关在处置银行挤兑停业风波时，存款保险制度在保障中小存款人合法利益中发挥了至关重要的作用，极大地稳定了韩国存款人的信心。目前，我国银行业需要通过建立和完善相关法律制度，建立风险共担机制，设定合理赔付限额，完善金融机构市场退出机制，优化金融资源配置，规范金融机构经营行为，搭建良好的存款保险制度，从而有效保护存款人利益，维护金融和社会安全。

（2）加大对中小金融机构流动性监测。

韩国银行业出现问题是从中小银行开始的，中小银行由于网点少、吸收存款能力差，同时扩张冲动与发放贷款的冲动又很强，容易出现流动性问题。

目前，我国的中小银行也存在一定的流动性风险，因此我国应加强中小金融机构流动性的监管，重点为房地产领域的贷款，存贷比例不能过高，流动性不能绷得过紧。对中小金融机构流动性的不正常波动及时做出反应，妥善进行处置，避免导致区域性金融风险。

（3）密切关注房地产贷款逾期情况。

我国银行业应密切关注房地产贷款逾期情况，积极防范房地产贷款风险。韩国储蓄银行发生挤兑危机的原因之一，就是房价的下跌，以及住房抵押贷款规模的过度增长，影响了储蓄银行的整体稳定性。

目前，我国房地产开发商自有资金比例低，以及土地抵押贷款大幅增长且占比高，给银行机房地产贷款安全性带来较大风险隐患。一方面，我国的房地产开发自有资金比例较低，自身抗风险能力弱；另一方面，抵押贷款土地面积增幅过高，土地抵押贷款风险需要关注。

（4）要实现外部监管框架、层次的宏观化。

目前，我国建立了银行、证券和保险分业经营、分业监管的格局，形成了由中国人民银行、银监会、证监会和保监会构成的金融监管体系。在目前的监管格局下，没有一家机构对防范系统性风险负总责。因此，需要尽快完善系统性的监管框架，防范和维护金融稳定，同时要从宏观层面引导银行稳健的经营发展，以窗口指导及道义劝告等手段促进银行形成健康、有序的同业竞争态势，提醒银行贷款长期化和信贷过度集中等相关风险。

（5）加强对银行业内部经营风险的防范。

一是要提升危机发现能力和应对能力，增强风险防范意识。要针对可能出现的信誉风险、法律风险等问题，构建预警预案系统，跟踪和预测风险演变趋势，并建立应对紧急预案，采取超前性控制对策将潜在风险提前化解。

二是要积极调整、优化存贷款结构。国内银行应在优化负债结构的过程中实现负债期限的结构合理化，尽可能地降低筹资成本，确保实现资金流动性、效益性和安全性的统一。

三是要加快业务多元化发展步伐。业务多元化一方面可以拓宽盈利渠道增加收益；另一方面可以分散和规避风险。银行应大力拓展包括中间业务在内的业务范围，增强盈利能力和抗风险能力。

四是要主动加强流动性管理。银行的经营是负债经营，银行要培育稳定和持续增长的资金来源，在大力开展存款营销的同时要多元化筹集资金，加强流动性管理。

（三）新加坡银行监管对我国的启示

新加坡的银行业开放，是建立在全盘考虑、精心谋划、目标明确的基础上，以可控、渐进的方式逐步实行的，取得了预期效果。尽管不同国家有不同的开放路径、目标和政策的选择，但无论如何选择，都需要对开放的一些原点问题做出自己的回答。而新加坡的成功，在于较好地回答了与开放有关的、至关重要的几个基本问题：一是需要什么样的外资银行；二是如何保障对外开放中的国家利益、金融稳定和金融安全；三是如何看待和妥善处理外资的特殊性。新加坡的做法，给我们以下几点启示。

1. 制定兼具计划性、透明度和政策弹性的总体开放规划

新加坡开放之初即对外宣布了明确的时间表，确定了总体开放项目内容，并对阶段性的开放成果进行公开披露，给市场以明确预期和信心。由于开放对国

内银行和金融体系的影响需要一定时间才能充分体现,短期内很难准确预测,因此,新加坡特别注意分阶段实施其五年开放项目,且每一阶段的措施,都是建立在对前一阶段开放效应进行评估的基础上,预留了充分的政策调整空间,必要时可随时调整开放速度和力度。此外,放松管制的同时,注意增加监管当局的政策裁量权,根据情况灵活做出监管决定。

2. 协调好国家利益、国民待遇和外资特殊性关系

外资的特殊性注定其在某些方面必定与国家利益产生冲突。因此,几乎所有国家都在审慎监管、国家利益等名义下,对外资子行和本国银行实行了不同程度的区别对待。新加坡对外资银行的政策充分体现了对国家利益、国民待遇和外资特殊性的综合考虑和平衡。一方面,除了在零售银行领域,外资全面银行的业务范围和国内银行几乎一致。另一方面,新加坡从未把外资子行完全等同于本国银行。这体现在:第一,其《银行法》关于外资银行的定义,既包括外国银行分行,也包括本地注册的外资子行。本地银行仅指本国银行。第二,外资子行在零售业务领域从未取得和本国银行一样的待遇。具体处理为:总体准入原则上,除审慎标准外,愿意在新加坡投入资源长期发展,能够为新加坡金融市场发展做出贡献是必要条件;零售业务的开放并非实行完全的内外平等,强调只对确实愿意在新加坡长期发展的外资银行开放,同时严密监控外资零售存款市场份额,把握好零售业开放的度;股权开放后,做出了相应的制度安排,防止外资银行对本国银行的控制。

我国在下一步制定对外资银行政策时,要关注以下几点:第一,关注外资银行在华整体发展战略、母行支持度和在华投入资源。应鼓励和优先考虑在华长期发展战略明确、母行支持度高、投入资源充分的外资银行进行业务扩张。第二,关注与本地居民利益息息相关的零售业务领域,确保能够有效保护本地存款人利益。第三,关注外资银行自设机构和投资入股中资银行带来的利益冲突。

3. 本国银行资质和监管能力是保障金融稳定和金融安全的关键

只有本国银行强身健体,能够迎接开放挑战,才可能实现真正意义上的金融安全和金融稳定。而且,只有本国银行具有一定的技术接受能力,才会产生技术溢出效应。正因为如此,新加坡在对外开放的同时,"眼睛同时向内",使促进本国银行竞争力的提高成为整体开放项目中的内在组成部分。同时,灵活、合理、严格的监管是对外开放中金融稳定和金融安全的有力保障。新加坡政府在启动五年开放项目之前,就未雨绸缪地开始监管能力建设,成功完成了监管转型,成

为确保开放取得成效的重要因素之一。

4. 明确开放过程中国内金融市场的发展定位

开放的过程也是一个国内金融市场逐步全球化,市场深度和广度不断拓展的过程。对此,新加坡明确将发展和巩固金融中心作为开放目标之一,并对新加坡金融市场发展的定位和起步进行了大量论证,对发展各个市场的可行性进行了逐一研究,确立了以外汇交易、资产管理和私人银行业务为中心的市场发展战略,鼓励外资进入这些领域。

总的来说,通过对新政策措施的理论分析和实际运行效果的观察,新加坡银行业放宽管制计划带来的利益包括以下几个方面。首先,通过市场的开放,强化了市场竞争机制,加强了银行业集中度的需求,从而促进金融资源的有效利用。同时,放宽管制促进了外资的引进,促进了经济的增长。第二,"五人委员会"可说是一种创新的金融风险保障制度,是一个很好借鉴的直接降低金融风险到位的措施。第三,通过兼并过程的"干中学",促进国内银行业在国际与国内的管理水平不断提高。但是这次银行业改革的一些教训还是需要总结的。

首先,近20年来,全世界金融危机此起彼伏,连绵不断,尤其是在亚洲金融风暴之后,各国经济学家都再三强调金融安全对国家经济的重要性。在全球经济一体化的情况下,各个国家之间的经济联系更为密切,致使维持金融体系的稳定比以前更难,但却更为重要。因此,新加坡在进行银行业改革时也必须充分考虑这一因素。固然保留某些保护本地银行的措施,如5年的试验期、管理层的监管条例、股权变动限制等可以说包含了金融安全的意识。但是,在区域化扩张时,受"9·11"事件影响,发展银行的市值一度跌到只剩120亿元,以100亿元被收购的道亨银行的拥有者,以其手上的现金要反收购发展银行是轻而易举的事,若不是新加坡的保护政策,发展银行的主权可能易手,这不能不引以为鉴,它显示了对金融风险的警惕意识还有不足与疏漏之处。银行的市场信心非常重要,尤其在不安定的局势下,稍有风吹草动都可能会造成灾难性的后果,绝对不能掉以轻心。

其次,在市场改革进程中,"新发展银行"的生成属于金融组织创新过程。它把新市场规则纳入组织内部,从而实现市场在一定程度上的组织化,意味着实现了"组织创新"。也反映着银行业市场制度规则的变化,使一时难以被人民接受如"不一定是免费服务","裁减员工、精简分支机构"等的银行业制度创新取得合法地位并获得了生存空间,让新制度规则的确立和最终获得认可有了足够的可能性。尽管在初始阶段存在许多不完善的地方,但已为1999年5月银行业改革措施奠定了变革环境的基础。但是"新发展银行"是否有生命力、是否能成为稳定持久的组织形态,需留待市场的判断。另外,新的规则与组织是否在效率上优于原有的规则和组织,也是不确定的。仅以创新的政府控股的发展银行敌意收购家族企业控股的华联银行的失败为例,可引起警惕。

第三,在这次本地银行的兼并中,较令人遗憾的是排名第四的华联银行在政策的推动下被兼并入大华银行。在之前,它还被评为管理最好的本地银行。它经过了54年的奋斗,从200万元起家的一家小银行发展至总资产达到几百亿元、具备相当规模的银行,业务遍及新、马、泰等国,却从此退出历史舞台。尤其是在当今强调发挥企业家的创业精神,发展本土公司国际化的时刻,而企业家创造的成功企业却遭此命运,难免令人担心企业的成长和命运随时受到政府干预的影响。银行的改革造成土生土长的华联银行的结束。这究竟是市场选择的结果还是政府选择的结果? 当然,政府对市场干预与否,或干预的程度多少,一直是经济学界不曾停止过的争论课题。其实事物本来就具有两面性,矛盾也永远存在,关键就在于对事物要有全面和深刻的认识,掌握其发展规律,才能趋利避害,使政策达到最佳效果。

第四,由于兼并之后的银行都变成大规模的银行,在银企关系上产生的变化,更有利于大企业,对中小企业则可能起负面的影响,使融资难度加大,或增加融资成本,影响中小企业的成长,对国民经济的长期发展也将起消极作用。

既然要实行开放政策,并且鼓励创业精神,应当采取更开放的政策,就应该让大小银行并存,或分为不同组别的金融机构。这样可以使各种类型的企业有相应的融资渠道,在更宽松的环境下发展。在美国有超过一万家银行,分为不同等级,营业范围有所限制。这在一个成熟的市场经济环境下,不是完全不可以考虑的。企业的成长与银行业的发展息息相关,企业的发展需要银行的支持,企业的发展也扩大市场需求,有助于银行业的发展,是金融服务业价值链的有机组成部分。

银行不是孤立存在于市场,它提供的是服务,就需要与供应和需求上下相关产业和市场积极配合。银行业进行改革的与政策调整的最终目的就是要提高产业与国家竞争力,它与其他产业的关系是共生共荣的。

金融业因其对国民经济至关重要的特殊性,避免恶性竞争对经济生态环境造成破坏,采取一定的保护措施有其合理性与必要性。但良性竞争却是不可避免而又有必要的。企业一定要在竞争中成长壮大,才能培养出优质企业,这也符合改革政策的精神。另一方面,过度集中造成市场垄断,也有其负面的影响,甚至还会提高风险度。

最后，短期利益要服从于长期利益，然而，短期行为也将影响长期目标的实现。在这次新加坡银行业的改革过程中，基于知识资本是企业竞争的重要资源这一思想，积极引进外来人才，而且是重金礼聘。外来人才具备专业知识，的确值得重视，但往往是短期合约关系，比较重视短期效果。所以为实现发展银行的区域化发展目标，短期内收购多家银行，尤其是高价收购香港的道亨银行时，使发展银行负债累累，甚至影响股权变化。行政总裁在任期未满时即离开，而且表示"已经实现了银行的区域化目标"。但区域化目标的精神实质是什么？那不是收购完了就了事。收购后的接收、整合、改组、发展等工作，以及偿还债务等问题。而且银行的业务极其复杂，发展银行收购的银行跨越多个国家和地区，不同国家和地区的文化差异，那是一个错综复杂的艰苦过程，极大地关系收购的成败和企业的长期发展，不能不加以正视。企业的发展有其延续性，短期行为如果没有照顾到长远利益，可能对企业的长期发展带来不可估量的影响，甚至造成极大的破坏。发展银行在这段时期的表现与市场信心，与其短期行为不无关系。应从中吸取经验，要充分认识企业的长期目标和短期利益之间的协调关系。

"在知识经济时代里，企业的利润增长不是简单地依靠生产规模和产量，而是靠获得、创造、利用和积蓄高质量的知识的能力，靠不断地发掘需要以及找到问题与解决办法之间的联系。"这一理论思想告诉我们，本地银行的兼并虽然使规模壮大，但大未必强，要与外资银行竞争，在区域、亚洲或甚至世界的银行业占有一席之地，更重要的是提升自己，突出人力资本和知识资本的竞争力。新加坡在区域中享有高素质教育的地位，每年对教育作大量的投资。知识资本的积蓄力量有一定基础，创造一个有利的环境，通过激励与培养，完全有条件发挥这方面的长处于银行业，发展成像瑞士或美国的投资银行和顾问公司，产生对经济增长的巨大推动力，而不只是停留在一般的商业银行的层面上，这才是积极有效，对国家经济与企业竞争力的提升能产生巨大效果的发展途径。

（四）其他新兴工业化国家银行监管对我国的启示

1. 必须投入巨大的资源。新资本协议的核心是风险计量技术，但必须建立一整套风险治理框架、政策流程体系和相应的风险管理基础设施，因此全面达到新资本协议合规要求必须投入巨大的资源。APRA、MAS参与新资本协议规制工作高达70人，HKMA审慎政策部下设的3个处所有人员都全力以赴参与到整个规制工作中。在过去的几年里，监管职能部门的一项重要任务就是监督商业银行新资本协议实施情况。CBA在高峰时期新资本协议项目投入人力高达1 000人，NAB新资本协议项目总投资达2.5亿澳元，在任何时点上全职参与人员都不少于 100 人。2003 年,BEA 新资本协议项目启动时一次性批准项目启动经费 2 600 万美元,全职人员达 84 人,目前仍有 40 人全职参与该项目。中银香港新资本协议项目年度预算为 1.5 亿美元,新资本协议项目办公室专职工作人员高达 35 人。

2. 必须建立严密的项目实施机制。新资本协议实施周期长、技术要求高、项目涉及范围广,为有效降低项目实施风险,监管当局和商业银行都建立了严密有效的项目实施机制和组织框架。APRA、MAS、HKMA 都建立了新资本协议项目指导委员会,确定项目实施方向和路线图、决定重大事项、动员资源、负责商业银行实施方案的最终审批;组建独立的专业化项目秘书处,负责项目实施总体协调、质量控制、为指导委员会提供技术支持、参与商业银行实施方案审批(主要是定量部分);一线监管部门也广泛参与新资本协议实施项目进程,主要负责与商业银行沟通、对商业银行实施进展进行现场检查。各商业银行的项目实施机制更加复杂,成立董事会或高级管理层牵头的项目领导机构,建立了专业化的工作机构和业务部门分工协作机制。

3. 坚持技术创新和制度创新相结合。受访的商业银行认为,与风险量化结果的准确性和稳健性相比,建立一套围绕风险计量的风险管理组织框架、政策体系和流程、应用体系和 IT 系统更为重要。因此在注重风险计量模型开发建设的同时,必须推进风险管理各项基础设施建设,才能确保新资本协议目标的实现。从考察的情况来看,各行的零售风险暴露的评级体系已较为完善(中银香港除外),能够准确计量 PD/LGD 等风险参数,但受数据不足等客观条件的制约,公司风险暴露的评级体系尚不能完全达到审慎监管的要求。如 DBS 仍采用主观判断模型对公司风险暴露的债务人进行评级。这些银行对低违约资产组合的评级还主要采用映射外部评级的做法,需进一步确认两者之间的可比性等。这些银行在改进风险计量技术手段的同时,都对风险治理组织框架进行了统一整合,授信政策和流程进行重新梳理和改造,强化数据收集处理体系和 IT 系统。现阶段,监管当局审查商业银行实施高级方法申请时,不能仅关注风险计量结果,关键是产生结果的过程以及结果的实际运用。

4. 商业银行与监管当局之间的沟通非常重要。新资本协议的灵活性以及实施准备工作的复杂性、长期性决定了监管者和被监管者之间交流的重要性。商业银行与监管当局之间的沟通分为两个层面:一是规制过程中,各监管当局都发布了多轮征求意见稿,广泛吸收业界意见,提高监管规章的适应性;二是商业银行采取的具体风险计量技术和政策流程应及时与监管当局沟通,确保能够满足监管当局的期望。CBA 认为,由于整个规制工作很漫长,监管政策方面的不确定性是项目实施的一个重大风险,监管当局应加快规制进程,消除政策性风险。

DBS 开发风险计量模型前期都与 MAS 进行充分沟通,确保符合监管要求。目前 HKMA 正在对 2 家银行的实施方案进行审批,其中 1 家银行认为其内部评级体系已经达到监管要求,而 HKMA 认为某些关键技术要求尚未达标,双方争执不下。因此,在整个新资本协议实施准备过程中,监管当局和商业银行必须密切合作、加强沟通才能确保实施工作的顺利推进。

第四章

中国银行业资本监管的现状

　　银行业在一个国家的经济中起着至关重要的金融中介作用。在过去几年里，由于经济的高速增长以及宽松的货币政策，中国银行业维持了高速扩张的势头。但是在资产质量、经营管理和风险控制等方面还存在许多问题，许多银行面临沉重的历史包袱。如果处理不当，银行系统可能成为中国经济持续发展的障碍，甚至影响整个经济的稳定。本章将从中国银行业监管当局的资本监管制度，中国银行业总体情况和新资本协议评估及实施现状三个方面分析中国银行业资本监管的现状。

第一节　中国银行业监管当局的资本监管制度

　　本节主要介绍在巴塞尔协议框架下，中国银行业资本监管制度的发展历程。银行监管的发展有其自身的特点，具体举措的产生和体系的变化有其具体的历史条件背景和直接原因。其中，《商业银行资本管理办法（试行）》是中国银行监管发展中的重要成果。

一、中国银行业资本监管制度的演变

（一）整顿型监管阶段（1994～1998 年）

　　经过改革开放的大发展，我国金融出现了多样化的局面，不仅有国有银行，

还有股份制商业银行、城市信用社、农村信用社、信托投资公司、证券公司和保险公司等。同时,中国人民银行还将原来开办的扶贫开发贷款、农产品开发贷款等政策性特征贷款业务划到工行和农行,随后,成立了中国农业发展银行、国家开发银行和中国进出口银行三家政策性银行,将政策性信贷业务从商业银行中分离出来。1992 年和 1993 年上半年经济出现过热,金融秩序一度处于混乱状态。1993 年 6 月 24 日中央、国务院下发《关于当前经济情况和加强宏观调控的意见》,出台了十六项调控措施;同年 11 月,国务院发布《关于金融体制改革的决定》,明确要求要把中国人民银行办成真正的中央银行,四大专业银行向商业银行转变。中国人民银行的职能进一步增强。早在 1990 年代初期,中国人民银行已开展了对金融机构和金融业清理整顿工作,如规范城市信用社、清理整顿信托投资公司、重新登记证券公司等等。但由于种种原因,问题没有得到根本解决,金融秩序变得更加混乱,金融风险不断加大,甚至一些金融机构发生了支付危机,影响了金融体系稳定和国家金融安全。

也正是在这一阶段,金融监管立法也取得了长足性的进展,1995 年,《中华人民共和国中国人民银行法》、《中华人民共和国商业银行法》、《中华人民共和国保险法》、《中华人民共和国票据法》正式出台,随后一系列监管法律法规陆续出台,金融监管工作开始真正走上有法可依和依法监管的轨道。

(二)化险型监管阶段(1999～2002 年)

1998 年是中国金融监管体制发生重大变革的一年,也是分业监管体制初步形成的一年。为减少地方政府对金融监管的干预,增强监管的独立性,中国人民银行实行了重大改革,撤销省级分行,在全国设立 9 个跨省(自治区、直辖市)分行和北京、重庆 2 个营业部,在不设分行的省会城市设立金融监管办事处,撤销在同一城市重复设置的分支机构,并明确总行、中心支行和支行的银行监管责任。中国人民银行总行内部也调整了监管司局,按照监管对象成立了从市场准入到日常营运监管再到市场退出的一条龙监管部门。

大区分行成立后,中国人民银行将监管工作作为工作的重中之重,在确保金融稳定上发挥了积极作用。运用行政稳定手段和中央银行"最后贷款人"对金融机构已经发生和即将发生的金融风险进行处置和控制,主要发挥国家对金融风险的化解工具作用,维护国家金融稳定和金融安全。这一时期监管的主要职能有两个:一是紧急处置发生支付危机的金融机构的挤兑问题;二是针对不同风险类型的金融机构实施分类化险。

在这一个时期我国银行业监管水平取得了长足进步。一是相继出台了一系列更加严格、明细的准入监管制度,加强了对银行机构市场准入管理和高级管理人员任职资格管理。二是逐步注重强化金融机构的内部控制,建立和完善金融机构法人治理结构,实行法人监管,大规模开展现场检查,将风险监管作为监管的主要方向,审慎监管成为监管的指导原则。同时,加大了对银行机构旳力度,对一些违法违规经营行为进行了严肃查处。三是建立并逐步完善了对商业银行的非现场监管体系,通过非现场监管数据采集、分析报告、情况反馈制建立,较为有效地发挥了非现场监管的风险分析和预警作用。四是妥善处理了一些已经暴露出来的金融风险。成立了四大资产管理公司接管工农中建四大国有商业剥离的不良资产,据统计,四大资产管理公司共收购和处置了 1 万多亿元不良资产,为其进行规范经营和股份制改造创造了条件。同时,对一批高风险中小金融机构和地方金融机构实施市场退出,如撤销了海南发展银行,以及对一批高风险城市信用社进行了有效处置。在具备条件的城市,在原城市信用社的基础上组建城市商业银行和单一法人社,不仅有效化解了中小金融机构的风险,也为这些机构的进一步发展找到了出路。

(三)专业型监管阶段(2003 年～至今)

2003 年 3 月 10 日,第十届全国人民代表大会第一次会议通过《关于国务院机构改革方案的决定》,明确成立中国银行业监督管理委员会(以下简称中国银监会),行使银行监管职能,同年 4 月 28 日中国银监会正式挂牌成立,随后在各省(市、自治区),以及地市州成立派出机构,形成了较为完整的银行监管机构体系。2003 年 12 月 27 日,第十届全国人民代表大会常务委员会第六次会议通过《中华人民共和国银行业监督管理法》、《全国人民代表大会常务委员会关于修改〈中华人民共和国中国人民银行法〉的决定》、《关于修改〈中华人民共和国商业银行法〉的决定》,以法律形式明确中国银监会的法律地位和职能,中国银监会负责对全国银行业金融机构及其业务活动监督管理的工作,规定了银监会监管的目标、监管的原则、监管的职责,强化了监管措施,切实解决了当前中国银行业存在的问题,特别是监管手段薄弱的问题,有效解决了银监会履行职责的法律授权问题,为银监会依法履行监管职责,依法加强对银行业的监督管理,依法行政提供了法律保证。可以说,《中华共和国银行业监督管理法》的颁布,在我国银行业监管史具有里程碑意义。中国银监会成立后,在认真总结国内外银行监管实践经验的基础上,明确提出了当前银行业监管工作的总体思路,提出了银行业监管的四个监管目标、四大监管理念和六条良好监管标准等。

1. 四个监管目标

中国银监会根据《中华人民共和国银行业监督管理法》确立的法定目标,结合国内外银行业监管经验,提出了我国银行业监管的四个具体目标:通过审慎有效的监管,保护广大存款人和金融消费者的利益;通过审慎有效的监管,增进市场信心;通过宣传教育工作和相关信息的披露,增进公众对现代金融的了解;努力减少金融犯罪,维护金融稳定。

2. 四大监管理念

即管法人、管风险、管内控和提高透明度。

一是管法人,即注重对法人机构的监督和管理。由于银行业机构的主要监管指标集中于法人,内控制度及其执行效果取决于法人,各类风险最终由法人承担,因而必须实施法人监管,注重对银行业机构总体风险的把握、防范和化解。

二是管风险,也就是以风险作为银行监管的主要内容和重点,围绕信用、市场、操作等风险的识别、计量、监测和控制,不断改进监管的方法和手段,努力管控银行业风险,促使银行体系稳健经营。

三是管内控,就是要求银行业金融机构本身一定要建立起一套有效的内部管控机制。在此基础上,监管者的任务主要是督促银行业金融机构不断完善内控制度,改进内控水平和效果,提高风险管控能力。

四是提高透明度,要求银行业金融机构披露相关信息,提高信息披露质量,让公众方便地获取有关资本充足率、风险状况等重要信息,以加大市场约束力度。同时,要求银行业监管部门提高履行职责的透明度,规范监管行为,接受公众监督。"四项监管理念"反映了当前我国银行业改革发展和监管的工作重点,是指导我国银行业监管工作的指南。

3. 六条良好标准

为规范银行监管行为,检验监管工作成效,中国银监会还提出了良好监管的六条标准:促进金融稳定和金融创新共同发展;努力提升我国银行业在国际金融服务中的竞争力;对各类监管设限科学合理,有所为,有所不为,减少一切不必要的限制;对监管者和被监管者都要实施严格、明确的问责制;高效、节约地使用一切监管资源。

与此同时,围绕着监管新理念、目标等,不断完善银行业监管法律法规体系,转变监管方式、改进监管手段,使中国银行业监管走向依法科学监管的大道,实现专业化监管。先后制定、颁布实施了大批适应银行业审慎经营所急需的规章和规范性文件,内容涉及金融机构及业务市场准入、风险管理、内部控制、资本充足率、风险集中、关联交易等诸多方面,如《商业银行资本充足率管理办法》《商业银行次级债券发行管理办法》《商业银行市场风险管理指引》《股份制商业银行风险评级体系》《集团客户授信业务风险管理指引》《商业银行与内部人和股东关联交易管理办法》等。这些规章和规范性文件的颁布,对加强银行风险管理的系统性和完整性,促进商业银行稳健经营,实现分类风险监管,具有重大意义。

在监管思路上,坚持审慎监管,提出了"准确分类——提足拨备——充分核销——做实利润——资本充足"持续监管思路和金融创新"风险可控、成本可算、信息披露充分"的监管原则,着力提升银行业机构对三大主要风险(信用风险、市场风险和操作风险)的管控能力。在监管方式和监管机制上,逐步实现"五个转变"。一是由合规性监管为主向风险性监管和合规性监管相结合转变。二是由"分割式"监管向注重对法人机构总体风险的把握、防范和化解转变。三是由"一次性"监管向持续监管转变。四是由侧重具体审批向注重监管公司治理和风险内控转变。五是由定性监管向定性监管和定量监管相结合、加强风险评价和预警转变。

在监管手段上,建设了非现场监管信息系统和现场检查系统,实现了非现场监管和现场监管的有机结合,大大提高了监管效率和监管的有效性。可以说,中国银行业监管已迈上了专业化监管的台阶。

危机的产生使人们呼吁对银行进行严格管制,各国相应采取了很多措施。例如在 20 世纪 80 年代美国储蓄协会大量破产之后,美国政府意识到了资本充足的重要性。1991 年,美国颁布了《联邦存款保险公司修正法案》(Federal Deposit Insurance Corporation Improvement Act, FDICIA)。该法案提出新的管制标准,强调了对银行资本充足水平的要求。随后几年,以风险为基础进行权衡的资本标准在美国商业银行全面实施。同时,考虑到银行倒闭过程中因为存款保险公司的管制容忍和不合适的过度帮助使得损失加大,修正法案制定针对问题银行的及时校正措施(Prompt Corrective Action, PCA)和针对面临现实倒闭风险银行的最小成本清算办法(Least-Cost Resolution, LCR),以防止管制容忍的随意性。此外,银行信息披露的要求与标准也在美国逐步完善。

与之前的银行监管相比较,现代银行监管转变主要体现在以下几个方面:a. 微观审慎监管的转变。传统的合规性管制向合规性监管与以风险为本的监管并重转变,强调银行应当在组织内部建立起综合性的风险监管内控机制,有效地防范金融风险、减少风险损失。b. 宏观审慎监管的发展。实施高效的、全方位、持续监管。现场监管与非现场监管、合规性监管与风险性监管、对管理层监管与对整个机构运行监管等手段综合运用,最终目的是通过高效的、全方位、持续监管,合理规避金融风险或降低金融风险水平,保证整个银行业的稳健运行。c. 跨国银行成为银行监管的重点,国际银行监管合作不断加强。近年来,巴塞尔银行监管委员会制定和颁布的一系列文件,已经逐渐成为世界上大多数国家的监管标准和指导原则。从统一国际银行资本衡量和资本标准,到利率风险管理原则的一致,再到银行业有效监管核心原则的趋同,使得各国基本监管原则和标准趋于统一,在诸多共识下,国际间银行监管的合作、进而对跨国银行业的监管得到加强。d. 技术创新趋势不断增强。信息技术在金融领域被广泛应用和推广,使得银行监管当局可以充分利用计算机网络进行计量分析、监管系统来收集、处理金融数据,及时、准确评价和预测金融运行状况,有利于帮助监管机构提高信息来源和分析的可信性,增加信息披露的准确性。

关于银行监管必要性的分析,在实质上是对银行监管实践的理论反思,也是不同时代背景下银行监管体系存在和发展目的的再思考。银行监管有其自身的发展历程,其具体举措的产生和体系的发展变化有其具体的历史条件背景和直接原因。

二、《商业银行资本管理办法(试行)》主要内容

(一)资本充足率计算和监管要求

1. 资本充足率计算范围

商业银行未并表资本充足率的计算范围应包括商业银行境内外所有分支机构。并表资本充足率的计算范围应包括商业银行以及符合《商业银行资本管理办法(试行)》规定的其直接或间接投资的金融机构。商业银行及被投资金融机构共同构成银行集团。

(1)商业银行计算并表资本充足率,应当将以下境内外被投资金融机构纳入并表范围。

① 商业银行直接或间接拥有 50% 以上表决权的被投资金融机构。

② 商业银行拥有 50% 以下(含)表决权的被投资金融机构,但与被投资金融机构之间有下列情况之一的,应将其纳入并表范围:通过与其他投资者之间的协议,拥有该金融机构 50% 以上的表决权;根据章程或协议,有权决定该金融机构的财务和经营政策;有权任免该金融机构董事会或类似权力机构的多数成员;在被投资金融机构董事会或类似权力机构占多数表决权。

确定对被投资金融机构表决权时，应考虑直接和间接拥有的被投资金融机构的当期可转换债券、当期可执行的认股权证等潜在表决权因素，对于当期可以实现的潜在表决权，应计入对被投资金融机构的表决权。

③ 其他证据表明商业银行实际控制被投资金融机构的情况。控制，是指一个公司能够决定另一个公司的财务和经营政策，并据以从另一个公司的经营活动中获取利益。

（2）商业银行未拥有被投资金融机构多数表决权或控制权，具有下列情况之一的，应当纳入并表资本充足率计算范围。

① 具有业务同质性的多个金融机构，虽然单个金融机构资产规模占银行集团整体资产规模的比例较小，但该类金融机构总体风险足以对银行集团的财务状况及风险水平造成重大影响。

② 被投资金融机构所产生的合规风险、声誉风险造成的危害和损失足以对银行集团的声誉造成重大影响。符合前款①、②规定的保险公司不纳入并表范围。商业银行应从各级资本中对应扣除对保险公司的资本投资，若保险公司存在资本缺口的，还应当扣除相应的资本缺口。

商业银行拥有被投资金融机构50％以上表决权或对被投资金融机构的控制权，但被投资金融机构处于以下状态之一的，可不列入并表范围：已关闭或已宣布破产；因终止而进入清算程序；受所在国外汇管制及其他突发事件的影响，资金调度受到限制的境外被投资金融机构。

（3）商业银行计算未并表资本充足率，应当从各级资本中对应扣除其对符合《商业银行资本管理办法（试行）》规定的金融机构的所有资本投资。若这些金融机构存在资本缺口的，还应当扣除相应的资本缺口。

① 商业银行应当根据《商业银行资本管理办法（试行）》制定并表和未并表资本充足率计算内部制度。商业银行调整并表和未并表资本充足率计算范围的，应说明理由，并及时报银监会备案。

② 银监会有权根据商业银行及其附属机构股权结构变动、业务类别及风险状况确定和调整其并表资本充足率的计算范围。

2. 资本充足率

商业银行应当按照以下原则计算资本充足率：

（1）商业银行总资本包括核心一级资本、其他一级资本和二级资本。商业银行应当按照《商业银行资本管理办法（试行）》规定计算各级资本和扣除项。

（2）商业银行风险加权资产包括信用风险加权资产、市场风险加权资产和操作风险加权资产。商业银行应当按照《商业银行资本管理办法(试行)》规定分别计量信用风险加权资产、市场风险加权资产和操作风险加权资产。

3. 资本充足率监管要求

(1)商业银行资本充足率监管要求包括最低资本要求、储备资本和逆周期资本要求、系统重要性银行附加资本要求以及第二支柱资本要求。

(2)商业银行各级资本充足率不得低于如下最低要求。

① 核心一级资本充足率不得低于 5%。

② 一级资本充足率不得低于 6%。

③ 资本充足率不得低于 8%。

(3)商业银行应当在最低资本要求的基础上计提储备资本。储备资本要求为风险加权资产的 2.5%,由核心一级资本来满足。特定情况下,商业银行应当在最低资本要求和储备资本要求之上计提逆周期资本。逆周期资本要求为风险加权资产的 0～2.5%,由核心一级资本来满足。

(4)系统重要性银行还应当计提附加资本。国内系统重要性银行附加资本要求为风险加权资产的 1%,由核心一级资本满足。国内系统重要性银行的认定标准另行规定。若国内银行被认定为全球系统重要性银行,所适用的附加资本要求不得低于巴塞尔委员会的统一规定。

(5)银监会有权在第二支柱框架下提出更审慎的资本要求,确保资本充分覆盖风险,包括。

① 根据风险判断,针对部分资产组合提出的特定资本要求;

② 根据监督检查结果,针对单家银行提出的特定资本要求。

(6)除上述资本充足率监管要求外,商业银行还应当满足杠杆率监管要求。

(二)资本定义

1. 资本组成

(1)核心一级资本包括:实收资本或普通股、资本公积、盈余公积、一般风险准备、未分配利润、少数股东资本可计入部分。

(2)其他一级资本包括:其他一级资本工具及其溢价、少数股东资本可计入部分。

(3)二级资本包括:二级资本工具及其溢价、超额贷款损失准备。其中超额贷款损失准备包括:

① 商业银行采用权重法计量信用风险加权资产的,超额贷款损失准备可计入二级资本,但不得超过信用风险加权资产的 1. 25%。

前款所称超额贷款损失准备是指商业银行实际计提的贷款损失准备超过最低要求的部分。贷款损失准备最低要求指 100%拨备覆盖率对应的贷款损失准备和应计提的贷款损失专项准备两者中的较大者。

② 商业银行采用内部评级法计量信用风险加权资产的,超额贷款损失准备可计入二级资本,但不得超过信用风险加权资产的 0. 6%。

前款所称超额贷款损失准备是指商业银行实际计提的贷款损失准备超过预期损失的部分。

③ 少数股东资本可计入部分。

2. 资本扣除项

(1)计算资本充足率时,商业银行应当从核心一级资本中全额扣除以下项目:商誉;其他无形资产(土地使用权除外);由经营亏损引起的净递延税资产;贷款损失准备缺口。

① 商业银行采用权重法计量信用风险加权资产的,贷款损失准备缺口是指商业银行实际计提的贷款损失准备低于贷款损失准备最低要求的部分。

② 商业银行采用内部评级法计量信用风险加权资产的,贷款损失准备缺口是指商业银行实际计提的贷款损失准备低于预期损失的部分。

③ 资产证券化销售利得。

④ 确定受益类的养老金资产净额。

⑤ 直接或间接持有本银行的股票。

⑥ 对资产负债表中未按公允价值计量的项目进行套期形成的现金流储备,若为正值,应予以扣除;若为负值,应予以加回。

⑦ 商业银行自身信用风险变化导致其负债公允价值变化带来的未实现损益。

(2)商业银行之间通过协议相互持有的各级资本工具,或银监会认定为虚增资本的各级资本投资,应从相应监管资本中对应扣除。商业银行直接或间接持有本银行发行的其他一级资本工具和二级资本工具,应从相应的监管资本中对应扣除。对应扣除是指从商业银行自身相应层级资本中扣除。商业银行某一级资本净额小于应扣除数额的,缺口部分应从更高一级的资本净额中扣除。

(3)商业银行对未并表金融机构的小额少数资本投资,合计超出本银行核心一级资本净额 10%的部分,应从各级监管资本中对应扣除。

（4）商业银行对未并表金融机构的大额少数资本投资中,核心一级资本投资合计超出本行核心一级资本净额10%的部分应从本银行核心一级资本中扣除;其他一级资本投资和二级资本投资应从相应层级资本中全额扣除。

3. 少数股东资本的处理

（1）商业银行附属公司适用于资本充足率监管的,附属公司直接发行且由第三方持有的少数股东资本可以部分计入监管资本。

（2）附属公司核心一级资本中少数股东资本用于满足核心一级资本最低要求和储备资本要求的部分,可计入并表核心一级资本。

最低要求和储备资本要求为下面两项中较小者。

① 附属公司核心一级资本最低要求加储备资本要求。

② 母公司并表核心一级资本最低要求与储备资本要求归属于附属公司的部分。

（3）附属公司一级资本中少数股东资本用于满足一级资本最低要求和储备资本要求的部分,扣除已计入并表核心一级资本的部分后,剩余部分可以计入并表其他一级资本。

最低要求和储备资本要求为下面两项中较小者。

① 附属公司一级资本最低要求加储备资本要求。

② 母公司并表一级资本最低要求与储备资本要求归属于附属公司的部分。

（4）附属公司总资本中少数股东资本用于满足总资本最低要求和储备资本要求的部分,扣除已计入并表一级资本的部分后,剩余部分可以计入并表二级资本。

最低要求和储备资本要求为下面两项中较小者。

① 附属公司总资本最低要求加储备资本要求。

② 母公司并表总资本最低要求与储备资本要求归属于附属公司的部分。

4. 特殊规定

（1）商业银行发行的二级资本工具有确定到期日的,该二级资本工具在距到期日前最后5年,可计入二级资本的金额,应当按100%、80%、60%、40%、20%的比例逐年减计。

（2）商业银行2010年9月12日前发行的不合格二级资本工具,2013年1月1日之前可计入监管资本,2013年1月1日起按年递减10%,2022年1月1日起不得计入监管资本。前款所称不合格二级资本工具按年递减数量的计算以

2013年1月1日的数量为基数。

带有利率跳升机制或其他赎回激励的二级资本工具,若行权日期在2013年1月1日之后,且在行权日未被赎回,并满足《商业银行资本管理办法(试行)》规定的其他所有合格标准,可继续计入监管资本。

(3)商业银行2010年9月12日至2013年1月1日之间发行的二级资本工具,若不含有减记或转股条款,但满足《商业银行资本管理办法(试行)》规定的其他合格标准,2013年1月1日之前可计入监管资本,2013年1月1日起按年递减10%,2022年1月1日起不得计入监管资本。前款所称不合格二级资本工具按年递减数量的计算以2013年1月1日的数量为基数。

(4)2013年1月1日之后发行的不合格资本工具不再计入监管资本。

(三)信用风险加权资产计量

1.一般规定

(1)商业银行可以采用权重法或内部评级法计量信用风险加权资产。商业银行采用内部评级法计量信用风险加权资产的,应当符合《商业银行资本管理办法(试行)》的规定,并经银监会核准。内部评级法未覆盖的风险暴露应采用权重法计量信用风险加权资产。未经银监会核准,商业银行不得变更信用风险加权资产计量方法。

(2)商业银行申请采用内部评级法计量信用风险加权资产的,提交申请时内部评级法资产覆盖率应不低于50%,并在三年内达到80%。

前款所称内部评级法资产覆盖率按以下公式确定:

内部评级法资产覆盖率 = 按内部评级法计量的风险加权资产 / (按内部评级法计量的风险加权资产 + 按权重法计量的内部评级法未覆盖信用风险暴露的风险加权资产)× 100%

(3)商业银行采用内部评级法,应当按照规定计量信用风险加权资产,按照规定对银行账户信用风险暴露进行分类,按照规定建立内部评级体系。

商业银行采用内部评级法,可以按照规定审慎考虑信用风险缓释工具的风险抵补作用。商业银行采用内部评级法,可以按照规定采用监管映射法计量专业贷款信用风险加权资产。

(4)商业银行应当按照规定计量银行账户和交易账户的交易对手信用风险加权资产。

(5)商业银行应当按照规定计量资产证券化风险暴露的信用风险加权资产。

2. 权重法

（1）权重法下信用风险加权资产为银行账户表内资产信用风险加权资产与表外项目信用风险加权资产之和。

（2）商业银行计量各类表内资产的风险加权资产，应首先从资产账面价值中扣除相应的减值准备，然后乘以风险权重。

（3）商业银行计量各类表外项目的风险加权资产，应将表外项目名义金额乘以信用转换系数得到等值的表内资产，再按表内资产的处理方式计量风险加权资产。

（4）现金及现金等价物的风险权重为 0%。

（5）商业银行对境外主权和金融机构债权的风险权重，以所在国家或地区的外部信用评级结果为基准。

① 对其他国家或地区政府及其中央银行债权，该国家或地区的评级为 AA-（含）以上的，风险权重为 0%；AA- 以下，A-（含）以上的，风险权重为 20%；A- 以下，BBB-（含）以上的，风险权重为 50%；BBB- 以下，B-（含）以上的，风险权重为 100%；B- 以下的，风险权重为 150%；未评级的，风险权重为 100%。

② 对公共部门实体债权的风险权重与对所在国家或地区注册的商业银行债权的风险权重相同。

③ 对境外商业银行债权，注册地所在国家或地区的评级为 AA-（含）以上的，风险权重为 25%；AA- 以下，A-（含）以上的，风险权重为 50%；A- 以下，B-（含）以上的，风险权重为 100%；B- 以下的，风险权重为 150%；未评级的，风险权重为 100%。

④ 对境外其他金融机构债权的风险权重为 100%。

（6）商业银行对多边开发银行、国际清算银行和国际货币基金组织债权的风险权重为 0%。

多边开发银行包括世界银行集团、亚洲开发银行、非洲开发银行、欧洲复兴开发银行、泛美开发银行、欧洲投资银行、欧洲投资基金、北欧投资银行、加勒比海开发银行、伊斯兰开发银行和欧洲开发银行理事会。

（7）商业银行对我国中央政府和中国人民银行债权的风险权重为 0%。商业银行对我国公共部门实体债权的风险权重为 20%。我国公共部门实体包括：

① 除财政部和中国人民银行以外，其他收入主要源于中央财政的公共部门。

② 省级（直辖区、自治区）以及计划单列市人民政府。

商业银行对前款所列公共部门实体投资的工商企业的债权不适用 20% 的风

险权重。

(8)商业银行对我国政策性银行债权的风险权重为0%。商业银行对我国政策性银行的次级债权(未扣除部分)的风险权重为100%。

(9)商业银行持有我国中央政府投资的金融资产管理公司为收购国有银行不良贷款而定向发行的债券的风险权重为0%。商业银行对我国中央政府投资的金融资产管理公司其他债权的风险权重为100%。

(10)商业银行对我国其他商业银行债权的风险权重为25%,其中原始期限三个月以内(含)债权的风险权重为20%。以风险权重为0%的金融资产作为质押的债权,其覆盖部分的风险权重为0%。商业银行对我国其他商业银行的次级债权(未扣除部分)的风险权重为100%。商业银行对我国其他金融机构债权的风险权重为100%。

商业银行对一般企业债权的风险权重为100%。

商业银行对同时符合以下条件的微型和小型企业债权的风险权重为75%:企业符合国家相关部门规定的微型和小型企业认定标准;商业银行对单家企业(或企业集团)的风险暴露不超过500万元;商业银行对单家企业(或企业集团)的风险暴露占本行信用风险暴露总额的比例不高于0.5%。

(11)商业银行对个人债权的风险权重:个人住房抵押贷款的风险权重为50%;对已抵押房产,在购房人没有全部归还贷款前,商业银行以再评估后的净值为抵押追加贷款的,追加部分的风险权重为150%;对个人其他债权的风险权重为75%。

(12)租赁业务的租赁资产余值的风险权重为100%。

(13)下列资产适用250%风险权重:对金融机构的股权投资(未扣除部分);依赖于银行未来盈利的净递延税资产(未扣除部分)。

(14)商业银行对工商企业股权投资的风险权重:商业银行被动持有的对工商企业股权投资在法律规定处分期限内的风险权重为400%;商业银行因政策性原因并经国务院特别批准的对工商企业股权投资的风险权重为400%;商业银行对工商企业其他股权投资的风险权重为1 250%。

(15)商业银行非自用不动产的风险权重为1 250%。

商业银行因行使抵押权而持有的非自用不动产在法律规定处分期限内的风险权重为100%。商业银行其他资产的风险权重为100%。

(16)商业银行各类表外项目的信用转换系数。

① 等同于贷款的授信业务的信用转换系数为100%。

② 原始期限不超过1年和1年以上的贷款承诺的信用转换系数分别为20%

和 50%；可随时无条件撤销的贷款承诺的信用转换系数为 0%。

③ 未使用的信用卡授信额度的信用转换系数为 50%，但同时符合以下条件的未使用的信用卡授信额度的信用转换系数为 20%：授信对象为自然人，授信方式为无担保循环授信；对同一持卡人的授信额度不超过 100 万人民币；商业银行应至少每年一次评估持卡人的信用程度，按季监控授信额度的使用情况；若持卡人信用状况恶化，商业银行有权降低甚至取消授信额度。

④ 票据发行便利和循环认购便利的信用转换系数为 50%。

⑤ 银行借出的证券或用作抵押物的证券，包括回购交易中的证券借贷，信用转换系数为 100%。

⑥ 与贸易直接相关的短期或有项目，信用转换系数为 20%。

⑦ 与交易直接相关的或有项目，信用转换系数为 50%。

⑧ 信用风险仍在银行的资产销售与购买协议，信用转换系数为 100%。

⑨ 远期资产购买、远期定期存款、部分交款的股票及证券，信用转换系数为 100%。

⑩ 其他表外项目的信用转换系数均为 100%。

3. 内部评级法

（1）商业银行应对银行账户信用风险暴露进行分类，并至少分为以下六类：主权风险暴露；金融机构风险暴露，包括银行类金融机构风险暴露和非银行类金融机构风险暴露；公司风险暴露，包括中小企业风险暴露、专业贷款和一般公司风险暴露；零售风险暴露，包括个人住房抵押贷款、合格循环零售风险暴露和其他零售风险暴露；股权风险暴露；其他风险暴露，包括购入应收款及资产证券化风险暴露。其中，主权风险暴露、金融机构风险暴露和公司风险暴露统称为非零售风险暴露。

（2）商业银行应分别计量未违约和已违约风险暴露的风险加权资产。

① 未违约非零售风险暴露的风险加权资产计量基于单笔信用风险暴露的违约概率、违约损失率、违约风险暴露、相关性和有效期限。

未违约零售类风险暴露的风险加权资产计量基于单个资产池风险暴露的违约概率、违约损失率、违约风险暴露和相关性。

② 已违约风险暴露的风险加权资产计量基于违约损失率、预期损失率和违约风险暴露。

（3）商业银行应当按照以下方法确定违约概率。

① 主权风险暴露的违约概率为商业银行内部估计的 1 年期违约概率。

② 公司、金融机构和零售风险暴露的违约概率为商业银行内部估计的 1 年期违约概率与 0.03% 中的较大值。

③ 对于提供合格保证或信用衍生工具的风险暴露，商业银行可以使用保证人的违约概率替代债务人的违约概率。

（4）商业银行应当按照以下方法确定违约损失率。

① 商业银行采用初级内部评级法，非零售风险暴露中没有合格抵质押品的高级债权和次级债权的违约损失率分别为 45% 和 75%。对于提供合格抵质押品的高级债权和从属于净额结算主协议的回购交易，商业银行可以根据风险缓释效应调整违约损失率。

② 商业银行采用高级内部评级法，应使用内部估计的单笔非零售风险暴露的违约损失率。

③ 商业银行应使用内部估计的零售资产池的违约损失率。

（5）商业银行应当按照以下方法确定违约风险暴露。

违约风险暴露应不考虑专项准备和部分核销的影响。表内资产的违约风险暴露应不小于以下两项之和。

① 违约风险暴露被完全核销后，银行监管资本下降的数量；

② 各项专项准备金和部分核销的数量。如果商业银行估计的违约风险暴露超过以上两项之和，超过部分可视为折扣。风险加权资产的计量不受该折扣的影响，但比较预期损失和合格准备金时，可将该折扣计入准备金。商业银行采用初级内部评级法，应当按风险暴露名义金额计量表内资产的违约风险暴露，但可以考虑合格净额结算的风险缓释效应；商业银行采用初级内部评级法，贷款承诺、票据发行便利、循环认购便利等表外项目的信用转换系数为 75%；可随时无条件撤销的贷款承诺信用转换系数为 0%；

③ 商业银行采用高级内部评级法，应当使用内部估计的非零售违约风险暴露。对于按照《商业银行资本管理办法（试行）》规定信用转换系数为 100% 的表外项目，应使用 100% 的信用转换系数估计违约风险暴露；

④ 商业银行应当使用内部估计的零售违约风险暴露。对于表外零售风险暴露，商业银行应按照内部估计的信用转换系数计量违约风险暴露。

（6）商业银行应当按照以下方法确定有效期限。

① 商业银行采用初级内部评级法，非零售风险暴露的有效期限为 2.5 年。回购类交易的有效期限为 0.5 年。

② 商业银行采用高级内部评级法，有效期限为 1 年和内部估计的有效期限两者之间的较大值，但最大不超过 5 年。中小企业风险暴露的有效期限可以采用

2.5 年。

③ 对于下列短期风险暴露,有效期限为内部估计的有效期限与 1 天中的较大值:原始期限 1 年以内全额抵押的场外衍生品交易、保证金贷款、回购交易和证券借贷交易。交易文件中必须包括按日重新估值并调整保证金,且在交易对手违约或未能补足保证金时可以及时平仓或处置抵押品的条款;原始期限 1 年以内自我清偿性的贸易融资,包括开立的和保兑的信用证;原始期限 3 个月以内的其他短期风险暴露,包括:场外衍生品交易、保证金贷款、回购交易、证券借贷,短期贷款和存款,证券和外汇清算而产生的风险暴露,以电汇方式进行现金清算产生的风险暴露等。

(四)市场风险加权资产计量

1. 一般规定

(1)《商业银行资本管理办法(试行)》所称市场风险是指因市场价格(利率、汇率、股票价格和商品价格)的不利变动而使商业银行表内和表外业务发生损失的风险。

(2)市场风险资本计量应覆盖商业银行交易账户中的利率风险和股票风险,以及全部汇率风险和商品风险。

商业银行可以不对结构性外汇风险暴露计提市场风险资本。

(3)《商业银行资本管理办法(试行)》所称交易账户包括为交易目的或对冲交易账户其他项目的风险而持有的金融工具和商品头寸。

前款所称为交易目的而持有的头寸是指短期内有目的地持有以便出售,或从实际或预期的短期价格波动中获利,或锁定套利的头寸,包括自营业务、做市业务和为执行客户买卖委托的代客业务而持有的头寸。交易账户中的金融工具和商品头寸原则上还应满足以下条件。

① 在交易方面不受任何限制,可以随时平盘。

② 能够完全对冲以规避风险。

③ 能够准确估值。

④ 能够进行积极的管理。

(4)商业银行应当制定清晰的银行账户和交易账户划分标准,明确纳入交易账户的金融工具和商品头寸以及在银行账户和交易账户间划转的条件,确保执行的一致性。

(5)商业银行可以采用标准法或内部模型法计量市场风险资本要求。未经银监会核准,商业银行不得变更市场风险资本计量方法。

（6）商业银行采用内部模型法，若未覆盖所有市场风险，经银监会核准，可组合采用内部模型法和标准法计量市场风险资本要求，但银行集团内部同一机构不得对同一种市场风险采用不同方法计量市场风险资本要求。

（7）商业银行采用内部模型法，内部模型法覆盖率应不低于50%。

前款所称内部模型法覆盖率按以下公式确定：

内部模型法覆盖率 = 按内部模型法计量的资本要求/（按内部模型法计量的资本要求 + 按标准法计量的资本要求）× 100%

（8）商业银行市场风险加权资产为市场风险资本要求的12.5倍，即：

$$市场风险加权资产 = 市场风险资本要求 × 12.5$$

2. 标准法

（1）商业银行采用标准法，应当按照《商业银行资本管理办法（试行）》的规定分别计量利率风险、汇率风险、商品风险和股票风险的资本要求，并单独计量以各类风险为基础的期权风险的资本要求。

（2）市场风险资本要求为利率风险、汇率风险、商品风险、股票风险和期权风险的资本要求之和。

（3）利率风险资本要求和股票风险资本要求为一般市场风险资本要求和特定风险资本要求之和。

3. 内部模型法

（1）商业银行采用内部模型法的，应当符合《商业银行资本管理办法（试行）》的规定，并经银监会核准。

（2）商业银行采用内部模型法，其一般市场风险资本要求为一般风险价值与压力风险价值之和，即：

$$K = Max(VaRt\text{-}1, mc × VaRavg) + Max(sVaRt\text{-}1, mS × sVaRavg)$$

其中：

① VaR 为一般风险价值，为以下两项中的较大值：根据内部模型计量的上一交易日的风险价值（$VaRt\text{-}1$）；最近60个交易日风险价值的均值（$VaRavg$）乘以 mc。mc 最小为3，根据返回检验的突破次数可以增加附加因子。

② $sVaR$ 为压力风险价值，为以下两项中的较大值：根据内部模型计量的上一交易日的压力风险价值（$sVaRt\text{-}1$）；最近60个交易日压力风险价值的均值（$sVaRavg$）乘以 ms，ms 最小为3。

（3）商业银行采用内部模型法计量特定风险资本要求的，应当按照《商业银行资本管理办法(试行)》规定使用内部模型计量新增风险资本要求。

商业银行内部模型未达到计量特定市场风险要求的合格标准,或内部模型未覆盖新增风险,应当按标准法计量特定市场风险资本要求。

(五)操作风险加权资产计量

1. 一般规定

(1)《商业银行资本管理办法(试行)》所称的操作风险是指由不完善或有问题的内部程序、员工和信息科技系统,以及外部事件所造成损失的风险,包括法律风险,但不包括策略风险和声誉风险。

(2)商业银行可采用基本指标法、标准法或高级计量法计量操作风险资本要求。

商业银行采用标准法或高级计量法计量操作风险资本要求,应符合规定,并经银监会核准。未经银监会核准,商业银行不得变更操作风险资本计量方法。

(3)商业银行操作风险加权资产为操作风险资本要求的 12.5 倍,即:

$$操作风险加权资产 = 操作风险资本要求 \times 12.5$$

2. 基本指标法

商业银行采用基本指标法,应当以总收入为基础计量操作风险资本要求。商业银行应当按照《商业银行资本管理办法(试行)》的规定确认总收入。

总收入为净利息收入与净非利息收入之和。

3. 标准法

(1)商业银行采用标准法,应当以各业务条线的总收入为基础计量操作风险资本要求。

(2)商业银行采用标准法,应当按照《商业银行资本管理办法(试行)》的规定将全部业务划分为公司金融、交易和销售、零售银行、商业银行、支付和清算、代理服务、资产管理、零售经纪和其他业务等 9 个业务条线。

(3)商业银行采用标准法,应当按照以下公式计量操作风险资本要求:

① K_{TSA} 为按标准法计量的操作风险资本要求,是指各年为正的操作风险资本要求。

② GI_i 为各业务条线总收入,i 为各业务条线的操作风险资本系数。

(4)各业务条线的操作风险资本系数(β):

① 零售银行、资产管理和零售经纪业务条线的操作风险资本系数为 12%。

② 商业银行和代理服务业务条线的操作风险资本系数为 15%。

③ 公司金融、支付和清算、交易和销售以及其他业务条线的操作风险资本系数为 18%。

4. 高级计量法

（1）商业银行采用高级计量法，可根据业务性质、规模和产品复杂程度以及风险管理水平选择操作风险计量模型。

（2）商业银行采用高级计量法，应当基于内部损失数据、外部损失数据、情景分析、业务经营环境和内部控制因素建立操作风险计量模型。建立模型使用的内部损失数据应充分反映本行操作风险的实际情况。

（六）商业银行内部资本充足评估程序

1. 一般规定

（1）商业银行应当建立完善的风险管理框架和稳健的内部资本充足评估程序，明确风险治理结构，审慎评估各类风险、资本充足水平和资本质量，制定资本规划和资本充足率管理计划，确保银行资本能够充分抵御其所面临的风险，满足业务发展的需要。

（2）商业银行内部资本充足评估程序应实现目标。

① 确保主要风险得到识别、计量或评估、监测和报告。

② 确保资本水平与风险偏好及风险管理水平相适应。

③ 确保资本规划与银行经营状况、风险变化趋势及长期发展战略相匹配。

（3）商业银行应当将压力测试作为内部资本充足评估程序的重要组成部分，结合压力测试结果确定内部资本充足率目标。压力测试应覆盖各业务条线的主要风险，并充分考虑经济周期对资本充足率的影响。

（4）商业银行应当将内部资本充足评估程序作为内部管理和决策的组成部分，并将内部资本充足评估结果运用于资本预算与分配、授信决策和战略规划。

（5）商业银行应当制定合理的薪酬政策，确保薪酬水平、结构和发放时间安排与风险大小和风险存续期限一致，反映风险调整后的长期收益水平，防止过度承担风险，维护财务稳健性。

（6）商业银行应当至少每年一次实施内部资本充足评估程序，在银行经营情况、风险状况和外部环境发生重大变化时，应及时进行调整和更新。

2. 治理结构

（1）商业银行董事会承担本行资本管理的首要责任,履行以下职责。

① 设定与银行发展战略和外部环境相适应的风险偏好和资本充足目标,审批银行内部资本充足评估程序,确保资本充分覆盖主要风险。

② 审批资本管理制度,确保资本管理政策和控制措施有效。

③ 监督内部资本充足评估程序的全面性、前瞻性和有效性。

④ 审批并监督资本规划的实施,满足银行持续经营和应急性资本补充需要。

⑤ 至少每年一次审批资本充足率管理计划,审议资本充足率管理报告及内部资本充足评估报告,听取对资本充足率管理和内部资本充足评估程序执行情况的审计报告。

⑥ 审批资本充足率信息披露政策、程序和内容,并保证披露信息的真实、准确和完整。

⑦ 确保商业银行有足够的资源,能够独立、有效地开展资本管理工作。

（2）商业银行采用资本计量高级方法的,董事会还应负责审批资本计量高级方法的管理体系实施规划和重大管理政策,监督高级管理层制定并实施资本计量高级方法的管理政策和流程,确保商业银行有足够资源支持资本计量高级方法管理体系的运行。

（3）商业银行高级管理层负责根据业务战略和风险偏好组织实施资本管理工作,确保资本与业务发展、风险水平相适应,落实各项监控措施。具体履行以下职责。

① 制定并组织执行资本管理的规章制度。

② 制定并组织实施内部资本充足评估程序,明确相关部门的职责分工,建立健全评估框架、流程和管理制度,确保与商业银行全面风险管理、资本计量及分配等保持一致。

③ 制定和组织实施资本规划和资本充足率管理计划。

④ 定期和不定期评估资本充足率,向董事会报告资本充足率水平、资本充足率管理情况和内部资本充足评估结果。

⑤ 组织开展压力测试,参与压力测试目标、方案及重要假设的确定,推动压力测试结果在风险评估和资本规划中的运用,确保资本应急补充机制的有效性。

⑥ 组织内部资本充足评估信息管理系统的开发和维护工作,确保信息管理系统及时、准确地提供评估所需信息。

（4）商业银行采用资本计量高级方法的,高级管理层还应定期评估方法和工具的合理性和有效性,定期听取资本计量高级方法验证工作的汇报,履行资本计量高级方法体系的建设、验证和持续优化等职责。

（5）商业银行监事会应当对董事会及高级管理层在资本管理和资本计量高级方法管理中的履职情况进行监督评价,并至少每年一次向股东大会报告董事会及高级管理层的履职情况。

（6）商业银行应当指定相关部门履行以下资本管理职责:制定资本总量、结构和质量管理计划,编制并实施资本规划和资本充足率管理计划,向高级管理层报告资本规划和资本充足率管理计划执行情况;持续监控并定期测算资本充足率水平,开展资本充足率压力测试;组织建立内部资本计量、配置和风险调整资本收益的评价管理体系;组织实施内部资本充足评估程序;建立资本应急补充机制,参与或组织筹集资本;编制或参与编制资本充足率信息披露文件。

（7）商业银行采用资本计量高级方法的,相关部门还应履行以下职责:设计、实施、监控和维护资本计量高级方法;健全资本计量高级方法管理机制;向高级管理层报告资本计量高级方法的计量结果;组织开展各类风险压力测试。

（8）商业银行采用资本计量高级方法的,应当建立验证部门（团队）,负责资本计量高级方法的验证工作。验证部门（团队）应独立于资本计量高级方法的开发和运行部门（团队）。

（9）商业银行应当明确内部审计部门在资本管理中的职责。内部审计部门应当履行以下职责:评估资本管理的治理结构和相关部门履职情况,以及相关人员的专业技能和资源充分性;至少每年一次检查内部资本充足评估程序相关政策和执行情况;至少每年一次评估资本规划的执行情况;至少每年一次评估资本充足率管理计划的执行情况;检查资本管理的信息系统和数据管理的合规性和有效性;向董事会提交资本充足率管理审计报告、内部资本充足评估程序执行情况审计报告、资本计量高级方法管理审计报告。

（10）商业银行采用资本计量高级方法的,内部审计部门还应评估资本计量高级方法的适用性和有效性,检查计量结果的可靠性和准确性,检查资本计量高级方法的验证政策和程序,评估验证工作的独立性和有效性。

3. 风险评估

（1）商业银行应当按照银监会相关要求和《商业银行资本管理办法（试行）》规定,设立主要风险的识别和评估标准,确保主要风险得到及时识别、审慎评估和有效监控。主要风险包括可能导致重大损失的单一风险,以及单一风险程度不高,但与其他风险相互作用可能导致重大损失的风险。风险评估应至少覆盖以下各类风险。

①《商业银行资本管理办法(试行)》涉及且已覆盖的风险,包括信用风险、市场风险和操作风险。

②《商业银行资本管理办法(试行)》涉及但没有完全覆盖的风险,包括集中度风险、剩余操作风险等。

③《商业银行资本管理办法(试行)》未涉及的风险,包括银行账户利率风险、流动性风险、声誉风险、战略风险和对商业银行有实质性影响的其他风险。

④ 外部经营环境变化引发的风险。

(2)商业银行应当有效评估和管理各类主要风险。

① 对能够量化的风险,商业银行应当开发和完善风险计量技术,确保风险计量的一致性、客观性和准确性,在此基础上加强对相关风险的缓释、控制和管理。

② 对难以量化的风险,商业银行应当建立风险识别、评估、控制和报告机制,确保相关风险得到有效管理。

(3)商业银行应当建立风险加总的政策和程序,确保在不同层次上及时识别风险。商业银行可以采用多种风险加总方法,但应至少采取简单加总法,并判断风险加总结果的合理性和审慎性。

(4)商业银行进行风险加总,应当充分考虑集中度风险及风险之间的相互传染。若考虑风险分散化效应,应基于长期实证数据,且数据观察期至少覆盖一个完整的经济周期。否则,商业银行应对风险加总方法和假设进行审慎调整。

4. 资本规划

(1)商业银行制定资本规划,应当综合考虑风险评估结果、未来资本需求、资本监管要求和资本可获得性,确保资本水平持续满足监管要求。资本规划应至少设定内部资本充足率三年目标。

(2)商业银行制定资本规划,应当确保目标资本水平与业务发展战略、风险偏好、风险管理水平和外部经营环境相适应,兼顾短期和长期资本需求,并考虑各种资本补充来源的长期可持续性。

(3)商业银行制定资本规划,应当审慎估计资产质量、利润增长及资本市场的波动性,充分考虑对银行资本水平可能产生重大负面影响的因素,包括或有风险暴露,严重且长期的市场衰退,以及突破风险承受能力的其他事件。

(4)商业银行应当优先考虑补充核心一级资本,增强内部资本积累能力,完善资本结构,提高资本质量。

(5)商业银行应当通过严格和前瞻性的压力测试,测算不同压力条件下的资本需求和资本可获得性,并制定资本应急预案以满足计划外的资本需求,确保银行具备充足资本应对不利的市场条件变化。

对于重度压力测试结果,商业银行应当在应急预案中明确相应的资本补充政策安排和应对措施,并充分考虑融资市场流动性变化,合理设计资本补充渠道。商业银行的资本应急预案应包括紧急筹资成本分析和可行性分析、限制资本占用程度高的业务发展、采用风险缓释措施等。

商业银行高级管理层应当充分理解压力条件下商业银行所面临的风险及风险间的相互作用、资本工具吸收损失和支持业务持续运营的能力,并判断资本管理目标、资本补充政策安排和应对措施的合理性。

5. 监测和报告

(1)商业银行应当建立内部资本充足评估程序的报告体系,定期监测和报告银行资本水平和主要影响因素的变化趋势。报告应至少包括以下内容。

① 评估主要风险状况及发展趋势、战略目标和外部环境对资本水平的影响。

② 评估实际持有的资本是否足以抵御主要风险。

③ 提出确保资本能够充分覆盖主要风险的建议。

根据重要性和报告用途不同,商业银行应当明确各类报告的发送范围、报告内容及详略程度,确保报告信息与报送频率满足银行资本管理的需要。

(2)商业银行应当建立用于风险和资本的计量和管理的信息管理系统。商业银行的信息管理系统应具备以下功能。

① 清晰、及时地向董事会和高级管理层提供总体风险信息。

② 准确、及时地加总各业务条线的风险暴露和风险计量结果。

③ 动态支持集中度风险和潜在风险的识别。

④ 识别、计量并管理各类风险缓释工具以及因风险缓释带来的风险。

⑤ 为多角度评估风险计量的不确定性提供支持,分析潜在风险假设条件变化带来的影响。

⑥ 支持前瞻性的情景分析,评估市场变化和压力情形对银行资本的影响。

⑦ 监测、报告风险限额的执行情况。

(3)商业银行应当系统性地收集、整理、跟踪和分析各类风险相关数据,建立数据仓库、风险数据集市和数据管理系统,以获取、清洗、转换和存储数据,并建立数据质量控制政策和程序,确保数据的完整性、全面性、准确性和一致性,满足资本计量和内部资本充足评估等工作的需要。

(4)商业银行的数据管理系统应当达到资本充足率非现场监管报表和资本

充足率信息披露的有关要求。

（5）商业银行应当建立完整的文档管理平台，为内部审计部门及银监会对资本管理的评估提供支持。文档应至少包括。

① 董事会、高级管理层和相关部门的职责、独立性以及履职情况。

② 关于资本管理、风险管理等政策流程的制度文件。

③ 资本规划、资本充足率管理计划、内部资本充足评估报告、风险计量模型验证报告、压力测试报告、审计报告以及上述报告的相关重要文档。

④ 关于资本管理的会议纪要和重要决策意见。

（七）监督检查

1. 监督检查内容

（1）资本充足率监督检查是银监会审慎风险监管体系的重要组成部分。

（2）银监会根据宏观经济运行、产业政策和信贷风险变化，识别银行业重大系统性风险，对相关资产组合提出特定资本要求。

（3）银监会对商业银行实施资本充足率监督检查，确保资本能够充分覆盖所面临的各类风险。资本充足率监督检查包括但不限于以下内容：

① 评估商业银行全面风险管理框架。

② 审查商业银行对合格资本工具的认定，以及各类风险加权资产的计量方法和结果，评估资本充足率计量结果的合理性和准确性。

③ 检查商业银行内部资本充足评估程序，评估公司治理、资本规划、内部控制和审计等。

④ 对商业银行的信用风险、市场风险、操作风险、银行账户利率风险、流动性风险、声誉风险以及战略风险等各类风险进行评估，并对压力测试工作开展情况进行检查。

（4）商业银行采用资本计量高级方法，应按《商业银行资本管理办法（试行）》规定向银监会提出申请。

（5）银监会依照《商业银行资本管理办法（试行）》规定对商业银行进行评估，根据评估结果决定是否核准商业银行采用资本计量高级方法；并对商业银行资本计量高级方法的使用情况和验证工作进行持续监督检查。

（6）商业银行不能持续达到《商业银行资本管理办法（试行）》规定的资本计量高级方法的运用要求，银监会有权要求其限期整改。商业银行在规定期限内未达标，银监会有权取消其采用资本计量高级方法的资格。

2. 监督检查程序

（1）银监会建立资本监管工作机制，履行以下职责。

① 评估银行业面临的重大系统性风险，提出针对特定资产组合的第二支柱资本要求的建议。

② 制定商业银行资本充足率监督检查总体规划，协调和督促对商业银行资本充足率监督检查的实施。

③ 审议并决定对商业银行的监管资本要求。

④ 受理商业银行就资本充足率监督检查结果提出的申辩，确保监督检查过程以及评价结果的公正和准确。

（2）银监会通过非现场监管和现场检查的方式对商业银行资本充足率进行监督检查。

除对资本充足率的常规监督检查外，银监会可根据商业银行内部情况或外部市场环境的变化实施资本充足率的临时监督检查。

（3）商业银行应当在年度结束后的四个月内向银监会提交内部资本充足评估报告。

（4）银监会实施资本充足率监督检查应遵循以下程序。

① 审查商业银行内部资本充足评估报告，制定资本充足率检查计划。

② 依据《商业银行资本管理办法（试行）》规定的风险评估标准，实施资本充足率现场检查。

③ 根据检查结果初步确定商业银行的监管资本要求。

④ 与商业银行高级管理层就资本充足率检查情况进行沟通，并将评价结果书面发送商业银行董事会。

⑤ 监督商业银行持续满足监管资本要求的情况。

（5）商业银行可以在接到资本充足率监督检查评价结果后 60 日内，以书面形式向银监会提出申辩。在接到评价结果后 60 日内未进行书面申辩的，将被视为接受评价结果。

商业银行提出书面申辩的，应当提交董事会关于进行申辩的决议，并对申辩理由进行详细说明，同时提交能够证明申辩理由充分性的相关资料。

（6）银监会受理并审查商业银行提交的书面申辩，视情况对有关问题进行重点核查。

银监会在受理书面申辩后的 60 日内做出是否同意商业银行申辩的书面答复，并说明理由。

（7）银监会审查商业银行的书面申辩期间，商业银行应当执行资本充足率监督检查所确定的监管资本要求，并落实银监会采取的相关监管措施。

（8）商业银行应当向银监会报告未并表和并表后的资本充足率。并表后的资本充足率每半年报送一次，未并表的资本充足率每季报送一次。如遇影响资本充足率的特别重大事项，商业银行应当及时向银监会报告。

3. 第二支柱资本要求

（1）商业银行已建立内部资本充足评估程序且评估程序达到《商业银行资本管理办法（试行）》要求的，银监会根据其内部资本评估结果确定监管资本要求；商业银行未建立内部资本充足评估程序，或评估程序未达到《商业银行资本管理办法（试行）》要求的，银监会根据对商业银行风险状况的评估结果，确定商业银行的监管资本要求。

（2）银监会有权根据单家商业银行操作风险管理水平及操作风险事件发生情况，提高操作风险的监管资本要求。

（3）银监会有权通过调整风险权重、相关性系数、有效期限等方法，提高特定资产组合的资本要求，包括但不限于以下内容。

① 根据现金流覆盖比例、区域风险差异，确定地方政府融资平台贷款的集中度风险资本要求。

② 通过期限调整因子，确定中长期贷款的资本要求。

③ 针对贷款行业集中度风险状况，确定部分行业的贷款集中度风险资本要求。

④ 根据个人住房抵押贷款用于购买非自住用房的风险状况，提高个人住房抵押贷款资本要求。

4. 监管措施

（1）银监会有权对资本充足率未达到监管要求的商业银行采取监管措施，督促其提高资本充足水平。

（2）根据资本充足状况，银监会将商业银行分为四类。

① 第一类商业银行：资本充足率、一级资本充足率和核心一级资本充足率均达到《商业银行资本管理办法（试行）》规定的各级资本要求。

② 第二类商业银行：资本充足率、一级资本充足率和核心一级资本充足率未达到第二支柱资本要求，但均不低于其他各级资本要求。

③ 第三类商业银行：资本充足率、一级资本充足率和核心一级资本充足率均

不低于最低资本要求,但未达到其他各级资本要求。

④ 第四类商业银行:资本充足率、一级资本充足率和核心一级资本充足率任意一项未达到最低资本要求。

(3) 对第一类商业银行,银监会支持其稳健发展业务。为防止其资本充足率水平快速下降,银监会可以采取下列预警监管措施。

① 要求商业银行加强对资本充足率水平下降原因的分析及预测。

② 要求商业银行制定切实可行的资本充足率管理计划。

③ 要求商业银行提高风险控制能力。

(4) 对第二类商业银行,除《商业银行资本管理办法(试行)》规定的监管措施外,银监会还可以采取下列监管措施。

① 与商业银行董事会、高级管理层进行审慎性会谈。

② 下发监管意见书,监管意见书内容包括:商业银行资本管理存在的问题、拟采取的纠正措施和限期达标意见等。

③ 要求商业银行制定切实可行的资本补充计划和限期达标计划。

④ 增加对商业银行资本充足的监督检查频率。

⑤ 要求商业银行对特定风险领域采取风险缓释措施。

(5) 对第三类商业银行,除《商业银行资本管理办法(试行)》规定的监管措施外,银监会还可以采取下列监管措施。

① 限制商业银行分配红利和其他收入。

② 限制商业银行向董事、高级管理人员实施任何形式的激励。

③ 限制商业银行进行股权投资或回购资本工具。

④ 限制商业银行重要资本性支出。

⑤ 要求商业银行控制风险资产增长。

(6) 对第四类商业银行,除《商业银行资本管理办法(试行)》规定的监管措施外,银监会还可以采取以下监管措施。

① 要求商业银行大幅降低风险资产的规模。

② 责令商业银行停办一切高风险资产业务。

③ 限制或禁止商业银行增设新机构、开办新业务。

④ 强制要求商业银行对二级资本工具进行减记或转为普通股。

⑤ 责令商业银行调整董事、高级管理人员或限制其权利。

⑥ 依法对商业银行实行接管或者促成机构重组,直至予以撤销。

在处置此类商业银行时,银监会还将综合考虑外部因素,采取其他必要措施。

（7）商业银行未按《商业银行资本管理办法（试行）》规定提供资本充足率报表或报告、未按规定进行信息披露或提供虚假的或者隐瞒重要事实的报表和统计报告的，银监会依据《中华人民共和国银行业监督管理法》的相关规定实施行政处罚。

（8）除上述监管措施外，银监会可依据《中华人民共和国银行业监督管理法》以及相关法律、行政法规和部门规章的规定，采取其他监管措施。

（八）信息披露

1. 商业银行应当通过公开渠道，向投资者和社会公众披露相关信息，确保信息披露的集中性、可访问性和公开性。

2. 资本充足率的信息披露应至少包括以下内容。

（1）风险管理体系：信用风险、市场风险、操作风险、流动性风险及其他重要风险的管理目标、政策、流程以及组织架构和相关部门的职能。

（2）资本充足率计算范围。

（3）资本数量、构成及各级资本充足率。

（4）信用风险、市场风险、操作风险的计量方法，风险计量体系的重大变更，以及相应的资本要求变化。

（5）信用风险、市场风险、操作风险及其他重要风险暴露和评估的定性和定量信息。

（6）内部资本充足评估方法以及影响资本充足率的其他相关因素。

（7）薪酬的定性信息和相关定量信息。

商业银行应当按照《商业银行资本管理办法（试行）》的要求充分披露资本充足率相关信息。

3. 商业银行应当保证披露信息的真实性、准确性和完整性。

4. 《商业银行资本管理办法（试行）》规定的披露内容是资本充足率信息披露的最低要求，商业银行应当遵循充分披露的原则，并根据监管政策变化及时调整披露事项。

5. 商业银行采用资本计量高级方法的，并行期内应至少披露《商业银行资本管理办法（试行）》规定的定性信息和资本底线的定量信息。

6. 商业银行可以不披露专有信息或保密信息的具体内容，但应进行一般性披露，并解释原因。

7. 商业银行信息披露频率分为临时、季度、半年及年度披露，其中，临时信息应及时披露，季度、半年度信息披露时间为期末后 30 个工作日内，年度信息披时间为会计年度终了后四个月内。因特殊原因不能按时披露的,应至少提前15个工作日向银监会申请延迟披露。

8. 商业银行应当分别按照以下频率披露相关信息。

(1)实收资本或普通股及其他资本工具的变化情况应及时披露。

(2)核心一级资本净额、一级资本净额、资本净额、最低资本要求、储备资本和逆周期资本要求、附加资本要求、核心一级资本充足率、一级资本充足率以及资本充足率等重要信息应按季披露。

(3)资本充足率计算范围、信用风险暴露总额、逾期及不良贷款总额、贷款损失准备、信用风险资产组合缓释后风险暴露余额、资产证券化风险暴露余额、市场风险资本要求、市场风险期末风险价值及平均风险价值、操作风险情况、股权投资及其损益、银行账户利率风险情况等相关重要信息应每半年披露一次。

9. 经银监会同意,在满足信息披露总体要求的基础上,同时符合以下条件的商业银行可以适当简化信息披露的内容:存款规模小于2 000亿元人民币、未在境内外上市、未跨区域经营。

第二节　中国银行业的总体状况

结合过去几年中国银行业的发展状况,本节着重介绍中国银行业当前的发展状况、面临的主要困境及中国银行业应对资本监管新规的目标选择。以信用风险为重点的监管措施,已不适应我国银行业发展的实际情况,亟须进行改进和完善。

一、中国银行业的发展现状

银行业在一个国家的经济中起着至关重要的金融中介作用。在过去几年里,由于经济的高速增长以及宽松的货币政策,中国银行业维持了高速扩张的势头。但是在资产质量、经营管理和风险控制等方面还存在许多问题,许多银行面临沉重的历史包袱,如果处理不当,银行系统可能成为中国经济持续发展的障碍,甚至影响整个经济的稳定。

(一)中国银行业总体状况

目前中国银行业包括五大国有商业银行、众多股份制商业银行及城市商业银行和信用合作社,以及已经进入或准备进入中国的外资金融机构。此外,还有政策性银行在特定的领域内发挥其职能。

在这些银行中,五大国有商业银行在规模和品牌等方面明显处于领先地位。另一方面,股份制商业银行的市场份额则在过去几年里大幅度增长。五大国有商业银行另一个重要优势是隐含的政府担保。随着银行业竞争加剧和储户风险意识的提高,银行的资信水平将日益重要。经过近些年来的努力,中国银行业的资产质量已有很大的改进,经营管理和内部控制也有显著的提高,不少银行已初步完成管理决策、IT 信息系统上的总行集中化控制。但是不可否认,中国许多银行还背着沉重的历史包袱,不良资产情况仍十分严重。在这种情况下,中国银行的资产充足率普遍较低。

截至 2012 年底,我国银行业金融机构共有法人机构 3 747 家,从业人员 336. 2 万人。包括 2 家政策性银行及国家开发银行、5 家大型商业银行、12 家股份制商业银行、144 家城市商业银行、337 家农村商业银行、147 家农村合作银行、1 927 家农村信用社、1 家邮政储蓄银行、4 家金融资产管理公司、42 家外资法人金融机构、67 家信托公司、150 家企业集团财务公司、20 家金融租赁公司、5 家货币经纪公司、16 家汽车金融公司、4 家消费金融公司、800 家村镇银行、14 家贷款公司以及 49 家农村资金互助社。

中国银行在内部管理、资信评估能力和授信体制、风险控制能力等方面都还有很多缺陷,员工队伍素质和知识技能结构有待提高,管理信息系统也还远未完善。而且,中国银行在信贷工作中还往往受到种种外在压力和行政干扰,授信决策并不完全建立在资信因素上。扶持地方经济、帮助国有企业脱困、发展重点产业等等还经常是影响授信决策的重要因素。

此外,由于历史的原因,五大国有商业银行的网点和人员队伍过于庞大,造成经营上的巨大压力,在管理运营上也还失于低效迟缓。中国银行的人民币存贷款的利率仍受到控制。在存款方面,除了保险公司 5 年及 3 亿元以上的存款允许由双方自主决定利率外,其余各项人民币存款利率均由人行统一规定。在贷款方面,人行也规定必须在一个范围内浮动。这两方面就决定了银行在人民币存贷款的利差收入,而银行面对的许多企业客户经营不够规范,财务报告不够健全可信,有关个人客户的资信信息也相当匮乏,使得银行很难准确地衡量贷款人的资信水平和还贷能力。这就导致中国贷款市场缺乏层次感:一方面,由于许多企业财务报告上的问题,银行难以准确地评估其资信水平;另一方面,由于利率管制,银行也无法根据客户的资信水平充分调整利率。所以,银行业务往往集中在少量优质企业上,争夺这些客户的竞争十分激烈。

表 4-1 银行业金融机构总资产情况

单位：亿元

机构／年份	2008 年	2009 年	2010 年	2011 年	2012 年
银行业金融机构	631 515	795 146	953 053	1 132 873	1 336 224
政策性银行业及国家开发银行	56 454	69 456	76 521	93 133	112 174
大型商业银行	325 751	407 998	468 943	536 336	600 401
股份制商业银行	88 337	118 181	149 037	183 794	235 271
城市商业银行	41 320	56 800	78 526	99 845	123 469
农村商业银行	9 291	18 661	27 670	42 527	62 751
农村合作银行	10 033	12 791	15 002	14 025	12 835
城市信用社	804	270	22	30	—
农村信用社	52 113	54 945	63 911	72 047	79 535
非农业金融机构	11 802	15 504	20 896	26 067	32 299
外资银行	13 448	13 492	17 423	21 535	23 804
邮政储蓄银行	22 163	27 045	35 101	43 536	53 511

表 4-2 银行业金融机构总负债情况

单位：亿元

机构／年份	2008 年	2009 年	2010 年	2011 年	2012 年
银行业金融机构	593 614	750 706	894 731	1 060 779	1 249 515
政策性银行业及国家开发银行	52 648	65 393	72 159	88 231	106 647
大型商业银行	306 142	386 036	440 332	502 591	560 879
股份制商业银行	83 924	112 541	140 872	173 000	222 130
城市商业银行	38 651	53 213	73 703	93 203	115 395
农村商业银行	8 756	17 546	25 643	39 208	57 841
农村合作银行	9 381	11 940	13 887	12 959	11 796
城市信用社	757	255	21	24	—
农村信用社	49 893	52 601	61 118	68 575	75 521
非农业金融机构	9 492	12 649	17 063	21 310	26 194
外资银行	12 028	11 818	15 569	19 431	21 249
邮政储蓄银行	21 942	26 713	343 65	42 247	51 712

表 4-3 银行业金融机构所有者权益情况表

单位:亿元

机构 / 年份	2008 年	2009 年	2010 年	2011 年	2012 年
银行业金融机构	37 900	44 441	58 322	72 094	86 708
政策性银行业及国家开发银行	3 806	4 063	4 363	4 902	5 527
大型商业银行	19 608	21 962	28 611	33 745	39 522
股份制商业银行	4 414	5 640	8 166	10 794	13 142
城市商业银行	2 669	3 587	4 822	6 641	8 075
农村商业银行	534	1 115	2 026	3 320	4 910
农村合作银行	653	851	1 115	1 066	1 039
城市信用社	47	17	2	5	–
农村信用社	2 220	2 344	2 793	3 471	4 014
非农业金融机构	2 310	2 855	3 833	4 757	6 105
外资银行	1 420	1 674	1 854	2 104	2 555
邮政储蓄银行	221	332	736	1 289	1 799

(二)银行业的市场空间

世界金融市场的经验表明,公司客户(尤其是大型公司客户)所能带来的盈利日益趋薄,以大型公司业务为主的银行普遍面临生存危机。以美国为例,在 20 世纪 80 年代至 90 年代初,以纽约为基地、主要面向公司客户的几家大银行,包括 Manufacturer Hanover Bank, Chemical Bank, Bankers Trust Co. 和 Morgan Guaranty Bank,在 1990 年还都名列全美十大银行之中。但短短十几年之后,经过了一系列的购并整合,这些银行均被吞并,不再独立存在。这是因为,公司客户具有多种融资和投资渠道,比如在融资方面可以发行债券和商业票据,在投资方面也有多个金融品种。所以,向公司客户提供服务的银行与其他金融机构之间的竞争异常激烈,从而使银行在公司业务上的定价能力和盈利水平不断削弱,生存空间萎缩。在中国银行业内争夺优质大客户的激烈竞争中,这种情况已经有所表现。

相比之下,面向个人客户的银行在世界各国仍具有强大的生命力。与公司业务相比,个人业务上收入和盈利较为稳定,规模经济和网络作用也更为显著。但一家银行只有网点覆盖率达到了一定程度,才能更有效地吸引个人用户,降低综合资金成本。对网络的要求很大程度上提高了个人业务的门槛,也相应地限制了个人业务上的竞争。银行个人业务重要性的一个很好的反映，就是最近在美国连续发生的两宗重大银行购并事件：先是 2003 年 10 月美洲银行（Bank of America）宣布以 400 多亿美元购并 Fleet Boston Financial Corp.，短短三个月后，摩根大通银行（J. P. Morgan Chase & Co.）2004 年 1 月宣布以 500 多亿美元购并 Bank One Corp.。

这两次购并都是出于发展个人业务的考虑和网络互补的要求。在此之前，这几家银行都曾尝试过重点发展其他业务（如公司业务和投资银行业务），但事实证明，个人业务盈利较好、增长较快且较稳定。所以，这几家银行都逐步把重心重新放回到个人业务上来。如这两宗购并都完成，将重新调整美国银行业的格局：在总资产上，花旗、摩根大通和美洲银行将分列全美前三位；在信用卡业务上，花旗与摩根大通旗鼓相当，美洲银行较落后；但在网点数量上美洲银行遥遥领先，是摩根大通的两倍多，更是花旗银行的七倍多。

在银行个人业务中，值得专门一提的是住房按揭业务和信用卡业务。住房按揭贷款在中国还面临着一些特定的风险。中国的住房二手市场还刚刚起步，有关抵押物业处置和债权人保护的法律及其执行也尚待完善，这些因素都将增加住房按揭贷款的风险。

信用卡业务在中国也还处于发展初期。由于法律、个人资信信息和消费习惯等方面的条件尚待完善，比起按揭贷款来其发展会有所滞后。但是，从国际经验上看，当人均收入达到每年 2 000～4 000 美元后，信用卡市场就会起步。而中国已有若干城市的人均年收入已进入了这个区间，具备了信用卡市场起飞的条件。当然，银行个人业务的高增长、高盈利和低风险的特性，是以审慎原则为前提的，丝毫也没有取代或降低信贷风险控制的需要。在这方面，近来韩国所面临的信用卡信贷危机就是一个很好的前车之鉴。

（三）中国银行业的市场现状

（1）资产增速平稳。截至 2012 年底，银行业金融机构资产总额为 133.6 万亿元，比年初增加 20.3 万亿元，增长 17.9%；负债总额为 125.0 万亿元，比年初增加 18.9 万亿元，增长 17.8%。从机构类型看，资产规模较大的依次为：大型商业银行、股份制商业银行、农村中小金融机构和邮政储蓄银行，它们占银行业金融机构资产的份额分别为 44.9%、17.6% 和 15.6%。

（2）存贷款增长平稳。截至 2012 年底，银行业金融机构本外币各项存款余额为 94.3 万亿元，比年初增加 11.6 万亿元，同比增长 14.1%。其中，居民储蓄存款月为 40.4 万亿元，比年初增加 5.6 万亿元，同比增长 16.2%；单位存款余额为 47.9 万亿元,比年初增加 5.5 万亿元,同比增长 13.2%。本外币各项贷款余额为 67.3 万亿元,比年初增加 9.1 万亿元,同比增长 15.6%。其中,短期贷款余额为 26.8 万亿元,比年初增加 5.1 万亿元,同比增长 23.3%;中长期贷款余额为 36.4 万亿元,比年初增加 3.0 万亿元,同比增长 9.0%;个人消费贷款余额 10.4 万亿元比年初增加 1.6 万亿元,同比增长 17.6%;票据融资余额为 2.0 万亿元,比年初增加 5 294 亿元,同比增长 34.9%。

(3)资本实力上升。截至 2012 年底,商业银行整体加权平均资本充足率为 13.25%,同比上升 0.54 个百分点;加权平均核心资本充足率为 10.62%,同比上升 0.38 个百分点,509 家商业银行的资本充足率水平全部超过 8%。

(4)资产质量稳定。截至 2012 年底,银行业金融机构不良贷款余额为 1.07 万亿元,比年初增加 234 万亿元,不良贷款率为 1.56%,同比下降 0.22 个百分点。其中,商业银行不良贷款余额为 4 929 亿元,比年初增加 647 亿元,不良贷款率为 0.95%,同比下降 0.01 个百分点。

(5)抵御风险能力上升。截至 2012 年底,商业银行贷款损失准备余额为 1.46 万亿元,比年初增加 2 653 亿元;拨备覆盖率为 295.5%,同比上升 17.3 个百分点,风险抵补能力进一步提高。

(6)回报率稳定。2012 年,银行业金融机构实现税后利润为 1.51 万亿元,同比增长 20.7%;资本利润率为 19.0%,同比下降 0.16 个百分点;资产利润率为 1.2%,同比上升 0.02 个百分点。其中,商业银行实现税后利润为 1.24 万亿元,同比增长 19.0%;资本利润率为 19.8%,同比下降 0.55 个百分点;资产利润率为 1.3%,与 2011 年同期持平。从利润来源看,64.9% 为利息净收入,主要源于以信贷为主的生息资产规模的增长。

(7)流动性稳定。截至 2012 年底,银行业金融机构平均流动性比例为 47.8,同比上升 3.07 个百分点;存贷款比例为 73.5%,同比上升 0.74 个百分点。商业银行人民币超额备付金率为 3.5%,同比上升 0.42 个百分点。

随着经济的进一步发展,中国银行业的高速扩张可望持续相当一段时期。大量的居民储蓄和人民币资本账户不可兑换将在一段时间内为我国银行消化历史问题提供良性的外部环境。所以,我国银行面临着一个与时间赛跑的任务,需要在银行业完全放开、外资银行全面进入之前,打下基础,消化历史包袱。中国银行业在今后几年的发展中会有以下几个特点。

① 对公业务、尤其是针对优质大客户的业务竞争会日趋激烈。由于其规模、网络和品牌等方面的优势,四大国有银行在对公业务中占据有利的地位。但另一方面,在利率管制的条件下,对公业务竞争中的一个重要因素是银行的产品创新

能力。银行必须能深刻理解客户的商业模式和业务需要,为客户量身定做整体资金解决方案,从而既全面地满足客户多方面的需要,也可以从票据、外币、中间业务等费率放开的业务上间接地向客户让利,降低客户的总体资金成本。产品创新的能力离不开银行内部机制的灵活性,也对银行管理信息系统的整体水平(包括准确、实时衡量资金成本和风险水平的能力)提出了更高的要求。与四大国有银行相比,一些较优秀的股份制商业银行在这方面占有一定优势。

② 相比之下,个人业务,尤其是住房按揭、信用卡业务将会成为我国银行利润的重要增长点。如上所述,住房按揭业务和信用卡业务在中国都尚处于发展初期,将面临一个十年左右的高速发展阶段。按揭和信用卡业务的发展,还会促进我国银行管理信息系统的建设和完善。四大国有银行由于其规模、品牌以及政府的隐含担保,在个人业务的竞争中同样占有优势。但个人业务市场的扩张也将为中小商业银行的发展提供契机。个人业务所需要的网点覆盖率,主要是指在一定地域内的网络密度。在中国,经济发达地区相对集中,银行的网络建设在今后一段时期内也会集中在经济较发达的地区。所以中小银行可以把网络建设集中在经济较发达的地区,从而以较有限的投入弥补其在网络上的不足。发展住房按揭、信用卡业务,对于中小商业银行的业绩会有更明显的作用。这一方面是因为,这些银行规模较小、历史包袱较轻,同样规模的业务起的作用更明显;另一方面,按揭贷款和信用卡业务将集中在经济较发达的地区,且对网络覆盖率要求较低,这些银行尤其是其中的全国性股份制商业银行得以在相对平等的起跑线上与四大国有商业银行竞争。部分股份制商业银行可望完成经营模式上的转型,成为公司、个人业务并重,甚至以个人业务为主的银行。

住房按揭业务和信用卡业务虽然对网络覆盖率的要求较低,但同样需要大量的前期投资。住房按揭是典型的成本置前、回报置后的业务。对于信用卡业务来说,该项业务的引入在各国都需要有大量的前期投资,用于建立基本的 IT 处理系统、打造品牌、形成收卡网点规模等等。而且在信用卡业务上,用户往往倾向于只使用少数信用卡,使该项业务有明显的"首发者优势"(first-mover advantage),所以更增加了对前期投资的要求。

③ 混业经营将在中国银行业逐渐起步,保险和基金产品的销售代理、理财服务等方面的中间业务收入将会增加。在一些成熟市场经济的国家里,中间收入往往是银行收入的重要部分,也是提高银行各项产品综合竞争力的重要手段。可是,中国对银行的混业经营仍有许多的限制,从中国银行业现有的经营水平和监管水平来说,这种限制是合理的,但是银行中间业务的发展自然会因此而受到限制。

　　另外,中国客户对中间业务收费的认同度普遍较低。而且由于现阶段的利率管制,银行存贷利差较大,着重争夺存贷款业务是这种条件下的理性商业行为,从而使银行有可能会把中间业务作为争夺存贷款的筹码而免费或低价提供。而且,中间业务收入的增加(如保险和基金产品推广),往往也意味着现有客户投融资渠道的扩展,可能会冲击银行的现有业务。综上所述,中间业务收入在近期内不会成为银行业务和利润的重要增长点。

　　④ 中国银行业的继续增长主要反映在规模的扩大,资产收益率在一段时间内不会有显著的提高。五大国有银行的平均资产收益率约为 0.18%,而根据五家上市的股份制商业银行公开的信息,其资产收益率在 0.3%~0.7% 之间。我国银行资产收益率偏低有多方面的原因。第一,利率管制和中间业务发展上的种种困难,制约了银行在一定资产规模下的利润增长空间。第二,银行的税收负担相当沉重,其中包括 5% 的营业税、按总收益缴纳的附加费和 33% 的所得税。此外,银行对呆账的核销也受到税务部门的严格控制,从而间接地提高了税率。第三,五大国有银行和许多中小银行需要消化大量不良资产,中小银行还普遍要在网点等方面大量投资。另外,我国银行在公司治理结构和资本约束力方面还普遍不足,资本回报的观念还不够。追求规模、过度竞争是中国许多行业的普遍问题,这种倾向在银行业也同样存在,低资产收益率便是其自然后果。上述因素在近期内不会有根本性的改变,仍将限制我国银行的总资产收益率水平。

(四)中国银行业的监管

　　银行业监管的目的在于促使银行业健康运行,发挥其金融中介有效配置资源的作用,防范系统性风险,保护储户的利益。自从 1995 年《商业银行法》和《中国人民银行法》颁布以来,中国银行业的监管有了长足的进步。2003 年 4 月中国银行业监督管理委员会成立。2003 年 12 月 27 日通过了《中华人民共和国银行业监督管理法》,并对《商业银行法》和《中国人民银行法》作了修改,明确了银监会的监督权限和职责,从法律上把银行业监管从中央银行的职责中分离出来,形成了银行、证券、保险三个系统分业监管的体制。

　　中国银行业监管工作近年来的重点是,加强我国银行的内部管理和风险控制,提高透明度,降低不良贷款率。监管上形成了现场检查和非现场监管相结合的方式,对银行的管理、资产状况及其他多项指标进行考核、监控或检测。从2002 年开始,监管部门在中国银行业推行国际上常用的贷款五级分类制度,而且从 2004 年开始,取消了国有商业银行和股份制银行原来的贷款四级分类制度,全面推行五级分类制度。这对于提高我国银行的透明度、增加市场信心有着重要的意义。中国已实行"巴塞尔协议Ⅲ",在五级分类的基础上,规定了银行在资本充足率上必须满足的要求。

今后,中国银行业监管的工作重点仍将是加强银行的公司治理结构、内部管理和风险控制,降低不良贷款率,提高资本充足率。对于五大国有商业银行来说,要满足资本充足率的标准、消化不良资产包袱,只依靠银行自身的盈利在近期内是很难实现的,在很大程度上还要靠政府的支持。

随着我国银行资产规模的高速增长,必须相应地增加资本,才能满足资本充足率的要求。所以,从监管上就必须为银行提供规范可行的融资渠道,包括有关银行如何在国内或海外市场公开或私募发行股票等等的法规。银监会发布了《境外金融机构投资入股中资金融机构管理办法》,为银行引入境外战略投资者提供了明确的法律依据。几乎同时,银监会还发出通知,明确规定符合一定条件的银行次级定期债务可以计入其附属资本。这种用次级债来充实附属资本的方式,在各国银行业中是常见的。

中国银行业监管的另一个重要方面是利率。近年来,中国一直在实行利率制度的改革,2013 年 7 月 20 日,我国全面放开贷款利率管制。放宽贷款利率管制,将增加银行根据风险、资信情况调节利率的空间,鼓励银行提高其资信评估能力,也将有助于改善中国中小企业普遍存在的贷款难的问题。

2013 年 4 月 10 日,银监会印发《关于加强 2013 年地方政府融资平台贷款风险监管的指导意见》(下称"10 号文"),除了重申地方政府融资平台贷款要"控制总量"外,文件明确提出"隔离风险"的监管思路——"要求监管部门和各家银行均要建立全口径融资平台负债统计制度"。"10 号文"要求各银行强化贷款审批制度,按照"统一授信、总量控制、逐笔审批、监督支付"的原则,加强总行对"仍按平台管理类"贷款的集中审批和管理,对于新增贷款,由总行统一授信和审批,加强支付监督,防止贷款挪用。目前地方融资平台贷款规模为 9.3 万亿元,两年只增长 2%,总量规模得到了控制。随着各家上市银行年报数据披露,这一观点得到印证。但在平台贷款严格控制新增的大背景下,2012 年地方政府融资平台包括城投债、基建信托、租赁、保险投资计划等表外融资方式却大大扩容。中央结算公司显示,2012 年全年地方政府债发行 2 500 亿元,较 2011 年增加 500 亿元;银行间债券市场发行的城投类债券累计达 6 367.9 亿元,较 2011 年增加 3 805.9 亿元,同比增长 148%,增幅较 2011 年同期增长 120%。

从总体框架看,正式文件与讨论稿差别不大,正式文件略有放松。具体表现为,"10 号文"在优化结构方面取消了"有保有压"原则,对地市级、县区级平台减少贷款发放的要求有所放松;在总体要求的表述中,弱化了原"支持类、维持类、压缩类"的信贷分类政策,取消了"不得向'维持类'融资平台新增贷款,不得向'压缩类'融资平台新发放贷款"的要求;对总量控制的表述,取消了"融资平台贷款余额较 2011 年末不得增加"、以及"融资平台贷款占全部人民币贷款比重不超过 2012 年末水平"的具体要求。

另外,在严格新增平台贷款的六项前提条件中,"10 号文"取消了讨论稿中与"463 号文"有关的 3 项条件,而是在正式文件中合并表述为要符合"463 号文"相关要求。此种微妙变化暗示,在具体实施执行过程中,相关政策要求的灵活性可能会更大。

从 2012 年二季度监管工作会议开始,银监会便多次强调,严厉打击违法政策以各种名目"绕道"进入平台的贷款,要求必须加以清收;以及全方位掌握平台通过债券、信托等途径融资的情况,科学预测其偿债能力,防止过度授信和多头授信。

尽管在审慎退出方面,正式意见在严格平台退出条件方面,减少了"各债权银行融资平台申请推出时点前 6 个月内因提前还款而造成贷款余额减少幅度不得超过 50%,防止融资平台为申请退出而集中偿还贷款"的要求。

"10 号文"整体而言相较讨论稿有所宽松,但文件要求在平台退出程序中,三方签字的同时,地方政府及有关部门应明确承诺不再为"退出类"平台新增贷款提供任何担保;各银行应明确承诺按审慎信贷原则进行贷款管理,并独立承担新增贷款风险。

另外,根据文件要求,融资平台退出需按照"牵头行发起、各总行审批、三方签字、退出承诺、监管备案"的要求,严格平台退后管理,实行"谁贷款,谁承担风险"的责任追究机制;各银行不得向"退出类"平台发放保障性住房和其他公益性项目贷款。平台退出条件有所趋严,一定程度上加大了融资平台通过退出方式规避融资监管的难度,但边际上的实际影响并不大。

二、现阶段中国银行业面临的主要困境

国内外经济形势变化从国际因素来看,2007 年 2 月开始,美国次级抵押贷款市场爆发危机。此后,次贷危机不断蔓延至全球金融市场,巴黎银行、花旗银行、美林银行等机构都不同程度地出现损失。目前次贷危机的影响正在逐步显现,有可能引发整个世界经济衰退。特别是次贷危机后,美国经济进入调整期,由于世界贸易主要由美国带动,因此很有可能影响世界贸易。尽管中国出口的市场结构已经多元化,但对美国市场的依赖性仍然较大,对美出口占到中国出口总额

的比例接近 20%，仅次于对欧盟的 20%。一些依赖出口的行业，如服装、玩具等，其利润受到较大影响。此外，出口增速下降在一定程度上会减缓中国经济增长势头，影响银行机构对出口部门发放的贷款质量，进而危及银行系统的安全性。

从国内看，近年来国内银行盈利大幅提高，得益于宏观经济的持续快速发展。中国加入 WTO 以后中国进入了一个比较长的繁荣周期。国民财富急剧增长，GDP 增长质量很高，微观企业盈利增长状况良好，信贷投放规模增长也非常之快，给银行改革发展提供了一个非常良好的外部宏观环境。不断攀升的利润掩盖了银行经营存在的风险和管理中存在的问题，也导致银行在评价贷款风险时往往过于乐观。同时，近年来加剧的资产泡沫也使得银行对贷款抵押物价值评估过高，从而增加了自身承担的信用风险。中国的经济以及银行的风险管理能力尚未经历过一个完整的经济周期或经济发展调整的考验。当前国内经济增长放缓的趋势已十分明显，中国的经济可能已进入下行区间，这对银行经营和风险管理能力提出了严峻挑战。

银行盈利模式宏观调控和货币政策对银行业绩造成影响，今年以来银行业业绩的持续增长表明，在从紧货币政策下，虽然大多数银行不能依靠扩张贷款规模来获得更多的利息收入，但是贷款资源变得更加稀缺，银行的议价能力得到进一步增强，资金定价走高增大了存贷款利差，在很大程度上抵消了信贷规模控制带来的不利影响。然而在货币政策松动的情况下，有可能会减低银行执行的贷款利率。而且，当前政策松动采取的是向中小企业定向松动的方式，这部分企业风险较大，即使执行较高的贷款利率也可能无法完全覆盖风险。因此，从紧货币政策的松动很可能不能提高银行的利息收入。此外，信贷紧缩使得民间借贷利率高起，但这并不代表银行业贷款利率未来还会有进一步的上升空间。目前，通过民间高利率融资的企业，多数是资金链面临断裂的企业，这类企业信用风险极大，在目前的环境下，无法成为银行大力发展的客户。

利率市场化或降低存贷利差，由于中国利率没有实现市场化，特别是银行利率仍存在限制，具体存款利率有上限，利率水平不能完全反映真实的资金供求。同时，利率的上下限管理，意味着银行的利差是有保证的，进而，银行只要能够发放贷款，收益就有保证，在中国银行业收入仍以利差为主的情况下，实际上形成了对银行业的一种扶持和保护。

然而，随着汇率市场化改革的逐步深入，利率市场化迟迟没有推进的种种弊端已日益显现。例如，由于存款利率存在上限且很低，且在高通货膨胀率的情况下，实际存款利率为负或很低，资本逐利的本性要求更高的收益，大量资金进入股市、房市，极易推高资产价格，形成资产泡沫；商业银行有强烈的放贷冲动，很可能刺激投资增长,等等。因此,在利率受限制的情况下,实际上形成了一个引发经济过热的内在机制。而且,利率的管制也会降低货币政策的内生性,进而降低货币政策的有效性。此外,利率市场化的滞后也不利于中国形成良好的资金分配机制和资源价格形成机制。因此,利率市场化的推进已经是不可逆转的趋势,而且在当前抑制通货膨胀的大背景下,中央银行的下一步措施有可能就是通过不对称加息的方式,逐步放松银行存贷款的利率限制。这无疑会使得银行资金成本提高,存贷款利差逐步缩小,这给银行以利差为主的盈利模式带来巨大压力。

直接融资的发展造成金融"脱媒"。所谓金融脱媒就是指在分业管理和分业经营的制度背景下,资金盈余者也就是储蓄者和资金短缺者也就是融资者,不通过银行等金融中介机构而直接进行资金交易的现象。金融脱媒现象的原因:一是居民在金融市场购买并持有股票等直接证券的需求日益增加;二是企业也需要寻求更为便利的融资渠道和更低的资金成本;三是多种形式的信贷金融产品和金融服务已经对传统的金融体系形成挑战。随着资本市场的进一步发展,金融脱媒现象越来越显著,将会给中国银行业带来挑战。从国际经验来看,在资本市场快速发展和直接融资扩张的时期,往往也是银行业转型压力较大的时期。因为那些能够通过直接融资获取资金的公司通常是比较优秀的企业,这样就造成了银行传统客户中的优质客户流失,并迫使银行不得不面对此前并不熟悉的、风险较高、风险识别难度较大的一批中小型企业客户,与原来相比,这些新的客户对于银行依赖抵押担保等传统风险管理方式提出了新的挑战。这都使得银行丧失了传统、稳定、高质量的贷款收入。

中间业务发展遭遇瓶颈。2013年,由于资本市场持续低迷,银行与资本市场相关的中间业务收入增速有所放缓,基金代销和理财产品销售都会有较大的下降。当前的资本市场走向存在极大的不确定性,很可能会经历漫长的调整期,这会在很长时间内限制银行相关中间业务的拓展。为了弥补资本市场低迷对银行中间业务收入增长的不利影响,银行加强了其他金融产品的销售力度,主要是银保产品和理财产品的销售。但此时销售的委托贷款类理财产品与以前有所不同。例如,在2010年上半年,多家银行通过表外委托贷款的方式来规避央行的信贷额度控制。但是这种模式后面潜藏较大的风险。这类表外委托贷款虽然从法律上看银行不做担保,也不承担相应风险,但实际情况却不一定是这样。如果这些委托贷款类理财产品到期后出现偿付问题,银行会遭受巨大的信誉损失,因此,很多时候银行依然会承担部分甚至全部损失。而且委托贷款的规模已经对央行的货币政策带来明显的冲击,央行很有可能对表外委托贷款出台严格的限制政策,此类中间业务不具备可持续性。总体来看,当前中间业务的扩张仍然以传统的业务为依托,或以模仿、借鉴为主,缺乏技术含量和独创性。长远来看不利于中间业务的进一步发展。

银行经营风险资产质量有可能恶化。首先,中国国有银行股改上市这一轮改革的宏观背景是中国经济高速发展,且尚未经历经济周期步入下行轨道考验。在经历多年的高速扩张后,银行业将面临新的考验。资产质量可能由于经济周期的变化出现恶化。

近年来,国内银行业通过不懈努力,实现了不良贷款余额和不良贷款率的"双降"。目前,商业银行不良资产率已达到了历史最好水平,也接近国际先进银行的控制标准。随着拨备覆盖率的提升,商业银行信贷成本也快速走低,持续下降的空间有限。此外,近年来贷款高速增长对不良贷款率持续下降的贡献度较高,信贷总量控制使贷款增长受限,对不良资产的稀释作用大幅减弱。

其次,中国银行业贷款,特别是房地产贷款集中度逐步提高,公司贷款中的房地产开发贷款和个人贷款中的住房抵押贷款都占有很大的比重。住房抵押贷款一直被银行视为优良资产,各银行一直在大力发展住房抵押贷款业务。但深圳"断供"事件表明,一旦房地产价格下跌幅度超过贷款抵押比例,住房贷款的违约风险将会大大上升。此外,房地产开发商未来风险值得警惕,因为一旦开发商的楼盘滞销,资金回笼出现问题,房地产开发贷款风险同样会暴露出来。

再次,工业企业利润增幅下降也导致银行业信用风险累积。

2010 年以来,中国工业企业利润增幅显著下滑,银行业信用风险增加,不良贷款余额和不良率反弹压力加大。目前,关注类贷款向不良贷款迁移的可能性已在加大。虽然当前中国银行业不良率较低,但关注类贷款余额较大,关注类贷款占总贷款比例较高,随着工业企业利润下滑,关注类贷款向不良贷款迁移的可能性加大,引起不良率反弹。

中小商业银行的流动性压力依然较大。一方面,存款准备金不断上调,作为同业市场资金拆入方的中小银行,面临较大的资金压力。另一方面,尽管去年向资本市场分流的资金在向银行回流,但基于当时流入股市的资金主要来自第三方存款,而这一业务又主要由实力强大、网点众多的大中银行经营,所以资金回流的主要方向是大中银行。这种流动性压力,对中小银行的影响主要体现在存贷比和流动性方面,有些银行可能不得不为了保持流动性而在一定程度上牺牲盈利。

值得一提的是,随着人民币汇率走势发生调整,国际热钱有撤离中国的迹象,这有可能会使银行存款减少,加剧银行流动性问题。

从在国内开展业务情况看,五家大型银行覆盖客户 11 亿人,其资产总额占国内银行业机构金融资产总额的 49.2%,占据中国银行业半壁江山,在中国银行业和经济生活中具有举足轻重的地位,任何一家银行倒闭,都会对整个银行和中国经济产生灾难性影响,还有其一些银行机构规模在逐步扩大,在银行业体系中的影响不断提高,可以说"大而不倒"与"尾大不掉"问题在中国也十分突出,应引起监管当局高度重视。

对此,监管当局应采取有效措施防止"大而不倒"与"尾大不掉"的种种弊端,确保中国银行健康发展,稳健运行。一是对资本提出更高要求。防止"大而不倒"的唯一方法是大规模提高资本金要求(Eugene Fama, 2010),针对大型银行机构的关联度、系统性和不可替代性等特征,以及在系统性重要程度,在法定资本充足要求的基础上,对其提出必要的附加资本要求,建立额外资本缓冲机制,提升抵御风险的能力。二是限制银行业务范围和规模。可以借鉴"沃克法则"和英国"窄业务银行(narrow bangking)",对组织机构和业务过于庞杂的机构,可根据实际情况实施强制分拆或剥离。对系统重要性机构,在开展新业务的资格要求、准入程序和机构设立方面实施更严格的标准,严防过度风险承担行为的发生。三是加强监管协作和政策协调。要强化"一行三会"、财政部等相关部门之间的协调与合作,加强政策协调,形成全方位的监管网络,既要避免因交叉监管造成过度监管,更要防止出现监管真空。四是实施动态监管,完善监管预警机制。进一步完善资本充足率、杠杆率、流动性、不良贷款容忍度等监管指标,建立完备、动态、逆周期的监管体系,充分发挥监管的预警作用,提高监管的有效性。

存款保险制度、中央银行最后贷款人功能,以及监管当局的审慎监管是一个国家金融安全网的三大支柱,存款保险制度对保护存款人利益和维护金融稳定起到非常重要的作用。从世界各国看,大部分市场经济国家都建立了明确的存款保险制度。目前,我国尚未建立存款保险制度,但从历次处理问题金融机构情况看,所有被关闭机构的存款人的存款都得到全部偿付,社会公众也形成了这样的预期,将资金存入银行机构是十分保险的,形成了政府事实上对所有存款人的全额保险。这种隐性担保,在一定时期对维护金融稳定,确保金融业健康稳健运行确实起到了积极的作用,但也同时埋下了风险隐患。这种隐性担保导致公众和投资者没有足够动力去监督银行,市场约束弱化,从而引致逆向选择和道德风险。

正是由于政府的隐性担保,不论是存款人还是银行的投资和经营者,都不会担心银行破产清算。存款人将资金存放在哪家银行机构都是一样的,因为不会发生银行违约,所有银行都会对存款人的资金支付"有求必应",存款人不会担心自己的存款不能偿付,因而根本不会考虑风险问题,或者说,普通存款人根本就无风险意识。当利率市场化后,存款人只关心银行存款利率高低,将资金存放在利率最高的银行,而不会关心银行本身的风险状况,风险较大的银行为获取更多的流动性,往往会提高存款利率,以吸引更多的存款,其结果是风险大的银行反而容易获得存款资金,市场机制失效,甚至可能出现"劣币驱逐良币"效应。对银行机构来讲,银行的投资人和经营者就会有动力选择冒险以获取更大的利益,因为冒险成功获得的收益归投资人和经营者享有,冒险失败,银行只承担部分损失,其他损失由政府承担,实际上由纳税人承担,其结果是内部约束弱化,投资人和经营者行为短期化,对银行的可持续发展造成威胁,上世纪九十年代发生的情况清楚地证明了这一点,当时的情况是银行产生了大量的不良贷款,最后实施剥离,由政府埋单。

中国银监会在成立之初,就明确提出了增强透明度的监管理念,出台了《商业银行信息披露管理办法》,要求银行业机构进行信息披露,就是为增强市场约束,发挥市场机制的监督作用,但实际效果并不理想,对银行的约束作用十分有限。对上市银行而言,大多数股东买股票主要是赚取股票涨跌差价,并不指望分得利润,而且是短期投资,事实上就是投机,这也是目前中国资本市场的现状,他们并不关心银行的长期经营状况。对非上市银行而言,银监会《商业银行信息披露管理办法》要求以适当方式披露,银行业进行了披露,但很少有人关心,信息披露未能达到应有的目的,同时,出于审慎的考虑,披露的信息也十分有限,对银行机构很难起到约束作用。在风险意识的培育上,监管当局存在两难选择,目前,中国利率尚未完全实现市场化,存款利率仍然是实行管制,所有银行业机构的存款利率都是一个标准,既不上浮也不下调,如果向公众宣传,在不同银行存款,风险不一样,那么对中小银行将是致命的打击,中小银行将很难吸收到公众存款,可能导致部分机构发生支付危机。因此,我国必须尽快建立存款保险制度,对存款实行有限担保,而不是全额担保,增强银行机构的市场约束,同时建立正常的市场退出机制,对问题机构在适当救助无效的情况下实施市场退出,以提高银行机构的效率。与此同时,要加大宣传教育工作,增进公众对现代金融的了解,不断增强风险意识。

同质化经营、同类风险偏好是我国银行业的突出问题,商业银行追逐同一优质客户或同一重点行业现象十分普遍,信贷集中趋势非常明显。近年来,房地产市场发展十分迅猛,部分地区出现了房价过快上涨,价格屡创新高,银行机构趋之若鹜,在房地产行业投放了大量贷款,占贷款总额的比重逐年上升,截至2012年8月末,银行业金融机构房地产贷款(包括土地储备贷款、开发贷款和个人住房按揭贷款)余额为10.4万亿元,占各项贷款的比重达到19.8%。2009年,在"保增长、扩内需、调结构、惠民生"政策背景下,地方政府融资平台贷款快速增长,银行业机构投放了大量平台贷款,这对推动地方经济发展确实起到一定的推动作用,但由于过度的投放、地方政府融资平台等存在管理不规范不审慎、监督机制缺失等问题,也埋下了一些风险隐患。可以说地方政府平台贷款和房地产贷款是当前我国银行业信贷风险的主要积聚地。同时,由于地方政府融资平台贷款大都以土地收益作为还款来源,受土地价格变化的影响很大,而土地价格又受房地产行业的影响,二者交织在一起,风险效应进一步放大,加大了银行在这两个领域贷款的风险。

房地产贷款的问题主要表现在以下方面。

一是面临较大的市场风险。房地产受国家宏观调控、行业周期波动、地产价格变化等不确定性因素的影响较大。在当前宏观调控大背景下,市场持续低迷,价稳量跌,在一些城市价格已出现松动,房地产市场的拐点是否会到来,还很难预测,走势很不明朗,若出现价格大幅下跌,房地产贷款违约现象将十分突出。在 2011 年 CEO 组织峰会上,时任中国银监会主席的刘明康先生表示,中国银行业可承受房地产抵押品下跌 40%,但房价真的下跌 40% 时,恐怕价格下跌幅度很可能远超 40%,中国银行业可能很难承受这样的变化。

二是房地产市场投机气氛甚浓,泡沫凸显。近年来,房地产市场十分繁荣,投资房地产获利十分丰厚,投资者对房地产也很偏爱,普遍认为房价只会上涨,不会下跌。出于逐利目的,甚至部分非地产企业信贷资金尤其是外资违规流入房地产市场,跟风接盘、投资炒作,导致房价、地价在短期快速上涨,屡创新高,严重威胁银行信贷资金的安全。三是违规操作问题也十分突出。部分房地产开发企业经营中存在囤地、捂盘惜售等违规操作行为时有发生,严重扰乱市场秩序,同时贷款过程中存在以所持土地重复抵押贷款、高估土地价值套取银行信贷资金,特别是在国家对房地产市场进行调控前,银行放松信贷审查和贷后管理等等,加大了房地产信贷的风险。四是房地产市场巨变将直接影响相关产业前景,可能导致相关企业经营困难,业绩持续走低,不能按期归还银行贷款本息,加大这些行业贷款的风险。对此,银行业机构要继续严格执行房地产贷款新规,限制各种名目的炒房和投机性购房行为。严控土地贷款和房地产开发贷款,严把开发企业"名单制"管理和开发贷款以在建工程抵押这两个基本要求,同时增加风险排查频度,加强对抵押物的及时估值和持续管理,严防信贷资金违规流入房地产市场。监管部门要进一步加大违规行为的查处力度,严厉查处"四假骗贷"(即假权证、假按揭、假报表、假评估)等违法违规行为。

地方融资平台贷款的问题主要表现在:一是系统性风险较高。地方融资平台贷款能否偿还高度依赖未来地方财政收入,在一些地方政府对银行的债务率非常高,达到了不得举借新债的最高控制级别范围,在银行融资已超过其未来还款能力。同时,地方平台贷款主要用来用于基础设施建设,这些项目投资量大,回收周期较长,具有很大的不确定性。二是还款比较集中。据统计,地方政府融资平台贷款到期时间比较集中,这对地方政府财力将是巨大挑战,可能因地方财力不足难以到期归还贷款,导致贷款逾期。与此同时,地方政府道德风险也不容忽视,在地方政府平台贷款整改为一般公司贷款过程中,地方政府十分积极,这一方面可以说是地方政府非常配合整改工作,但另一方面也反映出地方想尽快消除责任,平台贷款整改为一般公司贷款后,贷款风险状况完全取决于公司本身的还款能力,政府就不再承担任何责任,但政府对这些企业有很强的干预能力,应引起高度重视。三是地方政府融资平台贷款"三查"制度难以有效落实。由于公司本身的性质,一般而言,财务不是很透明,银行难以获得公司资产负债的真实情况,难以实施有效的贷前审查和贷后管理,对贷款资金的使用情况无法进行有效监控。四是部分平台公司"空壳化"情况严重。一些地方政府平台公司以行政方式成立,自身基本无自有资本,而是通过"理财取贷"、"债贷连接"等方式套取贷款,公司本身无任何偿债力,而是靠项目完工后产生的收益或者财政拨付资金来偿还贷款本息。针对地方政府融资平台贷款的问题,中国银监会按国务院统一部署,采取了一系列的措施,化解和缓释贷款风险,已取得一定成效,但问题依然不少,风险依然很大。因此,监管当局和银行业机构,在严控增量的同时,还应进一步加大对存量平台贷款清理整改力度,特别是要加大担保和抵质押品的整改力度,确保担保和抵质押物能够完全覆盖贷款风险。同时,要加大贷款拨备提取力度,保持充足的贷款拨备抵御贷款风险。

混业经营是金融业发展的客观需要,国际金融业发展的必然趋势。随着全球经济一体化发展和金融自由化兴起,自20世纪80年代以来,许多国家纷纷放弃金融分业管制政策,逐步走上混业经营的道路,英国、日本等国首先取消了分业经营的限制,美国于1999年通过《金融服务现代化法案》,允许银行、保险公司及证券业互相渗透,终结了自1933年美国《格拉斯—斯蒂格尔法案》颁布以来建立的金融分业体制,标志着国际银行业全面进入混业经营时代。2008年国际金融危机后,普遍认为危机发生的原因是金融过度创新和金融衍生产品,因其推动了金融业混业经营与全能银行及金融控股公司在全球范围迅速发展,混业经营一度受到质疑,美国也最终通过了"沃尔克法则",再次传递出分业经营的信号。但混业经营的优势也显而易见,不仅具有节约交易成本、分散金融风险和获得协同效应等优势,而且有助于平稳地渡过危机。在这次危急中,美国倒闭、破产和被重组的金融机构,主要是业务相对单一的投资银行及单一化经营的中小银行,而不是实行混业经营的综合金融机构。欧洲国家受此次危机的影响非常大,但其全能银行及金融控股公司受到的打击却相对较小,这也从一侧面反映出混业经营的优势,混业经营的趋势不会因这次金融危机而改变,它是现代金融发展必然的选择。

自我国改革开放到 1993 年间,曾一度实行混业经营,但由于资本市场处于发展初期,融资渠道极不规范,加之金融监管体制不健全,导致大量银行资金直接或间接进入股市,金融秩序一度十分混乱,为整顿金融秩序,规范金融机构经营行为,于 1993 年终止了混业经营。近年来,按照"稳步推进金融业综合经营试点"的部署,我国金融业开始引入综合经营试点。目前,银行业综合经营试点工作稳步开展,主要有三种模式,即金融控股公司(如光大、中信、上海国际、中石油等),国有商业银行和保险公司设立子公司(主要是指银行系的基金公司、租赁公司、信托公司以及保险系的资产管理公司、证券公司),金融机构开发的各种跨业产品(主要是指各种理财产品、保险产品和信托产品等)。截至 2012 年底,已有 8 家试点银行投资设立基金管理公司,4 家商业银行获批成为投资入股保险公司试点机构,7 家商业银行设立或投资入股 7 家金融租赁公司,2 家商业银行投资入股 2 家信托公司,3 家商业银行设立或投资入股 3 家消费金融公司。随着综合经营的不断深化和发展,中国金融必然会走上混业经营之路。随着综合经营的逐步开展,一些问题和风险开始显现,如关联交易、利益冲突、资本虚增、金融安全"搭便车"、风险传染等,当前理财产品市场是跨业经营风险的值得关注重点领域(理财产品迅速增长,以信贷资产为标的物的产品占比较高,可能充斥着大量违法违规或风险揭示不充分等)。

然而,中国目前的金融监管体制是分业监管,混业经营与分业监管必然会带来一系列问题,这种监管体制会加大监管协调成本,同时还会造成监管真空,也会因监管责任不明确造成重复监管,加大被监管机构的成本,监管真空使机构有机可乘,导致违法违规现象屡屡出现。同时还使得目前已实际存在的金融控股公司游离于监管之外。在目前综合经营还不十分突出的情况下,维持目前的监管体制是可行的、也是最现实的选择,但当混业经营已成为中国金融业的主要经营模式时,就应当选择建立大统一的监管体制,即所有金融机构由一个机构监管。

在目前情况下,监管当局采取"联合监管、并表控险"的策略,加强监管,防控综合经营。一是进一步加强监管部门之间的协调,防止监管真空。目前,监管协作已迈出重要步伐,2004 年"三会"共同签署了《中国银行业监督管理委员会、中国证券监督管理委员会、中国保险监督管理委员会在金融监管方面分工合作的备忘录》,2008 年签署了《中国银监会与中国保监会关于加强银保深层次合作和跨业监管合作谅解备忘录》,建立了监管联席会议机制和经常联系机制。二是建立防火墙机制,监管当局要采取约束银行控股公司对兼业公司的授信、禁止高级管理人员在利益冲突的岗位之间兼职等措施,要加强并表管监管,要把集团层面的并表管理能力纳入综合经营的准入条件,做好风险隔离,防止风险跨业传染。三是着力提高子公司的风险承担能力,及时足额计提拨备,增强风险抵御能力,防止风险在集团内(包括向母公司和其他子公司)的传染。对于经营绩效显著低于同业、风险水平偏高的综合业务,要果断实施推出策略。此外,针对当前理财产品存在的问题,对银行业机构发行理财产品提出更加严格的要求,控制银行业机构开发过多的固定收益的大众产品。

在一国之内始终存在一部分地区明显落后于其他地区,在一个经济体系中始终存在一部分薄弱环节和领域。这些落后地区、薄弱环节和领域,如果完全按照市场化原则,将无法获得其发展所需要的足够金融支持,使得落后地区更加落后,薄弱环节和领域更加薄弱。西部经济发展问题、"三农"问题、中小企业发展问题等是我国当前经济发展中最大的薄弱环节,也是引起中央政府和社会各界高度关注度的热点问题,这些问题不能得到较好的解决将直接影响到我国经济的进一步发展。经济决定金融,金融反作用于经济,银行业在经济发展中扮演了重要角色,尤其是在中国,资本市场尚处于起步阶段,银行依然是企业融资的主渠道,那么,银行在经济发展中的作用就显得更加重要。2000年10月,中央作出西部大开发的战略决策,推动西部地区经济发展,但西部地区始终不是银行业机构青睐的对象,西部地区银行机构存贷比普遍较低,就是在西部最发达省份的四川,其银行机构的存贷比也在70%以下,低于全国平均水平,更不用说其他地区了,这就意味着欠发达地区有限的金融资源流向了经济发达地区,直接制约了地区经济的发展。中小企业金融服务和"三农"金融服务也一直是热门话题,也是各方关注的焦点。据统计,我国的中小企业对GDP的贡献超过60%,对税收的贡献超过50%,提供了80%左右的城镇就业岗位,吸纳了70%以上的新增就业人员和70%以上的农村转移劳动力,中小企业在经济中的重要地位日益凸显。农业是一国经济发展的根本,在中国这样一个大国,农业发展在经济发展中具有战略意义。从理论上讲,资源向生产效率比较高的地区和领域流动是资源优化配置的结果,是市场最终选择的结果,也符合帕累托最优原则,然而,市场并不总是有效的,政府必须给予适当干预,政府必须考虑社会公平等问题。追求利润最大化是企业的本质,作为现代化的商业银行也绝不例外,因而上述问题靠完全的市场化是难以解决的。客观上讲,将信贷资金投放在经济欠发达的西部地区、抵御风险能力较弱的中小企业,以及"三农",风险相对较高,但是这些问题得不到解决,就会直接影响这些地区和部门的发展,反过来影响金融,形成区域或局部金融风险,进而可能诱发系统性金融风险。监管当局有风险监管指标要求,银行内部也有绩效的考核,如何引导银行业机构在保持商业可持续的基础上支持西部大开发、中小企业发展,以及"三农"等经济薄弱环节,这对银行监管当局是一个极大的考验。这些问题只靠市场化或只靠市场手段都是不行的,唯有"市场化 + 行政手段"才是解决问题的根本出路,但问题在于如何在市场化与行政手段间寻求一个最佳平衡点,既要银行业机构有效支持经济薄弱环节,又要保持商业可持续。

中国银监会一直高度重视这些问题,先后出台了一系列的办法和措施,支持和鼓励银行业机构积极开展"三农"金融服务、支持中小企业发展,如,要求银行对中小企业的贷款增速不能低于贷款平均增速,涉农机构(如中国农业银行、农村信用社等)的涉农贷款增速不得低于贷款平均增速等等,取得了一定成效,但这些措施和手段在一定程度上具有行政干预性质,灵活性不够,因而银行机构自觉遵从的积极性不高,还需要加以改进。一是要加强舆论引导,不断增强银行业机构的社会责任意识,我们知道,经营银行业务是一个公共资源,取得经营银行业务的资格必须承担一定的社会责任,履行社会责任是现代企业应当具备的最基本品质,不履社会责任的企业最终是会被淘汰出局的。二是通过立法明确银行机构的应承担社会责任和义务。如,借鉴美国的《社区再投资法案》,要求银行业机构当地吸收的存款的一定比例必须投放在当地,以支持区域经济的发展。对经济薄弱环节和领域(如中小企业、三农等)的信贷支持必须给出一个最低要求,所有机构都必须遵从,概不例外,对涉农机构支持"三农"提出更高的具体要求。如果没有达到要求,银行业机构和相关高级管理人员就要承担相应的法律责任。同时,在通过立法采取刚性措施的同时,也要采取柔性措施,如对积极支持经济薄弱环节,贡献较大的银行业机构,在机构设置、业务准入等方面给予更多的支持,反之则采取限制性监管措施。三是监管当局要转变监管思路,对经济薄弱环节的信用风险要有一定容忍度。要允许经济欠发达地区整体贷款不良率适当高于其他地区,对中小企业和"三农"的贷款不良率高于其他行业,不能搞一刀切,所有地区都一个标准,鼓励银行业机构遵循风险定价原则向这些领域投放信贷。四是要求银行业机构内部建立正向激励机制,从制度上鼓励支持分支机构和从业人员开展中小企业、"三农"金融服务。

三、资本监管新规对中国银行业的挑战

新的经济形势在给中国银行业发展带来挑战的同时,也为其发展提供了难得的机遇。中国银行业只有努力把握机遇,加强风险管理,大力推进战略转型,发展综合经营,才能在未来日益激烈的竞争中处于有利地位。

进一步加强风险管理,目前中国银行业公司治理结构有待完善,管理水平有待提高,业务单一,收入仍然以利差为主。在当前宏观经济形势发生变化时,经济增长放缓,中国银行业也将面临极大的风险,因此,必须未雨绸缪,进一步加强风险管理。如此,一方面可以巩固现有业务,防范和化解现有业务的风险,另一方面亦可有效应对战略转型、业务创新中面临的风险,为中国银行业将要开始的战略转型打下坚实的基础。

加强风险管理的具体措施包括:培养风险管理的理念,树立风险管理人人有责的企业文化;进一步完善法人治理结构,建立有效的风险管理组织结构;特别要提高风险管理的技术水平,例如推广压力测试等先进的风险控制手段,实现风险管理信息化、现代化;应用先进的风险管理模型,建立有效的风险评级和风险预警机制;建立健全风险管理责任追究机制等。发展中间业务,转变传统盈利模式。2008上半年,中国实施从紧的货币政策和稳健的财政政策,将"两防"作为首要任务;下半年,宏观调控政策将从"两防"向"一保一控"转变,即转向"保持经济平稳较快发展,控制物价过快上涨"。

但从总体上看,由于通胀压力依然存在,货币政策长时间内仍会保持从紧的态势。这将制约银行利用信贷的扩张拉动业绩高速增长。同时,经济增长放缓的情况下,贷款风险逐步提高,暴露出传统盈利模式蕴含的风险性。这就要求银行对原有的盈利模式进行适当调整,以不断适应新的经济形势。

从紧的货币政策有利于银行加快业务调整,因为信贷紧缩使银行贷款成为稀缺资源,银行机构应根据宏观调控政策和自身的标准选择优质客户,从而提高贷款质量。经营风险加大后,也要求银行机构要进一步健全自身体制机制,通过完善公司治理结构,建立健全全面风险管理体系。在今后几年中,银行机构的现有贷款业务应向中小企业适当倾斜,同时,提高中间业务收入占比,减少对贷款业务的依赖。目前中国银行业中间业务收入所占的比例很低,所以拓展中间业务的发展潜力非常巨大。大力发展中间业务,一方面要发展各项传统中间业务比如结算和银行卡等,另一方面要发展新兴中间业务比如理财产品、QDII、财富管理、私人银行等,而后者应当是战略转型的重点内容。

借鉴美国次贷危机教训,参与金融创新次贷危机的爆发造成了全球经济的

巨大损失,无疑为银行业防范风险上了重要的一课。它表明金融创新是一把"双刃剑",在创造巨大财富的同时也蕴含着巨大的风险。如果在创新的过程中忽视风险防范,很可能给整个经济带来巨大灾难。同时我们也应看到,美国的次贷产品在分散风险方面还是有其可取之处的,不应因噎废食。银行机构应从中学习经验,参与金融产品创新,在防范风险的前提下进行资产证券化等相关业务的开发、研究创新产品,分散自身风险。目前中国银行业金融创新主要是吸收、模仿和借鉴国外的管理模式和产品创新模式,缺乏自主创新。这种"创新"模式虽然速度快、成本低,但由于国内市场环境与国外明显不同,很多产品"水土不服",而且,这种创新也不利于国内银行业核心竞争力的提升。因此,国内商业银行必须注重自主创新。目前中国企业处于成长过程中,居民的金融消费意识在逐步成熟,在很多方面有潜在的金融需求。商业银行除了针对现有需求设计产品外,还要主动深入了解客户、帮助客户识别金融需求,前瞻性地开掘、发现、培育市场需求,开发相应的金融产品。

积极发展综合经营,综合经营是国内商业银行实现战略转型的主要路径,只有实现综合经营才能真正提高银行竞争力,推动金融创新,提高金融体系抵御风险的能力。由于受到金融法律法规、监管模式、金融市场发展、风险管理与内控机制等因素的制约,中国银行业综合经营水平较低,还无法真正做到从顾客的需求出发,金融产品多为并未触及分业经营底线的中间业务产品,且各家银行推出的相关产品同质化严重,非银行金融产品的开发进展比较缓慢。

现阶段中国商业银行的综合经营思路从机构方面看是采取以资本为纽带、以银行为主导的金融控股集团模式,母公司通过子公司开展混合经营,提供全方位的金融服务。从业务方面看,要主动地调整资产负债结构和收益结构,积极发展投资和交易业务,大力发展收费和佣金业务,大力发展中间业务,通过多渠道、多元化的资产营销,要充分发挥分销渠道交叉销售的功能,等到时机成熟后再涉及证券和保险业务。

抓住机遇积极稳妥推进海外扩张,海外扩张也是中国银行业战略转型的重要策略,尽管在未来相当长的时间里,国内市场仍将是中国银行业的主要利润来源,但面对外资银行的渗透,中资银行需要变被动防守为主动进攻,通过积极稳妥地推进海外扩张发展壮大自己以应对挑战,通过资产在各地区的配置实现风险的配置,有效降低总体风险。

长期以来,欧美金融市场监管严格、并购成本高、市场机会不明朗,特别是由于政治等因素,欧美当局往往对中国银行业人为设置很高的进入壁垒。次贷危机后,许多境外金融机构损失惨重,急需资金渡过难关,进入条件相对降低了,中国商业银行可抓住难得的机会积极介入国际市场。此外，亚洲市场作为一个新兴的市场，存在巨大的机会，并购成本又较低，中国与亚洲各国文化趋同性较强，在经贸方面有长期合作经验，是中国银行业扩张的首选地区。

在扩张方式上，要灵活选择。海外扩张有参股、并购、设立分支机构三种方式。通过参股可以获得股票的溢价收入，并同时进行银行间业务合作，但难以在短期内获得被参股银行的经营主导权。并购和直接设立分支机构都能够迅速开展真正意义上的海外业务，但直接设立分支机构对企业的海外管理经验要求较高，容易遇到进入壁垒。并购能够突破国外对外资银行机构设立和业务范围的监管，省去向当局申请开行、选址、招聘人员、拓展市场等一系列成本，但是，银行业海外并购面临风险控制、市场环境、人才培训、信息集中以及文化协调等诸多挑战。因此，中资银行一定要在把握好购并对象、时机、定价的基础上，避免"囫囵吞枣"，确保被收购方和收购方之间的业务整合，稳步推行母公司的文化和战略。

面对复杂多变的国际金融形势和金融危机后如火如荼的国际金融监管改革大潮，以及我国银行业发展日趋多样化和复杂化的趋势，中国应该如何应对，是立足国情，总结我国监管实践取得的成功经验，借鉴国际银行业监管的良好做法，结合我国目前银行业的总体状况和未来发展的趋势适时进行变革；还是完全照搬市场发达经济体的所谓的成功做法？这是政策制定当局首先应当考虑的问题。巴塞尔银行监管委员会发布的包括资本协议在内的一系列文告，是国际银行业和对其进行监管实践的经验总结和理论化，旨在统一国际银行监管标准和为世界各国监管当局提供一般性做法。正如前文所述，中国必须实施新资本协议，但不能完全照搬，但问题是中国如何在巴塞尔协议的总体框架下，构建适合中国国情的监管体系，以不断适应中国银行业的发展变化形式，促进中国银行稳健运行、不断增强国际市场竞争能力的同时，更好地服务于实体经济的发展。

（一）我国银行业监管目标的选择与权衡

我国银行业监管改革不是孤立进行的，而是与我国金融体系的许多重大改革同时推进的，如利率市场化、汇率市场化、资本市场的深化发展等，这些改革是我国经济发展的需要，同时也将对我国银行业改革产生重大影响。因此，我国银行业监管目标定位必须统筹兼顾，立足于我国银行业的实际情况，尽管与国际接轨是大趋势，但接轨本身，不应成为我们的目标，确保银行业健康、稳定发展，并与全国经济、社会发展相适应，才是我们要重点考虑的。

1.目前我国银行业监管目标的定位

中国银监会在法定监管目标的基础上结合国内外银行业监管经验提出了四个具体目标：第一，通过审慎有效的监管，保护广大存款人和消费者的利益；第二，通过审慎有效的监管，增进市场信心；第三，通过宣传教育工作和相关信息披露，增进公众对现代金融产品、服务和相应风险的识别和了解；第四，努力减少金融犯罪，维护金融稳定。

上述四个目标实际上就是目前我国银行业监管目标的基本定位。总体来看，这一目标定位符合我国银行业发展的初级阶段特征。在监管目标的选择上实际上让渡了部分宏观审慎性监管职能，将更多的注意力放在了微观审慎性监管上。这一体制性的选择符合我国宏观调控的实际情况。银行活动作为资金流动的主渠道，一直是宏观调控的主渠道之一，必须集中于宏观调控当局手中。由此，作为银行业监管主体的中国银监会没有必要在宏观审慎性监管上投入太多的资源，只需要作为宏观调控任务的执行机构发挥作用即可。

但当前的监管目标定位也存在着一些缺陷。首先，过分强调微观审慎性监管。在微观审慎性监管为主的监管模式下，监管机构的监管重点实际上放在单个银行机构的风险控制上，但对于风险在银行体系内的传导和累积，客观上缺乏必要的具有法律效力的监管职能和足够的监管资源。理论和实践的经验已经证明，单个银行的风险规模加总，未必就等于整个银行体系的风险。在这一模式下，即使监管的目标能够实现，也只能作用于单个银行机构，无法作用于整个银行业。本来应当承担银行业系统性风险监控责任的中国银监会将这一责任让渡给宏观调控当局，就意味着银行业本身缺乏一个行业性的风险监控和阻断机制。银行业的风险在某种程度上就等同于整个经济体系的风险。一旦危机爆发，除了在微观的银行和宏观的金融体系上存在制度性的风险防御机制外，缺乏中观的风险防御机制。反过来，如果宏观调控本身出于某种考虑将经济体系中其他部分的风险转移到银行体系来，银行体系本身也缺乏足够的风险抵御机制。其次，未能充分体现风险为本的原则。即使就当前的微观审慎性监管而言，目前的监管定位也未能体现对银行风险的理论认识和实践经验。风险为本的监管更多地体现在具体的监管措施和手段上，未能上升为银行监管的基本出发点。从理论上看，在现代经济体系中，除开资金的市场化配置功能外，风险损失的分散和风险收益的有效率配置是银行业作为实体经济中介所需要实现的重要功能。例如在"十二五"期间战略性新兴产业发展进程中，由于技术路线不清晰、市场前景不朗，相关产业中累积了大量的风险因素。银行业在利用信贷手段为相关产业提供资金支持外,还必须利用银行业本身的风险分散渠道,例如资金的多元化、市场化运营等,为产业发展的风险提供有效的避险手段。但目前的银行业本身,一方面在宏观经济政策指挥棒作用下向这些行业投入大量的资金,另一方面在监管机构强调风险控制的约束下,又无法运用现代金融创新手段来实现产业风险的分散与转移。这样做实际的结果是,形式上有效的监管风险控制措施限制了银行采用更为基本的市场化方式来为实体经济提供支持,最终导致产业风险向银行业转移并在银行业内累积。究其原因,问题的根源不在于银行业,而在于监管目标定位的非风险导向。其三,未能体现银行监管体系变革的趋势。监管体系不会一成不变,会随着银行业的发展变化而变化,会随着银行业服务实体经济的方式和领域的改变而调整。这一点,在巴塞尔协议的演进中表现得十分明显。然而,在当前的银行监管目标定位中未能体现监管体系本身的演进方向和路径依赖。我国银行业的监管体系,从实际的发展进程上看,实际上处于持续性的调整和变化中,而且可以预期,随着新资本协议在我国银行监管中的实施,监管体系发生根本性变革的可能性极大。如果不将这种变化的趋势在监管目标定位中加以体现,使得社会公众对于银行监管制度体系的调整有足够的预期和合理的判断,那么由于监管体系调整所带来的对银行业稳健运行的冲击将难以消解。

2. 我国银行业监管目标定位应体现的权衡考虑

总体而言,当前我国银行业监管目标定位应体现以下几个方面的权衡考虑。

(1) 维持我国银行业效率的现状与提高银行业效率目标的权衡。

一方面,在讨论我国银行监管的体系和内容时,必须时刻认识到金融监管不能以牺牲金融效率为代价。相反,通过银行监管,应该在更大程度上,提高微观和宏观金融的整体效率。必须要承认,当前的监管体制与当前我国银行业的总体格局具有相互的适应性,没有以国有银行为主体的银行业,就不会有以微观审慎性监管为重点的银行监管。当前的银行监管在过去对于维持我国银行业的效率起到了不可或缺的积极作用,这一点不容否认。另一方面,也应该看到,以国有银行为主体的银行业运行机制和长期垄断经营,在客观上严重影响了我国的银行业的整体效率。随着金融改革呼声的日渐加强,国有银行面临的挑战将是非常严峻的,在世界性的金融自由化、信息化、国际化和日新月异的金融创新面前,我国银行业的竞争意识、创新意识都不容乐观。彻底改变国有银行的运行机制,迅速提高运营效率,已是我国银行业刻不容缓的课题。在这样的背景下,与传统体制相适应的银行监管也面临着如何适时改革,以适应银行业本身的发展的问题。

究竟是维持现状还是推动改革,既有利益的考量,也有时机的选择问题。无论选择的结果如何,但当前在研究和确定我国银行监管的内容时,必须从以下两方面保证我国银行业运营效率的提高。第一,银行监管应致力于培育一个有效的、充满竞争和活力的银行体系。这一体系能以合理的成本提供良好的金融服务以满足公众的需要。第二,银行监管的目的在于银行业的稳健运行,而不是避免银行倒闭。实际上,在市场经济中,倒闭是资源(如资本和管理人员)配置机制的必要组成部分。监管要做的是如何使倒闭的银行对公众和社会产生最小的负面影响。

(2)充当金融宏观调控渠道与控制银行风险的目标权衡。

规避风险是风险为本的银行监管的出发点和归宿。从理论上看,风险监管一是要通过银行组织的改进实现风险的内部控制,二是要利用促进风险的交易。前者更为传统,后者由于涉及银行机构作为实体经济中介的地位,更为重要。从实践上看,风险为本的监管,是一个包括防范、识别、量化、预测、监控、转移、化解、补偿以及风险管理的组织实施、考核与奖罚等一系列内容的动态监管过程。它既涉及国家调控经济、防范银行业风险的宏观管理,也贯穿于技术性较强的具体的银行业务中。由此,风险为本的监管必须要以促进银行间、银行与其他金融机构之间的风险交易为基本目标。如果监管机构必须要以直接的身份介入银行业的风险控制过程,那么从监管操作上看,风险的控制手段有三种:经济手段、行政手段和法律手段。目前,银行业风险的控制主要运用行政手段和经济手段。但随着社会主义市场经济的发展和社会主义法制的加强,法律手段在金融风险控制中的作用已越来越大,风险的控制应以法律手段为基础,控制风险的经济手段、行政手段必须通过立法加快其法制化的进程。风险控制手段的法律化既是国家采用间接方式调控经济、运用法制手段管理银行业的必然选择,也是各银行机构控制自身风险的根本途径。

由此,必须要考虑的问题是,目前在宏观调控中充当调控渠道的银行业,以及与之相适应的银行监管,是否能发挥促进风险交易的作用?这里存在着两难选择。无论其发挥作用的渠道是市场还是其他,宏观调控从本质上讲是强制手段。在强制性手段之下形成的风险配置格局,与市场化机制下形成的风险交易格局,不可能完全一致。因此在客观上存在着相互扭曲的情况。未来的银行监管,必须要在这两个存在矛盾的职能之间进行选择。

(3)加强监管法律建设与推进市场化改革目标权衡。

一方面,从根本上讲,提高银行业效率、规避风险的治本之策是加快我国银行业的市场化进程。也就是说我国银行监管的法律要时时考虑到市场化是我国银行业改革的总体要求,银行监管的法律法规只能推进市场化,绝不能阻碍市场化。本次金融危机其根本原因不在于市场化太快,不在于自由化不正确,而在于在金融创新支撑下的市场化的时间、领域、程序、开放的程度与银行监管制度的不匹配;在于银行业监管在推进市场化的同时,没有很好地适应已经大为变化了的银行业环境。另一方面,银行监管由合规向原则监管的转变,需要监管的法律化做基础。监管的法律化是银行监管健康发展的前提。从某种程度上说,只有法律化的、稳健的银行监管替代了在合规监管模式下的相机抉择,银行业的稳健运行才会有制度基础。那么推进银行业市场化改革的监管目标与监管体制本身的法律化进程之间应当如何契合? 这不仅需要在实践中找到市场化改革进程中监管法律化的实现形式,更需要考虑整个监管机制在监管对象市场化进程中的整体性调整。

(4)考虑国情与监管国际化的目标权衡。

一方面,随着我国银行业对外开放步伐的加快,国内银行市场与国际银行市场的对接已成定局。与此同时,国际银行业加强合作与协调的需求也越来越强烈。特别是巴塞尔银行监管委员会 BCBS《有效银行监管核心原则》的公布和完善,对国际银行业监管的统一化、规范化将起到难以估量的作用。我国在加强国内银行业监管的同时,也特别注意与国际惯例接轨。

同时,必须认识到,我国的银行业监管体制今天的格局,有其内在的演进逻辑和历史进程。必须在监管本身国际化趋势越来越强的背景下,充分尊重发展历史,把握规律,审时度势,既不因噎废食,也不拔苗助长,实施推动我国银行业监管体制的改革。

3. 新资本协议下我国银行业监管目标定位旳再思考

新资本协议本身也是对银行业风险事件经验性认识的理论化和一般化。在新资本协议下对我国银行业监管目标定位进行调整和思考,既要考虑新资本协议的宗旨,更要结合我国的现实。就新资本协议而言,风险的范围正在逐步扩大,监管成本也随之快速上升,经验性的风险为本的监管需要向理论化的风险导向的监管转变确有必要。就我国的银行业监管实践而言,一方面,的确需要加强宏观审慎性监管的内容,但另一方面,在当前的宏观调控格局下,作为银行业监管机构的中国银监会本身又不可能被赋予足够的宏观审慎性监管职能,监测的内容必然会大于管制的内容。

因此,在监管目标定位上,可以考虑以下三个方面的调整。其一,充分考虑新资本协议的原则和宗旨,不拘泥于具体的条款和指标。其二,充分认识当前监管目标定位上存在的缺陷以及缺陷形成的原因,有针对性地、稳健地展开监管目标调整。其三,重视监管改革,充分认识监管目标的过渡性特征。必须认识到,银行业监管改革在一定程度上可以等同于宏观调控体系和机制的改革,不可轻动,但决不因此就不动,主动改革一定比被动改革要好。应该看到,我国的银行业监管作为世界银行业监管体系的必要构成部分,我们在监管方面的成功实践经验也可以成为未来资本协议再调整的来源。以下的监管目标调整方向是重要的。一是资本监管上,要提高银行最低资本要求,增强资本质量;二是在流动性风险监管方面,要提出新的计量指标,加强流动性风险管理;三是设立"资本防护缓冲资金",提高整个银行业在危机中的恢复能力;四是引入杠杆率指标,把控银行风险敞口;五是调低资本充足率的起点,实施差异化过渡期安排。

4. 当前我国银行业监管目标的选择

新资本协议下我国银行监管目标的选择,应当全面体现风险导向的监管思想。这不仅是新资本协议的要求,也是我国银行业改革的应时之举。必须要看到,我国的银行业,是处于快速变革中的朝阳产业,是未来我国现代服务业的中坚力量。这一点与发达国家的银行是不同的。这一客观情况的存在,也使得我国在银行业监管中必须设定恰当的、灵活的监管目标。从当前看,短期的宏观调控需要显然超过了中长期的发展诉求,因此,我国银行业监管应当更加注重系统稳定性目标的实现。具体包括以下几个方面。

第一,应更加注重资本充足率要求。这次国际银行监管改革的一个重要内容就是资本充足率,从 2004 年银监会颁布《商业银行资本充足率管理办法》以来,中国银行业监管进入了以强化资本监管为核心的审慎监管新阶段。随着国际金融危机后对巴塞尔新资本协议修订的步伐加快,中国银监会围绕资本监管问题陆续出台了一系列监管制度,这意味着中国银行业的资本监管将日趋严格。2011 年 4 月,中国银监会出台了《中国银行业实施新监管标准指导意见》,对银行的资本充足率提出了明确的要求和达标的具体时间表,已标志着我国监管当局更加注重对银行业机构的资本监管。

第二,应强调资本结构与再融资质量。监管目标的选择应考虑资本的结构,提高核心资本质量,限制次级债等附属资本补充形式。未来银行业机构应更加重视一级资本(核心资本)质量,核心资本主要由普通股与盈余利润构成。监管当局应当提高对银行在利润分配方面扩大资本留存比率,建立超额资本储备的要求。次级债等风险较大的资本形式有限制地被允许计入附属资本范畴。同时,银行间交叉持有股权和次级债应受到严格控制。

第三,应强调杠杆率的补充作用。杠杆率作为风险资本要求的补充措施,为银行业机构旳资产负债规模确定了底线,以缓释杠杆化带来的不确定性风险。通过使用这一监管工具,迫使银行主动缩小杠杆倍数,缩小主动负债规模,从而限制银行业机构资产负债规模的扩张速度。同时,杠杆率的计算简单、透明,可以防止模型风险和计量错误引发的对监管要求的规避。

第四,应锁定流动性风险。市场恐慌造成的流动性断裂成为此次金融危机的助推器,银行业机构流动性日益依赖于同业市场回购交易,使得系统风险爆发的破坏力增大。在选择和确定银行业监管目标时,应当高度重视流动性目标,要求银行拥有一定优质流动性资产作为缓冲,促使银行业机构更加注重对负债结构的管理,减少对短期融资市场的依赖程度,降低系统性流动性风险。

第五,应全面体现逆周期性要求。这次国际金融危机充分暴露目前银行监管的顺周期问题,因而我们在确定监管目标时应充分考虑这一问题,具体的监管目标要体现逆周期性,应要求银行建立前瞻性贷款损失准备金制度,扩大资本留存建立超额资本,提出高于最低资本要求的目标比例,在正常时期银行业机构达不到要求,就要采取限制风险资产扩张、盈利分配、股票回购和奖金发放等惩罚性监管措施,强化银行机构内部资本积累。同时,要建立与信贷过快增长挂钩的超额资本要求,弱化银行体系与实体经济之间的负反馈效应。在监管当局确定监管目标都应体现这些精神。

(二)我国银行业监管重点选择

1.我国银行业监管重点确定的原则

(1)我国银行业监管重点确定的理论原则。

银行的主要风险(也称核心风险)有三类,即信用风险、市场风险和操作风险。信用风险是指银行的交易对象由于各种原因未能按合同约定履约的风险,信用风险不仅存在于贷款中,也存在于其他表内和表外业务,如担保、承兑和证券投资业务中,这是银行开展业务首先面临的风险,也是各国银行业面临的主要风险。市场风险是指因市场价格(利率、汇率、股票价格和商品价格)的不利变动而使银行表内和表外业务发生损失的风险。市场风险存在于银行的交易和非交易业务中。市场风险可以分为利率风险、汇率风险(包括黄金)、股票价格风险和商品价格风险,分别是指由于利率、汇率、股票价格和商品价格的不利变动所带来的风险。根据巴塞尔银行监管委员会的定义,操作风险是由于不正确的内部操作流程、人员、系统或外部事件导致的直接或间接损失的风险。通俗地讲,就是银行因办理业务或内部管理出了差错,需要对客户做出补偿或赔偿;以及由于内部人员监守自盗,外部人员欺诈得手;电子系统硬件软件发生故障,网络遭到黑客侵袭;通信、电力中断;地震、恐怖袭击等原因导致损失的银行风险,被统称为操作风险。此外,银行还面临着声誉风险、国家风险、竞争风险等。各类风险在不同时期环境下的凸显都会使得其成为银行业监管的重点。同时银行业机构之间不是孤立的,它们之间的相互联系和作用,决定了单体机构的风险也不是孤立的,可能在银行业机构之间传导,从而引发系统性风险。因此,我国银行业监管重点的确定,从理论上讲,既要考虑当下银行业面临的主要风险,也要考虑银行业面临的其他风险;既要重视单体银行业机构的风险,更要重视系统性风险,这正是此次国际金融危机的教训。也就是我国银行业监管重点的确定既要遵循微观审慎监管原则,又要遵循宏观审慎监管原则,并将二者有机结合起来。

(2)我国银行业监管重点确定的经验原则。

我国银行业监管的演变分为五个阶段,即,监管萌芽阶段、监管初创阶段、整顿型监管阶段、化险型监管阶段,以及专业型监管阶段,每个阶段的监管重点都是不一样,都是根据当时金融业的形势确定的。在萌芽阶段,银行只是被动地、严格地执行国家的计划,成为计划部门的配角和财政部门的出纳,没有任何经营管理上的自主权,因此几乎不存在也不需要银行业的监督管理,因而也就无所谓监管重点了。在监管初创阶段,由于多元化的金融体系逐步建立,做为监管机构的中国人民银行对银行业机构的监管主要是作为国家机关对金融机构实施行业管理,制定金融政策和检查金融机构执行政策情况,同时也开始对金融机构的机构和业务实施准入审批管理,此阶段银行监管的重点是银行业机构的信贷业务规模控制和政策管理。在整顿性监管阶段,由于金融秩序一度处于混乱状态,金融风险不断积聚,整顿金融秩序是此阶段的重点工作。在化险型监管阶段,由于金融机构多年累积的大量潜在风险开始转化为现实风险,直接影响国家金融稳定和金融安全,金融风险问题成为国家经济生活中的突出矛盾,化解金融风险是银行监管的重点。进入专业型监管阶段以后,银监会在总结国内外银行监管实践经验的基础上,明确提出了四大监管理念、四个监管目标和六条良好监管标准,监管的重心也随之发生转移,把管风险放在了突出的位置,由于信用风险仍是当前我国银行业的主要风险,因此,尽管市场风险和操作风险也开始受到重视,但是防范信用风险是监管的重点内容。

从我国银行监管演变的历程看,这五个阶段监管的重点内容,都是根据当时金融形势和银行业的风险状况确定的,监管实践得出的经验是监管重点的确定必须考虑银行业整体发展形势和银行业的整体风险状况,做到因势而变,因时而变。

（3）新资本协议下我国银行业监管重点确定原则调整的思考。

在现实银行经营活动中，各个机构各种风险是互相联系、共同作用的，因而在制定内部风险管理原则和外部监管指标时，应站在宏观审慎的角度，将银行可能面临的信用风险、市场风险、操作风险，以及其他风险包括在风险管理范围之内，激励银行业机构积极推行全面风险管理的理念。同时，由于各机构之间的联系日益紧密，相互作用日益强化，银行业监管重点也应从单个金融机构监管向关注整个银行体系风险转变。新的资本协议（包括第二版巴塞尔协议和第三版巴塞尔协议）比旧协议更复杂、更全面，充分考虑到了银行可能面临的多种风险，其风险敏感性也更大，较为全面地考虑了引起风险的多种因素。然而，目前我国银行业"头痛医头、脚痛医脚的"监管重点确定原则，集中解决当下问题，未考虑各风险之间的关联性，因而无法有效防御系统性风险隐患，在危机出现时容易产生连锁反应，引发银行业系统性风险。因此，我国应该积极调整银行业监管重点确定的原则。在银行业监管重点确定的原则调整中，既要吸取我国监管实践取得的良好经验，也要借鉴新的资本协议的理论，将以前单一的、短期的监管重点确定原则向全面风险管理、微观审慎与宏观审慎相结合的原则转变。

2. 我国银行业的监管重点

（1）当前我国银行业监管重点概览。

银监会成立之初提出了四大监管理念，即管法人、管风险、管内控和提高透明度，明确了银行监管就是要突出对法人机构监管，以风险作为银行监管的主要内容和重点，围绕信用、市场、操作等项风险的识别、计量、监测和控制，不断改进监管的方法和手段，努力管控银行业风险，促使银行体系稳健经营。督促银行业金融机构不断完善内控制度，改进内控水平和效果，提高风险管控能力。同时要求银行业金融机构披露相关信息，提高信息披露质量，让公众方便地获取有关资本充足率、风险状况等重要信息，以加大市场约束力度。中国银监会的监管理念是以"风险为本"的监管，注重全面风险的监管，因此在监管实践，也逐渐关注各类风险，从法规层面，先后出台了《商业银行操作风险监管指引》、《商业银行市场风险管理指引》、《商业银行流动性风险管理指引》等一系列监管法规，在实际监管工作中，仍然更多地关注的是银行的信用风险，把信用风险作为监管的重点，不论从每年年初的工作会议确定的监管工作重点看，还是从非现场监管的重心以及现场检查的立项安排来看，都突出了信用风险和单个金融机构的风险，这主要是由于信贷业务仍然是我国银行业机构的主要业务，银行业的突出风险仍然是信用风险，因信用风险给银行业机构造成的损失巨大，其他风险相对而言还不十分突出,但随着我国银行业的不断发展,经营业务日趋复杂,银行业机构间的关联性日益增强,银行业面临的风险将会多元化,市场风险、操作风险及其他风险,如声誉风险等问题也会日益突出,系统性风险的问题也逐渐显现,确定监管重点内容再也不能局限于银行业的信用风险了,而应全面考虑各类风险。

(2)当前我国银行业监管重点与银行业发展突出问题的协调程度分析。

① 当前银行监管重点关注内容的单一性和银行业实际风险的多元性。从当前情况看,我国银行业监管的重点不论从制度层面,还是从实际操作层面,都是把更多的监管资源放在信用风险上及单个机构上,这主要是由于:从历史上银行业机构曾形成大量不良资产,对我国银行业造成了极大损失,加大了整个银行业的风险。从现实来看,目前银行机构的主要业务仍然是存贷款业务,贷款的信用风险仍然是银行机构的主要风险,市场风险和操作风险对大部分银行机构来讲还不突出,对其危害性的认识还不充分。从技术上看,缺乏全面风险管理的平台、完善的信息披露体系、必要的数据和技术手段支撑等等。但随着中国资本市场的深化,利率市场化的不断推进,各种市场风险将逐步成为银行的主要风险之一。同时,随着银行业务的日益复杂化,操作的环节不断增多,对信息技术的运用不断深化和对其依赖度也不断加大,操作风险的问题将会更加突出。此外,随着我国银行机构间合作和往来日益密切,将进一步增大整个银行业体系风险,系统性风险也成为银行业的主要风险之一。

② 以信用风险为重点的监管措施与现实情况不匹配。尽管中国银监会自成立以来,就十分关注银行业机构的各类风险,并出台了相应的监管规则。正如上文所述,这些监管规则涉及银行业的方方面面,但重点是银行的信用风险,因而就采取的监管措施而言,也主要是针对银行的信用风险,如对政府平台贷款的清理整顿、对房地产贷款风险的持续关注、以及"三个办法一个指引"的出台及实施等等,无不是针对银行的信用风险的监管措施。近年来,银行机构大要案频发,监管当局非常强调银行案件的防控,并将其纳入监管工作的重中之重,但重点关注的是银行案件发生,而不是整个操作风险。从总体上看,我国目前银行业监管仍以信用风险为重点,并采取相应的监管措施,这与银行业发展产生的问题越来越不协调。近年来,无论是总量指标还是结构指标都表明,商业银行资产长期化、负债短期化的趋势越来越明显,期限结构的错配隐藏了较大风险:银行积累了大量的中长期资产利率正缺口,潜藏着较大的利率风险;全社会的中长期资金主要由银行来配置,长期风险过度集中于银行体系。另外,商业银行扩张负债与资产规模的冲动依然很强,在存款利率管制和银行产品差异性不高的情况下,要吸引存款,必然会导致吸储成本上升,这就体现为隐性的利率上升。市场风险、流动

性风险的问题将会成为银行业机构的突出风险,直接影响到银行业机构的生死存亡。因此,以信用风险为重点的监管措施,已不适应我国银行业发展的实际情况,急需进行改进和完善。

第三节　新资本协议实施情况

试点商业银行以推进新资本协议实施准备工作,取得了阶段性成果,但各家银行进展不一。由于起步较早和措施得力,五大国有商业银行进展较快。但就总体而言,商业银行准备情况与新资本协议的要求还有一定的差距。本节将从国有商业银行新资本协议实施情况、股份制商业银行新资本协议实施情况和城市商业银行实施情况三个方面阐述新资本协议实施情况。

一、国有商业银行新资本协议实施情况

国有商业银行实施新资本协议意义重大,既是满足外部监管的现实需要,也是转变业务发展模式、加强风险管理基础、增强国际竞争力的根本要求。目前,五大国有商业银行已建立全面风险管理框架,以加强内部评级法、市场模型法、经济资本计量、分类减值、压力测试等一系列风险管理技术工具的研发、应用,实现对风险的科学化计量、精细化管理。

五大国有商业银行各家分行在总行的统一安排部署下,推广新资本协议风险管理理念,建立全面风险管理体系,应用新资本协议的风险计量方法,加强信用、操作风险管理。风险管理已经无形地渗入到业务经营中的各个领域,直接影响了各行、各部门的盈利能力、风险识别能力、风险防控能力,业务营销与风险防控的关系得到有效平衡。

(一)建立健全风险管理组织体系

一是按照"集中管控、矩阵分布、全面覆盖、全员参与"的原则,在全行建立了由业务部门、风险管理部门、内控合规部门共同构成的风险管理"三道防线";二是按照"垂直性、独立性、协调性、有效性"的指导思想,推进风险管理条线建设,所辖支行已全面实行了风险合规经理派驻制;三是设立"风险管理委员会、贷款审查委员会、资产处置审查委员会"等议事机构;四是建立一整套完善的风险管理政策制度;五是理顺风险管理流程,将风险管理贯穿到业务经营中。全行上下形成"违规就是风险,安全就是效益"的风险管理文化。

（二）建立完善信用风险管理框架

信贷业务是五大行的主体业务,信用风险也是五大行承担的最大风险。近年来,五大国有商业银行通过大量基础工作,已基本按照新资本协议的要求,建立起"两维评级(客户、债项)、三种损失(预期、非预期、极端损失)"的信用风险管理框架,风险计量方法逐步实现由"初级法"向"高级法"过渡。一是全面实施零售、非零售内部评级;二是推广应用十二级风险分类;三是审慎开展减值测试,抵押预期损失;四是实现经济资本计量,加强非预期损失管理;五是实行行业限额管理,降低贷款集中度;六是建立信用风险监控制度。目前,非零售客户的风险计量采用初级法,零售客户已实现高级法的计量。

（三）实现操作风险的经济资本计量

操作风险是仅次于信用风险的第二大风险,且最容易出现巨额损失的极端事件,给银行带来毁灭性的灾难。巴塞尔委员会近年来也非常重视操作风险管理,自 2004 年"巴塞尔协议 II"将操作风险纳入经济资本计提范围后,一是扩大资本计提范围,要求所有银行业务均要计提操作风险经济资本;二是改进计量方法,由标准法向基础内部评级法、高级内部评级法逐步进阶。

近几年,五大国有商业银行在操作风险方面做了大量基础性工作,包括制度建设、风险报告、风险评估、事件收集、数据分析、风险计量等,实现了从无到有的突破,操作风险已与信用风险一同纳入经济资本管理。

二、股份制商业银行新资本协议实施情况

（一）组织保障和工作机制方面

各家股份制商业银行组建了行长任组长的新资本协议和内部评级法推进领导小组,成立了专业化的新资本协议办公室,配备专人,负责新资本协议的组织协调工作,并为新资本协议实施项目设立了专门预算。建设银行实施新资本协议:2010 年底,信用风险内部评级体系的技术能力达到高级法的要求,初级内部评级法获得银监会的认可(资产覆盖率不低于 60%);市场风险的内部模型法、操作风险资本计量方法达到银监会的要求;2013 年底,初级内部评级法的资产覆盖率达到 80%;高级内部评级法获得银监会认可,且高级内部评级法资产覆盖率不低于 50%。

(二)完善信用风险量化

各家股份制银行开始筹划对公司客户的内部信用评级,成立了内部信用评级领导小组和工作小组推动有关工作,内部信用评级体系包括客户评级系统与债项评级系统的两维体系。其中,客户信用评级系统主要方法是打分卡与违约率模型,可以实现对公司客户的风险等级分类和违约率(PD)测算,目前已经实现了两轮客户评级,公司客户覆盖面达到 80% 以上;债项评级系统可以实现对不同债项的风险分类和违约损失率(LCD)测算。

在确定出违约率(PD)和违约损失率(LGD)两个参数后,银行就可以测算出对公客户每笔债项的预期损失,股份制银行利用以上参数,计算公司客户授信所需要承担的风险量以及相应的定价水平、风险准备以及经济资本。

从目前来看,股份制银行的公司客户信用评级体系基本能够满足内部评级法基本要求,能为以内部评级法度量资本和进行资本监管提供必要的技术条件。由于没有外部评级和数据可以依赖,股份制银行实际上是在按照内部评级法,高级法的一些标准在做,如债项评级就超出了初级法的要求,由自己来逐步积累和建立违约损失率。

(三)健全市场风险和操作风险计量

1. 市场风险方面。股份制银行为更好地应对利率、汇率改革带来的挑战,建立了股份制银行资产负债管理(ALM)系统。ALM 系统现已成股份制银行市场风险管理的核心技术手段。该技术内在的一些管理工具,如敏感性分析、缺口分析、持有期分析、压力测试、情景假设分析等现代管理工具,对量化、监控和管理银行的市场风险有重要的补充作用,尤其对执行新协议有关的第二支柱管理分析要求和第三支柱信息披露要求都有直接意义。但由于受到我国人民币利率还没有完全市场化以及债券流动性的约束,股份制银行在应用现有技术平台计量和管理市场风险方面只是具备了初步基础,还没有条件实现更高的国际标准。

2. 操作风险方面。操作风险的量化方法相对复杂且不成熟,开发成本也比较高,各家股份制银行本着认真学习和研究的精神,一直在关注这方面的国际经验,也包括关注我国监管机构的取向要求。

三、城市商业银行新资本协议实施情况

(一)组织保障和工作机制方面

多数城市商业银行成立了行长任组长的新资本协议实施领导小组及新资本

协议项目实施办公室,负责统筹协调新资本协议实施工作,并建立三个新资本协议实施工作组,包括公司暴露工作组、零售暴露工作组和项目管理组。

(二)积极推进对公业务内部评级体系的上线运用

大多数城市商业银行公司客户信用评级体系已经正式上线运行,包括9大行业打分卡与违约概率模型。如某城市商业银行公司客户评级体系已经进行3轮评级,积累了5年评级数据;评级客户数达到13 000多户;评级的贷款客户已经占到公司贷款客户的68.41%,评级覆盖的资产占比达到68.09%;客户信用评级结果已经初步实现了与违约概率的映射;客户评级结果已经应用于我行日常的信贷审批参考,并开始与授信授权等管理工作相挂钩。债项评级体系业已开始建设,目前已经完成公司客户债项的违约损失率(LGD)测算表单以及专业贷款预期损失(EL)打分卡的开发。

(三)取得的进展和工作措施

城市商业银行的风险管理框架基本采取渣打银行模式,包括风险管理的组织、流程、技术手段运用等方面,同时移植了渣打银行的评级体系和风险计量模型,其基础框架符合新资本协议的要求。下一步的工作重点是:一是推动渣打银行向城市商业银行技术转移,掌握评级体系和计量模型的核心技术,为实现模型本地化奠定基础。二是建立新资本协议数据库,打好数据基础;梳理相关业务系统,实现风险资产分类以及风险加权资产计算的系统化。三是开展多层次培训,推广新资本协议的理念。

第五章

实施新资本协议对中国银行业的影响

"巴塞尔协议Ⅲ"是巴塞尔委员会为各国监管当局提供的一个可行性的方案,各国监管当局应当将"巴塞尔协议Ⅲ"这一统一的监管标准运用到银行业的监管实践中,在监管实践中不仅要对当前我国银行业现状和面临的挑战有清醒的认识,更要求对中国实施"巴塞尔协议Ⅲ"可能产生的影响进行测算。本章结合中国银监会最近出台《商业银行资本管理办法(试行)》,分别从第一支柱对信用风险、市场风险和操作风险对银行业的影响,第二支柱对商业银行的影响和第三支柱对商业银行的影响三个方面阐述本章内容。

第一节 第一支柱对信用风险管理的影响

为深入理解信用风险,首先简单介绍信用风险的概念,巴塞尔委员会《有效银行监管的核心原则》指出:"银行面临的一个主要的风险就是信用风险或者交易对象无力履约的风险。"这些风险不仅仅存在于贷款之中,也存在于其他表内、外业务之中,如担保、承兑与证券投资中。

信用风险又称违约风险,是指借款人或交易对方因种种原因,不愿或无力履行合同条件而构成违约,致使银行、投资者或交易对方遭受损失的可能性。

银行存在的主要风险是信用风险,即交易对手不能完全履行合同的风险。这种风险不只出现在贷款中,也发生在担保、承兑和证券投资等表内、表外业务中。如果银行不能及时识别损失的资产,增加核销呆账的准备金,并在适当条件下停止利息收入确认，银行就会面临严重的风险问题。信用风险有四个主要特征：① 客观性，不以人的意志为转移；② 传染性，一个或少数信用主体经营困难或破产就会导致信用链条的中断和整个信用秩序的紊乱；③ 可控性，其风险可以通过控制降到最低；④ 周期性，信用扩张与收缩交替出现。

抵御、防范信用风险的核心是信用风险的计量。本节主要介绍标准法、内部评级法、经济资本计量等信用风险有关内容，最后借鉴国际经验，以东亚银行信用风险管理案例阐述银行实施"巴塞尔协议Ⅲ"具体实践。

一、标准法

"巴塞尔协议Ⅲ"计算信用风险的资本要求时，有两种可供选择的方法，一种为根据外部评级的结果，以标准化处理方式来衡量信用风险的标准法；一种是经银行监管当局批准之下，银行利用自己的内部信用风险评级体系的内部评级法。

按照标准法的要求，银行根据风险暴露（exposures）可观察的特点（即，公司贷款或住房抵押贷款），将信用风险暴露划分到监管当局规定的几个档次上。按标准法的要求，每一监管当局规定的档次对应一个固定的风险权重，同时采用外部信用评级提高风险敏感度（老协议的敏感度不高）。按照外部信用评级，对主权、银行同业、公司的风险暴露的风险权重各不相同。对于主权风险暴露，外部信用评级可包括经合组织（OECD）的出口信用评级和私人部门评级公司公布的评级。

（一）风险加权资产计量

1. 未违约风险暴露的风险加权资产的计量

（1）计算信用风险暴露的相关性。

① 主权、一般公司风险暴露。

$$R = 0.12 \times \frac{1 - \frac{1}{e^{(50 \times PD)}}}{1 - \frac{1}{e^{50}}} + 0.24 \times \left[1 - \frac{1 - \frac{1}{e^{(50 \times PD)}}}{1 - \frac{1}{e^{50}}} \right]$$

② 金融机构风险暴露。

$$R_{\text{FI}} = 1.25 \times \left\{ 0.12 \times \frac{1 - \frac{1}{e^{(50 \times PD)}}}{1 - \frac{1}{e^{50}}} + 0.24 \times \left[1 - \frac{1 - \frac{1}{e^{(50 \times PD)}}}{1 - \frac{1}{e^{50}}} \right] \right\}$$

③ 中小企业风险暴露。

$$R_{\text{SME}} = 0.12 \times \left[\dfrac{1 - \dfrac{1}{e^{(50 \times PD)}}}{1 - \dfrac{1}{e^{50}}} \right] + 0.24 \times \left[1 - \dfrac{1 - \dfrac{1}{e^{(50 \times PD)}}}{1 - \dfrac{1}{e^{50}}} \right] - 0.04 \times \left(1 - \dfrac{S - 3}{27} \right)$$

其中，S 为中小企业在报告期的年营业收入(单位为千万人民币)，低于 3 000 万人民币的按照 3 000 万人民币来处理。

④ 零售风险暴露。

个人住房抵押贷款，$R_{r1} = 0.15$

合格循环零售贷款，$R_{r2} = 0.04$

其他零售贷款，

$$R_{r3} = 0.03 \times \dfrac{1 - \dfrac{1}{e^{(35 \times PD)}}}{1 - \dfrac{1}{e^{35}}} + 0.16 \times \left[1 - \dfrac{1 - \dfrac{1}{e^{(35 \times PD)}}}{1 - \dfrac{1}{e^{35}}} \right]$$

(2) 计算期限调整因子(b)。

$$b = \left[0.11852 - 0.05478 \times \ln(PD) \right]^2$$

(3) 计算信用风险暴露的资本要求(K)。

① 非零售风险暴露。

$$K = \left[LGD \times N \left(\sqrt{\dfrac{1}{1-R}} \times G(PD) + \sqrt{\dfrac{R}{1-R}} \times G(0.999) \right) - PD \times LGD \right] \times$$

$$\left\{ \dfrac{1}{1 - 1.5 \times b} \times \left[1 + (M - 2.5) \times b \right] \right\}$$

② 零售风险暴露。

$$K = LGD \times N \left[\sqrt{\dfrac{1}{1-R}} \times G(PD) + \sqrt{\dfrac{R}{1-R}} \times G(0.999) \right] - PD \times LGD$$

(4) 计算信用风险暴露的风险加权资产(RWA)。

$$RWA = K \times 12.5 \times EAD$$

2. 已违约风险暴露的风险加权资产的计量

$$K = Max[0,(LGD - BEEL)]$$
$$RWA = K \times 12.5 \times EAD$$

此处，$BEEL$ 是指考虑经济环境、法律地位等条件下对已违约风险暴露的预期损失率的最大估计值。

（二）风险缓释技术

风险缓释是指通过风险控制措施来降低风险的损失频率或影响程度。风险缓释的作用是降低了债项违约时的实际损失，从而可以弥补债务人资信不足的缺点，提高债项的吸引力。

信用风险缓释是指商业银行运用合格的抵质押品、净额结算、保证和信用衍生工具等方式转移或降低信用风险。商业银行采用内部评级法计量信用风险监管资本，信用风险缓释功能体现为违约概率、违约损失率或违约风险暴露的下降。

1. 总体要求

（1）信用风险缓释是指商业银行运用合格的抵质押品、净额结算、保证和信用衍生工具等方式转移或降低信用风险。商业银行采用内部评级法计量信用风险监管资本，信用风险缓释功能体现为违约概率、违约损失率或违约风险暴露的下降。

（2）信用风险缓释应遵循以下原则。

① 合法性原则。信用风险缓释工具应符合国家法律规定，确保可实施。

② 有效性原则。信用风险缓释工具应手续完备，确有代偿能力并易于实现。

③ 审慎性原则。商业银行应考虑使用信用风险缓释工具可能带来的风险因素，保守估计信用风险缓释作用。

④ 一致性原则。如果商业银行采用自行估计的信用风险缓释折扣系数，应对满足使用该折扣系数的所有信用风险缓释工具都使用此折扣系数。

⑤ 独立性原则。信用风险缓释工具与债务人风险之间不应具有实质的正相关性。

（3）信用风险缓释管理的一般要求。

① 商业银行应进行有效的法律审查，确保认可和使用信用风险缓释工具时依据明确可执行的法律文件，且相关法律文件对交易各方均有约束力。

② 商业银行应在相关协议中明确约定信用风险缓释覆盖的范围。

③ 商业银行不能重复考虑信用风险缓释的作用。信用风险缓释作用只能在债务人评级、债项评级或违约风险暴露估计中反映一次。

④ 商业银行应保守地估计信用风险缓释工具与债务人风险之间的相关性，并综合考虑币种错配、期限错配等风险因素。

⑤ 商业银行应制定明确的内部管理制度、审查和操作流程，并建立相应的信息系统，确保信用风险缓释工具的作用有效发挥。

2. 合格抵质押品

（1）合格抵质押品包括金融质押品、应收账款、商用房地产和居住用房地产以及其他抵质押品。再资产证券化不属于合格的金融抵质押品。

（2）合格抵质押品的认定要求：

① 抵质押品应是《中华人民共和国物权法》、《中华人民共和国担保法》规定可以接受的财产或权利。

② 权属清晰，且抵质押品设定具有相应的法律文件。

③ 满足抵质押品可执行的必要条件，须经国家有关主管部门批准或者办理登记的，应按规定办理相应手续。

④ 存在有效处置抵质押品且流动性强的市场，并且可以得到合理的抵质押品的市场价格。

⑤ 在债务人违约、无力偿还、破产或发生其他借款合同约定的信用事件时，商业银行能够及时地对债务人的抵质押品进行清算或处置。

二、内部评级法

（一）内部评级法概述

2001 年初巴塞尔银行监管委员会（以下简称"委员会"）公布了《巴塞尔新资本协议草案》，并就此草案向各界征求意见，拟于 2006 后实施。在此草案中，最引人注目的莫过于对信用风险估值的内部评级法（简称 IRB）的推出。该方法的推出，在整个业界产生了极大的反响。

IRB 的推出，是委员会经过对业界中几个比较典型的信贷风险估算模型（主要是 MTM 及 DM 两大类的模型 1）的研究和比较之后，根据其成熟度及可操作性进行调整后进行相应调整修改最后确定的基础方法。在此方法中，为了区分不同类型的授信信用风险，委员会将其划分为主权、银行、公司、零售、项目融资及股权风险。对于公司授信风险而言，委员会还将其划分为基础内部评级法和高级内部评级法（同样的还有主权风险和银行风险）。在基础评级法中，金融机构需根据内部数据对于不同级别的借款测算违约概率（PD），金融监管当局则必须提供其他所需参数如违约风险暴露（EAD）及给定违约损失率（LGD）等。而高级法中，上述参数由银行自行测算决定，但必须由监管当局加以确认方可实行。除了上述区别以外，基础法和高级法在计算公式及授信期限等调整因子上也存在着一定差异，最终导致金融机构在计算风险资产及提取相应准备上存在巨大差异。但总体来说，对于风险控制较好的银行，采用高级法往往能比采用基础法减少必需的准备提取，但对于一些风险控制较差的银行，情况可能正好相反。

内部评级法即 IRB 方法，IRB 方法根据违约概率（PD），给定违约概率下的违约损失率（LGD），违约的总敞口头寸及期限（M）等因素来决定一笔授信的风险权重，IRB 按照复杂程度可以分为初级法和高级法。按照内部评级法的规定，银行将银行账户中的风险划分为以下六大风险：公司业务风险、国家风险、同业风险、零售业务风险、项目融资风险和股权风险。然后，银行根据标准参数或内部估计确定其风险要素，并计算得出银行所面临的风险。这些风险要素主要包括：违约概率（PD），指债务人违反贷款规定，没有按时偿还本金和利息的概率；违约损失率（LGD），指债务人没有按时偿还本金和利息给银行带来的损失的状况，它表现为单位债务的损失均值；违约风险暴露（EAD），指交易对象违约时，对银行所面临的风险的估计；期限（M），指银行可以向监管当局提供的交易的有效合同期限。IRB 方法的主要目标就是使得资本的配置更加精确，与银行内部的信用风险更加匹配。这与拥有完善的风险管理体系的银行对信用风险和资本充足率的内部评估框架也是一致的。

内部评级既是银行识别、计量、监测和控制信用风险的重要手段，也是社会信用体系建设的重要组成部分。银行通过采集、整理、评判、保存和运用企业信用信息，对企业进行内部评级授信，其流程具有人民银行征信业务的基本特征。考察、监测、跟踪和管理银行内部评级，对于人民银行及其分支机构认真贯彻实施《征信业管理条例》、大力推进社会信用体系建设具有重要现实意义。2011 年以来，全国性银行分支机构积极运用内部评级开发、调整、充实营销业务品种，合理选择融资客户与保证方式，有效确定利率水平和收费幅度，科学预测客户综合RAROC，彻底改变了以往信贷业务"放了算"模式，初步实现了"算后放"。内部评级对银行业务发展和信贷结构调整的促进作用日益增强。

1. 内部评级法总体要求

（1）商业银行采用内部评级法计量信用风险资本要求，应按照《商业银行资本管理办法(试行)》的要求建立内部评级体系。

内部评级体系包括对主权、金融机构和公司风险暴露(以下简称非零售风险暴露)的内部评级体系和零售风险暴露的风险分池体系。

(2)商业银行的内部评级体系应能有效识别信用风险,具备稳健的风险区分和排序能力,并准确量化风险。内部评级体系包括以下基本要素。

① 内部评级体系的治理结构,保证内部评级结果的客观性和可靠性。

② 非零售风险暴露内部评级和零售风险暴露风险分池的技术标准,确保非零售风险暴露每个债务人和债项划入相应的风险级别,确保每笔零售风险暴露划入相应的资产池。

③ 内部评级的流程,保证内部评级的独立性和公正性。

④ 风险参数的量化,将债务人和债项的风险特征转化为违约概率、违约损失率、违约风险暴露和期限等风险参数。

⑤ IT 和数据管理系统,收集和处理内部评级相关信息,为风险评估和风险参数量化提供支持。

2. 内部评级体系的治理结构

商业银行应根据《商业银行资本管理办法(试行)》要求完善治理结构,并按下列要求建立内部评级体系的治理结构。

(1)商业银行应明确董事会及其授权的专门委员会、监事会、高级管理层和相关部门在内部评级体系治理结构中的职责,以及内部评级体系的报告要求。

(2)商业银行董事会承担内部评级体系管理的最终责任,并履行以下职责。

① 审批内部评级体系重大政策,确保内部评级体系设计、流程、风险参数量化、信息系统和数据管理、验证和内部评级应用满足监管要求。

② 批准内部评级体系实施规划,并充分了解内部评级体系的政策和流程,确保商业银行有足够的资源用于内部评级体系的开发建设。

③ 监督并确保高级管理层制定并实施必要的内部评级政策和流程。

④ 每年至少对内部评级体系的有效性进行一次检查。

审批或授权审批涉及内部评级体系的其他重大事项。

(3)商业银行高级管理层负责组织内部评级体系的开发和运作,明确对内部评级和风险参数量化技术、运行表现以及监控措施的相关要求,制定内部评级体系设计、运作、改进、报告和评级政策,确保内部评级体系持续、有效运作。高级管理层应具体履行以下职责。

① 根据董事会批准的内部评级体系实施规划,配备资源开发、推广、运行和

维护本银行的内部评级体系。

② 制定内部评级体系的配套政策流程,明确相关部门或人员的职责,制定并实施有效的问责制度。必要时,高级管理层应对现有信用风险管理政策、流程和监控体系进行修改,确保内部评级体系有效融入日常信用风险管理。

③ 监测内部评级体系的表现及风险预测能力,定期检查信用风险主管部门监控措施执行情况,定期听取信用风险主管部门关于评级体系表现及改进情况的报告。

④ 向董事会报告内部评级政策重大修改或特例事项的可能影响。

⑤ 组织开展相关培训,增强本行工作人员对内部评级体系的理解。

(4)商业银行应建立一整套基于内部评级的信用风险内部报告体系,确保董事会、高级管理层、信用风险主管部门能够监控资产组合信用风险变化情况,并有助于验证和审计部门评估内部评级体系有效性。根据信息重要性、类别及报告层级的不同,商业银行应明确内部报告的频率和内容。报告应包括以下信息。

① 按照评级表述的信用风险总体情况。

② 不同级别、资产池之间的迁徙情况。

③ 每个级别、资产池相关风险参数的估值及与实际值的比较情况。

④ 内部评级体系的验证结果。

⑤ 监管资本变化及变化原因。

⑥ 压力测试条件及结果。

⑦ 内部审计情况。

(5)商业银行应指定信用风险主管部门负责内部评级体系的设计、实施和监测。信用风险主管部门应独立于贷款发起及发放部门,负责人应直接向高级管理层汇报,并具备向董事会报告的途径。信用风险主管部门的职责应包括。

① 设计和实施内部评级体系,负责或参与评级模型的开发、选择和推广,对评级过程中使用的模型承担监控责任,并对模型的日常检查和持续优化承担最终责任。

② 检查评级标准,检查评级定义的实施情况,评估评级对风险的预测能力,定期向高级管理层报送有关内部评级体系运行表现的专门报告,确保高级管理层对内部评级体系的日常运行进行有效的监督。

③ 检查并记录评级过程变化及原因,分析并记录评级推翻和产生特例的原因。

④ 组织开展压力测试,参与内部评级体系的验证。

⑤ 编写内部评级体系报告,包括违约时和违约前一年的评级情况、评级迁徙

分析以及对关键评级标准趋势变化的监控情况等,每年至少两次向高级管理层提交报告。

(6)商业银行内部审计部门负责对内部评级体系及风险参数估值的审计工作。审计部门的职责应包括:评估内部评级体系的适用性和有效性,测试内部评级结果的可靠性;审计信用风险主管部门的工作范围和质量,评估相关人员的专业技能及资源充分性;检查信息系统的结构和数据维护的完善程度;检查计量模型的数据输入过程。评估持续符合《商业银行资本管理办法(试行)》要求的情况;与高级管理层讨论审计过程中发现的问题,并提出相应建议;每年至少一次向董事会报告内部评级体系审计情况。

(7)商业银行应就内部评级体系的治理建立完整的文档,证明其能够持续达到监管要求,为银监会评估其内部评级体系的治理有效性提供支持。文档应至少包括:董事会职责以及履职情况;高级管理层职责以及履职情况;信用风险主管部门的职责、独立性以及履职情况;基于内部评级的信用风险报告制度及执行情况;内部评级体系的内部审计制度及执行情况;内部评级体系的外部审计情况;相关会议纪要、检查报告和审计报告等信息。

3.内部评级流程

(1)基本要求。

① 商业银行应建立完善的内部评级流程,确保非零售风险暴露内部评级和零售风险暴露风险分池过程的独立性。

② 商业银行内部评级流程包括评级发起、评级认定、评级推翻和评级更新,并体现在商业银行的授信政策和信贷管理程序中。零售风险暴露的风险分池通常不允许推翻。若商业银行允许推翻,应制定书面政策和程序,并向银监会证明必要性和审慎性。

③ 商业银行应建立确保内部评级流程可靠运行的管理信息系统,详细记录评级全过程,以确保非零售风险暴露的债务人评级与债项评级、零售风险暴露风险分池操作流程的有效执行。

④ 商业银行应建立完整的文档,以保证内部评级过程的规范化和持续优化,并证明内部评级体系操作达到《商业银行资本管理办法(试行)》的要求。文档至少包括:评级流程设计原理;评级体系运作的组织架构、岗位设置和职责;评级发起、评级认定、评级推翻和评级更新的政策和操作流程;评级管理办法,包括管理层对评级审核部门的监督责任等;评级例外政策;基于计量模型的内部评级的指导原则及监测;评级的信息系统需求书。

（2）评级发起。

① 评级发起是指评级人员对客户与债项进行一次新的评级过程。

② 商业银行应制定评级发起政策，包括评级发起工作的岗位设置、评级发起的债务人与债项范围、时间频率、操作程序等。

③ 商业银行应规定本行不同机构对同一债务人或债项评级发起的相关授权流程。

④ 评级发起人员应遵循尽职原则，充分、准确地收集评级所需的各项数据，审查资料的真实性，完整无误地将数据输入信用评级系统。

⑤ 评级发起应遵循客观、独立和审慎的原则，在充分进行信用分析的基础上，遵循既定的标准和程序，保证信用评级的质量。

（3）评级认定。

① 评级认定是指评级认定人员对评级发起人员评级建议进行最终审核认定的过程。

② 商业银行应设置评级认定岗位或部门，审核评级建议，认定最终信用等级。

评级认定的岗位设置应满足独立性要求，评级认定人员不能从贷款发放中直接获益，不应受相关利益部门的影响，不能由评级发起人员兼任。

（4）评级推翻。

① 评级推翻包括评级人员对计量模型评级结果的推翻和评级认定人员对评级发起人员评级建议的否决。

② 商业银行应建立明确的评级推翻政策和程序，包括评级推翻的依据和条件、权限划分、幅度、结果处理以及文档化等。

③ 对基于计量模型的内部评级体系，商业银行应监控专家判断推翻模型评级、排除变量和调整参数的情况，并制定相应的指导原则。

④ 对基于专家判断的内部评级体系，商业银行应明确评级人员推翻评级结果的情况，包括推翻程序、由谁推翻、推翻程度。

⑤ 商业银行应建立完善的评级推翻文档，在评级系统中详细记录评级推翻的理由、结果以及评级推翻的跟踪表现。

（5）评级更新。

① 商业银行应建立书面的评级更新政策，包括评级更新的条件、频率、程序和评级有效期。

② 商业银行对非零售风险暴露的债务人和保证人评级应至少每年更新一次。对风险较高的债务人，商业银行应适当提高评级更新频率。

③ 商业银行可根据内部风险管理的需要确定债项评级的更新频率,但至少每年更新一次。对风险较高的债项,商业银行应适当提高评级更新的频率。

④ 商业银行应建立获得和更新债务人财务状况、债项特征的重要信息的有效程序。若获得信息符合评级更新条件,商业银行应在三个月内完成评级更新。评级有效期内需要更新评级时,评级频率不受每年一次的限制,评级有效期自评级更新之日重新计算。

⑤ 商业银行应持续监测每笔零售风险暴露风险特征的变化情况,并根据最新信息及时将零售风险暴露迁徙到相应资产池中。

⑥商业银行应根据产品和风险特征、风险估计的时间跨度以及零售业务风险管理的要求,确定更新检查频率,但至少每年检查一次各类资产池的损失特征和逾期状况,至少每季度抽样检查一次资产池中单个债务人及其贷款的情况。

4. 传统的内部评级方法简介

(1) 人工专家判断法。该方法又被称为古典信用分析方法,是银行在长期经营信贷业务、承担信用风险过程中逐步发展并完善起来的传统信用分析方法。专家系统是依赖高级信贷人员和信贷专家自身的专业知识、技能和丰富经验,运用各种专业性分析工具,在分析评价各种关键要素基础上依据主观判断来综合评定信用风险的分析系统。一般而言,专家系统在分析信用风险时考虑两方面因素。一方面是借款人方面的因素,主要包括借款人声誉、借款人资本结构及借款人投资收益回报率;另一方面是市场方面的因素,主要包括经济周期、宏观经济政策、和利率水平。人工专家判断法主要包括 5C 分析法,Camel 分析法,具体而言,5C 分析法指借款人的品德(Character),指借款人的还款意愿及和历史偿债情况;偿还能力(Capacity) 指借款人的偿还债务的能力,主要考察借款人在经营过程中是否有足够的现金流入,还包括利用借款获得利润的能力等等;资本(Capital),是指借款人的资本结构特别是负债及股东投入比例;担保物(Collateral),指用作第二还款来源的抵(质)押物的合法合规性、价值状况、变现能力,对于是保证担保的,还要考察担保人的担保能力,分析保证人经营状况及财务状况;商业周期(Condition),指的是宏观经济所处周期,以及企业自身的生产周期。Camel 分析法主要是指分析资本充足率(Capital Adequacy),资产质量(Asset Quality)、管理水平(Management)、盈利水平(Earnings)及流动性(Liquidity)等等因素。专家系统的有较强的主观性,在于将信贷专家的经验和判断作为信用分析和决策的主要基础,同时,这种主观性很强的体系带来的一个较为突出的问题是对信用风险的评估缺乏精确性和一致性。人工专家系统在决策信贷支持的长期实践中已经形成了较为成熟的分析框架,仍为国内大多数银行所采纳,但专家系统缺乏理论支持,尤其是对关键指标的选择、权重的确定以及综合评定等方面更显薄弱。因此,专家系统尽管在实现对信用风险的准确计量方面有较大障碍,但仍然广泛地用于对借款人进行贷款"是和否"的二维决策,并取得了较好的成效。

(2)信用评分模型。信用评分模型最具代表性的模型是美国学者 Altlnan 于 1968 年提出的 Z-score Model 以及在此基础上改进的 ZETA 模型,其核心思想是从 22 个财务指标中选出 5 个指标作为变量来作为 Z 模型的评分依据,并将 5 个指标分别赋予不同的权重,计算加权得分,然后设定临界值,将所得到的量化的分数与临界值对比作为贷款决策的依据。信用评分模型的关键在于特征变量的选择和各自权重的确定,其他类似的模型还有线性概率模型、Logit 模型、Prohit 模型和线性判别模型等。

信用评分模型在很大程度上具有很强的实用性,在预测风险方面取得了一定的成效,也是被西方商业银行用来预测风险的最重要的模型之一,但是该种模型存在如下几个问题:一是建立在历史数据模拟的基础上,是一种向后看的模型,难于及时反映企业信用状况未来的变化;二是以借款人财务数据为依据,单纯依据账面财务数据而忽视了资本市场及宏观经济形势的变化,可能导致预测失败;三是该模型可以给出借款人信用风险水平的分数,但是无法计算借款人违约概率的精确值,使得模型存在不足之处。

(3)贷款评级模型。我国银行对贷款形态的划分借鉴美国等发达国家的通行做法,将贷款形态划分为:正常、关注、次级、可疑及损失等五个等级。国外有的金融机构将贷款形态划分为 9 级或 10 级。需要区别的是,对客户的信用评级与贷款和债项的评级有所差异,对客户的信用评级主要是根据客户的历史信用记录、还款现金流等指标综合评价客户的信用等级,而对贷款(债项)的评级是在对客户信用评级的基础上,结合贷款方式和违约率大小进行风险评级。

(4)CASA 的神经网络模型。神经网络大致是一种人工智能系统,其算法是通过样本输入后,通过对预测模型做适应性调整,不断改变权重,以实现理想输入与现实输入差距最小,该方法对样本信息利用率较高,其预测精度较高,由于分析权重的过程复杂且难以解释,在一定程度上制约该方法的推广。

5. 内部评级技术模型评述

(1)Credit Metrics 模型。Credit Metrics 模型是 JP 摩根 1997 年开发的信用风险计量模型,建立在信用评级体系的有效性基础上,其本质上是一个 VAR 模型。给出一定的置信水平,计算出某种信用资产组合在持有期限内最大可能发生的最大损失额度。,由于往往非交易性资产组合的价格及其价格波动率(标准差)不能够像交易性资产组合的价格一样容易获得,而 CreditMetrics 模型的开发,较好地解决了计算非交易性资产组合 VAR 这一难题。

（2）Credit Portfolio View 模型。Credit Portfolio View 模型可以看作是 Credit Metrics 模型的一个补充,它是将信用等级转移矩阵概率与宏观经济因素联系起来,不断的宏观因素冲击可能带来借款人违约概率的变化,该模型在违约率计算上不使用历史数据,而是运用现实宏观经济因素通过蒙特卡罗模拟的方法计算出来。这些宏观经济因素包括如失业率、GDP、利率和汇率水平、政府支出与居民储蓄率等等,借款人可以来自各个行业。

（3）Credit Risk + 模型。Credit Risk + 模型是瑞士信贷第一波士顿银行开发的信贷风险管理系统,其运用了保险精算的方法来计算违约概率,不考虑信用等级变化带来的影响,假设违约风险与资本结构无关,不同借款人之间相互独立,在各不重叠的时间段违约数量互相独立,在某个时间,最多发生一个违约事件,在贷款组合中,每笔贷款所处状态只有违约和不违约两种情况。Credit Risk + 模型计算简便,集中于计算违约概率,需要较少的已知变量,只需要知道违约概率和风险头寸就可以计算出损失分布。但是,该模型忽视了市场风险,忽略了借款人信用等级变化导致的违约概率的变化,该模型不能运用到其他非线性的金融产品,如期权、掉期交易等。

（4）估计违约频率模型(EDF 模型)。估计违约频率模型是 KMV 公司所创立,其理论依据在于 Merton（1973)期权定价模型,将银行与借款人之间的借贷关系视为期权买卖关系,将信用风险隐含在这种期权交易之中,从而通过应用期权定价理论求解信用风险溢价和相应的违约率,即估计违约频率(EDF),从而达到估计借款人违约概率的方法。该模型的基本思路假设借款人资本结构主要是股本和借款,从借款人股票市值、股票波动性、负债的账面价值为出发点,估算出借款人市场价值及其波动性,再通过借款人的长期负债和短期负债估算出违约点 DPT,再根据借款人预期价值和负债价值估计出违约距离 DD,然后确定违约距离和 EDF 之间的映射关系。

（5）传染模型。违约的传染效应就是指一个违约时间将加速下一个违约时间的发生。贷款违约之间的关联性除了相关性之外,还存在着互相的传染性,传染性是指由于借款人之间存在着商业合伙人关系或者信息传递而导致的违约之间的关联,由于传染导致的违约传递是一种非线性关系,因此,难以用相关系数等线性指标来衡量其内在的互相依赖及影响程度。

（二）违约概率的确定

（1）债务人违约情况。

① 债务人对银行集团的实质性信贷债务逾期 90 天以上。若债务人违反了规定的透支限额或者重新核定的透支限额小于目前的余额，各项透支将被视为逾期。

② 商业银行认定，除非采取变现抵质押品等追索措施，债务人可能无法全额偿还对银行集团的债务。出现以下任何一种情况，商业银行应将债务人认定为"可能无法全额偿还对商业银行的债务"。

第一，商业银行对债务人任何一笔贷款停止计息或应计利息纳入表外核算。第二，发生信贷关系后，由于债务人财务状况恶化，商业银行核销了贷款或已计提一定比例的贷款损失准备。第三，商业银行将贷款出售并承担一定比例的账面损失。第四，由于债务人财务状况恶化，商业银行同意进行消极重组，对借款合同条款做出非商业性调整，具体包括但不限于以下情况：一是合同条款变更导致债务规模下降；二是因债务人无力偿还而借新还旧；三是债务人无力偿还而导致的展期。第五，商业银行将债务人列为破产企业或类似状态。第六，债务人申请破产，或者已经破产，或者处于类似保护状态，由此将不履行或延期履行偿付商业银行债务。第七，商业银行认定的其他可能导致债务人不能全额偿还债务的情况。

（2）商业银行应根据前述违约情形细化制定本银行内部统一的违约定义，明确违约认定流程，并确保一致地实施。商业银行内部违约定义应审慎确定实质性信贷债务的标准、触发违约的贷款损失准备计提比例、贷款销售损失比例以及消极债务重组导致的债务规模下降比例等。

银行应将违约定义的判定标准固化到信息系统中，在系统中详细记录造成违约的原因，积累违约数据。

（3）针对非零售风险暴露，如果某债务人被认定为违约，商业银行应对该债务人所有关联债务人的评级进行检查，评估其偿还债务的能力。是否对关联债务人实行交叉违约认定，取决于关联债务人经济上相互依赖和一体化程度。商业银行内部评级政策应明确对企业集团的评级方法，并确保一致的实施。

① 如果内部评级基于整个企业集团，并依据企业集团评级进行授信，集团内任一债务人违约应被视为集团内所有债务人违约的触发条件。

② 如果内部评级基于单个企业而不是企业集团，集团内任一企业违约不必然导致其他债务人违约，商业银行应及时审查该企业的关联债务人的评级，据此

决定是否调整其评级。

（4）商业银行应制定重新确定账龄的政策，并确保统一实施。在此基础上商业银行可以根据重新确定的账龄（包括贷款展期、延期偿付等）计算债项逾期天数。重新确定账龄政策至少应包括：

① 重新确定账龄的审批人和报告要求。

② 重新确定账龄前债项的最低账龄。

③ 重新确定账龄的债项逾期情况。

④ 每笔债项可以重新确定账龄的最大数量。

⑤ 对债务人偿债能力重新评估。

（5）商业银行对下列特殊风险暴露使用重新确定后的账龄，应满足以下条件：

① 对于透支，透支余额必须减少到限额以下。

② 对非零售循环风险暴露逾期部分必须全部偿还。

③ 对于上期未偿还额度转入下期偿还额度的循环零售贷款，最近一期的最低偿还额度应全额偿还。

④ 对于分期偿还贷款，逾期时间最长的贷款（包括本金、利息以及罚息等）应全额偿还等。

（6）商业银行应根据违约定义，记录各类资产的实际违约情况，并估算违约概率。

（7）对于非零售风险暴露，应在债务人层面认定违约，同一债务人的所有债项的违约概率相同；对于零售风险暴露，应在债项层面认定违约定义，同一债务人的不同债项的违约概率可以不同。

（8）数据应能反映包括经济衰退期在内的整个经济周期的债务人违约风险的变化情况，如数据未包括经济衰退期，商业银行应调整违约概率估算方法或估值结果。

（9）如果样本数据与违约定义存在差异，商业银行应对样本数据进行调整。

（10）商业银行估计每个级别平均违约概率时，应使用合适的信息、方法并适当考虑长期违约经验。商业银行应采用与数据基础一致的估计技术，确保估计能准确反映违约概率。商业银行可采用内部违约经验、映射外部数据和统计违约模型等技术估计平均违约概率。商业银行可选择一项主要技术，辅以其他技术作比较，并进行可能的调整。针对信息和技术的局限性，商业银行可运用专家判断对估值结果进行调整。

① 内部违约经验。商业银行可使用内部违约经验估计违约概率。商业银行

应证明估计的违约概率反映了历史数据对应时期的授信标准以及评级体系和当前的差异。在数据有限或授信标准、评级体系发生变化的情况下,商业银行应留出保守的、较大的调整余地。商业银行可以采用多家银行汇集的数据,但应证明,风险暴露池中其他商业银行的内部评级体系和标准能够与本银行比较。

② 映射外部数据。商业银行可将内部评级映射到外部信用评级机构或类似机构的评级,将外部评级的违约概率作为内部评级的违约概率。评级映射应建立在内部评级标准与外部机构评级标准可比,并且对同样的债务人内部评级和外部评级可相互比较的基础上。商业银行应避免映射方法或基础数据存在偏差和不一致的情况,所使用的外部评级量化风险数据应针对债务人的违约风险,而不反映债项的特征。商业银行应比较内部和外部评级的违约定义。商业银行应建立内外部评级映射的文档。

③ 统计违约模型。对任一级别的债务人,商业银行可以使用违约概率预测模型得到的每个债务人违约概率的简单平均值作为该级别的违约概率,商业银行采用的违约概率模型应达到《商业银行资本管理办法(试行)》有关模型使用的要求。

(11) 商业银行对非零售风险暴露可以采用债务人映射方法和评级等级映射方法。债务人映射将每个债务人风险特征映射到样本数据集。评级等级映射,是将同一等级债务人的风险特征进行均化,或者对每个等级构建一个典型的或有代表性的债务人,再将这个代表性的债务人与样本数据进行映射。

(12) 计算违约概率的时间跨度一般为 1 年。为估计长期贷款的风险水平,商业银行可采用 3 年、5 年等不同期限的累计违约概率来确定债务人等级。

(13) 对零售风险暴露,如果商业银行具备专门的数据基础将风险暴露划分至不同资产池,则应把内部数据作为估计损失特征的基础信息来源。如果商业银行能够证明风险暴露分池过程和外部数据源之间,以及内部风险暴露和外部数据之间存在密切联系,允许其采用外部数据来量化风险。在任何情况下,商业银行都应使用所有相关的重要数据,以便进行内外结果的比较。

(14) 商业银行通过计量模型估计零售风险暴露债务人违约概率时,模型的输入变量构建应考虑债务人的风险特征、贷款期限、宏观经济及行业特有变量等因素。

(15) 如果商业银行认定账龄是某类零售风险暴露的重要风险因素,且违约概率具有成熟性效应,违约概率估计值应反映较长时期内风险暴露的成熟性效应,适当时可上调违约概率,以确保资本足以抵御潜在信贷损失。

(16) 在下列情况下,即使零售风险暴露具有成熟性效应,商业银行可不考虑成熟性效应：

① 如果商业银行计划并能够在 90 天内出售该资产或者将其证券化。

② 该风险暴露在发放时经过特殊认定。

③ 商业银行能够持续跟踪交易市场和资产证券化市场情况,能够测算交易对手风险,并在不同市场条件下出售该风险暴露或者将其证券化。

（17）零售风险暴露分池及违约概率估值模型没有考虑的重要违约因素,如所在行业和地区因素等,商业银行应在映射时充分考虑并进行适当调整。调整过程应透明,并将上述因素纳入分池和违约估值模型。

（三）违约损失率的确定

（1）违约损失率指某一债项违约导致的损失金额占该违约债项风险暴露的比例,即损失占风险暴露总额的百分比。

（2）违约损失率估计应基于经济损失。经济损失包括由于债务人违约造成的较大的直接和间接的损失或成本,同时还应考虑违约债项回收金额的时间价值和商业银行自身处置和清收能力对贷款回收的影响。

① 直接损失或成本是指能够归结到某笔具体债项的损失或成本,包括本金和利息损失、抵押品清收成本或法律诉讼费用等。

② 间接损失或成本是指商业银行因管理或清收违约债项产生的但不能归结到某一笔具体债项的损失或成本。商业银行应采用合理方式分摊间接损失或成本。

③ 商业银行应将违约债项的回收金额折现到违约时点,以真实反映经济损失。商业银行使用的折现率应反映清收期间持有违约债项的成本。确定折现率时,商业银行应考虑以下因素。第一,如果回收金额是不确定的并且含有无法分散的风险,净现值的计算应反映回收金额的时间价值以及与风险相适应的风险溢价。风险溢价应反映经济衰退的情形。第二,如果回收金额是确定的,净现值计算只需反映回收金额的时间价值,可以选择无风险折现率。

（3）商业银行估计经济损失应考虑所有相关因素。商业银行根据自身处置和清收能力调整违约损失率应遵循审慎原则,且内部经验数据能够证明处置和清收能力对违约损失率的影响。

（4）违约损失率应不低于违约加权长期平均损失率。

违约加权长期平均损失率是指在混合经济条件下,债务人在 1 年内出现违约时违约风险暴露的经济损失率。混合经济条件应包括经济衰退的情形。长期平均损失率应是基于同类贷款数据源中所有违约贷款的平均经济损失。

（5）违约损失率应反映经济衰退时期违约债项的损失严重程度,保证商业银行的违约损失估计值在所有可预见的经济条件下都保持稳健和可靠。商业银行应制定相关政策,识别经济衰退情况,分析经济衰退对损失程度的影响,并合理估计违约损失率。这些政策应包括但不限于下列内容:识别不同产品和地区经济出现衰退的标准、数据要求、判别经济衰退对损失影响程度的方法以及违约损失率的计量方法等。

（6）估计违约损失率的数据应仅包括违约债务人风险暴露。商业银行应收集区分违约暴露的关键因素、计算违约风险暴露经济损失的因素,包括但不限于:

① 影响非零售风险暴露违约损失的重要因素包括抵质押、保证、经济环境、债务人的行业因素等。

② 影响零售风险暴露违约损失的重要因素包括信用评分、产品、地区、未保证的信用额度、住房抵押贷款抵押率、风险暴露种类、客户关系的时间、债务人经济状况等。

③ 商业银行采用不同的经济损失估计方法所需数据不同。商业银行可以使用违约风险暴露或核销资产的市场价值,计算回收率;也可通过违约风险暴露(包括本金和应收未收利息及费用)、抵质押品处置损失、直接清收成本、分摊的间接清收成本、回收时间和回收数量、折现率等因素,计算实际经济损失。

（7）违约损失率估计应考虑实际回收数量和支付的成本。如商业银行对债务人的清收尚未最终完成,商业银行应确定一个清收完成时间点,时间点的选择应有充分依据,并记录在文档中。

（8）商业银行估计违约损失率时应考虑风险暴露损失严重程度的周期性变化。

（9）商业银行应考虑债务人风险和抵质押品风险或抵质押品提供方风险之间的相关性。相关性较大时,应进行保守估计。若债务和抵质押品存在币种错配,商业银行也应进行保守估计。

（10）违约损失率估计应以历史清偿率为基础,不能仅依据对抵质押品市值的估计。违约损失率估计应考虑到商业银行可能没有能力迅速控制和清算抵押品。若违约损失率估计考虑抵质押品因素,抵质押品应达到《商业银行资本管理办法(试行)》的认定标准。

（11）商业银行应考虑到实际损失可能系统性地超过预期水平,违约损失率应反映清偿期间非预期损失额外上升的可能性。对违约贷款,商业银行应根据当前经济情况和贷款法律地位,审慎地估计每笔贷款的预期损失。违约损失率超过商业银行预期损失估计值的部分,就是这类贷款的资本要求。若违约贷款预期损失的估计值小于贷款损失准备与对这部分贷款冲销两者之和,商业银行应保证其合理性。当债项损失明显高于平均水平时,商业银行可以考虑对某一债项采用高于长期违约加权平均损失率。

(12)若估计违约损失率涉及实际资产组合中某些债项数据与外部评级机构的样本数据之间的映射,商业银行应比较样本数据和商业银行资产组合。商业银行映射政策应描述样本数据的范围和方法,避免映射方法或数据的误差不一致。

(13)从单个风险暴露汇总债项等级的违约损失率估计值时,商业银行应制定清晰的汇总管理政策。

(14)对于零售风险暴露,长期平均违约损失率和违约加权平均违约损失率的估计可以基于长期预期损失率。商业银行可以采用违约概率的估计值来推断长期违约加权损失率的均值,或采用长期违约加权平均损失率推断违约概率。在各种情况下,商业银行都应保证用于计量监管资本要求的违约损失率不低于长期违约加权的平均违约损失率。

(15)商业银行自行估计某类风险暴露的违约损失率时,对该类风险暴露应全部自行估计违约损失率。如果基于样本数据估计的违约损失率小于0,商业银行应检验损失确认程序,保证已涵盖了所有经济损失。违约损失率小于0的样本按照0处理。

(四)非零售风险暴露内部评级法

1. 基本要求

(1)商业银行应通过内部评级确定每个非零售风险暴露债务人和债项的风险等级。

商业银行可以对低风险业务或不能满足评级条件的风险暴露采取灵活的处理方法,但评级政策应详细说明处理方式,并报银监会备案。

(2)商业银行债务人评级范围应包括所有债务人与保证人。同一交易对手,无论是作为债务人还是保证人,在商业银行内部只能有一个评级。

(3)商业银行应对承担信用风险的每笔债项所对应的所有债务人和保证人分别评级。

(4)商业银行应对非零售风险暴露债务人的每笔债项进行评级。

(5)商业银行可以采用计量模型方法、专家判断方法或综合使用两种方法进行评级。商业银行对不同非零售风险暴露可选用不同方法,但应向银监会证明所选方法能够准确反映评级对象的风险特征。

（6）非零售风险暴露内部评级的技术要求包括评级维度、评级结构、评级方法论和评级时间跨度、评级标准、模型使用和文档化管理等方面。

2. 评级维度

（1）非零售风险暴露的内部评级包括债务人评级和债项评级两个相互独立的维度。

（2）债务人评级用于评估债务人违约风险，仅反映债务人风险特征，一般不考虑债项风险特征。违约债务人的违约概率为100%；商业银行可以设定1个违约债务人级别，也可以根据本银行管理需要按预期损失程度设定多个违约债务人级别。

（3）同一债务人不同债项的债务人评级应保持一致。

（4）债务人级别应按照债务人违约概率的大小排序；若违约债务人级别超过1个，违约债务人级别应按照预期损失大小排序。

（5）商业银行采用初级内部评级法，债项评级可以基于预期损失，同时反映债务人违约风险和债项损失程度；也可以基于违约损失率，反映债项损失的风险。债项评级应按照债项损失的严重程度排序。

（6）商业银行采用高级内部评级法，应通过独立的债项评级评估债项的损失风险，债项级别按照违约损失率大小排序。商业银行应考虑影响违约损失率的所有重要因素，包括产品、贷款用途和抵质押品特征等。对违约损失率有一定预测能力的债务人特征，也可以纳入债项评级。商业银行可以对不同资产考虑不同风险因素，以提高风险估计的相关性和精确度。

3. 评级结构

（1）商业银行应设定足够的债务人级别和债项级别，确保对信用风险的有效区分。信用风险暴露应在不同债务人级别和债项级别之间合理分布，不能过于集中。

（2）商业银行债务人评级应最少具备7个非违约级别、1个违约级别，并保证较高级别的风险小于较低级别的风险。根据资产组合的特点和风险管理需要，商业银行可以设定多于《商业银行资本管理办法（试行）》规定的债务人级别，但应保持风险级别间排序的一致性和稳定性。

（3）若单个债务人级别风险暴露超过所有级别风险暴露总量的30%，商业银行应有经验数据向银监会证明该级别违约概率区间合理并且较窄。

（4）商业银行应避免同一债项级别内不同风险暴露的违约损失率差距过大。债项评级的标准应基于实证分析，如果风险暴露在特定债项级别的集中度较高，商业银行应保证同一级别内债项的损失严重程度相同。

4. 债务人评级方法论和时间跨度

（1）商业银行可以采取时点评级法、跨周期评级法以及介于两者之间的评级方法估计债务人的违约概率。

（2）商业银行的债务人评级应同时考虑影响债务人违约风险的非系统性因素和系统性因素。商业银行应向银监会说明所采取的评级方法如何考虑系统性风险因素的影响，并证明其合理性。

非系统性因素是指与单个债务人相关的特定风险因素；系统性因素是指与所有债务人相关的共同风险因素，如宏观经济、商业周期等。

（3）商业银行应至少估计债务人未来一年的违约概率。

（4）商业银行的债务人评级既要考虑债务人目前的风险特征，又要考虑经济衰退、行业发生不利变化对债务人还款能力和还款意愿的影响，并通过压力测试反映债务人的风险敏感性。如果数据有限，或难以预测将来发生事件对债务人财务状况的影响，商业银行应进行保守估计。

5. 评级标准

（1）商业银行应书面规定评级定义、过程和标准。评级定义和标准应合理、直观，且能够有意义地区分风险。

评级定义应包括各级别风险程度的描述和各级别之间风险大小的区分标准。评级标准应与商业银行的授信、不良贷款处置等政策保持一致性。

（2）商业银行的评级标准应考虑与债务人和债项评级相关的所有重要信息。商业银行拥有的信息越少，对债务人和债项的评级应越保守。

（3）商业银行应确保评级定义的描述详细、可操作，以便评级人员对债务人或债项进行合理划分。不同业务条线、部门和地区的评级标准应保持一致；如果存在差异，应对评级结果的可比性进行监测，并及时完善。

（4）商业银行采用基于专家判断的评级时，应确保评级标准清晰、透明，以便银监会、内审部门和其他第三方掌握评级方法、重复评级过程、评估级别的适当性。

（5）商业银行的内部评级可以参考外部评级结果，但不能仅依赖外部评级，并应满足下列条件：了解外部评级所考虑的风险因素和评级标准，确保外部评级结构与内部评级保持一致;有能力分析外部评级工具的预测能力;评估使用外部评级工具对内部评级的影响。

6. 模型使用

(1)信用风险计量模型应在评估违约特征和损失特征中发挥重要作用。由于信用风险计量模型仅使用部分信息,商业银行应通过必要的专家判断保证内部评级考虑了所有相关信息。专家判断应考虑模型未涉及的相关信息。商业银行应就如何结合专家判断和模型结果建立书面的指导意见。

(2)商业银行应能证明用于建模的数据代表资产组合的规模和特点,建立定期评估建模数据的准确性、完整性和适当性的程序,确保基于建模数据的风险参数有效应用于信贷组合管理。

(3)商业银行可以根据业务的复杂程度以及风险管理水平建立多种评级体系。商业银行应对各评级体系进行准确性和一致性的验证。

(4)商业银行应定期进行模型验证,包括对模型区分能力、预测能力、准确性和稳定性的监控,模型之间相互关系的复议以及模型预测结果和实际结果的返回检验。商业银行应有能力评估模型局限性,检查并控制模型错误,持续改进模型表现。

(5)商业银行应充分了解评级模型的基本假设,评估假设与现实经济环境的一致性。在经济环境发生改变时,商业银行应确保现有模型能够适用改变后的经济环境,评级结果差异在可控范围之内;如果模型结果达不到上述要求,商业银行应对模型结果进行保守调整。

7. 文档化管理

(1)商业银行应书面记录非零售风险暴露内部评级的设计,建立符合《商业银行资本管理办法(试行)》要求的文档。

(2)商业银行应书面记录内部评级的重要过程,至少包括:

评级目标;资产组合分类;各类风险暴露评级体系的适用性和依据;内部评级在信用风险管理和资本管理中的作用。

(3)商业银行应书面记录评级标准以及各级别的定义,至少包括:

① 评级方法和数据。

② 债务人评级和债项评级级别结构的确定依据及其含义,包括债务人和债项级别的数量、债务人和债项在不同级别之间的分布等。

③ 债务人各级别之间基于风险的关系,根据债务人级别的违约概率,确定各

级别的风险。

④ 债项各级别之间基于风险的关系,根据预期损失严重程度,确定各级别的风险。

⑤ 选择评级标准的依据和程序,确保能够对内部评级区分风险的能力做出分析;如果采用多种评级方法,应记录每种评级方法的选择依据和程序。

⑥ 违约和损失定义。

(五) 零售业务内部评级法

1. 零售风险分类

a. 零售风险暴露分为个人住房抵押贷款、合格循环零售风险暴露、其他零售风险暴露三大类。商业银行可以根据自身业务状况和管理实际,在上述基础上做进一步细分。b. 个人住房抵押贷款是指以购买个人住房为目的并以所购房产为抵押的贷款。c. 合格循环零售风险暴露指各类无担保的个人循环贷款。合格循环零售风险暴露中对单一客户最大信贷余额不超过 100 万元人民币。d. 其他零售风险暴露是指除个人住房抵押贷款和合格循环零售风险暴露之外的其他对自然人的债权。e. 符合《商业银行资本管理办法(试行)》规定的对微型和小型企业的风险暴露,可纳入其他零售风险暴露。

2. 零售风险基本要求

(1) 商业银行应建立零售风险暴露的风险分池体系,制定书面政策,确保对每笔零售风险暴露进行准确、可靠的区分,并分配到相应的资产池中。商业银行的风险分池政策应详细说明对一些特殊零售风险暴露的处理方式,包括不再推广但仍然存续的产品、暂无风险分池方法和标准的新产品等。

(2) 商业银行应对已违约和未违约的零售风险暴露分别进行风险划分;对不同国家的零售风险暴露,应分别进行风险划分,如商业银行能够证明,不同国家零售风险暴露的风险具有同质性,经银监会认可,可不单独分池。

(3) 商业银行应选择可靠的风险因素进行风险分池,这些因素应同时用于零售业务信用风险的管理。商业银行选择风险因素时,可以采用统计模型、专家判断或综合使用两种方法。

(4) 零售风险暴露的风险分池应同时反映债务人和债项主要风险特征。同一池中零售风险暴露的风险程度应保持一致,风险特征包括但不限于下列因素:

a. 债务人风险特征,包括债务人类别和人口统计特征等,如收入状况、年龄、职业、客户信用评分、地区等。b. 债项风险特征,包括产品和抵质押品的风险特征,如抵质押方式、抵质押比例、担保、优先性、账龄等。c. 逾期信息。

(5)商业银行应确保每个资产池中汇集足够多的同质风险暴露,并能够用于准确、一致地估计该池的违约概率、违约损失率和违约风险暴露。

(6)在确保有效区分风险的前提下,商业银行可以灵活地选择风险分池方法。商业银行风险分池方法应保证分池的稳定性和一致性,如果出现零售风险暴露在资产池之间频繁调整的情况,商业银行应审查风险分池方法。

(7)商业银行应保证零售风险暴露在资产池之间保持合理分布,避免单个池中零售风险暴露过于集中。若单个资产池中风险暴露超过该类零售风险暴露总量的30%,商业银行应向银监会证明该资产池中风险暴露具有风险同质性,并且不会影响估计该池的风险参数。

(8)对于个人住房抵押贷款和合格循环零售风险暴露,至少每年重新确定一次存量客户的分池;按照归入零售风险暴露小企业的标准,至少每年重新确定一次归入零售风险暴露的小企业名单。

(9)零售风险暴露风险分池的技术要求包括风险分池方法、风险分池标准和文档化管理。

3. 风险分池方法

(1)商业银行应根据数据情况选择分池方法,可以根据单笔风险暴露的评分、账龄等风险要素进行分池,也可根据单笔风险暴露的违约概率、违约损失率和违约风险暴露等风险参数进行分池。

(2)对于数据缺失的零售风险暴露,商业银行应充分利用已有数据,并通过风险分池体系的设计弥补数据不足的影响。数据缺失程度应作为风险分池的一个因素。

(3)商业银行采用信用评分模型或其他信用风险计量模型估计零售风险暴露风险参数时,相关模型的使用应达到《商业银行资本管理办法(试行)》要求。

4. 风险分池标准

(1)商业银行应建立书面的资产池定义以及风险分池流程、方法和标准,相关规定应明确、直观、详细,确保具有相同信用风险的零售风险暴露划分至同样的资产池。商业银行的风险分池的标准应与零售业务管理政策保持一致。风险分池结果应与长期经验保持一致。

(2)商业银行应确保不同业务条线、部门和地区的零售风险暴露分池标准一致,如果存在差异,应对风险划分结果的可比性进行监测,并及时完善。

(3)商业银行应确保分池标准的透明度,便于银监会、内审部门和其他第三方掌握风险分池方法、重复划分过程、评估风险分池的适当性。

（4）风险分池应考虑《商业银行资本管理办法（试行）》规定的所有相关信息。考虑债务人违约特征时，应包含债务人在不利经济状况或发生预料之外事件时的还款能力和还款意愿。商业银行难以预测将来发生的事件以及事件对债务人财务状况的影响时，应对预测信息持审慎态度。如果相关数据有限，商业银行应保守地进行相关分析。

（5）商业银行应采用长于一年时间跨度的数据，并尽量使用近期数据，确保风险分池的准确性、稳定性。商业银行拥有的信息越少，风险分池应越审慎。

5. 文档化管理

（1）商业银行应书面记录零售风险暴露风险分池的设计，建立符合《商业银行资本管理办法（试行）》要求的文档。商业银行应书面记录资产池分池方法和标准，至少包括：

① 分池所使用的方法、数据及原理；

② 资产池的确定依据及其含义，包括资产池的数量、风险暴露在不同池之间的分布、风险因素的选择方法、模型和选定的风险特征；

③ 资产池风险同质性分析、集中度分析以及风险划分的合理性、一致性等。商业银行应记录风险暴露在资产池之间的迁徙状况，以及对资产池与风险分池进行修改的依据及情况；

④ 违约和损失的定义。

（2）商业银行风险分池中使用计量模型的，应就模型的方法论、使用范围等建立完整的文档，文档应至少包括：

① 详细描述风险分池所使用模型的方法论、假设、数学及经验基础、建模数据来源。

② 建模数据对零售风险暴露的代表性检验情况。

③ 运用统计方法进行模型验证的情况，包括时段外和样本外验证。

④ 标示模型有效性受限制的情形，以及商业银行的解决方法。

（六）金融机构的内部评级法

（1）金融机构风险暴露是指商业银行对金融机构的债权。根据金融机构的不同属性，商业银行应将金融机构风险暴露分为银行类金融机构风险暴露和非银行类金融机构风险暴露。

（2）银行类金融机构包括在中华人民共和国境内设立的商业银行、农村合作银行、农村信用社等吸收公众存款的金融机构,以及在中华人民共和国境外注册并经所在国家或者地区金融监管当局批准的存款类金融机构。

(3)非银行类金融机构包括经批准设立的证券公司、保险公司、信托公司、财务公司、金融租赁公司、汽车金融公司、货币经纪公司、资产管理公司、基金公司以及其他受金融监管当局监管的机构。

(七)主权类内部评级法

主权类风险暴露是指对主权国家或经济实体区域及其中央银行、公共部门实体,以及多边开发银行、国际清算银行和国际货币基金组织等的债权。

多边开发银行包括世界银行集团、亚洲开发银行、欧洲复兴开发银行、法美开发银行、欧洲投资银行、北欧投资银行、加勒比海开发银行、伊斯兰开发银行、欧洲开发银行理事会。

商业银行一般要建立与主权类风险暴露规模和复杂程度相当的主权类风险评估体系,对已经开展的国家和地区进行风险评估。在评估的过程中,应当充分的考虑一个国家或者地区在可能发生危机的情况下做到及时的更新对该国家或者地区的风险评估。

计量条件允许的商业银行应当建立正式的主权类风险内部评估体系,反映主权类风险评估结果。主权类风险应当至少划分为低、较低、中等、较高、高等五个等级。主权类风险评估应当和贷款分类评估体系建立对应关系,在设立风险限额和确定损失准备金的计提水平时充分的考虑风险评级结果。

(八)股权类内部评级法

(1)股权风险暴露是指商业银行直接或间接持有的股东权益。

(2)纳入股权风险暴露的金融工具应同时满足如下条件。

① 持有该项金融工具获取收益的主要来源是未来资本利得,而不是随时间所产生的收益。

② 该项金融工具不可赎回,不属于发行方的债务。

③ 对发行方资产或收入具有剩余索取权。

(3)符合下列条件之一的金融工具应划分为股权风险暴露。

① 与商业银行一级资本具有同样结构的工具。

② 属于发行方债务但符合下列条件之一的金融工具。

a. 发行方可无限期推迟债务清偿。b. 债务须由发行方通过发行固定数量的股票来清偿,或允许按照发行方意愿通过发行固定数量的股票来清偿。c. 债务须由发行方通过发行不定数量的股票来清偿,或允许按照发行方意愿通过发行不定数量的股票来清偿,且不定数量股票价值变化与债务价值的变动高度相关。

d. 持有方有权要求以股票方式清偿债务,但以下情形除外:对可交易的工具,商业银行能证明且银监会也认可该工具的交易更具有发行方的债务特征;对不可交易的工具,商业银行能证明且银监会也认可该工具应作为债务处理。

三、经济资本管理

(一)经济资本管理概述

经济资本管理(Economic Capital Management)经济资本管理基于资本的稀缺性和高成本性,具有效益约束和风险约束的双效应,不仅可以提高商业银行的资本管理水平,而且通过发挥经济资本在商业银行经营管理中的预算管理、资源配置和绩效考核作用,推动我国商业银行向现代商业银行转变。从长远看,推行经济资本管理将对商业银行和银行监管当局产生重大的深远影响。经济资本管理基于资本的两个特征而建立:资本是稀缺的,因此必须将有限的资本有效地配置到最能增加银行价值的环节;资本是有成本的,因此必须强调对资本的回报,即对股东实现价值创造,并充分考虑到资本所承担的风险,实现收益、风险以及成本的统一。经济资本管理体系主要由三个部分构成:一是经济资本的计量,二是经济资本的预算分配制度,三是以经济增加值(EVA)和经风险因素调整的经济资本回报率(RAROC)为核心的绩效考核制度。

(二)经济资本管理中银行绩效考核

以 EVA 和 RAROC 为核心的绩效考核引入了资本的成本概念,更真实地反映了商业银行的利润,克服了商业银行传统的绩效考核以利润的绝对额为指标的缺陷,有利于商业银行的经营者更清醒地权衡经营风险及其回报,从而做出更符合商业银行实际利益的决策。

1. 绝对量指标

EVA = 经风险调整后税后净利润 − 经济资本 × 资本期望回报率 =(经济资本回报率 − 资本期望回报率)= 经济资本

2.相对比率指标

RAROC = 经风险调整后税后净利润／经济资本 =（净利息收入 + 非利息收入 + 投资收益 − 运营成本 − 预期损失准备支出 − 税项）

我国实施经济资本管理的商业银行对分支机构的绩效考核已逐步采用 EVA 和 RAROC 概念，只是对具体参数的设置（比如对经济资本的期望回报率）各行略有不同。建行等在经济资本管理实施方面走得更快的商业银行，已尝试将 RAROC 技术应用到具体产品的定价决策。随着我国商业银行经济资本管理能力的提升，经济资本管理将在我国商业银行的经营管理活动中发挥更大作用。

（三）实施经济资本管理对我国商业银行的影响

1.强化资本约束意识

经济资本管理强调了资本的有限性和高成本性，随着外部监管部门资本充足率监管力度的加强和股东对资本回报要求的提高，商业银行在经营决策时，不仅要考虑到资产扩张的速度、业务发展的规模以及所带来的收益，还要充分考虑到由此而带来的风险及其资本占用，将收益与风险和成本相统一。资本约束意识的增强将有力地扭转我国商业银行传统的重规模轻管理的经营思想，促使商业银行将经营管理的重心放在转变经营管理方式，优化资产结构和业务结构，提高经营效益之上。

2.培养全面风险管理意识，提高风险管理水平

作为经营风险的企业，商业银行需要对信用风险、操作风险、市场风险、流动性风险等进行合理的识别、计量、监测和控制。经济资本强调的是对银行所承担的所有风险（而不仅仅是商业银行面临的最大风险信用风险）所可能带来的非预期损失的抵御和弥补，实施经济资本管理可以强化商业银行的全面风险管理意识。同时，经济资本管理要求对各类风险进行精确的计量，并鼓励商业银行开发适合自己的风险计量技术和模型，将促进我国商业银行风险管理水平的提高。

3.准确计量各项业务的成本，完善绩效考核评价体系

长期以来，我国商业银行的绩效考核评价体系存在突出的制度性缺陷：一是以利润、资产规模的绝对量考核为主，忽视资本占用的成本，在一定程度上鼓励了片面追求账面利润和资产规模而漠视潜在风险的短期行为；二是现行的绩效考核评级体系未充分考虑到风险因素，经营收益未经风险调整；三是绩效考核评

价体系以横向为主,无法具体量化具体产品和业务条线的经营绩效,难以为经营决策提供支持。

经济资本管理克服了上述缺陷:EVA 强调了资本占用的成本,有助于商业银行尤其是其分支机构树立成本意识;RAROC 强调的是经过风险调整后的资本回报,并扣除了为预期风险所计提的专项准备金,更真实地反映了利润和资本回报率。同时,RAROC 技术还可以衡量具体的交易和账户,有助于真实反映各项业务给银行所创造的价值。

4. 提高商业银行科学决策和产品定价能力

RAROC 技术通过对具体产品、业务和区域的经济资本回报率的量化,为商业银行在制定经营发展战略时提供支持。比如,根据历史数据判断某项业务的经济资本回报率较高,商业银行在编制经营计划和经济资本预算时,可以通过资源配置、系数设定等方式,向全行传达总行对于此类业务的倾斜支持导向。

同时,RAROC 技术强调了风险因素,商业银行在为产品定价时,可以通过RAROC 技术推算出该项产品在什么价格水平才能达到预期的回报率,从而促进商业银行自主风险定价水平的提升。

5. 推进金融改革深入开展,进一步推动国有商业银行增强独立的市场主体意识

经济资本管理强化了国有商业银行的资本约束意识和成本意识,使过去因具有国家信用而忽视资本充足的国有商业银行深刻地认识到,资本是稀缺的和有成本的。随着股份制改革的深入,国有商业银行将面临着监管当局越来越严格的资本约束和市场越来越高的资本回报要求,这将督促国有商业银行切实转变经营理念,增强独立市场主体意识,推动股份制改革深入开展,真正将国有商业银行建设成资本充足、内控严密、运营安全、服务和效益良好的现代金融企业。

6. 经济资本具有风险约束和效益约束的双效应,有助于激励商业银行改进经营管理

经济资本不仅要抵御非预期损失,而且还在经营管理和资源配置中居于核心地位;不仅可以衡量一家银行的整体抗风险能力,而且还可以成为评价商业银行分支机构或业务条线经营绩效的标尺;将收益与风险、成本结合起来,有助于商业银行根据实际承担的风险为产品合理定价;支持和鼓励商业银行改进风险管理技术,积极开发内部计量模型,完善资本管理,从而更科学地保持合适的资

本持有量,激励商业银行改进资本管理。

(四) 实施经济资本管理银行监管当局的影响

1. 促进监管当局对经济资本与监管资本区别的认识

在实施经济资本管理的过程中,银行监管当局有必要,并且会逐步认识到监管资本和经济资本之间的不同。

(1) 经济资本是商业银行根据自身承担的实际风险计算出来的资本,是一种应有"虚拟资本",在数量上等于商业银行所面临的非预期损失额;监管资本是监管当局要求商业银行持有的最低资本,属于"法定资本",是一种实有的资本。从风险的角度说,经济资本代表的是风险,越小越好;监管资本则是抵御风险的屏障,越多越好。经济资本是从商业银行的视角看资本,而监管资本则是从监管当局的视角看资本。

(2) 经济资本具有更好的风险敏感性。监管资本是监管当局基于整个银行业的风险状况而划定的粗线条的最低资本充足要求,在统一的资本充足要求下,既可能出现资本充足率达到法定要求而仍不足以覆盖风险的情况,也可能出现对资产状况良好的银行过高的资本充足约束。与监管资本相比较,经济资本更好地反映了特定商业银行的实际风险状况及资本真实需求,因而对商业银行的风险具有更好的敏感性。

(3) 经济资本覆盖的风险范围更广。根据《新资本协议》规定,监管资本主要是覆盖信用风险、市场风险和操作风险,而我国《商业银行资本管理办法(试行)》规定监管资本主要是抵御信用风险和市场风险,由此可见,监管资本覆盖的是商业银行面临的主要风险而非全部风险。普华永道的研究表明,经济资本管理覆盖的风险范围更为宽广,不仅包括信用风险、市场风险和操作风险,还包括流动性风险、法律风险、声誉风险等。

2. 推动监管当局加强在风险计量、资本充足监管等方面能力建设

《商业银行资本管理办法(试行)》是我国监管当局根据商业银行资本管理能力和监管水平的实际情况,全面借鉴 1988 年巴塞尔资本协议和即将出台的巴塞尔《新资本协议》制定而成,但是在风险敏感度、资本标准及计量等方面与《新资本协议》仍有一定的差距,对商业银行的分类也是粗线条的。与《商业银行资本管理办法(试行)》规定相比,经济资本管理鼓励商业银行开发适合自己的风险和资本计量模型,从长远看,与《新资本协议》的内部评级法的发展方向趋同。

随着我国商业银行及监管当局资本管理和监管水平的提高,经济资本将在我国商业银行中得到更广泛的应用,这就对监管当局提出了更高的要求,促进监管当局加强对资本计量和资本充足监管技术等方面的跟踪、学习,提升相应的监管能力。

四、东亚银行案例

东亚银行有限公司(The Bank of East Asia Limited,简称 BEA,港交所:0023)、(OTCBB:BKEAY)(卓佳集团母公司),恒指成分股,是在香港交易所上市的金融公司,也是香港最大的独立华资银行。主要业务为提供银行及相关金融服务,以及商务、企业及投资者服务。公司成立于 1918 年,在香港注册,现任董事局主席兼行政总裁为李国宝。2011 年综合资产总额为 6 114 亿港元(787 亿美元)纯利为 43. 58 亿港元。新资本协议实施以来,东亚银行在信用风险管理方面做了许多的努力。

(一)东亚银行风险管理的组织架构

董事会对全行的风险管理负责,下设风险管理委员会。在风险管理委员会下根据风险类别设立四个子委员会:一是信用风险委员会,负责信用风险管理;二是资产负债管理委员会,负责利率风险、流动性风险、市场风险和战略风险管理;三是操作和其他风险管理委员会,负责操作风险、法律风险和声誉风险的管理;四是新资本协议实施项目委员会,负责与巴塞尔项目实施有关的风险管理。

(二)东亚银行新资本协议实施概况

1. 实施新资本协议的影响和挑战

实施新资本协议对东亚银行的影响主要体现在以下几方面:一是将资本与风险建立了更为敏感的联系,风险越大,资本要求越多;二是风险量化结果能够更好地应用于业务实际中,提升了风险管理水平和贷款定价的水平,给业务管理提供了良好的基础;三是能够更好地管理资本,并对不同业务条线、业务部门进行绩效的考核。

东亚银行认为,实施新资本协议面临着三大挑战:一是文化的变更。银行不同层面都需要根据新资本协议的要求进行文化、理论方面的冲击。二是模型的开发。对亚洲大多数的银行而言,模型开发的数据不足,特别是低违约资产组合。三是沉重的财务支出和相关人员数据不足。实施新资本协议,银行面临大量的支出,包括模型的建立,IT系统的开发、人员的培训,另外,由于新资本协议要求较高,银行缺乏足够的专业人才。

2. 实施方法

东亚银行将实施新资本协议方法定位于:信用风险实施内部评级初级法,市场风险采用内部模型法,操作风险采用标准法。在获准实施内部评级法之前,该行使用基础法计提信用风险资本要求。目前,该行内部评级法的覆盖范围已达85%,达到了香港金管局的标准。

3. 组织框架

为实施新资本协议,东亚银行设立了专门的委员负责新资本协议项目的开发管理、协调和实施工作。建立项目领导小组和工作小组。领导小组成员包括董事会成员和首席执行官。工作小组由首席风险官负责,成员包括风险管理部、内部审计部、IT部门、财务部、各业务条线部门、财务部、IT部门的负责人。东亚银行的新资本协议项目于2003年开始,共有84人加入其中,目前仍有40人左右全职参加该项目。该行对实施该项目高度重视,一次性批准了2 600万美元的预算支出,用于模型引进,IT改造以及项目的开发支出。

为了实施信用风险IRB,东亚银行将信用风险项目的开发分解为以下三个阶段:一是用8个月的时间购买第三方的模型并利用自己的数据,集中建立自己的数据仓库;二是用1年的时间,进行模型开发、使用,对模型进行返回测试,培训使用者;三是从第三方进行知识转移,制定评级相关的政策和报告,对分支行进行政策培训,建立新的信贷文化,这是一个持续时间较长的过程。

4. IT系统

东亚银行高度重视数据和IT系统。建立了一个数据集市,集中各个系统的数据用于开发模型、计算资本充足率、生成各种管理报告。对于现有的信贷系统不能提供的数据,东亚银行开发了临时的数据系统:数据收集项目(Date Capture Program)采集新资本协议需要的数据。为了保证数据的准确性,银行还建立了相关的流程来保证数据的采集、存储、验证和整合。

IT部门建立了专职的团队为新资本协议实施有关的系统提供强有力的IT支持,建立功能完备的数据仓库,并为各系统数据的共享和整合提供技术支持。风险管理部建立了专门的数据管理小组,负责监控数据的质量。操作和其他风险管理委员会也对数据质量的管理出台专门的指引。

（三）东亚银行信用风险管理

1. 信用风险管理的总体架构

信用委员会（Credit Committee）由董事会授权负责集团的信用风险，它通过董事会下设的风险管理委员会向董事会报告。

信用委员会对不同层面和不同维度设置信用风险限额。主要的风险限额需要得到董事会的批准，董事会授权信用委员会负责具体的限额管理和控制，在限额管理过程中，需要考虑风险、收益以及市场的状况。

2. 评级体系的结构

东亚银行采用两维的评级方法对公司风险暴露进行评级：PD 评级和 EL 评级（由于东亚银行目前申请实行 IRB 初级法，因此没有单独计算 LGD）。对于专业贷款，东亚银行采用 HKMA 的监管标准，并将其评级映射到内部 20 级的贷款评级系统。

东亚银行为不同的风险暴露开发了不同的模型，包括 Moody's Risk Advisor 模型，Criedit Edge 模型。东亚银行运用 KS 和基尼系数来检验模型的预测能力，并作为模型的取舍标准。对于公司暴露，东亚银行自行估计 PD，但使用监管当局提供的 EAD 和 LGD。对于零售暴露，东亚银行能够估计 PD、EAD 和 LGD；对于其他模型不适用的案例，东亚银行开发了专家判断模型（EJM）进行评级，由于数量不多，对这些暴露，采用信用风险标准法来计算资本要求。目前，评级模型主要应用于信用审批、信贷监控、贷款分类、定价、帮助制定业务发展战略、资本充足评估几个方面。

3. 零售暴露分池

东亚银行对零售暴露分池没有对于最低数量的要求，银行在地区和产品层面上分析损失特征来进行分池，银行有足够的数据来支持分池。关于零售评分卡，东亚银行有两种评分卡，一种是用于市场开发的申请评分卡，另一种是用于风险管理的行为评分卡。运用行为评分卡可以用来选择优质的客户，而用申请评分卡可以为市场开发进行客户的分类。

4. 零售暴露的评级推翻

像其他暴露一样，零售暴露也建立了相应的评级推翻政策：只有当一些因素没有被模型所考虑时也可以推翻的理由，对评级上调有数量上的限制，但对评级下调没有限制,所有评级推翻的信息都将被系统记录并为以后的验证提供方便。

5. 评级模型验证

模型验证包括两方面:一是审核内部评级模型(定量评估),二是审核内部控制和合规使用(定性评估)。信用委员会监督每年一次的模型验证程序并批准验证的结果和交付品。为了保证验证的独立性和准确性,银行建立了一些基本的规则:负责验证的人员需要独立于评级系统的设计和开发的人员;验证周期不能超过 12 个月,并且距离上次验证周期不能多于 18 个月。评级模型的返回测试包括在年度验证过程中,一般情况,东亚银行每季开展一次压力测试。

6. 低违约暴露(LDP)的处理

低违约暴露主要包括两类资产类别:银行暴露和主权暴露,如果存在外部数据,东亚银行以外部数据作为基准;如果没有外部数据,银行利用 EJM 方面进行评级,并对这部分暴露采用标准法计算资本要求。目前,东亚银行对银行暴露,如果客户是上市银行或者上市银行集团的子公司,采用 Moody's Credit Edge 模型对客户进行评级,否则采用银行的专家判断模型(EJM);对主权暴露,银行主要使用外部评级公司的结果。

第二节　第一支柱对市场风险管理的影响

巴塞尔委员会 1996 年颁布的《资本协议市场风险补充规定》将市场风险定义为:由于市场价格的变动,银行表内和表外头寸会面临遭受损失的风险。委员会将根据导致市场风险因素的不同将市场风险划分为利率风险、股票风险、汇率风险和商品风险。中国银监会在《商业银行市场风险管理指引》中,将市场风险界定为因市场价格(利率、汇率、股票价格和商品价格)的不利变动而使银行表内和表外业务发生损失的风险。市场风险存在于商业银行的交易和非交易业务之中。

市场风险管理的基础和核心是对风险的定量分析和评估。随着金融理论的发展和成熟,市场风险的计量方法也更为综合、复杂。本节将分别介绍市场风险计量标准法和内部评级法,最后借鉴国际经验,以英国巴克莱银行市场风险管理案例阐述银行实施巴塞尔协议 Ⅲ 的具体实践。

一、市场风险计量标准法

（一）主要市场风险分类

1. 利率风险

利率风险包括交易账户中的债券（固定利率和浮动利率债券、央行票据、可转让存单、不可转换优先股及按照债券交易规则进行交易的可转换债券）、利率及债券衍生工具头寸的风险。利率风险的资本要求包括特定市场风险和一般市场风险的资本要求两部分。

（1）特定市场风险（附表1：特定市场风险计提比率对应表）

① 政府证券包含各国中央政府和中央银行发行的各类债券和短期融资工具。

我国中央政府、中国人民银行及政策性银行发行的债券的资本计提比率均为0%。

② 合格证券包括多边开发银行、国际清算银行和国际货币基金组织发行的债券；我国公共部门实体和商业银行发行的债券；被至少两家合格外部评级机构评为投资级别（BB＋以上）的发行主体发行的债券。

③ 对于其他发行主体发行的债券，其资本计提比率为证券发行主体所对应的信用风险权重除以12.5，具体风险权重根据《商业银行资本管理办法（试行）》确定。资产证券化风险暴露的风险权重也根据《商业银行资本管理办法（试行）》确定。

（2）一般市场风险。

① 一般市场风险的资本要求包含以下三部分：a. 每时段内加权多头和空头头寸可相互对冲的部分所对应的垂直资本要求。b. 不同时段间加权多头和空头头寸可相互对冲的部分所对应的横向资本要求。c. 整个交易账户的加权净多头或净空头头寸所对应的资本要求。

② 商业银行可以采用到期日法或久期法计算利率风险的一般市场风险资本要求。

③ 商业银行采用到期日法计算一般市场风险资本要求，应先对各头寸划分时区和时段，时段的划分和匹配的风险权重见附表2（时段和权重），时区的划分和匹配的风险权重见附表3（时区和权重）。到期日法具体计算步骤如下：

第一，各时段的头寸乘以相应的风险权重计算各时段的加权头寸。第二，各时段的加权多头、空头头寸可相互对冲的部分乘以10%得出垂直资本要求。第三，各时段的加权多头头寸和加权空头头寸进行抵消得出各个时段的加权头寸净额；将在各时区内各时段的加权头寸净额之间的可相互对冲的部分乘以附表3所列的同一区内的权重得出各个时区内的横向资本要求。第四，各时区内各时段的加权头寸净额进行抵消，得出各时区加权头寸净额；每两个时区加权头寸净额之间可相互对冲的部分乘以附表3所列的相邻区内以及1区和3区之间的权重得出时区间的横向资本要求。第五，各时区加权头寸净额进行抵消，得出整个交易账户的加权净多头或净空头头寸所对应的资本要求。

（3）利率及债券衍生工具。

① 利率衍生工具包括受利率变化影响的衍生金融工具，如：利率期货、远期利率协议、利率互换及交叉货币互换合约、利率期权及远期外汇头寸。

债券衍生工具包括债券的远期、期货和债券期权。

② 衍生工具应转换为基础工具，并按基础工具的特定市场风险和一般市场风险的方法计算资本要求。利率和货币互换、远期利率协议、远期外汇合约、利率期货及利率指数期货不必计算特定市场风险的资本要求；如果期货合约的基础工具是债券或代表债券组合的指数，则应根据发行主体的信用风险计算特定市场风险资本要求。

2. 股票风险

股票风险是指交易账户中股票及股票衍生金融工具头寸的风险。其中股票是指按照股票交易规则进行交易的所有金融工具，包括普通股（不考虑是否具有投票权）、可转换债券和买卖股票的承诺。

（1）特定市场风险和一般市场风险。特定市场风险的资本要求等于各不同市场中各类股票多头头寸绝对值及空头头寸绝对值之和乘以8%后所得各项数值之和。一般市场风险对应的资本要求，等于各不同市场中各类多头及空头头寸抵消后股票净头寸的绝对值乘以8%后所得各项数值之和。

（2）股票衍生工具。股票衍生工具包括股票和股票指数的远期、期货及互换合约。

衍生工具应转换为基础工具，并按基础工具的特定市场风险和一般市场风险的方法计算资本要求。

3. 外汇风险

外汇风险是指外汇（包括黄金）及外汇衍生金融工具头寸的风险。

（1）结构性外汇风险暴露。

结构性外汇风险暴露是指结构性资产或负债形成的非交易性的外汇风险暴露。结构性资产或负债指经营上难以避免的策略性外币资产或负债,可包括:

① 经扣除折旧后的固定资产和物业。

② 与记账本位币所属货币不同的资本(营运资金)和法定储备。

③ 对海外附属公司和关联公司的投资。

④ 为维持资本充足率稳定而持有的头寸。

(2)外汇风险的资本要求。

外汇风险的资本要求等于净风险暴露头寸总额乘以8%。

净风险暴露头寸总额等于以下两项之和:

① 外币资产组合(不包括黄金)的净多头头寸之和(净头寸为多头的所有币种的净头寸之和)与净空头头寸之和(净头寸为空头的所有币种的净头寸之和的绝对值)中的较大者。

② 黄金的净头寸。

(3)外汇衍生工具。

外汇衍生工具应转换为基础工具,并按基础工具的方法计算市场风险资本要求。

4. 商品风险

适用于商品、商品远期、商品期货、商品互换。这里的商品是指可以在二级市场买卖的实物产品,如贵金属(不包括黄金)、农产品和矿物(包括石油)等。

商品风险对应的资本要求等于以下两项之和:

① 各项商品净头寸的绝对值之和乘以15%。

② 各项商品总头寸(多头头寸加上空头头寸的绝对值)之和乘以3%。

5. 期权风险

(1)仅购买期权的商业银行可以使用简易的计算方法。

① 银行如持有现货多头和看跌期权多头,或持有现货空头和看涨期权多头,资本要求等于期权合约对应的基础工具的市场价值乘以特定市场风险和一般市场风险资本要求比率之和,再减去期权溢价。资本要求最低为零。

② 银行如持有看涨期权多头或看跌期权多头,资本要求等于基础工具的市场价值乘以该基础工具的特定市场风险和一般市场风险资本要求比率之和与期权的市场价值两者中的较小者。

(2)同时卖出期权的商业银行应使用"得尔塔 +(Delta-plus)"方法。

"得尔塔＋"方法计算的资本要求由以下三部分组成。

① 期权基础工具的市值乘以该期权的得尔塔值得到得尔塔加权期权头寸，然后将得尔塔加权头寸加入到基础工具的头寸中计算资本要求。

伽马（Gamma）风险的资本要求。

$$伽马效应值 = 0.5 \times Gamma \times (VU)^2$$

VU 为期权基础工具的变动。

其中：

a. 对于利率期权，当基础工具为债券时：VU ＝ 基础工具市值 × 附表 3 中相应时段的风险权重。

b. 当基础工具为利率时：VU ＝ 基础工具市值 × 相应时段的假定收益率变化。

c. 当基础工具为股票、股指、外汇与黄金时：VU ＝ 基础工具市值 × 8%。

d. 当基础工具为商品时：VU ＝ 基础工具市值 × 15%。同一基础工具每项期权对应的伽马效应值相加得出每一基础工具的净伽马效应值。仅当基础工具的净伽马效应值为负值时，才须计算相应的资本要求，且资本要求总额等于这些净伽马效应值之和的绝对值。

② 维加（vega）风险的资本要求。

基础工具维加风险的资本要求 ＝ 25% × 该基础工具波动率 × 该基础工具的各项期权的维加值之和。维加风险的资本要求总额，等于各项基础工具维加风险的资本要求之和。

6. 承销

商业银行采取包销方式承销债券等工具时，应使用下述方法计提相应的市场风险资本。

（1）商业银行按以下方式确定需计提市场风险资本的承销业务风险暴露额：需计提市场风险资本的承销业务风险暴露额 ＝ 每日日终承销余额 × 转换系数

（2）自确定承销债券的金额和价格之日起，转换系数为 50%；自缴款日起，将转换系数调为 100%，直至债券全部出售。

（3）每日计算得出的需计提市场风险资本要求承销业务风险暴露作为交易账户头寸，根据所承销债券的类型和发行主体，计算相应的市场风险资本要求，包括一般市场风险和特定市场风险。

7. 交易账户信用衍生产品

商业银行应将交易账户信用衍生产品转换为相关信用参考实体的本金头寸,并使用其当前市值计算利率风险的市场风险资本要求,交易账户信用衍生产品转换规则见附表 4。

二、市场风险计量内部模型法

(一)VaR 的概念

1. 基本原理

风险价值是指在一定的持有期和给定的置信水平下,利率、汇率等市场风险要素发生变化时可能对某项资金头寸、资产组合或机构造成的潜在的最大损失。

风险价值通常是由银行的内部市场风险计量模型来估算。目前,常用的风险价值模型技术主要有三种:方差—协方差、历史模拟法和蒙特卡洛法。现在,风险价值已成为计量市场风险的主要指标,也是银行采用内部模型计算市场风险资本要求的主要依据。

市场风险内部模型已成为市场风险的主要计量方法。与缺口分析、久期分析等传统的市场风险计量方法相比,市场风险内部模型的主要优点是可以将不同业务、不同类别的市场风险用一个确切的数值来表示,是一种能在不同业务和风险类别之间进行比较和汇总的市场风险计量方法,而且将隐性风险显性化之后,有利于进行风险的监测、管理和控制。同时,由于风险价值具有高度的概括性,简明易懂,因此,适宜董事会和高级管理层了解本行市场风险的总体水平。

市场风险内部模型法也存在一定的局限性:第一,市场风险内部模型计算的风险水平,不能反映资产组合的构成及其对价格波动的敏感性,对风险管理的具体作用有限,需要辅之以敏感性分析、情景分析等非统计类方法;第二,市场风险内部模型法未涵盖价格剧烈波动等可能会对银行造成重大损失的突发性小概率事件,需要采用压力测试对其进行补充;第三,大多数市场风险内部模型只能计算交易业务中的市场风险,不能计量非交易业务中的市场风险。因此,采用内部模型的商业银行应当恰当理解和运用市场风险内部模型的计算结果,并充分认识到内部模型的局限性,运用压力测试和其他非统计类计量方法对内部模型方法进行补充。

2. 方差—协方差法

方差—协方差法,又称德尔塔正态法。其优点是原理简单,计算快捷。确定表现在三个方面：一是不能预测突发事件的风险，原因是方差－协方差法是基于历史数据来估计未来，其成立的假设条件是未来和过去存在着分布的一致性，而突发事件打破了这种分布的一致性，其风险无法从历史序列模型中得到揭示。二是方差－协方差法的正态假设条件受到质疑，由于"肥尾"现象广泛存在，许多金融资产的收益率分布并不符合正态分布，这样，基于正态近似的模型往往会低估实际的风险值。三是方差－协方差法只反映了风险因子对整个组合的一阶线性影响，无法充分度量非线性金融工具（如期权）的风险。

3. 历史模拟法

历史模拟法是运用当前资产组合中各证券的权重和各证券的历史数据重新构造资产组合的历史序列，从而得到重新构造资产组合收益率的时间序列。

历史模拟法克服了方差－协方差法的一些缺陷，如考虑了"肥尾"现象，能度量非线性金融工具的风险等，而且历史模拟法是通过历史数据构造收益率分布，不依赖特定的定价模型，这样，也不存在模型风险。

但历史模拟法仍存在不少缺陷：首先，风险包含着时间的变化，单纯依靠历史数据进行风险度量，将低估突发性的收益率波动；其次，风险度量的结果受制于历史周期的长度；再次，历史模拟法以大量的历史数据为基础，对数据的依赖性强；最后，历史模拟法在度量较为庞大且结构复杂的资产组合风险时，工作量十分繁重。

4. 蒙特卡洛模拟法

蒙特卡洛法分两步进行：第一步，设定金融变量的随即过程及过程参数；第二步针对未来利率所有可能的路径情景，模拟资产组合中各证券的价格走势，从而编制出资产组合的收益率分布来度量 VaR。

蒙特卡洛模拟法的优点包括：它是一种全值估计方法，可以处理非线性、大幅波动及"肥尾"问题；产生大量路径模拟情景，比历史模拟方法更精确和可靠；可以通过设置消减因子，使得模拟结果对近期市场的变化更快地做出反映。其缺点包括：对于基础风险因素仍然有一定的假设，存在一定的模型风险；计算量很大，且准确性的提高速度较慢，如果一个因素的准确性要提高 10 倍，就必须将模拟数增加 100 倍以上；如果产生的数据序列是伪随机数，可能导致错误结果。

5. 压力测试法

（1）商业银行使用内部模型法计量市场风险资本要求，应按《商业银行资本管理办法（试行）》要求进行相应的压力测试。

商业银行压力测试所用的压力情景应涵盖可能使其交易组合产生重大损失、对其交易组合造成重大不利影响，或会引致风险事前或事后管理相当困难的各种潜在风险因素。这些风险因素应包括各种主要风险类别中的低概率事件，并反映事件对具有线性和非线性价格特征的头寸的影响。

（2）商业银行应具备按日进行压力测试的能力。同时，应定期评估压力情景下的风险状况，尤其应对压力测试所揭示的主要风险点和脆弱环节予以特别关注，若压力测试显示商业银行受某种特定情景的负面影响显著，应通过降低风险暴露或分配更多资本等方式进行管理。

（3）商业银行应制定市场风险压力测试方案。

压力测试方案应重点关注如下方面：集中度风险、压力市场条件下的市场流动性不足、单一走势市场、事件风险、非线性产品及内部模型可能无法适当反映的其他风险。

压力测试方案应得到商业银行董事会及高级管理层的批准，并进行定期评估和修订。高级管理层应定期审查压力测试结果，在评估资本充足程度时予以考虑，并在管理层和董事会制定的政策和限额中予以体现。

（4）压力测试应同时具有定量和定性标准，同时考虑由市场动荡引起的市场风险和流动性风险。定量标准应明确商业银行可能会面对的压力情况；定性标准应强调压力测试目标是评估商业银行资本吸纳潜在大额亏损的能力，及寻求可以采取的降低风险及节约资本的措施。

（5）商业银行应选用最适合其业务规模及复杂程度的压力测试技术，包括敏感性测试和情景测试等。

（6）商业银行可以根据其组合的持仓规模、结构特点和复杂程度，确定压力情景的具体内容，并涵盖不同的严峻程度。压力情景依其性质有三个方面。

① 无需银行模拟的监管要求情景。商业银行应报告其每季度 5 个最大单日损失信息，供银监会审查。损失信息应与其内部计量系统计算出的资本水平相对比。

② 需银行模拟的历史情景。商业银行应分别测试其交易组合在两类历史情景下的表现：第一类是当市场价格发生剧烈波动或市场流动性急剧下降时的历史情景；第二类是当风险因素的相关性和波动率发生极端变化时的历史情景。

③ 商业银行自行设计的反映其交易组合特性的压力情景。商业银行应根据其自身资产组合特性，自行设计压力测试情景，识别最不利的市场情况。商业银行应向银监会说明其识别和执行此类压力情景的方法，并说明此类情景引发的结果。

（7）商业银行应制订完备流程以确保进行全面的市场风险压力测试。相关流程应至少包括以下内容：分析交易组合特性及其业务所处的外部市场环境，以确定应在压力情况下进行测试的主要风险因素；设计适当的交易组合压力测试，包括可能的压力事件及情况的具体说明；以文件形式记录压力测试所用的假设及得出有关假设的方法；定期进行压力测试，分析压力测试结果以确定易受影响的环节及潜在风险；向商业银行高级管理层及有关管理人员报告压力测试结果；确定在压力情况下应采取的适当补救措施，以应对压力测试发现的潜在风险；向董事会报告有关压力测试结果及拟采取的补救措施。

（8）商业银行应根据交易组合特性及外部市场环境的变化，定期审核压力测试方案，评估压力测试所使用的基本假设是否仍然有效。审核应至少包括以下内容：压力测试方案涵盖的风险因素；压力测试是否融入日常风险管理；压力测试程序的核准过程，包括其后作出重大修改的授权；进行压力测试所用持仓数据的准确性及完整性；进行压力测试所用数据来源的一致性、及时性和可靠性；压力测试程序的文档记录的充分性。

三、英国巴克莱银行案例

英国巴克莱银行是英国的四大银行之一，在英国设有 2 000 多家分行，在全球 60 多个国家经营业务。巴克莱银行的业务板块主要包括英国银行业务（UK Banking）、巴克莱资本（Barclays Capital）、巴克莱信用卡业务（Barclaycard）、财富管理（Wealth Management）、国际零售和商业银行业务（International Retail and Commercial Banking）、巴克莱全球投资者（Barclays Global Investor）六大部分。近十年来，巴克莱银行十分注重不断拓展其业务的广度和深度，资产和业务规模不断扩大。目前，巴克莱银行在投资银行和资产管理两个领域走在了欧洲银行业的前列。在巴克莱银行各项业务快速拓展的过程中，巴克莱银行成功的风险管理为其提供了强有力的支撑。

1. 巴克莱银行风险管理的特点之一是分工明确，职责清晰

基本的职责分工贯穿于整个集团组织内部。在董事会下都设有风险管理委员会，首席风险执行官（CRO）或集团风险执行董事为董事会成员，负责风险管理委员会并向董事会报告工作。风险管理委员会通常设在集团总部和大区分行两个层面。后者除要向集团风险董事汇报工作以外，还要根据当地银行监管当局的要求开展风险管理工作。风险管理委员会一般由风险管理、信贷、投资、交易、财会、IT 等部门的负责人组成。集团风险管理部门内部按照风险类型设置团队，

在信贷、各类交易和所有能够产生风险的领域均设置风险经理,总部对风险经理实行垂直管理,以保证其独立性和履行职责的客观公正性。

2. 巴克莱银行的风险管理程序

把风险管理视作一个持续的循环管理过程:董事会负责确定风险管理政策、标准;风险管理部门负责把其转化为可执行的方法体系并负责风险政策的执行和风险控制;通过对主体业务领域和关键部位、环节的风险管理和过程控制,对各类风险因素分析并形成风险管理报告,对下一步提出展望及改革建议上报董事会,董事会再据此修订政策及标准体系,然后开始下一轮循环。这种周而复始持续改进的过程,可以支持风险管理能力和水平的不断提升,保证风险管理的内容及方法体系随时间发展、条件变化不断有补充和更新,从而保证其有效性的不断发挥。

3. 建立规范统一的风险管理程序

巴克莱银行针对不同类型的风险制定了一套由五个步骤组成的风险管理程序,所有风险统一按照此套程序进行管理。

(1)指导(Direct):主要包括理解实现集团战略的主要风险,建立风险偏好体系,沟通建立包括职责、权限和关键控制的风险管理框架。

(2)评估(Assess):包括建立识别和分析业务风险的程序,批准和实施计量和报告的标准以及方法。

(3)控制(Control):建立关键控制程序和操作,包括限额结构、资本补充标准和报告要求;监控控制的进展、风险的动向和限额;提供与偏好或控制相背离的早期预警;确保风险管理的操作和条件与业务环境相符合。

(4)报告(Report):解释和报告风险暴露、风险集中度以及风险承担的结果;解释和报告风险的敏感性和关键风险指标;与外部群体的交流。

(5)管理和分析(Manage and Challenge):检查和分析集团总体风险轮廓的各个方面,评估新的风险与收益机遇,建议优化集团总体的风险轮廓,检查分析风险管理的操作实践。

4. 市场风险有效管理

虽然巴克莱银行对其内部风险的分类已经超过了巴塞尔新资本协议中的要求,并为各类风险配置经济资本,但对于巴克莱银行来讲,对三大风险的管理仍是其主要任务。在规范统一的风险管理程序指导下,巴克莱银行对市场风险的管理卓有成效。

　　巴克莱银行将市场风险分为三大类,分别是交易市场风险、资产和负债风险、其他市场风险。在巴克莱银行内部,风险管理委员会批准所有类型市场风险的风险偏好;市场风险总监负责市场风险的整体控制,并在风险总监和风险监控委员会的授权下,在市场风险偏好范围内设定限额管理体系。市场风险总监的工作由专门的市场风险管理团队和业务条线的风险管理部门来支持协助。每天都要形成一份巴克莱银行整体市场风险的报告,主要是相对于许可限额的风险暴露。另外,业务条线的负责人在业务条线风险管理部门的协助下,负责与其业务相关的所有市场风险的识别、度量和管理。同时,业务条线还要考虑与业务相关的流动性风险。巴克莱银行在市场风险管理方面采用了日在险价值(Daily Value at Risk)、压力测试、年在险收益(Annual Earnings at Risk)和经济资本等方法和技术。DVaR 采用历史模拟法,利用两年的历史数据进行计算,同时利用返回检验(Back-testing)方法进行校验。AEaR 主要度量年收益对市场利率变动的敏感性,置信区间为 99%,时间跨度为一年,主要用来度量结构性利率风险和结构资产管理风险。

第三节　　第一支柱对操作风险管理的影响

　　国际金融界对操作风险的定义林林总总,不同的组织机构对操作风险提出了不同的定义。在诸多的定义中以英国行家协会(BBA)所做的定义最为完整。BBA 认为:操作风险是由于内部程序、人员、系统的不完整或失误,或者外部事件造成的直接或者间接的损失风险。巴塞尔委员会充分的借鉴 BBA 对操作风险的定义,新资本协议规定:操作风险是由于不完善或者有问题的内部程序或者外部事件所造成的风险,包括法律风险、但不包括策略风险和声誉风险。

　　目前常见的操作风险分类方法是基于操作风险的来源,主要有以下几种:交易处理风险,欺诈,信息系统风险,技术风险,模型风险和会计风险。巴塞尔委员会给定了 3 种在复杂性和风险敏感度方面渐次加强的方法计算操作风险的资本,即基本指标法、标准法和高级计量法,鼓励商业银行提高风险管理程度,采用更加精确的计量方法。本节介绍操作风险基本指标法、标准法和高级计量法,最后借鉴国际经验,以荷兰银行操作风险管理案例阐述国外银行实施"巴塞尔协议Ⅲ"的具体实践。

一、基本指标法

（一）基本指标法概述

商业银行采用基本指标法，应当以总收入为基础计量操作风险资本要求。商业银行应当按照《商业银行资本管理办法（试行）》规定确认总收入。总收入为净利息收入与净非利息收入之和。

商业银行采用基本指标法，应当按照以下公式计量操作风险资本要求：

$$K_{BIA} = \frac{\sum_{i=1}^{n}(GI_i \times \alpha)}{n}$$

式中：

K_{BIA}——按基本指标法计量的操作风险资本要求。

GI——过去三年中每年正的总收入。

n——过去三年中总收入为正的年数。

α——15%。

（二）基本指标法总收入定义：

总收入为净利息收入与净非利息收入之和（总收入构成说明见附表5）。

二、标准法

（一）标准法概述

商业银行采用标准法，应当以各业务条线的总收入为基础计量操作风险资本要求。商业银行采用标准法，应当按照《商业银行资本管理办法（试行）》的规定将全部业务划分为公司金融、交易和销售、零售银行、商业银行、支付和清算、代理服务、资产管理、零售经纪和其他业务等9个业务条线。

商业银行采用标准法，应当按照以下公式计量操作风险资本要求：

$$K_{TSA} = \left\{ \sum_{i=1}^{3} \mathrm{Max}\left[\sum_{i=1}^{9}(GI_i \times \beta_i), 0 \right] \right\} / 3$$

式中：

K_{TSA}——按标准法计量的操作风险资本要求。

$$\text{Max}\left[\sum_{i=1}^{9}(GI_i\times\beta_i),0\right]$$ ——指各年为正的操作风险资本要求。

GI_i——各业务条线总收入。

β_i——各业务条线的操作风险资本系数。

（二）各业务条线的操作风险资本系数（β）如下

（1）零售银行、资产管理和零售经纪业务条线的操作风险资本系数为12%。

（2）商业银行和代理服务业务条线的操作风险资本系数为15%。

（3）公司金融、支付和清算、交易和销售以及其他业务条线的操作风险资本系数为18%。

（三）标准法实施条件及业务条线归类

1. 实施条件

商业银行采用标准法，应当符合以下条件：

（1）商业银行应当建立清晰的操作风险管理组织架构、政策、工具、流程和报告路线。董事会应承担监控操作风险管理有效性的最终责任，高级管理层应负责执行董事会批准的操作风险管理策略、总体政策及体系。商业银行应指定部门专门负责全行操作风险管理体系的建设，组织实施操作风险的识别、监测、评估、计量、控制、缓释、监督与报告等。商业银行应在全行范围内建立激励机制鼓励改进操作风险管理。

（2）商业银行应当建立与本行的业务性质、规模和产品复杂程度相适应的操作风险管理系统。该管理系统应能够记录和存储与操作风险损失相关的数据和操作风险事件信息，能够支持操作风险及控制措施的自我评估和对关键风险指标的监测。该管理系统应配备完整的制度文件，规定对未遵守制度的情况进行合理的处置和补救。

（3）商业银行应当系统性地收集、跟踪和分析与操作风险相关的数据，包括各业务条线的操作风险损失金额和损失频率。商业银行收集内部损失数据应符合本附件第四部分的规定。

（4）商业银行应当制定操作风险评估机制，将风险评估整合入业务处理流程，建立操作风险和控制自我评估或其他评估工具，定期评估主要业务条线的操作风险，并将评估结果应用到风险考核、流程优化和风险报告中。

（5）商业银行应当建立关键风险指标体系，实时监测相关指标，并建立指标突破阈值情况的处理流程，积极开展风险预警管控。

（6）商业银行应当制定全行统一的业务连续性管理政策措施,建立业务连续性管理应急计划。

（7）商业银行负责操作风险管理的部门应定期向高级管理层和董事会提交全行的操作风险管理与控制情况报告,报告中应包括主要操作风险事件的详细信息、已确认或潜在的重大操作风险损失等信息、操作风险及控制措施的评估结果、关键风险指标监测结果,并制定流程对报告中反映的信息采取有效行动。

（8）商业银行的操作风险管理系统和流程应接受内部独立审查,内部审查应覆盖业务部门活动和全行各层次的操作风险管理活动。

（9）商业银行应当投入充足的人力和物力支持在业务条线实施操作风险管理,并确保内部控制和内部审计的有效性。

（10）商业银行的操作风险管理体系及其审查情况应接受银监会的监督检查。

2. 业务条线归类原则

（1）商业银行应当根据总收入定义,识别出符合总收入定义的会计子科目和核算码。

（2）商业银行应当将被识别为符合总收入定义的子科目按照其所记录的业务活动性质逐项归类至适当业务条线。

（3）若出现某个业务活动涉及两个或两个以上业务条线时,应归入 β 系数值较高的业务条线。

（4）商业银行应当规定所有符合总收入定义的会计子科目的分配方案。

（5）商业银行业务条线总收入应符合以下要求。

① 商业银行计算的各业务条线的总收入之和应等于商业银行的总收入。

② 商业银行计算业务条线净利息收入时,应按各业务条线的资金占用比例分摊利息成本。

（6）商业银行将业务活动归类到上述业务条线时,应确保与信用风险或市场风险计量时所采用的业务条线分类定义一致,如有差异,应提供详细的书面说明。

（7）商业银行应当书面记录所有业务条线的总收入归类明细（业务条线归类目录见附表6）。

三、高级计量法

商业银行采用高级计量法,可根据业务性质、规模和产品复杂程度以及风险管理水平选择操作风险计量模型。

商业银行采用高级计量法,应当基于内部损失数据、外部损失数据、情景分析、业务经营环境和内部控制因素建立操作风险计量模型。建立模型使用的内部损失数据应充分反映本行操作风险的实际情况。

商业银行使用高级计量法,应符合《商业银行资本管理办法(试行)》规定的标准法实施条件以及在治理结构、数据处理、模型建立等方面的要求。

(一)治理结构

(1)商业银行的操作风险计量应成为操作风险管理流程的重要组成部分,相关计量体系应能促进商业银行改进全行和各业务条线的操作风险管理,支持向各业务条线配置相应的资本。

(2)商业银行应当根据《商业银行资本管理办法(试行)》的要求,建立对操作风险资本计量系统严格的独立验证程序。验证应包括操作风险高级计量模型及支持体系,证明高级计量模型能够充分反映低频高损事件风险,审慎计量操作风险的监管资本。商业银行的操作风险管理系统和流程应接受第三方的验证,验证应覆盖业务条线和全行的操作风险管理,验证的标准和程序应符合《商业银行资本管理办法(试行)》的规定。

(二)数据处理

商业银行操作风险计量系统的建立应基于内部损失数据、外部损失数据、情景分析、业务经营环境和内部控制等四个基本要素,并对其在操作风险计量系统中的作用和权重做出书面合理界定。上述四项基本要素应分别至少符合以下要求。

1. 内部损失数据

(1)商业银行应当具备至少5年观测期的内部损失数据。初次使用高级计量法的商业银行,可使用3年期的内部损失数据。

(2)商业银行应当书面规定对内部损失数据进行加工、调整的方法、程序和权限,有效处理数据质量问题。

(3)商业银行的内部损失数据应全面覆盖对全行风险评估有重大影响的所有重要业务活动,并应设置合理的损失事件统计金额起点。

(4)商业银行操作风险计量系统使用的内部损失数据应与本附件规定的业务条线归类目录和损失事件类型目录建立对应关系。

（5）商业银行除收集损失金额信息外，还应收集损失事件发生时间、损失事件发生的原因等信息。

（6）商业银行对由一个中心控制部门（如信息科技部门）或由跨业务条线及跨期事件引起的操作风险损失，应制定合理具体的损失分配标准。

（7）商业银行应当建立对损失事件的跟踪和检查机制，及时更新损失事件状态和损失金额等的变化情况。

（8）商业银行应当收集记录没有造成任何损失影响或带来收益的事件，此类事件可不用于建模，但应通过情景分析等方法评估其风险及损失。

（9）商业银行对因操作风险事件（如抵押品管理缺陷）引起的信用风险损失，如已将其反映在信用风险数据库中，应视其为信用风险损失，不纳入操作风险监管资本计量，但应将此类事件在操作风险内部损失数据库中单独做出标记说明。

（10）商业银行对因操作风险事件引起的市场风险损失，应反映在操作风险的内部损失数据库中，纳入操作风险监管资本计量。

（11）商业银行的操作风险内部损失数据收集情况及评估结果应接受银监会的监督检查。

2. 外部损失数据

（1）商业银行的操作风险计量系统应使用相关的外部数据，包括公开数据、银行业共享数据等。

（2）商业银行应书面规定外部数据加工、调整的方法、程序和权限，有效处理外部数据应用于本行的适应性问题。

（3）外部数据应包含实际损失金额、发生损失事件的业务规模、损失事件的原因和背景等信息。

（4）实施高级计量法的商业银行之间可以适当的形式共享内部数据，作为操作风险计量的外部数据来源。商业银行之间汇总、管理和共享使用内部数据，应遵循事先确定的书面规则。有关规则和运行管理机制应事先报告银监会。

（5）商业银行对外部数据的使用情况应接受银监会的监督检查。

3. 情景分析

（1）商业银行应当综合运用外部数据及情景分析来估计潜在的操作风险大额损失。

（2）商业银行应当对操作风险计量系统所使用的相关性假设进行情景分析。商业银行应及时将事后真实的损失结果与情景分析进行对比，不断提高情景分析的合理性。

4. 业务经营环境和内部控制因素

商业银行在运用内部、外部损失数据和情景分析方法计量操作风险时，还应考虑到可能使操作风险状况发生变化的业务经营环境、内部控制因素，并将这些因素转换成为可计量的定量指标纳入操作风险计量系统。

（三）模型建立和计量

（1）商业银行用于计量操作风险资本要求模型的置信度应不低于99.9%，观测期为1年。

（2）操作风险计量系统应具有较高的精确度，考虑到了非常严重和极端损失事件发生的频率和损失的金额。

（3）商业银行如不能向银监会证明已准确计算出了预期损失并充分反映在当期损益中，应在计量操作风险资本时综合考虑预期损失和非预期损失之和。

（4）商业银行在加总不同类型的操作风险资本时，可以自行确定相关系数，但要书面证明所估计的各项操作风险损失之间相关系数的合理性。

（5）商业银行可以将保险作为操作风险高级计量法的缓释因素。保险的缓释最高不超过操作风险资本要求的20%。

四、荷兰银行案例

荷兰银行（ABN Amro）是一家享誉世界的国际性金融集团，有近200年历史，其总资产约6 000亿欧元。在全球60多个国家和地区拥有超过3 000家分行，全职员工约10万多名。荷兰银行于1903年首次进入中国设立分行，进入中国已经整一百年，现今已发展成为在华最重要的外资金融机构之一。荷兰银行（ABN-AMRO BANK）：荷兰第一大银行，由荷兰通用银行（ABN BANK）和阿姆斯特丹——鹿特丹银行（AMRO BANK）于1991年合并而成。

荷兰银行在60多个国家开展多方面业务，为在其各业务条线实施新资本协议，荷兰银行在集团层面成立专门团队，负责新资本协议的实施。针对第一支柱，荷兰银行在操作风险上使用高级法（AMA）。根据我们了解，新资本监管协议激励银行开发模型和工具，加强风险管理，调整了银行风险和财务的职能，加强合作和统一，并推进信息管理系统的开发，战略性、重要知识的普及和推广。

荷兰银行自身操作风险案例主要讲述荷兰银行合规实践，操作风险高级法模型，风险自我评估等方面内容。

1. 合规实践

对于操作风险管理,监管当局要求银行有稳健彻底的实践,具备充足的内部和外部数据,开展业务并进行内部控制(考虑环境因素),还要进行情景分析。可以通过审阅操作风险的治理结构、政策、框架、工具(如风险自我评估／公司损失数据库等)、业务持续管理、操作风险高级法模型的发展及定性操作风险披露等方面衡量合规实践是否充足稳健。其中,以风险自我评价为例,可重点从以下角度进行审视、衡量,如:风险自我评价的政策包含在目标内并可以获得;业务部门区分和记录了它的高、中、低风险区域;已规划了2年内的风险自我评价体系;风险自我评价规划已被当地操作风险管理委员会批准;业务部门也参与实现风险自我评价规划;被识别的高风险已被报告给当地操作风险管理委员会;被识别出的高风险活动已被监控。

2. 操作风险高级法模型

操作风险高级法的模型标准遵循五性。一是统一性,经济资本模型和监管资本模型在模型、数据和方法方面必须统一;二是一致性,同样的模型必须用于银行的每个部门;三是可验证性,模型输入变量的方式必须能证实;四是稳健性,在最少的信息损失的情况下,模型必须能适应变化(比如组织结构的变化或风险分类的变化);五是透明性,给定的一系列输入变量,模型表现必须具有可预测性和明显的特征。

数据标准要满足六性:一是客观性,客观数据比主观数据更受欢迎;二是一致性,能在银行各领域计算的数据才被使用;三是周期性,只有位于常规区间的数据能被使用;四是简单性,从实践的角度看,谨慎选择那些最小额外成本的数据元素;五是持续性,使用能保证报告持续性标准的数据;六是可审计性,输入模型的数据必须能被审计。

3. 风险自我评估

开展风险自我评估的主要目的,是建立一个前瞻性的风险管理环境,在集团范围内提升员工的风险意识,激励员工主动管理风险,尽早预见风险发生的情形,并采取预防措施。风险评估包括风险自我评估、操作风险评估流程和情景分析三方面内容。通常分为发起——区分优先次序和范围——风险识别——风险评估——行动和监控——再评估等几个阶段。

第四节　第二支柱对商业银行的影响

"巴塞尔协议Ⅲ"提出,金融监管当局要对银行业的评估进行检查与采取适当的措施,确保商业银行有合理的评估过程,从而及时地评估资本充足状况。银行监管部门的监督检查不应该只注重量的方面,还要强化对质的监督检查。银行监管的目标是促进银行业的合法、稳健运行,维护公众对银行业的信心。

中国银监会成立后,在总结国内外银行业监管经验的基础上提出了四条银行监管的具体目标:一是通过审慎有效的监管,保护广大存款人和金融消费者的利益;二是通过审慎有效的监管,增进市场信心;三是通过金融、相关金融知识的宣传教育工作和相关信息的披露,增进公众对现代金融的了解;四是努力减少金融犯罪,维护金融稳定。在本节的讨论中将从信用集中风险、银行账户利率风险、流动性风险、声誉风险、战略风险以及资产证券化风险等六个方面讨论第二支柱对银行业的影响。

一、信用集中风险

(1)集中度风险是单个风险暴露或风险暴露组合可能给银行带来重大损失或导致银行风险状况发生实质性变化的风险。

商业银行应当清楚地认识和评估单个或一组紧密关联的风险因素对银行的影响,并充分考虑不同种类风险之间的相互关联。

(2)存在集中度风险的情形包括以下内容。

① 交易对手或借款人集中风险。由于商业银行对同一个交易对手、借款人或多个风险高度相关的交易对手、借款人具有较高的风险暴露而产生的风险,例如对地方政府融资平台类的贷款。

② 地区集中风险。商业银行对同一地区交易对手或借款人具有较高的风险暴露而产生的风险。

③ 行业集中风险。商业银行对同一经济、金融行业具有较高的风险暴露而产生的风险。例如对房地产行业贷款和对铁路、公路和基础设施等的贷款。

④ 信用风险缓释工具集中风险。商业银行由于采用单一的抵质押品、由单个担保人提供贷款担保而产生的风险。

⑤ 资产集中风险。商业银行高比例持有特定资产的风险,特定资产包括贷款、债券、衍生产品、结构性产品等。

⑥ 表外项目集中风险。商业银行从事对外担保、承诺所形成的集中风险。

⑦ 其他集中风险。商业银行识别的其他可能给银行带来损失的单个风险暴露或风险暴露组合,例如期限偏长贷款过于集中而产生的风险。

（3）商业银行应当有效识别各类集中度风险,并清楚地理解不同业务条线的类似暴露所导致的整体集中度风险。同时应当充分考虑各类风险之间的关联产生的集中度风险。

商业银行还应当清楚地评估在经济下行和市场不具备流动性等压力市场条件下可能产生的集中度风险。

（4）商业银行应当采用多种技术手段并从多个角度充分识别、计量和管理自身面临的主要集中度风险。

（5）商业银行应当建立全面的集中度风险管理框架,银行的集中度风险管理框架至少应当包括以下内容。

① 书面的风险管理制度。银行的集中度风险管理制度应当对银行面临的集中度风险做出明确的定义并规定相关的管理措施。

② 有效的识别、计量、监测和控制集中度风险的方法。

③ 集中度风险限额管理体系。商业银行应当根据其经营规模和业务复杂程度对集中度风险确定适当的限额,并采取有效的措施确保限额在经营管理中得到遵循。

④ 定期的集中度风险报告和审查制度。董事会和高级管理层应当定期对集中度风险状况进行审查以确保相关风险得到有效的管理和控制。

⑤ 压力测试制度。商业银行应当定期对面临的主要集中度风险进行压力测试,识别可能对银行经营带来不利影响的潜在因素,并根据压力测试结果采取相应的处置措施。商业银行应当充分考虑压力条件下可能产生的风险集中情况。

（6）商业银行应当根据自身集中度风险的评估结果,配置相应的资本以有效抵御集中度风险可能带来的损失。鉴于不同类别集中度风险特征各异,商业银行可针对不同类别集中度风险采用不同的资本计量方法。例如对政府融资平台贷款,可结合现金流覆盖程度计提相关资本,对中长期贷款可根据贷款期限特征计提相关资本,对房地产行业贷款可通过审慎估计行业整体平均违约趋势计提相关资本。

二、银行账户利率风险

（1）商业银行应当建立与自身业务规模、性质和复杂程度相适应的银行账户利率风险的管理和评估体系,确定银行账户利率风险的资本要求并配置相应资本。商业银行应将银行账户利率风险管理纳入全面风险管理体系,并贯穿相关业务活动。

(2)商业银行应建立和完善银行账户利率风险管理的治理架构和管理信息系统;明确董事会、董事会授权的专门委员会、高级管理层和所指定的主管部门的职责;配置银行账户利率风险管理所需的人力、物力资源;制定相应的管理政策和流程;明确银行账户利率风险管理内部控制、限额管理、报告、审计等方面的原则和要求。

(3)商业银行银行账户利率风险管理部门(人员)应独立于负责交易和其他业务活动的风险承担部门(人员),报告路线也应保持独立。

(4)商业银行的管理信息系统应当为准确、及时、持续、充分地识别、计量、监测、控制和报告银行账户利率风险提供有效支持,其功能至少包括以下内容。

① 按设定的期限计算重新定价缺口,反映期限错配情况。

② 分币种计算和分析主要币种业务的银行账户利率风险。

③ 定量评估银行账户利率风险对银行净利息收入和经济价值的影响情况。

④ 支持对限额政策执行情况的核查。

⑤ 为压力测试提供有效支持。

⑥ 为模型验证提供有效支持。

(5)商业银行在引入新产品和开展新业务之前,应充分识别和评估潜在的银行账户利率风险,建立相应的内部审批、业务操作和风险管理程序,并获得董事会或其授权的专门委员会的批准。

(6)商业银行在计量银行账户利率风险过程中,应考虑包括重新定价风险、基差风险、收益率曲线风险和期权性风险在内的重要风险的影响,以及开展主要币种业务时所面临的利率风险。计量和评估范围应包括所有对利率敏感的表内外资产负债项目。

① 对于重新定价风险,商业银行应至少按季监测重新定价缺口和利率平移情景模拟的结果,评估重新定价风险对银行整体收益和经济价值的可能影响。

② 对于基差风险,商业银行应定期监测基准利率之间的相关程度,评估定价基准不一致对银行整体收益和经济价值产生的影响。

③ 对于收益率曲线风险,商业银行应根据收益率曲线的旋转、扭曲对银行整体收益和经济价值的影响,计量和监测银行账户利率风险;对各主要经营货币,商业银行应分别考量其收益率曲线不利变动带来的风险。

④ 对于期权性风险,商业银行应充分考虑银行账户业务中期权性风险的独立性和嵌入性特征;银监会鼓励商业银行基于有关业务历史数据对客户行为进

行分析,并定期对客户行为分析结果进行检验和修正,以准确反映客户行为特点的变化。

(7)商业银行应结合监管机构对压力测试的相关要求,根据银行账户既有或预期业务状况、业务发展战略、资产负债的总量和结构变化以及利率风险特征进行压力测试,并制定相应的风险缓释措施。压力测试应覆盖所有实质性的风险源。高级管理层在制定和审议利率风险管理政策、程序和限额时,应考虑压力测试的结果。

(8)商业银行银行账户利率风险计量应与银行的风险管理过程紧密结合。计量结果应被充分应用到银行的管理决策中。

(9)商业银行应合理调整银行账户利率重定价期限结构,适时调整定价方式与定价水平,科学引导业务经营,有效控制银行账户利率风险。

(10)商业银行应根据风险实际水平,运用有效的金融工具,对揭示出的银行账户利率风险进行风险缓释,并定期检验风险缓释措施的有效性。

(11)商业银行应建立充分有效的内部计量模型验证程序,定期跟踪模型表现,对模型和假设进行持续验证,同时根据验证结果,对模型进行调整,确保计量的合理性。

(12)商业银行的文档支持体系应能够提供足够信息,以支持对银行账户利率风险计量的独立审查和验证。

三、流动性风险

(1)商业银行应建立与银行规模、业务性质及复杂程度相适应的流动性风险管理体系,充分识别、准确计量、持续监测和适当控制银行整体及在各产品、业务条线和环节、各层次机构的流动性风险,以及流动性风险与其他风险的相互影响与转换。

(2)商业银行的流动性风险管理框架应包括以下基本要素。

① 董事会及高级管理层的有效监控。

② 完善的流动性风险管理策略、政策和程序。

③ 完善的流动性风险识别、计量、监测和控制程序。

④ 完善的内部控制和有效的监督机制。

⑤ 有效完善的管理信息系统。

⑥ 有效的危机处理机制。

(3)商业银行应根据本行经营战略、业务特点和风险偏好测定自身流动性风险承受能力,并以此为基础制定流动性风险管理策略、政策和程序。风险承受能力应包括在正常情况和压力状况下银行可以承受的未经缓释的流动性风险水平。

(4)流动性风险管理策略、政策和程序应涵盖银行的表内外各项业务,以及境内外所有可能对其流动性风险产生重大影响的业务部门、分支机构和附属公司,并包括正常情况和压力状况下的流动性风险管理。

(5)流动性风险管理策略应明确流动性风险管理的整体模式,并列明有关流动性风险管理特定事项的具体政策,包括但不限于以下内容。

① 整体的流动性管理政策。

② 流动性风险的识别、计量、监测和报告体系。

③ 流动性风险管理程序。

④ 资产与负债组合。

⑤ 流动性风险限额及超限额处理程序。

⑥ 现金流量分析。

⑦ 不同货币、不同国家、跨境、跨机构及跨业务条线的流动性管理方法。

⑧ 导致流动性风险增加的潜在因素及相应的监测流程。

⑨ 压力测试和情景分析。

⑩ 应急计划及流动性风险缓释工具管理。

(6)商业银行应根据监管要求和内部流动性风险管理政策设定流动性风险限额,并根据限额的性质确定相应的监测频度。原则上流动性风险管理应按币种分别进行,但若该币种可以自由兑换且业务量较小、对本行流动性风险水平及整体市场影响都较小,商业银行可按照重要性原则合并管理。商业银行应至少按本外币分别识别、计量和监测流动性风险。对外币实行合并管理的,应向监管部门报备。

(7)商业银行在引入新产品、新技术手段,建立新机构、新业务部门前,应在可行性研究中充分评估其对流动性风险产生的影响,并制定相应风险管理措施,完善内部控制和信息管理系统。引入并运行后,应加强日常监测,定期评估相应措施的有效性,并根据需要及时进行调整。

(8)商业银行应定期开展流动性风险管理的内部审计,审查和评价流动性风险管理体系的充分性和有效性。

有海外分支机构的商业银行,应根据其管理模式,针对银行整体及分国别或地区的流动性风险管理分别进行审计。

(9)商业银行应建立完善的管理信息系统,以便准确、及时、持续地计量、监测、管控和汇报流动性风险状况。管理信息系统应包括但不限于完成以下任务：

① 按设定的期限每日计算银行的现金流量及期限错配情况，并可根据银行的流动性风险管理模式分币种、按银行整体或按机构、业务条线分别进行计算和分析。

② 按法规和银行内部管理的要求计算有关流动性风险的比率和其他指标，并根据需要适时进行监测和控制。

③ 能及时、有效地对银行大额资金流动进行实时监测和控制。

④ 适时报告银行所持有流动性资产的构成和市场价值。

⑤ 定期核查是否符合流动性风险管理政策和限额。

⑥ 能及时地、有前瞻性地反映银行的流动性风险发展趋势，以便董事会和高级管理层准确评估银行的流动性风险水平。

⑦ 能根据快速变化的外部环境，针对不同的假设情景、限制条件收集、整理相关数据，及时实施情景分析和压力测试。

（10）在出现流动性危机时，商业银行应适时披露情况说明等资料以提高交易对手、客户、公众及其他利益相关方的信心，从而最大限度地减少信息不对称可能给银行带来的不利影响。

（11）商业银行应当按照审慎原则定期开展流动性压力测试，充分考虑各类风险与流动性风险的内在关联性，深入分析假设情景对其他流动性风险要素的影响及其反作用。商业银行应当根据流动性压力测试的结果评估其资产负债结构的合理性和流动性储备的充足性，确定其应当采取的风险缓释策略和制定流动性应急计划。

（12）商业银行应根据流动性资产状况、市场的流动性状况评估本行的资本充足率，评估工作应覆盖正常和压力情形。商业银行应根据自身流动性风险监测结果和管理情况，结合流动性风险压力测试结果，配置适当的资本抵御流动性风险。

四、声誉风险

（1）商业银行应建立与自身业务性质、规模和复杂程度相适应的声誉风险管理体系。

（2）商业银行的声誉风险管理体系应包括以下基本要素。

① 有效的公司治理架构。

② 有效的声誉风险管理政策、制度和流程。

③ 对声誉风险事件的有效管理。

（3）商业银行应定期进行声誉风险的情景分析，评估重大声誉风险事件可能产生的影响和后果，并根据情景分析结果制定可行的应急预案，开展演练。

（4）对于已经识别的声誉风险，商业银行应当准确计量隐性支持或在不利市场条件下可能面临的损失，并尽可能准确计量声誉风险对信用风险、流动性风险、操作风险等其他风险的影响。

（5）商业银行应当充分考虑声誉风险导致的流动性风险和信用风险等其他风险对资本水平的影响，并视情况配置相应的资本。

五、战略风险

（1）战略风险是商业银行经营策略不适当或外部经营环境变化而导致的风险。

商业银行应当建立与自身业务规模和产品复杂程度相适应的战略风险管理体系，对战略风险进行有效的识别、评估、监测、控制和报告。

（2）商业银行的战略风险管理框架应当包括以下要素。

① 董事会及其下设委员会的监督。

② 商业银行战略规划评估体系。

③ 商业银行战略实施管理和监督体系。

商业银行应当根据外部环境变化及时评估战略目标的合理性、兼容性和一致性，并采取有效措施控制可能产生的战略风险。

（3）商业银行应当充分评估战略风险可能给银行带来的损失及其对资本水平的影响，并视情况对战略风险配置资本。

六、资产证券化风险

（1）商业银行应当充分考虑资产证券化等创新产品和业务带来的相关风险。资产证券化业务的主要风险包括以下内容。

① 各类资产证券化产品的信用风险、市场风险、流动性风险和声誉风险。

② 证券化基础资产的拖欠和损失风险。

③ 对特殊目的机构的信用支持和流动性支持风险。

④ 保险机构及其他第三方提供担保的风险。

（2）商业银行投资于资产证券化产品时，应当持续的进行基础风险分析，不能完全依赖外部评级机构的信用评级进行投资决策。商业银行应具备必要的量化分析工具、估值模型和成熟的压力测试技术以评估所有相关风险。

（3）商业银行应当在单个交易、同一业务条线以及跨业务条线等多层面跟踪评估资产证券化的信用风险。

（4）商业银行作为资产证券化交易的发起行时,应当评估资产证券化风险转移的程度,尤其是评估通过非合同形式对资产证券化提供的隐性支持。对于未能实质性转移风险的或提供了隐性支持的资产证券化交易,商业银行应当持有与未证券化风险暴露相当的监管资本,并公开披露对资产证券化提供隐性支持的情况及所增加的监管资本。

第五节　第三支柱对商业银行的影响

第三支柱是对第一支柱、第二支柱的补充。巴塞尔委员会力求鼓励市场纪律发挥作用,通过一定的信息披露,使市场参与者更多的了解银行业的信息,巴塞尔委员会认为新资本协议中允许银行使用内部评级法,公开的信息披露则显得非常重要。

信息披露是现代公司治理机制在银行监管领域应用的具体体现。巴塞尔委员会充分肯定了市场具有迫使银行有效的合理配置资金和控制银行风险的作用,要求银行通过信息披露制度的建立,让市场力量来促进银行稳健经营以及保持充足的资本水平。

一、信息披露对促进银行稳健经营的作用

（一）信息披露概述

1. 信息披露定义

信息披露主要是指公众公司以招股说明书、上市公告书,以及定期报告和临时报告等形式,把公司及与公司相关的信息,向投资者和社会公众进行披露的行为。

银行的信息披露主要由资产负债表、损益表、现金流量表、报表附注、部分公司治理情况和部分风险管理情况所构成。上市公司,包括上市银行通过发布临时公告和定期报告向投资者和社会公众全面披露公司经营和管理信息,有利于投资者及时、全面地了解公司经营状况,并以披露的信息作为投资决策的主要依据,树立价值投资理念。

2. 信息披露的要求

首先,银行机构必须建立一套披露制度和政策,并经董事会批准,要明确信息披露的内容和方法,尤其要建立信息披露的内部控制,保证信息披露各环节的正常运行。同时,要定期对信息披露政策及结果进行评估,及时纠正不合理的做法。其次,必须提高信息披露的相关性。银行应判定哪些信息属于重要信息,如果缺少某种信息会改变或影响信息使用者的评估和决策,这样的信息就是重要的信息。最后,必须保持合理频度。《巴塞尔新资本协议》规定,信息披露应该每半年进行一次。

关于额外的信息披露以及如何实施的问题,银行监管当局应该与银行进行对话。在一些情况下,必要的信息记载于银行的风险管理系统中,并且作为资本充足率计算的输入参数。在其他情况下,为了满足其他的会计和监管规定,信息已经被公开披露。

对于不是强制要求的,或不是会计或其他外部报告义务要求的信息披露,银行可以通过多种方法披露信息,例如通过向公众开放的因特网址或向银行监管当局呈送的公开监管报告。只要可行,应该鼓励银行在一个地方提供所有的信息,或标明在哪里可以找到信息。银行还必须确认:为了产生所需要的信息,报告和信息系统所需要作出的修改。

银行需要制定由董事会批准的正式的信息披露政策,对信息披露程序实施内部控制,并且制定一套程序来评估信息披露的适当程度,包括审批和披露的频率。外部审计师审核信息真实性的作用也应该尽早考虑。

(二)信息披露对银行稳健经营的益处

理论上,一个稳健和经营状况良好的银行能够从信息披露中获得额外的益处。银行在披露关于财务状况、业绩、管理以及控制银行风险的过程中获得比未能提供信息披露的银行更多的有效利用资本市场的机会。

1. 信息披露敦促银行强化管理

信息披露可以使市场纪律更早地发挥作用,使银行以更加审慎的态度开展业务。市场参与者可以采取各项监督行动,激励银行管理层改进风险管理的做法和进行有效的内部控制。

2. 减少金融市场波动的严重性

市场波动在信息流不对称的情况下可能会比较严重,信息的严重不对称,会引起市场波动幅度较大。如果信息披露是持续的,市场机制就会及时的发挥作用,使得市场参与者可以不断地更新信息,减轻市场波动。

从商业银行的角度看,公开披露的市场信息使得市场可以在紧张的情况下区分稳健的银行和脆弱的银行,有助于市场对整个银行业的调整。隐瞒信息未披露的银行,会更加遭到市场的过激反应。

加强信息披露还有助于市场准确的评价银行风险,使得资本更加合理的配置,有利于更多的股东参与银行经营管理,公开的信息披露还能够加强特定监管措施的实施,使得银行能够审慎运作。

二、有效的信息披露

巴塞尔委员会将银行有效的信息披露定义为能够让使用者准确的评价银行财务状况、业绩以及风险的及时、可靠的信息披露制度。

(一)全面性

巴塞尔委员会要求,披露的信息必须全面,一般地说这意味着银行应该对许多的业务及法人实体的信息进行汇总、并表,并予以评估。银行监管者应该努力的获得被监管机构的并表信息,同时意识到各家分支机构存在着法定的界限,需要准确地掌握一家并表银行集团的各种主要业务的摘要信息。

(二)相关性和及时性

相关性是指银行披露的信息必须与使用者决策需求相关才可。银行披露的信息有助于市场参与者投资、贷款以及参与其他风险活动,同时,信息有助于监管者评价银行运营的稳健程度。及时性是指市场参与者可以及时获得信息,及时了解一家银行的风险状况和经营状况。

(三)可靠性与可比性

可靠性是指银行披露的信息能够反应事件、交易的情况,信息是真实的、审慎的、全面的。

可比性是指监管者、市场参与者以及其他信息使用者之间获得的信息具有可比性。因此,银行在不同的时期应该使用一致的会计准则,在会计准则发生变化时,应该及时披露这些变化及其影响。

（四）实质性

实质性的信息是指如果遗漏或者发生错误，则会使信息使用者改变其之前所做的评价的信息。巴塞尔委员会要求，银行财务报告应该对每一实质性信息进行单独的反应和列示。

三、银行业消费者权益保护

（一）银行业消费者权益保护规制建设

中国银监会始终将做好金融消费者权益保护工作视为维护市场信心、促进银行业稳健运行的重要基础。

2011年，银监会规范银行业经营行为，强化银行业行为监管，针对理财、银行卡、个人贷款等业务印发《商业银行理财产品销售管理办法》《关于进一步加强商业银行理财业务风险管理有关问题的通知》《商业银行信用卡业务监督管理办法》《关于做好住房金融服务加强风险管理的通知》，细化监管要求并加大监管力度。指导中国银行业协会印发《中国银行业存款业务自律公约》《中国银行业票据业务自律公约》《中国银行业个人住房贷款业务自律公约》及《关于在服务收费方面给消费者以充分知情选择权的自律要求》，完善金融消费者保护的行为准则。同时，银监会注重及时向金融消费者提示风险。2011年，就诈骗短信、人人贷、网银和网站系统安全性、防范和打击非法集资等事项进行风险提示，维护金融稳定。

2012年，银监会成立银行业消费者权益保护局，统一负责银行业消费者权益保护工作，印发《银行业消费者权益保护工作规划纲要（2012—2015）》，明确银行业消费者权益保护工作的宗旨、原则、框架，金融知识宣传教育模式和消费者投诉处理程序等重要工作内容。

（二）银行业公众教育

2011年，银监会及其派出机构因地制宜继续深入开展公众教育服务工作，努力建立公众教育服务长效机制，向社会公众普及金融知识，提高全民金融素质。继续做好银监会公众教育服务区的运行服务工作，全年共接待公众来电、来访3 800多人次，并通过"公众教育服务网"提示公众安全使用网上银行；持续组织"送金融知识下乡"活动，发动银行业金融机构基层网点创建1 621个"送金融知识下乡宣传服务站"，组织银行业青年员工送金融知识下乡；多渠道普及金融知识，编写《科学理财知识手册》《金融教育学生读本》《金融教育农民读本》等金融教育系列丛书,举办针对青少年的金融理财教育展览,组织银监会员工为北京中学生开设"金融理财小课堂",推动社区金融教育设施建设。

同时,银监会指导中国银行业协会成立消费者保护委员会,搭建消费者保护及公众教育服务专业平台;举办"银行业消费者保护年会",拉近与消费者距离;启动"中国银行业普及金融知识万里行"活动,推动全行业合力开展公众教育服务;编写出版《银行服务百姓读本》、《走进银行理财产品投资人读本》及《中国银行业文明规范服务手册》等金融教育系列丛书,帮助社会公众增进对银行业的了解认知。

2012 年银监会及其派出机构继续深入开展公众服务教育,向社会传播金融知识,提高全民素养。同时,银监会指导中国银行业协会开展"普及金融知识万里行"活动,提升公众金融知识和风险认知能力,发布《中国银行业改进服务承诺》;推动银行从业人员提高服务水平和权益保护意识。

四、现阶段我国银行业信息披露

中国银监会于 2007 年颁布的《商业银行信息披露办法》,要求银行披露其经营状况的重要信息,包括财务会计报告、各类风险管理状况、年度重大事项等。2011 年,银监会继续督促商业银行贯彻落实《商业银行信息披露办法》,扩大信息披露范围,提高信息披露质量,在每个会计年度终了后 4 个月内披露财务会计报告、各类风险管理状况、公司治理、年度重大事项等信息,强化市场约束和社会监督。同时,提高与消费者权益相关的交易价格、金融商品和服务等信息的披露要求;对商业银行经营信用卡业务和销售理财产品的产品风险提示、收费、投诉等提出了一系列信息披露的具体要求。银监会于 2012 年颁布的《商业银行资本管理办法(试行)》中关于信息披露的要求,则侧重于商业银行资本计量和管理的相关信息的披露。

第六章

中国银行业实施新资本监管：
基础、展望与对策建议

2007 年金融危机的爆发，为国际金融监管带来了一系列新的问题，巴塞尔委员会率先于 2009 年提出了针对此次危机暴露的不足的修订文件集，于 2010 年 9 月正式的命名为"巴塞尔协议Ⅲ"。如何尽快地与国际监管政策接轨，实现"巴塞尔协议Ⅲ"的本土化，将是中国银行业未来一段时间面临的严峻课题。第六章将从中国银行业实施新资本监管的基础、发展趋势与展望和银行业对策建议三个方面阐述新资本监管对中国银行业的影响。

第一节　中国银行业实施新资本监管的基础

早在 2004 年，"巴塞尔Ⅰ"的国际监管准则就已经在中国本土化了。自 2007 年 2 月发布《中国银行业实施新资本协议指导意见》以来，根据相关指引文件和预评估工作，新资本协议银行已经开始了申请和双轨实施阶段，而其他自愿实施"巴塞尔协议Ⅱ"的银行也在稳步推进当中。

一、"巴塞尔协议Ⅲ"的中国化

中国银行监管当局始终在积极参与、学习借鉴巴塞尔委员会的最新改革成果，明确了宏观审慎与微观审慎兼顾、资本监管和流动性监管并重、资本数量和质量同步提高的改革方向，引入了留存超额资本、逆周期超额资本等资本充足率指标、杠杆率、流动性覆盖率和净稳定融资比例等指标，在原有监管指标体系的基础上,形成了中国银行业当前的资本充足率、杠杆率、拨备率和流动性比率四大监管工具的指标体系。

2011 年 4 月银监会发布了《中国银行业实施新监管标准的指导意见》,提出有关新四大监管工具的实施细则和过渡期安排,探讨了监管标准实施后银行的应对有着积极的意义。

(一)资本充足率指标

资本充足率是指资本总额与加权风险资产总额的比例。资本充足率反映商业银行在存款人和债权人的资产遭到损失之后,该银行能以自有资本承担损失的程度。规定该项指标的目的在于抑制风险资产的过度膨胀,保护存款人和其他债权人的利益、保证银行等金融机构正常运营和发展。各国金融管理当局一般都有对商业银行资本充足率的管制,目的是监测银行抵御风险的能力。

资本充足率有不同的口径,主要比率有资本对存款的比率、资本对负债的比率、资本对总资产的比率、资本对风险资产的比率等。

2010 年 9 月 12 日,由 27 个国家的银行业监管部门和中央银行高级代表组成的巴塞尔银行监管委员会宣布,世界主要经济体银行监管部门代表当日就"巴塞尔协议Ⅲ"达成一致。

"巴塞尔协议Ⅲ"推出后,银监会也相应提出了相关指标的拟执行标准和要求,进一步完善和充实了我国资本充足率指标体系。

首先,将监管资本换分为核心一级资本、一级资本和总资本,同时包括超额资本要求和系统重要性机构附加资本,但这里的超额资本要求并不区分留存资本缓冲和逆周期资本缓冲。同时实施严格的核心一级资本扣除标准,提高二级资本工具的合格标准。

其次,对核心一级资本、二级资本和总资本分别提出了 5%、6% 和 8% 的要求,同时设定 2.5% 的留存超额资本,0~2.5% 的逆周期超额资本,对系统重要性银行设定 1% 的附加资本。

从过渡期安排来看新的资本监管制度(包括质量、数量和标准)将从 2012 年底开始实施,系统重要性银行应在 2013 年底前达标,非系统重要性银行应在 2016 年底前达标。新的资本要求达标时间也远早于"巴塞尔协议Ⅲ"要求的达标时间即 2019 年。

表 6-1　新四大工具实施简表——资本要求

资本	最低资本要求			留存超额资本	逆周期超额资本	系统重要性银行附加资本	第二支柱	达标时间
	核心一级资本	一级资本	总资本					
系统重要性银行	5%	6%	8%	2.5%	0～2.5%	1%	内部资本充足评估程序	2012 年开始实施，2013 年达标。（其中，第二支柱资本要求 2016 年达标）
非系统重要性银行	5%	6%	8%	2.5%	0～2.5%	无	监管评估	2012 年开始实施，2016 年达标

可以看出，无论是从对资本要求的数量还是过渡期的安排，我国的资本监管要求比目前为止的"巴塞尔协议Ⅲ"的资本要求更严格。

（二）杠杆率

杠杆率的引入是此次金融危机中巴塞尔资本框架中的重大修订内容之一。在"巴塞尔协议Ⅲ"中，杠杆率是基于风险中立的。在计算杠杆率时，所有的表外资产必须通过一定的系数转化计算，同时衍生金融资产也需要计入。而在我国的金融改革中，杠杆率指标被完全采纳了，且计算方法也拟与"巴塞尔协议Ⅲ"的相关要求保持一致。

杠杆率是资本充足率的重要补充，其可以当做微观审慎监管的工具，能够有效地约束银行业务规模过度扩张，也可以作为宏观审慎监管的逆周期工具，提高银行系统风险监管的有效性。我国杠杆率的监管指标设定为 4%，高于巴塞尔委员会所确定的 3% 的监管标准，该指标从 2012 年初开始实施，系统重要性银行在 2013 年底达标，非系统重要性银行最迟在 2016 年底达标，其达标时期也遭遇"巴塞尔协议Ⅲ"所要求的达标时期 2018 年。

表 6-2　新四大工具实施简表——资本要求

项　目	内　容	水　平	过渡期安排	现状
杠杆率	核心资本/总资产（含表外）	4%	系统重要性银行：2013 年底；非系统重要性银行：2016 年底	大中型银行能达到，小型银行约 3.5%

项　目	内　容	水　平	过渡期安排	现状
拨备率	拨备/信贷余额	2.5%	系统重要性银行：2013年底； 非系统重要性银行：2016年底； 在第二支柱下适度动态调整	执高原则； 初步测算，目前基本可以达到要求
	拨备覆盖率	150%	动态调整	
流动性指标	LCR	100%	于2012年1月1日开始执行，给予2年观察期，应于2013年底达标	整体上现已达标，大银行情况优于小银行
	NFSR	100%	于2012年1月1日开始执行，给予2年观察期，应于2016年底达标	

1. 引入杠杆率作为资本监管的补充手段，其主要优点为：

一是反映股东出资的真金白银对存款人的保护和抵御风险的作用，有利于维持银行的最低资本充足水平，确保银行拥有一定水平的高质量资本（普通股和留存利润）。

二是能够避免加权风险资本充足率的复杂性问题，减少资本套利空间。在新资本协议框架下，如果商业银行利用新资本协议的复杂性进行监管套利，将会严重影响银行的资本水平。通过引入杠杆率，能够避免过于复杂的计量问题，控制风险计量的风险。

三是有利于控制银行资产负债表的过快增长。通过引入杠杆率，使得资本扩张的规模控制在银行有形资本的一定倍数之内，有利于控制商业银行资产负债表的过快增长。

2. 杠杆率的缺点

杠杆率也有其内在缺陷：一是对不同风险的资产不加以区分，对所有资产都要求同样的资本，难以起到鼓励银行有效控制资产风险的目的。二是商业银行可能通过将资产表外化等方式规避杠杆率的监管要求。三是杠杆率缺乏统一的标准和定义，同时对会计准则有很强的依赖性。由于杠杆率的相关项目主要来源于资产负债表，受会计并表和会计确认规则的影响很大，在各国会计准则有较大差异的情况下，该指标难以在不同国家进行比较。由于杠杆率具有以上内在缺陷，不可能简单替代加权风险资本充足率作为独立的资本监管手段，但其作为加权风险资本充足率的补充手段，可以从另一角度反映银行资本充足状况和资产扩张规模。

(三)贷款拨备率

在"巴塞尔协议Ⅲ"中,尚未涉及对拨备指标的监管,但是制定动态的、具有前瞻性的拨备监管体系一直也是巴塞尔委员会在后危机时代关注的重点,更是实现宏观审慎逆周期监管的重要课题之一,相关问题在第十二章中已经有所涉及。

目前国内普遍使用的针对贷款损失拨备、衡量银行风险抵补能力的监管指标有拨备覆盖率和贷款损失准备充足率等,其中:

拨备覆盖率 = 贷款损失准备 / 不良贷款

贷款损失准备充足率 = 贷款损失专项准备 / 正常类贷款 × 1% + 关注类贷款 × 2% + 次级类贷款 × 25% + 可疑类贷款 × 50% + 损失类贷款 × 00%

目前,随着不良贷款率的逐渐降低,依据五级分类的两项指标已经被监管部门逐渐淡化,银监会创新地提出了具有逆周期性质的贷款拨备率指标。从贷款拨备率的计算来看,分子为贷款损失准备,分母为各项贷款总和。与拨备覆盖率不同,贷款拨备比率的分母将原有的不良贷款拓宽到了各项贷款。

银监会拟同时用贷款拨备率和拨备覆盖率对银行的贷款拨备进行约束计提。规定要求,对商业银行贷款拨备率实施动态管理,原则上不低于 2.5%,并明确对非系统重要性银行作差异化安排,同时拨备覆盖率原则上不低于 150%,按照两者孰高的要求执行。对非系统重要性银行作差异化安排,意味着中小银行在贷款结构合理、不良偏离度低、风险控制体系优异等指标获得认同的情况下可以按照低于 2.5% 的标准执行贷款拨备率要求。监管比率也不是固定不变的,将会随着第二支柱下具体的机构风险状况和宏观审慎监管要求进行动态调整,同时,贷款预期损失超过拨备部分将通过利润分配弥补。银监会对于动态拨备的正式制度也作出了具体的时间表安排,2012 年已完成动态拨备的正式制度安排,系统重要性银行将在 2013 年底前达标,非系统重要性银行将在 2016 年底前达标,但对个别银行给予额外两年左右的宽限期。

(四)流动性监管指标

危机发生后,巴塞尔委员会引入了统一的、独立但互补的定量监管指标(流动性覆盖率和净稳定融资比例),一直以来,我国都有一套针对自身流动性问题的监管体系,对于保证国内银行业流动性安全起到了一定的作用,但是仍旧存在与国内银行业发展不相匹配的问题。在此次的新四大工具中,银监会也将引入流动性覆盖率和净稳定融资比例,并保持与"巴塞尔协议Ⅲ"中的定义一致。

这两项监管标准也与"巴塞尔协议Ⅲ"相同,均为100%,银监会对流动性覆盖率和净稳定融资比例分别给予2年和5年的观察期,并已要求银行业金融机构于2012年1月1日开始实施,应于2013年底和2016年底前分别达标。

除引入"巴塞尔协议Ⅲ"中的流动性覆盖率和净稳定融资比例这两大监管指标外,银监会还辅以流动性比例、存贷比以及核心负债依存度、流动性缺口率、客户存款集中度以及同业负债集中度等多个流动性风险监管和监测指标,旨在构建全面的流动性风险监管和监测指标体系。同时,还推动银行业金融机构建立多情景、多方法、多币种和多时间跨度的流动性风险内部监控指标体系。

二、新资本监管要求下银行业公司治理

巴塞尔委员会十分关注公司治理问题,在已经发布的若干专题性文件中一直强调公司治理对银行的重要性。这些文件包括:《银行机构的内部控制制度框架》、《增强银行透明度》、《信用风险管理原则》、《健全银行的公司治理》等,着重指出公司治理原则对银行的作用,强调银行和监管机构对委员会所发布的文件中有关公司治理问题的关注。

巴塞尔委员会指出:银行是经济体系的重要组成部分。它们为金融企业提供融资,为大众提供基本的金融服务,并承担支付职能。银行体系对国民经济的重要性体现在银行业是一个受到特殊监管的行业并受到政府安全网的保护。

为进一步完善商业银行公司治理,促进商业银行稳健经营和健康发展,保护存款人和其他利益相关者的合法权益,根据《中华人民共和国公司法》、《中华人民共和国银行业监督管理法》、《中华人民共和国商业银行法》和其他相关法律、法规,制定《商业银行公司治理指引》。

(一)公司治理架构

1. 股东大会

(1)股东应当依法对商业银行履行诚信义务,确保提交的股东资格资料真实、完整、有效。主要股东还应完整、及时、准确地向董事会披露关联方情况,并承诺当关联关系发生变化时及时向董事会报告。

本指引所称主要股东是指能够直接、间接、共同持有或控制商业银行5%以上股份或表决权以及对商业银行决策有重大影响的股东。

(2)股东特别是主要股东应当严格按照法律、法规、规章及商业银行章程行使出资人权利,不应谋取不当利益,不应干预董事会、高级管理层根据章程享有

的决策权和管理权,不应越过董事会和高级管理层直接干预商业银行经营管理,不应损害商业银行利益和其他利益相关者合法权益。

(3)股东特别是主要股东应支持银行董事会制定合理的资本规划,使银行资本持续地满足监管要求。当银行资本不能满足监管要求时,应制定资本补充计划使资本充足率限期内达到监管要求,逾期没有达到监管要求,应当降低分红比例甚至停止分红,并通过增加核心资本等方式补充资本。主要股东不应阻碍其他股东对银行补充资本或合格的新股东进入。

(4)主要股东应以书面形式作出资本补充和流动性支持的长期承诺,并作为商业银行资本规划和流动性应急计划的一部分。

(5)股东获得本行授信的条件不得优于其他客户同类授信的条件。

(6)商业银行不得接受本行股票为质押权标的。股东特别是主要股东需以本行股票为自己或他人向本行以外的金融机构担保的,应当事前告知本行董事会。股东在本行借款余额超过其持有经审计的上一年度股权净值,不得将本行股票进行质押。商业银行应当在章程中规定,股东特别是主要股东在本行授信逾期时,应对其在股东大会和派出董事在董事会上的表决权进行限制。

(7)股东应严格按照法律、法规、规章及商业银行章程规定的程序提名董事、监事候选人。同一股东不得同时提名董事和监事人选;同一股东提名的董事(监事)人选已担任董事(监事)职务,在其任职期届满前,该股东不得再提名监事(董事)候选人。因特殊股权结构需要豁免的,应当向银行业监督管理部门提出申请,并说明理由。同一股东及其关联人提名的董事原则上不得超过董事会成员总数的三分之一。

(8)股东大会依据《公司法》和商业银行章程行使职权。

(9)股东大会会议包括年会和临时会议。股东大会年会应由董事会召集,并应在每一会计年度结束后6个月内召开。因特殊情况需延期召开的,应向银行业监督管理部门报告,并说明延期召开的事由。

股东大会会议应当实行律师见证制度,并由律师出具法律意见书。法律意见书应当对股东大会召开程序、出席股东大会的股东资格、股东大会决议内容等事项的合法性发表意见。股东大会的会议议程和会议议题应当由董事会依法、公正、合理地进行安排,确保股东大会能够对每个议题进行充分的讨论。

(10)股东大会议事规则由商业银行董事会负责制定,并经股东大会审议通过后执行。

股东大会议事规则包括通知、提案机制、召开方式、文件准备、表决形式、会议记录及签署、关联股东的回避等。

2.董事会

（1）董事会对股东大会负责,对商业银行经营和管理承担最终责任,除依据《公司法》等法律法规和商业银行章程行使职责外,董事会在履行职责时还应特别关注:制定商业银行经营发展战略并监督战略实施;制定商业银行风险容忍度、风险管理和内部控制政策;制定资本规划,承担资本充足率管理最终责任;定期评估并完善商业银行公司治理;负责商业银行信息披露,并对商业银行会计和财务报告的真实性、准确性、完整性和及时性承担最终责任;监督并确保高级管理层有效履行管理职责;关注和维护存款人和其他利益相关者利益;关注银行与股东特别是主要股东之间的利益冲突,建立利益冲突识别、审查和管理机制等。商业银行应根据其规模和业务状况,确定合理的董事会人数及构成。

（2）董事会由执行董事和非执行董事(包括股权董事、独立董事)组成。执行董事是指在商业银行担任除董事职务外的其他高级经营管理职务的董事。非执行董事是指在商业银行不担任经营管理职务的董事。独立董事是指不在商业银行担任除董事以外的其他职务,并与所聘商业银行及其主要股东不存在任何可能影响其进行独立、客观判断关系的董事。

（3）董事会应根据商业银行情况单独或合并设立其专门委员会,如战略委员会、审计委员会、风险管理委员会、关联交易控制委员会、提名委员会、薪酬委员会等。战略委员会负责制定商业银行经营管理目标和长期发展战略,监督、检查年度经营计划、投资方案的执行情况。审计委员会负责检查商业银行风险及合规状况,会计政策、财务状况和财务报告程序;负责商业银行年度审计工作,并就审计后的财务报告信息真实性、准确性、完整性和及时性作出判断性报告,提交董事会审议。风险管理委员会负责监督高级管理层关于资本和信用风险、流动性风险、市场风险、操作风险、合规风险和声誉风险等风险的控制情况,对商业银行风险政策、管理状况及风险承受能力进行定期评估,提出完善商业银行风险管理和内部控制的意见。关联交易控制委员会负责关联交易的管理、审查和批准,控制关联交易风险。提名委员会负责拟定董事和高级管理层成员的选任程序和标准,对董事和高级管理层成员的任职资格进行初步审核,并向董事会提出建议。薪酬委员会负责审议全行薪酬管理制度和政策,拟订董事和高级管理层的薪酬方案,并向董事会提出薪酬方案建议,监督方案实施。

（4）董事会专门委员会向董事会提供专业意见或根据董事会授权就专业事项进行决策。各相关专门委员会应当定期与高级管理层及部门交流商业银行经营和风险状况,并提出意见和建议。

（5）各专门委员会成员应当具有与专门委员会职责相适应的专业知识和工作经验，各专门委员会负责人原则上不宜兼任。提名委员会、薪酬委员会、关联交易控制委员会、审计委员会应当由独立董事担任负责人，其中关联交易控制委员会、审计委员会中独立董事原则上应占半数以上。审计委员会成员应当具有财务、审计和会计等某一方面的专业知识和工作经验。风险管理委员会负责人应具有对各类风险进行判断与管理经验，并能理解和解释商业银行已使用的风险管理模型。

（6）董事会设董事长一人，可以设副董事长。董事长和副董事长由董事会以全体董事过半数选举产生。商业银行董事长和行长应当分设，董事长不得由控股股东法定代表人或主要负责人兼任。商业银行董事长和行长原则上不得兼任下设公司董事长。因特殊情况需要豁免的，应向银行业监督管理部门申请核准，并说明理由。

（7）董事会例会每年至少应当召开四次。董事会临时会议的召开程序由商业银行章程规定。

（8）董事会应当制定内容完备的董事会议事规则，包括通知、文件准备、召开方式、表决形式、提案机制、会议记录及其签署、董事会授权规则等，并报股东大会审议通过。董事会议事规则中应包括各项议案的提案机制和程序，明确各治理主体在提案中的权利和义务。在会议记录中明确记载各项议案的提案方。

（9）董事会各专门委员会议事规则和工作程序由董事会制定。各专门委员会应制定年度工作计划并定期召开会议。

（10）董事会会议应有过半数董事出席方可举行。董事会做出决议，必须经全体董事过半数通过。董事会会议可采用会议表决（包括视频会议）和通讯表决两种表决方式，实行一人一票。商业银行章程或董事会议事规则应对董事会采取通讯表决的条件和程序进行规定。董事会会议采取通讯表决方式时应说明理由。商业银行章程应当规定，利润分配方案、重大投资、重大资产处置方案、聘任或解聘高级管理人员、资本补充方案、重大股权变动以及财务重组等重大事项不应采取通讯表决方式，应当由董事会三分之二以上董事通过。

（11）董事会召开董事会会议，应当事先通知监事会派员列席。董事会在履行职责时，应当充分考虑外部审计机构的意见。

（12）银行业监督管理部门对商业银行的监管意见及商业银行整改情况应当在董事会上予以通报。

3. 监事会

（1）监事会是商业银行的监督机构，对股东大会负责，除依据《公司法》等法律法规和商业银行章程行使职责外，监事会在履行职责时还应特别关注：监督董事会确立稳健的经营理念、价值准则和制定符合本行实际的发展战略；定期对董事会制定的发展战略的科学性、合理性和有效性进行评估，形成评估报告；对本行经营决策、风险管理和内部控制等进行监督检查并督促整改；对董事及独立董事的选聘程序进行监督；对董事、监事和高级管理人员履职情况进行综合评价；对全行薪酬管理制度和政策及高级管理人员薪酬方案的科学性、合理性进行监督；定期与银行业监督管理部门沟通商业银行情况等。

（2）监事会由职工代表出任的监事、股东大会选举的外部监事和股东代表监事组成。外部监事与商业银行及其主要股东之间不应存在影响其独立判断的关系。

（3）监事会可根据情况设立提名委员会和监督委员会。提名委员会负责拟订监事的选任程序和标准，对监事候选人的任职资格进行初步审核，并向监事会提出建议；对董事及独立董事的选聘程序进行监督；对董事、监事和高级管理人员履职情况进行综合评价并向监事会报告；对全行薪酬管理制度和政策及高级管理人员薪酬方案的科学性、合理性进行监督。提名委员会应当由外部监事担任负责人。监督委员会负责拟订对本行财务活动的监督方案并实施相关检查，监督董事会确立稳健的经营理念、价值准则和制定符合本行实际的发展战略，对本行经营决策、风险管理和内部控制等进行监督检查。

（4）监事会主席（监事长）应由专职人员担任，且至少应当具有财务、审计、金融、法律等某一方面专业知识和工作经验。

（5）监事会应当制定内容完备的监事会议规则，包括通知、文件准备、召开方式、表决形式、会议记录及其签署等。监事会例会每年至少应当召开四次。监事会临时会议召开程序由商业银行章程规定。

（6）监事会在履职过程中有权要求董事会和高级管理层提供信息披露、审计等方面的必要信息。监事会认为必要时，可以指派监事列席高级管理层会议。

（7）监事会可以独立聘请外部机构就相关工作提供专业协助。

4. 高级管理层

（1）高级管理层由行长、副行长、财务负责人、董事会秘书及监管部门认定的其他高级管理人员组成。

（2）高级管理层根据商业银行章程及董事会授权开展经营管理活动,确保银行经营与董事会所制定批准的发展战略、风险偏好、各项政策流程和程序相一致。

高级管理层对董事会负责,同时接受监事会监督。高级管理层依法在其职权范围内的经营管理活动不应受干预。

（3）高级管理层应当建立向董事会及其专门委员会、监事会及其专门委员会信息报告制度,明确信息的种类、内容、时间和方式等,确保董事、监事能够及时、准确地获取各类信息。

（4）高级管理层应当建立和完善各项会议制度,并制定相应议事规则。

（5）行长依照法律、行政法规、商业银行章程及董事会授权,行使有关职权。

（二）董事、监事、高级管理人员

1.董事

（1）商业银行应制定规范、公开的董事选举程序,经股东大会批准后实施。

（2）董事提名及选举的一般程序为:在商业银行章程规定的董事会人数范围内,按照拟选任人数,可以由上一届董事会提名委员会提出董事候选人名单;单独或者合计持有商业银行发行的有表决权股份总数3%以上的股东可以向董事会提出董事候选人;董事会提名委员会对董事候选人的任职资格和条件进行初步审核,合格人选提交董事会审议;经董事会审议通过后,以书面提案方式向股东大会提出董事候选人;董事候选人应在股东大会召开之前做出书面承诺,同意接受提名,承诺公开披露的资料真实、完整并保证当选后切实履行董事义务;董事会应当在股东大会召开前依照法律、法规和商业银行章程规定向股东披露董事候选人详细资料,保证股东在投票时对候选人有足够的了解;股东大会对每位董事候选人逐一进行表决;遇有临时增补董事,由董事会提名委员会或符合提名条件的股东提出,股东大会予以选举或更换。

（3）独立董事提名及选举程序还应遵循以下原则:董事会提名委员会、单独或者合计持有商业银行发行的有表决权股份总数1%以上的股东可以向董事会提出独立董事候选人,已经提名董事的股东不得再提名独立董事。被提名的独立董事应由董事会提名委员会进行资质审查,审查重点包括独立性、专业知识、经验和能力等;独立董事的选聘应主要遵循市场原则。

（4）董事应当符合银行业监督管理部门所规定的任职条件,董事任职资格须经银行业监督管理部门审核。董事任期由商业银行章程规定,但每届任期不得超过 3 年。董事任期届满,连选可以连任。独立董事在同一家商业银行任职时间累计不得超过 6 年。

(5)董事依法有权了解商业银行的各项业务经营情况和财务状况,并对其他董事和高级管理层成员履行职责情况实施监督。

(6)董事对商业银行负有忠实和勤勉义务。董事应当按照相关法律、法规、规章及商业银行章程的要求,认真履行职责。

(7)董事不可以在可能发生利益冲突的金融机构兼任董事,如在其他金融机构任职,应事先告知商业银行,并承诺上述职务之间不存在利益冲突。独立董事不应在超过两家商业银行同时任职。

(8)董事应当投入足够的时间履行职责。董事应当每年亲自出席至少 2/3 以上的董事会会议。董事因故不能出席,可以书面委托同类别其他董事代为出席。董事在董事会会议上应当独立、专业、客观地发表意见。

(9)董事个人直接或者间接与商业银行已有或者计划中的合同、交易、安排有关联关系时,均应将关联关系的性质和程度及时告知董事会关联交易控制委员会,并且在审议相关事项时做必要的回避。

(10)股权董事应当积极履行股东与商业银行之间的沟通职责,重点关注股东与商业银行关联交易情况并支持商业银行制定资本补充规划。

(11)独立董事履行职责时应当对董事会审议事项发表客观、公正的独立意见,并重点关注以下事项:重大关联交易的合法性和公允性;利润分配方案;高级管理人员的聘任和解聘;可能造成商业银行重大损失的事项;可能损害存款人、中小股东和其他利益相关者利益的事项;外部审计师的聘任等。

(12)独立董事每年在商业银行工作时间不得少于 15 个工作日,担任审计委员会、关联交易委员会及风险管理委员会负责人的董事在商业银行工作时间不得少于 25 个工作日。

(13)董事应按要求参加培训,了解董事的权利和义务,熟悉有关法律法规,掌握应具备的相关知识。

(14)商业银行应规定董事在商业银行的最低工作时间,并建立董事履职档案,完整记录董事参加董事会会议次数、独立发表意见、建议及其被采纳情况等,作为对董事评价的依据。

2. 监事

(1)监事应当依照法律、法规、规章及商业银行章程规定,忠实履行监督职责。

（2）监事和外部监事的提名及选举程序应参照董事和独立董事的提名及选举程序。

股东监事和外部监事由股东大会选举和罢免；职工代表出任的监事由银行职工民主选举产生或更换。

（3）监事任期每届为3年。监事任期届满，连选可以连任，外部监事在同一家商业银行任职时间累计不得超过6年。

（4）监事应积极参加监事会组织的监督检查活动，依法有权进行独立调查、取证，并实事求是提出问题和监督意见。

（5）监事应每年至少亲自出席3/2的监事会会议。监事因故不能出席，可以书面委托同类别其他监事代为出席。监事连续两次未能亲自出席会议，也不委托其他监事出席监事会会议的，视为不能履职。股东监事和外部监事每年在商业银行工作时间不得少于15个工作日。职工监事享有参与涉及员工切身利益的规章制度制定权利，并应积极参与其执行情况的检查。

（6）监事可以列席董事会会议，对董事会决议事项提出质询或者建议，但不享有表决权。列席董事会会议的监事应当将会议情况报告监事会。

（7）监事的薪酬应由股东大会审议确定，董事会不得干预监事薪酬标准。

3. 高级管理人员

（1）高级管理人员应通过银行业监督管理部门的任职资格审查。

（2）高级管理人员应当遵循诚信原则，审慎、勤勉地在其职权范围内行使职权，不得为自己或他人谋取属于本商业银行的商业机会，不得接受与本商业银行交易有关的利益。

高级管理人员原则上不得在没有股权投资的其他经济组织兼职，在经银行业监督管理部门批准的银行附属机构兼职除外。

（3）高级管理人员应当按照董事会要求，及时、准确、完整地向董事会报告有关本行经营业绩、重要合同、财务状况、风险状况和经营前景等情况。

（4）高级管理人员应当接受监事会监督，定期向监事会提供有关本行经营业绩、重要合同、财务状况、风险状况和经营前景等情况信息，不得阻挠、妨碍监事会依职权进行的检查、审计等活动。

（5）高级管理人员对董事会违反任免规定的行为，有权请求监事会提出异议，并向监管部门报告。

(三)风险管理与内部控制

(1)商业银行董事会对银行风险管理承担最终责任。

商业银行董事会应根据银行风险状况、发展规模和速度,建立全面的风险管理战略、政策和程序,确定银行面临的主要风险、适当的风险限额和风险偏好,督促高级管理层有效地识别、计量、监测、控制并及时处置商业银行面临的各种风险。

(2)商业银行董事会及其风险管理委员会应定期听取高级管理层关于商业银行风险状况的专题报告,对商业银行风险水平、风险管理状况、风险承受能力进行评估,并提出全面风险管理意见。

(3)商业银行应建立独立的风险管理部门,并确保该部门具备足够的职权、资源和与董事会进行直接沟通的渠道,保证其独立性。

商业银行应在人员数量和资质、薪酬和其他激励政策、信息科技系统访问权限、专门的信息系统建设以及商业银行内部信息渠道等方面给予风险管理部门必要的支持。

(4)商业银行的风险管理部门应包括但不限于下列职责:对各项业务及各类风险进行持续、统一的监测、分析与报告;持续监控风险并测算与风险相关的资本需求,及时向高级管理层和董事会报告;了解银行股东特别是主要股东的风险状况、集团架构对商业银行风险状况的影响和传导,定期进行压力测试,并制定应急预案;评估业务和产品创新、进入新市场以及市场环境发生显著变化时,给商业银行带来的风险。

(5)商业银行可设立独立于操作和经营条线的首席风险官。首席风险官负责商业银行的全面风险管理,并可直接向董事会及其专门委员会报告。首席风险官应具备判断和影响商业银行整体风险状况的能力,并且具有完整、可靠、独立的信息来源。首席风险官的聘任和解聘由董事会负责并及时向公众披露。

(6)商业银行应在集团层面和单体层面分别对风险进行持续的识别和监控,风险管理的复杂程度应与自身风险状况变化和外部风险环境改变相一致。商业银行应根据有关规定强化并表管理,董事会和高级管理层应负责商业银行整体及其子公司的全面风险管理,指导子公司做好风险管理工作,并在集团内部建立必要的防火墙制度。

(7)商业银行被集团控股或作为子公司时,董事会和高级管理层应及时提示与要求集团或母公司,制定全公司全面发展战略和风险政策时充分考虑子商业银行的特殊性。

（8）商业银行董事会应当持续关注商业银行内部控制状况，建立良好的内部控制文化，监督高级管理层制定相关政策、程序和措施，对风险进行全过程管理。

（9）商业银行应建立健全内部控制责任制，确保董事会、监事会和高级管理层充分认识自身对内部控制所承担的责任。

董事会、高级管理层对内部控制的有效性分层负责，并对内部控制失效造成的重大损失承担责任；监事会负责监督董事会、高级管理层完善内部控制体系和制度，履行内部控制监督职责。

（10）商业银行应当有效建立各部门之间的横向信息传递机制，以及董事会、高级管理层和各职能部门之间的纵向信息传递机制，确保董事会、监事会、高级管理层及时了解银行经营和风险状况，同时确保内控政策及信息向相关部门和员工的有效传递。

（11）商业银行应当建立独立的内部控制监督与评价部门，该部门应对内部控制制度建设和执行情况进行有效监督与评价，并可直接向董事会、监事会和高级管理层报告。

（12）商业银行应建立独立垂直的内部审计管理体系和与之相适应的内部审计报告制度和报告线路。首席审计官和内部审计部门应定期向董事会和监事会报告审计工作情况，及时报送项目审计报告，并通报高级管理层。首席审计官和审计部门负责人的聘任和解聘应由董事会负责。

（13）商业银行应建立外聘审计机构制度。商业银行外聘审计机构除履行财务审计外，应对商业银行审计年度的公司治理、内部控制及经营管理状况进行评估，并向商业银行和银行业监督管理部门提交管理建议书。

（14）董事会、监事会和高级管理层应有效利用内部审计部门、外部审计机构和内部控制部门的工作成果，及时采取相应纠正措施。

（四）董事和监事履职评价

（1）商业银行应当建立健全对董事和监事的履职评价体系，明确董事和监事的履职标准，建立并完善董事和监事履职与诚信档案。

（2）商业银行对董事和监事的履职评价应包括董事和监事自评、银行高级管理人员评价、董事会评价和监事会评价及外部评价等多个维度。

（3）监事会负责对商业银行董事和监事履职的综合评价，报经股东大会批准后，向银行业监督管理部门报告最终评价结果。银行业监督管理部门应当对商业银行董事和监事的履职评价进行监督。

（4）董事会、监事会应分别根据董事和监事的履职情况提出董事和监事合理的薪酬安排并报股东大会批准。

（5）董事和监事除在履职评价的自评环节外,不应参与本人履职评价和薪酬相关的决定过程。

（6）董事和监事违反法律、法规或者商业银行章程,给商业银行造成损失的,商业银行应按规定向其问责,责令其承担赔偿责任。

（7）对于不能按照规定履职的董事和监事,商业银行董事会和监事会应及时提出处理意见并采取相应措施。

（8）商业银行进行董事和监事履职评价时,应当充分考虑外部审计机构的意见。

（9）商业银行应建立与银行社会责任、企业文化、发展战略、风险管理、整体效益、岗位职责相联系科学合理的高级管理层激励约束机制。

（10）商业银行应建立公正透明的高级管理人员绩效考核标准、程序以及相应的薪酬机制。绩效考核的标准应体现保护存款人和投资人利益原则,确保银行短期利益与长期利益相一致。

（11）高级管理人员不应参与本人绩效考核标准和薪酬的决定过程。

（12）商业银行出现下列情形之一,应当严格限定高级管理人员绩效考核结果及其薪酬:资本充足率等主要监管指标没有达到监管要求;资产质量出现大幅下降;出现其他重大风险或盈利状况明显恶化。

（13）高级管理人员违反法律、法规或者商业银行章程,给商业银行造成损失的,商业银行应按规定向其问责,要求其承担赔偿责任。

（14）商业银行应制定合理的薪酬机制,确保其充分体现各类风险与成本相抵扣、长期与短期激励相协调,人才培养和风险控制相适应,并有利于本行战略目标的实施和竞争力提升。

（15）商业银行应建立科学的绩效考核指标体系,并分解落实到具体部门和岗位,作为绩效薪酬发放的依据。商业银行绩效考核指标应包括经济效益指标、风险成本控制指标和社会责任指标。

（16）商业银行薪酬支付期限应与相应业务的风险持续时期保持一致,引入绩效薪酬延期支付和追索扣回制度,其中主要高级管理人员绩效薪酬应提高延期支付比例。

（17）商业银行可根据国家有关规定制定本行中长期激励计划。

（18）商业银行审计部门每年应对绩效考核及薪酬机制和执行情况进行专项审计,审计结果应向董事会和监事会报告,并报送银行业监督管理部门。外部审计机构应将商业银行薪酬制度的设计和执行情况纳入审计范围。

（五）信息披露

（1）商业银行应当建立本行的信息披露管理制度,按照有关法律法规、会计制度和监管规定进行信息披露。

（2）商业银行应当遵循真实性、准确性、完整性和及时性原则,规范地披露信息,不得存在虚假、误导和重大遗漏等。商业银行信息披露应尽可能使用通俗易懂的语言。

（3）商业银行董事会负责本行的信息披露,信息披露文件包括定期报告、临时报告以及规定的其他文件。

（4）商业银行定期披露的信息应包括:基本信息、财务会计报告、风险管理信息、公司治理信息、年度重大事项等。

（5）商业银行披露的基本信息应包括但不限于以下内容:法定名称、注册资本、注册地、成立时间、经营范围、法定代表人、主要股东及其持股情况、董事、监事、高级管理人员简历、客服和投诉电话、各分支机构营业场所等。

（6）商业银行披露的财务会计报告由会计报表、会计报表附注、财务情况说明书等组成。商业银行应披露会计师事务所出具的审计报告。

（7）商业银行披露的风险管理状况信息应包括但不限于下列内容:信用风险、流动性风险、市场风险、操作风险、声誉风险和国别风险等各类风险状况;风险控制情况,包括董事会、高级管理层对风险的监控能力,风险管理的政策和程序,风险计量、监测和管理信息系统,内部控制和全面审计情况等。采用的风险评估及计量方法商业银行应与外部审计机构就风险管理信息披露的充分性进行讨论。

（8）商业银行披露的公司治理信息应包括:年度内召开股东大会情况;董事会构成及其工作情况;独立董事工作情况;监事会构成及其工作情况;外部监事工作情况;高级管理层构成及其基本情况;商业银行薪酬制度及当年董事、监事和高级管理人员薪酬;商业银行部门设置和分支机构设置情况;银行对本行公司治理的整体评价;银行业监督管理部门规定的其他信息。

（9）商业银行披露的年度重大事项应包括但不限于下列内容:最大十名股东及报告期内变动情况;增加或减少注册资本、分立合并事项;其他重要信息。

（10）商业银行发生下列事项之一的,除经银行业监管部门豁免,应自事项发生之日起十个工作日内编制临时信息披露报告,并通过公开渠道发布:控股股东或者实际控制人发生变更;更换董事长或者行长;当年董事会累计变更人数超过董事会成员人数的三分之一;商业银行名称、注册资本或者注册地发生变更;经营范围发生重大变化;合并或分立;重大投资、重大资产处置;重大诉讼或者重大仲裁事项;商业银行或者其分支机构受到行政管理部门的重大处罚;聘任、更换或者提前解聘会计师事务所;银行业监督管理部门规定的其他事项。

(11)商业银行应通过年报、互联网站等方式披露银行信息,并确保股东和利益相关者能够及时方便地获取所披露的信息。

(12)商业银行董事、高级管理人员应当对定期报告签署书面确认意见,监事会应当提出书面审核意见,说明报告的编制和审核程序是否符合法律法规和监管规定,报告的内容是否能够真实、准确、完整地反映商业银行的实际情况。

董事、监事、高级管理人员对定期报告内容的真实性、准确性、完整性无法保证或者存在异议的,应当陈述理由和发表意见,并予以披露。

(13)商业银行监事会应当对董事、高级管理人员履行信息披露职责的行为进行监督;关注公司信息披露情况,发现信息披露存在违法违规问题的,应当进行调查并提出处理建议,并将相关情况及时向银行业监督管理部门报告。

(六)监督管理

(1)银行业监督管理部门应将商业银行公司治理纳入法人监管体系中,并根据本指引全面评估商业银行公司治理的健全性和有效性,提出监管意见,督促商业银行完善公司治理。

(2)银行业监督管理部门通过非现场监管和现场检查实施对商业银行公司治理的持续监管,具体方式包括风险提示、现场检查、监管通报、约见会谈、与内外部审计师会谈、任职资格审查和任前谈话、与政府部门及其他监管当局进行协作等。

(3)银行业监督管理部门可以派员列席商业银行股东大会、董事会、监事会和年度经营管理工作会等会议。商业银行召开上述会议时,应至少提前三个工作日通知银行业监督管理部门。商业银行应将股东大会、董事会和监事会的会议记录和决议等文件及时报送银行业监督管理部门备案。

(4)银行业监督管理部门应就公司治理监督检查评估结果与商业银行董事会、监事会、高级管理层进行充分沟通,并视情况将评价结果在银行董事会、监事会会议上通报。

(5)商业银行不能满足银行业监督管理部门确定的公司治理要求时,银行业监督管理部门有权要求商业银行制定整改计划,并视情况采取监管措施。

第二节 新资本监管落地中国:趋势与展望

与"巴塞尔协议Ⅱ"推进过程中数据基础的积累、内评法模型的建立、人才的培养并不冲突,"巴塞尔协议Ⅲ"在中国的落地只是在这些基本工作的基础上,对资本充足率指标进行细化,同时增加了新的监管指标。此次金融危机之后,我国宏观经济基本面复苏强劲,为中国银行业顺利推行"巴塞尔协议Ⅲ"创造了良好的外部环境;中国银行业在危机中的损失较小、其自身各项经济指标相对稳健,也为推行"巴塞尔协议Ⅲ"创立了有利的先决条件。但是当前监管工具和银行自身存在的诸多问题,仍会影响"巴塞尔协议Ⅲ"实施的进程和效果。这些问题既包括对部分监管指标合理性的判别,同时也包括在监管过程中如何对不同类型银行进行差异化监管等系列问题。

一、新资本监管在中国的发展趋势

1. 从资本结构看资本充足率

从银行的资本充足率来看,至2012年度末,我国商业银行加权资本充足率达13.3%,核心资本充足率达10.6%,从短期来看,在不考虑逆周期缓冲资本的情况下,我国银行业的资本充足率水平较高,大部分银行都几乎已经满足了"巴塞尔协议Ⅲ"在2019年的最终要求。但从中长期来看,尽管我国银行在实施"巴塞尔协议Ⅱ"时,通过复杂的内部模型法能够节约大量的资本,但在全面实施"巴塞尔协议Ⅲ"的资本要求时,仍有巨大的融资压力。根据测算结果,基于我们作出的较为严格的假设,若按照银监会的新标准,并假设逆周期超额资本要求为2.5%,系统重要性超额资本为1%,即大银行13.5%、中小银行12.5%,则2012年中国银行业存在资本金缺口大约为9 965亿元。

从过渡期安排来看,在我国的监管资本要求标准高于"巴塞尔协议Ⅲ"的前提下,我国监管当局要求的达标时间也早于"巴塞尔协议Ⅲ"中要求的达标时间。一方面,我国监管当局将达标时间提前,是有一定现实意义的。当前是一个危机频发的时代,金融环境瞬息万变。应对此次金融危机所提出的修补方案并不能够保证适合于2019年时期所出现的金融问题。以"巴塞尔协议Ⅱ"为例,在2004年"巴塞尔协议Ⅱ"就已经完成修订,但迟迟不予实施,美国当时提出将于2009年实施,但在2007年次贷危机爆发了,金融环境发生了变化,"巴塞尔协议Ⅱ"并不能够解决当前出现的问题。所以,为了尽快解决此次金融危机暴露出来的问题,实施"巴塞尔协议Ⅲ"是非常有必要的。

但是另一方面,过渡期的缩短对我国银行造成了巨大的融资压力。其一,良好的资本状况得益于前两年的资产剥离和长期高利差的环境,而这并不具有可持续性;其二,更为重要的是,我国商业银行资本结构与发达国家不同,一级资本几乎都是普通股权益,资本质量总体上较高,但这也造成核心一级资本和一级资本趋同,虽然普通股权益拥有最强的吸收风险损失的能力,但是其高成本的特点将使得在统一监管标准下的中国银行业处于不利的竞争地位,且资本结构单一的现状也为资本补充带来一定的难度。

在"巴塞尔协议Ⅲ"资本的重新定义下,我国商业银行资本存在扣减项目不全、部分债务资本工具不合格、股权投资处理方法不严格等问题,新的资本定义不仅会使商业银行面临的实际资本充足要求更高,还使得补充资本时可选资本减少,短期内在资本监管下的银行不得不将资本补充的压力推向资本市场,这在一定程度上也会提高银监会和证监会协调监管的要求;同时供给增多将使股票价格下降。而债务资本工具标准的提高也会加大外源融资渠道资本补充的成本。

因此,从这两个角度来看,外源融资的资本补充机制可以短期内缓解资本金的压力,但长期必须通过内部积累建立新的资本补充机制,增强盈利能力,并加强风险管理和成本管理。急于用过高的资本充足率的要求来控制银行的风险,可能造成银行没有充足的时间进行长期规划的实施,以改变资本结构、转变盈利模式,将不利于银行建立长期有效的内源性资本补充机制。更大的可能是倒逼银行一致选择资本市场,最终将成本转嫁给投资者和消费者。

此外,对于小银行而言,通常吸存能力弱,主要靠银行间资金市场融通资本。同时,小银行通过发行普通股融资的能力也低于大银行,因而对较大银行而言,新的资本监管要求将对小银行产生更大的影响,特别是没有强大股东支持的小银行。

2. 从银行的不良贷款率看贷款拨备率

贷款拨备比率的引入,是有其内在必然性的,反映出监管当局认为银行体系以五级贷款分类为基础的银行资产分类结果存在改进的空间,可以通过引入贷款拨备比率为这种可能出现的状况增提拨备。同时,因为贷款拨备比率是基于所有贷款计提拨备的,因而具有较强的逆周期性。在经济上行时期,贷款总额较多但表现出来的不良贷款较少,贷款拨备比率的实施可以达到在经济上行时期多提拨备的要求,反之亦然。

表 6-3 商业银行不良贷款、拨备覆盖率及准备金情况(2010～2012 年)

单位:亿元,百分比

项目/年份	2010	2011	2012
不良贷款余额	4 336.0	4 278.7	4 928.5
次级	1 619.3	1 725.2	2 176.2
可疑	2 052.2	1 883.5	2 122.4
损失	664.5	670.1	630.0
不良贷款率	1.1	1.0	1.0
次级	0.4	0.4	0.4
损失	0.2	0.2	0.1
资产减值准备金	10 308.1	12 667.1	15 307.9
拨备覆盖率	217.7	278.1	295.5

从我国上市银行的实际情况来看,不同银行的拨备率分化较大,不良贷款率较高的银行,其贷款拨备比率更容易达到新的监管标准。以我国上市银行 2012 年年报数据为例,在 16 家上市银行中,若以 2.5% 的拨备率为标准,则只有中国农业银行达标,但与此同时,中国农业银行的不良贷款率高达 2.32%,也是 16 家上市银行之最。从这个角度来讲,贷款拨备率可能产生奖劣罚优的结果。这种情况是有其内在原因的。不良贷款率、拨备覆盖率和拨备率之间存在如下确定关系:拨备率 = 拨备覆盖率 × 不良贷款率。一直以来拨备覆盖率是中国银行业的监控指标,在当前中国银行业拨备覆盖率普遍已达标的情况下(其标准为 150%),不良贷款率和拨备率之间存在高度的正相关,不良贷款率和拨备率之间的相关系数高达 0.88。从这个角度来讲,拨备率的实施可能会鼓励银行向高风险业务、从而导致不良贷款率上升的方向发展。

从银行的实际操作层面来看,当监管当局确实推出拨备率指标时,商业银行主要有以下几种应对策略。第一,在保证拨备覆盖率达标的情况下,压缩拨备率的分母,即减少贷款总额。商业银行若采用这种策略,可能会降低对信贷投放的意愿,在经济需要充足信贷支持时,可能会对经济增长形成一定的冲击。第二,实行较多的拨备计提或者是减少不良资产的核销进度。特别是对于那些拨备率达标压力较大的银行而言,减少核销进度不失为一种有效的临时措施。但是较多的计提拨备会对当期的盈利形成显著负影响,而减少不良资产的核销进度会将待核销的不良资产留在银行的资产负债表上,尽管拨备率提高了,但此种方法并不利于化解银行体系累积的风险。

鉴于以上可能出现的种种弊端，如何在保证银行贷款质量的同时，对拨备率进行适当的改进呢？首先，在该指标的起步实施阶段，可以考虑采取多种措施来淡化其可能对银行体系带来的冲击，特别是要采取措施对冲目前贷款拨备指标存在的奖劣罚优的缺陷。要避免过快推行贷款拨备指标而对原来资产质量较好的银行形成过大冲击，实施过程中可以对资产质量较好的银行提供较长的过渡期。同时，为了减少拨备计提对当期盈利能力的显著影响，也可以考虑积极争取新增拨备实现税前计提。其次，可以对贷款拨备比率实行差别化要求，差别化的具体水平可以与贷款分类的迁徙程度挂钩，避免"一刀切"对所有银行采取同样的调节措施，同时也促使商业银行更加关注资产的准确分类。基于当前商业银行的资产结构特征，可以考虑引入一个覆盖部分关注类贷款的监管指标，或通过对关注类贷款的分类，增加贷款分类的细分层级，并将其中的部分类别酌情加入到监管考察指标之中，使整个贷款分类对于其风险状况的变化更为敏感。

当然，拨备率的提出，主要是来源于监管者对于银行资产分类结果的不信任。资产分类是商业银行的内部经营活动，从业务流程看，需要经过贷款部门的初步分类、风险管理部门和审计部门的检查把关，也需要经过董事会和股东大会的检查。也可以考虑完善上述业务流程的不同环节，提高对资产分类的准确性，进而降低对于拨备率的依赖程度。

3. 从盈利模式看杠杆率指标

杠杆率指标是作为基于风险的资本充足率的补充工具，能够防止表外业务的过度扩张，也可以防止模型和计量错误所导致的风险。然而，基于我国银行业当前的盈利模式，在杠杆率监管的过程中可能会存在一些问题。

从杠杆率的实际水平来看，我国商业银行普遍较高。究其原因，主要是因为我国商业银行长期以来，主要从事传统的存贷款业务，利润主要来自于高利差的利息收入。从短期来看，杠杆率指标的监管设定对我国商业银行的影响有限，但从长期来看，其局限性显著。

我国银行业的盈利模式单一，主要依靠高资本消耗的信贷业务，利润构成中利差收入仍是其主体部分。然而这种盈利模式是不可持续的，从我国银行业的发展趋势来看，必然会经历利率市场化和银行国际化进程，利率市场化势必会压缩存贷款息差，从而可能会压缩银行的利润空间；银行参与国际化竞争也需要实施多元化的经营。这些都决定了现阶段依靠传统的存贷款业务的经营模式不可持续，中国银行业必须转变业务模式，开拓表外业务，我国银行业的杠杆率也必然会降低。从这个角度来说,我国银行应在积极稳妥开展新型业务的同时,寻找多元化的资本补充机制,努力提高驾驭高杠杆率水平的能力。

杠杆率监管还可能会导致不同经营模式、不同风险状况的银行间的不公平竞争。资本充足率是基于风险计提的,低风险的银行资本要求小,高风险的银行资本要求多。而杠杆率是基于风险中性的,若实施杠杆率监管指标,在资产规模相当、资本充足率均达到监管要求的前提下,从事低风险业务的银行要求的资本相对更多,从而可能导致低风险业务银行的效率降低。在这种情况下,低风险业务银行可能会减少低风险低收益的信贷业务,转而增加高风险高收益的信贷业务。这在一定程度上,可能会增加银行系统的风险。从这个角度来说,在实施杠杆率监管的过程中,可以考虑依据不同经营模式,对银行实施差异化杠杆率要求。

4. 从银行的资产结构看流动性监管的适用性

在我国当前的流动性监管体系中,存贷比依然占据重要的地位。然而,随着银行的负债多元化,银行的信贷资金来源不再仅仅是存款,还可以是其他稳定性好、与贷款期限相匹配的负债。银行的资产也朝多元化发展,除了贷款外,还包括其他证券化资产。所以,存、贷款并不能完全反映负债、资产的结构情况,故更不能反映出银行的流动性情况。从流动性管理的角度来看,仅仅是匹配存、贷款间的关系就有失偏颇。从国际银行业的经营管理和监管实践来看,存贷比管理正被逐步淡化。因此,从我国流动性监管的角度来看,应逐步淡化存贷比的监管要求,转向资产负债全面匹配的流动性管理。

对于"巴塞尔协议Ⅲ"下的新指标在中国的适用性,已经在第九章中给出了详细的分析,在此不再赘述。然而这些分析主要集中于普遍的业务模式,然而,当前中国银行业的竞争日益激烈,不同的银行越来越表现出不同的经营发展路径和不同的资产负债表结构,不同的银行其擅长的业务可能不一样,有的银行擅长零售业务,有的擅长批发业务,有的擅长负债业务,有的擅长资产业务,有的擅长表内业务,有的擅长表外业务,因此,在对银行进行流动性指标设定时,也应该适应银行业发展变化的特点,不是对所有的银行都采用相同的指标来监管,而是根据银行的实际情况分类监管。

5. 从叠加效应看监管指标的多管齐下

在银监会推出一系列监管要求时,不得不考虑不同的监管政策所产生的叠加效果。这种叠加效果可能造成单个指标的出发点很好,却整体出现了监管过度或不足的局面。如果把拟推行的资本充足率、杠杆率、流动性指标和贷款拨备指标等结合起来考察，这四大工具基本上都在客观上增大了银行的经营成本，降低了银行的收益水平。其内在联系表现为，如果要同时提高资本充足率要求、降低杠杆率、增加对流动性指标的要求，并且通过实施贷款拨备率来促使银行多提取拨备，则银行的盈利和净利差水平必须保持在较高的水平。因为如果净利差水平过低，银行可能选择少放贷款，而采取投资国债等措施来减少资本要求和拨备要求，这可能会影响到银行资金流入实体经济。

一方面，这些多重监管政策可能具有同向的效果。表现较为明显的是资本充足率和杠杆率的提出。也许在监管部门看来，同向影响仅仅会为银行带来更加审慎监管的压力，但是事实不仅如此。对于杠杆率4%的标准要求，可能直接导致资本充足率的失效，至少是一级资本充足率这一指标失效。因为杠杆率和一级资本充足率分子同为一级资本，而对于同质化极高的中国银行业来说，用表内外资产做分母的杠杆率指标和用加权风险资产做分母的资本充足率指标来说，本身就具有较为固定的比例关系，4%的杠杆率可能就基本对应着6%或8%的一级资本充足率，从而其中某一指标会变得毫无意义。而比这种情况更加严重的是可能造成过度监管，较为明显地体现在拨备与资本的双重要求上。

另一方面，比同向效果更值得关注的是指标之间互斥的情况，将使手足无措的银行走向同质化的道路。资本充足率和杠杆率之间的关系仍旧是个典型，基于风险的资本充足率往往被用于节约资本、增加杠杆。然而，基于风险中立的杠杆率使得基于内部模型法节约资本的做法受到了大大的限制，风险管理和计量技术不再能被过度滥用在节约资本上。另一对可能产生互斥的便是拨备覆盖率和贷款拨备率指标，由于贷款拨备率等于拨备覆盖率与不良贷款率的乘积，而不良贷款率与拨备覆盖率具有负关系，因为不良贷款率高的银行需要多计提拨备，拨备覆盖率较低，因此由于不良贷款率的作用，拨备覆盖率和贷款拨备率将存在一定的互斥性。所以，在同时实施两个指标时应特别注意由于这种互斥性而为银行带来的同质化选择。

实际上，不论是"巴塞尔协议Ⅱ"对"巴塞尔协议Ⅰ"的监管准则的完善和方法上的改进，还是"巴塞尔协议Ⅲ"对"巴塞尔协议Ⅱ"的角度多元化和标准提高，三版巴塞尔资本协议都体现了一脉相承的风险监管理念。虽然监管对象和范围在不断扩大，监管指标在不断细化，标准和前瞻性都在不断提高，但是其主要基于若干指标的监管手段、依托外部监管和信息披露作为有效补充，构建与银行激励相容监管体系的监管理念并未改变。我们在稳步推进"巴塞尔协议Ⅱ"的同时适当引入"巴塞尔协议Ⅲ"的监管指标与之并不冲突，计算方法可能有所不同,但是所需的数据基础和IT水平并无本质区别。相反,尽早引入"巴塞尔协议Ⅲ"可以让我们少走弯路,尽快实现与国际银行业统一监管标准的接轨,但是这并不意味着我们应该一味地追求高标准的迅速实施,在"巴塞尔协议Ⅲ"的推进中还需考虑我国银行业的实际情况。

二、新资本监管在中国的展望

可以看出,我国出台的一系列指导意见和实施细则对资本充足率指标进行细化,同时增加了新的监管指标,这与"巴塞尔协议Ⅱ"推进过程中的内部评审法、人才培养、数据积累并不冲突,是为"巴塞尔协议Ⅲ"在中国落地打下基础。"巴塞尔协议Ⅲ"能够顺利在我国实施,取决于我国经济环境在此次经济危机中表现出的内外两个方面。内部方面,我国银行业所受损失较小,各项指标也一直保持稳健;外部方面,我国宏观经济受危机影响也不大且复苏强劲。现阶段,我国银行业资本监管的各项指标优于其他国家的银行,也高于"巴塞尔协议Ⅲ"的规定。但根据上一部分测算结果,在我们按照"巴塞尔协议Ⅲ"做出更为苛刻假设的前提下,在全面实施"巴塞尔协议Ⅲ"的时候,我国上市银行面临较多的问题。

1. 银行的资本结构

根据测算结果,长期来看,我国上市银行存在巨大的融资压力。"巴塞尔协议Ⅲ"大幅度地提高了对银行资本特别是核心资本的要求,将普通股视为核心资本的组成部分,并且严格制定了排除条款,将资本定义得更加透明。在指标数量要求上,虽然协议要求的资本充足率还是8%,但随着资本留存缓冲以及逆周期缓冲两项指标在"巴塞尔协议Ⅲ"中被提出,实际资本充足率已经达到了10.5%,核心资本充足率为8.5%。根据测算,我国银行业在现有融资水平下经过发展,是无法达到标准水平的。另一方面,"巴塞尔协议Ⅲ"要求在2019年之前完成过渡,但是从我国的过渡期安排看,我国银监局要求的达标时间是2016年,早于"巴塞尔协议Ⅲ"的要求。这两个方面的影响,将使我国银行业面临巨大的融资压力。

我国银行业面临融资压力,还存在以下的现实问题:第一,我国银行业长期处于高利差的环境中,并且为了能够尽快上市,部门银行进行了不良资产的剥离,这些情况造就了我国银行业现阶段良好的资本状况,但这并不是可持续的;第二,我国上市银行的核心资本几乎都是普通股,这与国际发达国家的资本结构不同,这就带来了我国银行业现阶段资本结构单一,使用资本的成本较高等特点；第三，在"巴塞尔协议Ⅲ"对资本充足率的重新定义下，我国银行业资本充足率计算中存在扣减项目不全、部分债务资本工具不合格等问题，要符合"巴塞尔协议Ⅲ"的要求，我国银行业面临的实际资本充足率要求更严格，而且可选择的补充资本的方式将减少。

经过以上分析可以看出，通过外部融资的方式对我国银行业进行资本补充只能在短期缓解融资压力，如果想从根本上解决问题，必须建立完善的内部积累机制，增强盈利能力。对于中小型股份银行，吸收存款的能力较弱，主要融资靠银行间资本市场进行。而且它们发行普通股的能力也较低，"巴塞尔协议Ⅲ"势必会对它们产生更大的影响。

所以，我们认为首先应该进一步完善我国的债券市场，可以通过发行金融债改善我国银行的资本结构；其次，对于中小型银行来说，可以通过资产重组、并购和业务转移的方式提高资产业务的规模；再次，就监管部门来讲，应该给我国的银行更加充足的时间进行资本结构的改变，让银行有时间建立长期有效的资本内部补充机制，不能用过高过急的要求控制银行风险，避免出现过犹不及的后果。

2. 银行的盈利模式

与发达国家银行相比，我国银行业的利润来源单一，主要以存贷款利差收入为主，我国银行业利润中有80%来源于利差收入。这是一种不可持续的盈利模式，现阶段学术界和银行业界也在激烈的探讨中，我国的银行业盈利模式对于信贷规模的依赖程度比发达国家大大加强。"巴塞尔协议Ⅲ"的引进必将使我国的信贷业务受到更严格的资本约束。从现在的形式看，利率市场化已经成为必然的趋势，这将会压缩银行的利润。所以我国的银行业必须改变盈利模式，开拓表外业务也是大势所趋。表外业务一旦发展，必将降低我国的杠杆率。所以，我国应该在开展新业务的同时，寻找积极有效的资本补充机制，努力符合我国新监管要求中杠杆率的水平。

资本充足率是带有风险性的，低风险银行的资本要求较小，高风险银行的资本要求较大。但杠杆率是风险中性的，是和资产规模相关的。在资本充足率符合监管要求的前提下，为了达到杠杆率监管要求，可能会使部分银行减少低风险低收益的信贷业务，开展高风险高收益的业务，这会增加银行的系统性风险。所以，结论是：首先，我国商业银行应该适当发展中间业务，寻找资本节约型的经营模式，努力提高资本使用的效率；其次，银行应该采取不同的盈利模式进行差异化经营，我国的监管部门也可以考虑对不同的银行实施差异化的杠杆率要求。

3. 监管指标的适用性

我国银行业的经营方式、发展路径、擅长业务不一样,监管部门的主要作用是为这些多样化的商业银行安排符合它们发展的监管策略,引导商业银行合理的安排资金来源,合理的管理筹资渠道,降低整个中国银行业界的风险。所以,本文认为,在对银行业进行资本监管时,应该考虑银行业发展的特点,不能对所有银行都采用完全相同的指标监管,而应该根据银行业的发展状况、风险暴露程度等实际情况进行分类监管,引导银行合理融资,降低风险。

4. 合理处理资本充足率和杠杆率的关系

虽然经过测算,已经得出资本充足率和杠杆率同时适用于我国银行业的资本监管,但是资本充足率和杠杆率都是资本监管的指标,还不得不考虑它们的叠加作用对银行业监管的影响。这种影响又分为同向和异向两个方面。对于同向方面,核心资本充足率和杠杆率都是采用核心资本作为分子,区别在于分母。中国银行业的实际情况是同质化极高,这样使得作为两者分母的加权风险资产和表内外资产存在一定的比例关系。如果这种比例恰好使得4%的杠杆率对应8%的核心资本充足率,这将使其中的一个指标变得没有意义。对于异向方面,第四部分我们已经提到了一些,资本充足率是用来节约资本增加杠杆的指标,这与杠杆率的实施存在一定的矛盾。所以应合理规划指标,避免扰乱银行的正常融资需求。

事实上,巴塞尔协议的核心监管理念是一脉相承的,不同的是某些指标的计算方式。我国已经于2012年正式引入"巴塞尔协议Ⅲ",这能使我国尽快实现与国际最先进的银行监管标准的一致步伐,但是我觉得,我国必须在实施"巴塞尔协议Ⅲ"的同时,根据我国的实际情况监督和改进,不能一味追求新协议的迅速实施。如何让我国银行业在新的监管标准下,合理、健康、完善的发展才是我国银行业监管的目的所在。

第三节   新资本监管落地中国:银行业对策建议

新资本监管于2013年1月1日起实施,从目前各家银行的资本现状来看,满足资本监管新规并非难事。新资本监管标准要求,系统重要性银行核心资本充足率应达到9.5%,资本充足率应达到11.5%;非系统重要性银行核心资本充足率为8.5%,资本充足率10.5%。而银监会2012年三季度主要监管指标显示,三季度银行业核心资本充足率为 10.58％、资本充足率为 13.03％。从总体数据来看，整个中国银行业已达到并超过监管标准。然而，受银行资产快速增加以及盈利放缓等因素影响，未来商业银行还将面临巨大资本补充压力。监管大考来临之际，银行业应该如何应对？

一、强化银行资本管理，建立资本补充机制

尽管目前我国商业银行的资本金比较充裕，资本充足率监管指标也都表现良好，但是由于我国商业银行信贷资产规模庞大，盈利模式单一，对于宏观经济走势依赖程度大，"巴塞尔协议Ⅲ"有关资本方面的监管要求提高了资本质量和监管标准，我国商业银行仍需要从以下方面加强资本充足率管理。

（1）制定资本管理的长远规划，确保银行资本充足。我国商业银行应按照中国银监会《商业银行资本管理办法（试行）》的要求，充分重视自身资本管理的重要性，结合公司的发展战略、资产负债的规模与结构、未来资本的动态需求等方面，制定完善可行的资本管理规划，实现资产、业务、资本之间的良性发展，既能满足监管当局有关资本管理的规定，又能充分促进企业的发展。各商业银行要不断优化资本结构、提升自身发展的可持续性，扩展业务经营模式，打破原先过度依赖信贷资产的局面，提升银行的持续盈利能力，保持资本充足率长期达标。商业银行既要注重当前市场的开拓，又要避免受近期利益的驱使，过度追求高利润而忽视了高成本和高资本消耗，要做到远期规划与近期发展相结合。

（2）建立动态管理框架，消除顺周期影响。目前监管当局对商业银行要求的资本充足率的监督仍停留在静态层面，商业银行只要按照监管当局的要求满足资本确认标准和资本充足率水平即可，虽然增加了 0～2.5％ 的逆周期资本要求，但是就监管指标本身来说仍然是静态的，容易产生经济的顺周期效应。商业银行在实施资本充足率管理的时候可以依据对于银行自身和宏观经济、政策变化等因素综合判断，设定一个资本充足率的目标值。当经济形势较好时，将资本充足率保持在目标值之上，当经济形势恶化时，将资本充足率设定在目标值与最低资本充足率要求之间，并且调整幅度依据银行自身和外部经济环境综合分析确定，从而从微观层面减少商业银行在资本充足率管理过程中的顺周期效应。

（3）丰富融资渠道，拓展资本来源。"巴塞尔协议Ⅲ"新监管标准强调了银行对于资本质量和充足率的管理，商业银行在具体实践中可以采取资本开源与节流并重的方式，资本开源就是要扩大资本的来源渠道，商业银行通过融资方式来提升资本充足率的方式大致有以下几种：内源式融资、外源式股权融资、发行

次级债和混合资本债以及发行可转债。内源式融资强调银行的内部积累,也就是通过增加留存收益来增加资本积累;外源式股权融资主要包括引进战略投资者、公开增发、定向增发、配股等;债券类的融资则由于要求较少、操作简单、融资迅速而得到银行的广泛青睐。目前我国商业银行在经历了一段大规模股权融资后,核心资本充足率都已达到了监管要求,而且大多数银行短期内都没有股权融资计划,反倒是债权融资迅速发展(2011 年,我国商业银行共发行银行次级债、混合资本债 3 169 亿元用以补充附属资本,同比增长了 244.6%,直接拉动了银行资本充足率提升 0.55 个百分点)。从长期来看,由于我国监管当局要求商业银行次级债的发行额度不能超过其核心资本的 25%,经过一轮如此大规模的次级债发行之后,商业银行下一步的融资将面临新的选择。与次级债和混合资本债的大规模增加不同,可转债的发展一直比较平稳。可转换债券是指债券持有人有权在合同规定的期限内按事先约定的价格将自己的债券转换为发行公司的普通股票,因此,考虑使用可转换债券来补充附属资本是商业银行一个可行的选择,而且在其转换为普通股票后,又可以转变为核心资本,提高核心资本充足率,但由于我国债券市场与股票市场发展的失衡,使得这种介于股权融资与债券融资之间的融资方式没有获得大规模发展。上市商业银行可以在下一轮融资中积极拓展可转债在银行融资中的作用。此外,由于 2011 年中国资本市场整体表现低迷,股权类融资很难寻找到合适的发行时机,2012 年之后资本市场已经出现回暖迹象,有股权类融资计划的银行要抓住一个好的发行窗口期,完成融资计划,但一定要避免简单在股市进行圈钱,避免增加不必要的银行经营成本和压力,要结合自身的情况审慎选择。尽管商业银行补充资本的途径很多,但最有效也最节俭的途径依然是依靠自身的积累,也就是增加留存收益。

二、转变银行增长模式,走资本节约型发展道路

在经济高速增长的背景下,我国商业银行近年来加快了规模扩张的步伐,存款及贷款不断增加,银行分支机构不断扩张,利润也保持了高速增长,但目前我国大多数商业银行的经营模式依然较为单一,净利息差在商业银利润中占据了很大比例,保持在 70% ~ 80%,由于信贷资产易受宏观经济走势的影响,从而此种经营模式并不利于银行的持久经营,信贷高增长在长期会带来了资本不足,杠杆率降低以及信用风险不断累积等问题。在新的监管标准下,商业银行一方面要加强资本的补充,另一方便要减少不必要的资本消耗,实施精细化经营战略,从资本消耗型增长转向资本节约型发展,大力扩展中间业务,扩展业务品种和范

围。拓展中间业务需要将业务模式与实体经济发展紧密结合,不能简单依靠各项服务收费来增加中间业务收入,要深入了解客户的需求,开拓新的服务产品,重点加强具有高技术含量、高附加值的中间业务,比如投资咨询、融资租赁以及衍生金融工具交易等。此外,商业银行还应不断提升零售类业务的占比,加大投资理财、个人信贷和保险等金融服务的推广。此外,商业银行需要调整自己的资产结构,减少资本消耗类业务的规模,减少资本占用,调控风险资产规模和风险资产的风险权重,商业银行可依据监管要求中风险权重的差异,积极拓展加权资本中权重较低的业务,大力发展中间业务,减少对于资本的占用。通过提升管理水平和营运效率,从而降低成本提高资本收益,拓展诸如现金管理、资产托管、对公理财等新型批发业务和零售业务。此外还可以在符合监管要求的前提下,通过发行信贷资产理财产品以及信贷资产证券化等方法转移信贷资产至表外,提升银行的资本节约水平。2008 年次贷危机之后,我国实体经济的发展也进入了一个转型期,转变经济发展方式,扩大内需成为我国"十二五"期间的首要任务,我国商业银行要主动调整业务和客户结构,支持我国的经济结构调整,着力解决民营企业和小微企业的资金需求。创新银行服务产品,尤其是与我国七大战略性新兴产业相关的金融服务,提供除信贷以外的其他服务方式,积极有效整合银行内部资源,提供集投资、保险、证券、信托等多样化的服务模式,拓展对实体经济的服务渠道和效率,丰富服务品种,共创双赢。

三、银行服务实体经济,理性金融创新

纵观此次全球金融危机可以发现,危机发生的根源在于金融创新的过度发展,衍生品层出不穷,金融机构逐渐脱离了实体经济,导致整个金融行业十分脆弱。借鉴于此,中国在商业银行在实施"巴塞尔协议Ⅲ"监管框架的过程中,需要加速自身战略转型,扎根于实体经济,同时也不能全面否定金融创新在发展新业务及风险管理方面的作用。实际上,片面地将金融危机的源头归咎于金融创新是错误的,本次金融危机发生的主要原因是基于对衍生品工具的过度开发,并且在危机中通过高杠杆率快速传导而放大了危机。此次危机之后,我国实体经济进入转型发展的关键时期,转变经济发展方式,扩大内需成为我国"十二五"期间经济发展的首要任务,我国商业银行必须要主动调整自身业务和客户结构,顺应我国的经济结构调整,着力解决民营企业和小微企业的资金需求。在更好服务实体经济的过程中,要不断创新银行服务产品,尤其是与我国七大战略性新兴产业相关的金融服务,提供除信贷以外的其他服务方式,积极有效整合银行内部

资源,提供集投资、保险、证券、信托等多样化的服务模式,拓展对实体经济的服务渠道和效率,丰富服务品种,共创双赢。商业银行要充分重视金融创新在现代商业银行管理中的重要地位,不能因为美国发生了金融危机就完全否定金融创新的价值,甚至停止金融创新要明确金融创新不是为了简单的规避监管或者税收,而是要将金融创新与客户需求和市场环境相结合,要结合市场需求理性金融创新。我国商业银行在金融创新的历程中,要充分考虑我国国情以及消费者的需求,不能盲目的照搬他国金融创新产品,要以服务实体经济为主要目的,扩大金融创新的覆盖面,不要仅局限于高收入阶层,应加大对于中低收入者的消费心理,开发出有吸引力的创新产品。要将商业银行的创新产品与客户的实际需求结合起来,注重成本与效益分析,加强金融创新产品的开发与评估,增加新技术在金融创新中的应用。

长期以来,我国的负债类创新明显要领先于资产类业务的创新,金融创新工具发展不平衡。商业银行需要丰富金融机构的风险管理工具,更好地满足"巴塞尔协议Ⅲ"新监管标准,在流动性管理方面,可以通过开放贷款二级市场以及资产证券化的方式来丰富商业银行流动性管理方式,贷款二级市场的开放可以使商业银行将自己持有的信贷资产按照市场供需关系转让出售,不过要尽量避免银行间的不良套利行为。资产证券化虽然曾经由于在国际金融领域被过度开发和使用而导致了银行巨大损失和监管空白,但是如果加强监管、有效运作的话,商业银行可以通过资产证券化增强负债的稳定性,扩展融资渠道,降低存款类被动负债对于银行流动性的影响,也可以丰富银行资本管理的渠道,但是在资产证券化的过程中,既要注意丰富基础资产种类,也要注意严控基础资产的质量。

四、提高银行盈利能力,增强内源性补充渠道

(一)提高产品质量,增强产品市场竞争力

对于国内银行自身没有的金融产品要积极借鉴国外的先进经验,但不可完全照搬,要结合国内经济状况和市场行情,在原有基础上给予创新,创造出符合国内市场需求的新型金融工具,抢占市场份额,增加银行的非利息收入。对于银行自身已有的金融产品,要完善银行自身的风险管理和资产定价能力,努力钻研产品估价定价的方法,精确计算银行产品的成本收益,对于定价过高的产品,要适当降价,以争取潜在客户群,拓宽银行产品销售渠道。对于收益率过低而成本过高的产品,要加强资产管理水平,提高产品管理能力,尤其要注重风险的控制,以降低产品成本,提高利润率,增加银行的盈利能力。由此,从这两方面提高银

行金融产品的市场竞争力,增加银行的资金收入,减轻银行在利润上对高存贷利差的依赖,从根本上提升银行补充资本的能力。

银行也可通过产品转型,减少高风险业务量,转向从事低风险业务,从而降低资产风险性,减小资本充足率要求的分母项,从根本上降低对资本的要求。加快金融创新,创造出更多既可增加银行资产流动性,减少资金占用,又可规避风险的新型金融工具,在创造收益的同时,又减少对资本的占用。增强银行的服务性,多从事表外业务以及中间业务,降低对资产的需求,提高银行的利润率,让银行有更充足的资金来源。

(二)控制利润分配,增加资本留存

从我国商业银行盈利情况来看,从 2007 年到 2012 年资产利润率分别是 0.9%、1.0%、0.9%、1.0%、1.2%、1.2%,资本利润率依次为 16.7%、17.1%、16.2%、17.5%、19.2%、19.0%。虽然有所波动,但利润率较为稳定。因此,商业银行依靠提取盈余公积金和未分配利润增加银行资本留存。银行要转变利润分配形式,减少现金股利和红利的发放,控制对高级管理者的现金奖励,减少利润分配,将未分配利润转增资本,扩充资本储备。具体来说,对股东可将红利转为股份发放给股东,既可起到奖励投资者,增强投资人信心的功能,又起到增加核心资本,减少资本流失的作用。对管理者以股份的形式给予奖励,是对其工作的肯定与褒扬,又在无形当中激励管理者为银行的长远发展多做贡献,同时也可从管理者对股票的持有态度揣测出部分管理者在工作中是否存在道德风险。并且依靠内源式的资本积累方式,不会分散银行的控制权,不损害所有者权益,也不受外部经济条件制约,银行完全掌握自主权与主动权,是补充资本的基础渠道与稳定渠道。但单纯依靠银行内部利润充盈资本必定能力有限,受银行自身经营状况盈利水平制约,资本积累缓慢,无论是银行发展还是补充资本都会给银行造成瓶颈,并且"巴塞尔协议Ⅲ"对资本水平的更高要求本身就增加了银行的资金成本,降低了银行的盈利水平,缩小了可计提资本的盈余空间。另外银行还可以通过计提损失准备的方式补充银行附属资本,降低经营风险,但在"巴塞尔协议Ⅲ"中重点强调了一级资本与核心资本,对附属资本有所弱化,因此若考虑银行长远发展必定要积极拓展外源性融资渠道。

五、银行综合化经营与专业化经营

(一)规模较大的商业银行应以综合化经营为主要发展方向

所谓商业银行的综合化主要指商业银行突破传统的金融中介业务,开展证券、保险等相关业务,使银行、证券与保险业务相互融合以获取最大收益的过程。具体包括内部综合化经营与外部综合化经营。所谓内部综合化经营指的是在银行内部通过产品创新或交叉销售等方式,达到为客户提供多元化金融服务的目的;而外部综合化经营指通过新设或者控股独立的子公司开展多样化的金融服务。

(二)规模较大的商业银行综合化经营路径

商业银行作为具有规模经济的行业,主要商业银行以综合化经营为发展方向具有理论基础,并且初步具备了现实的客观条件与环境。因而,我们再次以主要商业银行为例,探讨我国商业银行综合化经营的可行路径。尽管我国部分主要商业银行通过试点的形式进行了综合化经营的探索,但总体而言,商业银行综合化经营仍然面临着法律上的禁锢。为此,我国商业银行可以考虑通过"以国际化带动综合化"思路来实现综合化经营之路。同时,国际化经营本身就是区域多元化的一种表现形成。具体而言:

(1)设立海外分行,实现综合化经营。当前,我国大型企业不断开拓国际市场,走国际化经营之路。同时,人民币国际化之路也在不断推进。这为我国主要商业银行国际化经营提供了契机。因而,商业银行可以通过在海外设立分行的形式,为相应的客户提供国际业务,并在此过程之中,根据所在国银行业务监管的要求,积极开拓其他业务领域,争取获得当地综合化经营牌照,在当地进行综合化经营。一方面,可以增加非利息业务收入;另一方面,也积累了综合化经营的经验,为国内商业银行综合化经营奠定基础。

(2)通过海外并购,实现综合化经营。本次金融危机的爆发,以及紧随其后的欧洲主权债务危机,使得许多欧美金融机构的经营陷入困境,这为我国商业银行对海外金融机构并购提供了机遇。通过对海外金融机构的并购,可以利用其拥有的业务牌照、业务经营及人力资源优势,在当地开展多元化经营。纵观国际大型商业银行的发展历程,跨国并购案例屡见不鲜。

(3)从业务分类来看,应大力发展中间业务。中间业务占用的资本最少,是转变我国商业银行高资本占用型业务经营模式的必然选择。我国商业银行应当进一步突出中间业务的战略地位,加大中间业务开发的投入,开发适合我国开展的创新中间业务,拓展较强增值空间的核心业务,通过加大资源投入和考核力度来提高中间业务收入的占比,以较少的资本占用促进盈利能力的稳步提升。

(4)从业务收入的稳定性来看,应大力发展增长稳定的手续费与佣金收入相关的轻资本业务,适度发展收入波动的资本密集型业务。自2004至2012年,我国五家大型国有商业银行的手续费与佣金净收入均呈现持续上升态势,对商业银行盈利模式转型起到了重要支撑作用,并且风险最低,因而,应该大力发展该类业务,如授信业务、服务收费、银行及顾问业务、偿债服务费、保险佣金及其他稳定的非利息收入。而资本密集型的交易性业务类别波动性较大,风险较高,无论是国际银行业,还是国内银行业均证明了该特点。此次国际金融危机中与资本市场相关的交易性带来的损失更加验证了其高风险特征,因而,对该类业务应适当控制其规模,就衍生产品的交易而言,应在业务开展过程中立足于其基本功能。

(三)规模较小的商业银行应以专业化为主要发展方向

与规模较大的银行相比,小银行在收入多元化方面并不具备优势,同时,在面对金融危机时,小银行更容易陷入经营危机之中。根据国际银行业的经验教训,结合我国商业银行整体发展实际。我们认为以城市商业银行为主体的规模较小的银行应以专业化发展为导向,可以从区域专业化和业务专业化来理解。

其一,区域专业化。所谓区域专业化就是指商业银行把经营重点放在某一区域,利用与本地政府及客户长期积累的关系,开展业务活动。我国规模较小的商业银行主要股东多为地方政府,这样有利于小型商业银行在业务经营过程中,充分获得当地政府的支持。同时,我国城市商业银行成立之初就定位为:服务地方经济、服务中小企业和服务城市居民,这一定位也与区域专业化的发展方向相符。

其二,业务专业化。与主要商业银行相比,一些规模较小的银行缺乏规模优势,并且在人力资源、风险管理方面均处于相对劣势地位。因而,小型商业银行应集中优势资源,开发特色性业务,形成业务品牌优势。

六、银行积极拓展外源性融资渠道,增加资本来源

长久以来,我国银行业对资本的补充一直处在当资产与资本不匹配时,资产规模扩大,资本压力增大时,事后补充资本的被动局面,因此,现在我国各商业银行应建立实时动态的资产监管体系,与银行的风险管理紧密配合,及时对资本

补充作出反应,建立具有主动性,前瞻性的资本补充渠道,合理预测银行短期、中期和长期的资本需求,并相应作出规划安排。具体来说,首先,银行对外可以引进战略投资者,在引入大量外来资金充实银行资本的同时,也可以引进外国先进的管理经验,营销理念,风险防范控制手段,提升公司治理结构,增强银行盈利能力。我国多家银行都引进外资持股,以获得大额稳定的资金支持。但引进战略投资者往往需要全面而详细的事前准备以及谈判,作用周期较长,难度较大,而且还会分散银行的控制权,稀释原有股东权益,且中小银行因规模和声势有限,往往很难获得战略投资者的青睐,对于中小银行可以在国内引进民间资本,一方面可以抑制大量的民间资本没有投资渠道,而在市场上进行投机行为,扰乱经济秩序;另一方面又为未上市的中小银行引入大量资金支持,有利于资金盈余的企业和个人与资金紧缺的企业和个人之间的资金融通,减少地下钱庄的产生,真正做到资金融通,使资金向实业部门流转,减少经济泡沫的产生。因为我国银行业由政府信用作为担保,政府的参与性较强,因此可通过政府注资来获取资本,并且这种方法对市场的震动最小,还有促进经济发展的作用,而且往往投资数额巨大,但这种方式并不常见,只有在某些特定的经济形势下才会出现,对政府财政又有较大压力,投向也多为大型国有商业银行,中小银行及股份制银行很难获得。

其次,可通过鼓励银行在境内外上市融资,通过发行普通股的方式直接获取核心资本,通过证券市场融通资金,增加银行公司规模,在金融市场上提高竞争力,而且筹资量巨大。2012 年,我国整个证券市场的平均市值为 107.96 亿元,16 家上市银行平均市值为 2 449.08 亿元,银行业中按公司规模排名前 5 位的分别是工商银行、农业银行、中国银行、招商银行、浦发银行和交通银行,其中工商银行以 11.354 亿元位居榜首,是排名第二的农业银行的 1.46 倍,成为最大的股份制银行。但这种方式对银行有规模限制,且筹资成本较高,稀释银行原有股东的控制权,筹资金额的多少受整体股市走势的影响。对已经上市的银行也可通过发行优先股的方式扩充附属资本,通过增发股票的方式增加一级资本,筹集资金数额稳定,不会稀释股东控制权,但要承受付息压力,在经济下行时损害普通股股东利益。上市和非上市银行都可通过发行短期债券增加资金的流动性,促进短期资金融通,发行长期债券获取稳定可控的资金,但要注意时间的匹配和期限连接,有能力的银行可发售可转换债券或将已有债券转换成普通股,以拓宽银行资金来源渠道。发行债券的好处就是发行成本较小,筹资金额可控,对银行控制权无影响,但其缺点就是受债券市场规则及流通程度的制约,而且还要承担还本付息压力。同时鼓励国内银行在国外设立分支机构,吸引境外储户,在更广阔的资本市场吸收资金增加负债余额。

七、加强银行内部控制建设

（一）加强内部控制环境建设

内部控制环境是商业银行内部控制的基础，只有具有良好的内部控制环境，才能在稳定的基石上建立和完善内部控制体系。在对我国国有商业银行内部控制问题进行分析的过程中，内部控制环境存在着种种问题，所以，我们必须加强内部控制环境的建设，以优化国有商业银行内部控制体系建立的基础。

1. 内部控制队伍的选拔和使用

商业银行内部控制体系的建立需要遵守以人为本的原则，因为内部控制实施的主体是银行内部人员，如果可以积极地调动人的主观能动性，将大大有助于商业银行内部控制体系的建设。

（1）建立健全的人事管理制度，择优录取高素质人才。商业银行应该根据监管当局规定的内部控制人员比例建设内部控制队伍。按照各个不同岗位的工作技能要求，向银行内部或者外部公开招聘各类专业人才。制定相关配套制度，例如招聘与辞退机制、激励机制、处罚机制以及提升考核机制等，促进相关流程的公开化、透明化。

（2）加强员工内部控制培训。商业银行应该加强职业道德强化训练，确保从业人员的职业操守，从而可以安全、高效地展开工作；还应开展内部控制业务培训，相关法规政策条例培训，以增强银行从业人员的业务技能，做到全面精湛，及时掌握最新的业务和相关制度。

（3）制定公平的考核标准。依据不同的内部控制与风险管理的职货，对相关的人员设置定量测试指标和定性分析指标。考核标准应该公平、公开、透明，并严格按照标准执行。

（4）实施岗位轮换制。岗位轮换制是发现岗位工作中的漏洞和银行的重要措施，它能够有效防止串通舞弊行为，减少主要岗位从业人员的道德风险和操作风险。而且是培养和锻炼全面业务技能员工的切实可行的措施。通过以上几项措施，建立一个业务精湛、技能全面、道德素质高的内部控制队伍，对于商业银行内部控制体系的建设是大有裨益的。

2. 加强企业文化建设

企业文化是企业及其员工共同拥有的价值观念，是企业所倡导和追求的固有价值、思维方式、处事准则等。良好的企业文化,可以使得员工愿意顺从其观念和价值取向,自觉地遵守企业的规章制度。对于商业银行来说,从业人员可以自觉规范自身的行为,是商业银行内部控制体系建设的基础。因此,商业银行应该加强银行文化建设。

3. 制定内部控制行为规范

商业银行应该制定系统的、全面的内控行为规范、准则、流程,使得银行从业人员"有法可依"。清晰明确的内部控制行为规范,应该全面地对每一项业务的管理决策、操作流程加以规范,定期或不定期地对每一项业务的内部控制加以评估,及时的修正、改进。真正将内控理念转化为一种具体的行为符号传导给每个员工,实现用制度来控制人,用制度来规范行为的目的。

4. 强化法制意识

金融机构政策性强、风险大,在其经营管理过程中必须建立制度观念,强化法制观念。坚决制止"制度"给"权力"让位的现象,要树立以制度规范经营,以制度管人的经营管理观念,树立制度的最高权威性。

(二)完善内部控制信息与沟通

作为内部控制要素之一的信息与沟通,在商业银行内部控制中有着举足轻重的作用。其为商业银行内部控制体系有效运作提供信息支撑,为其他内部控制要素发挥作用提供信息支持。目前,随着科技的不断进步,新信息技术在信息系统中得到越来越多的广泛运用,是商业银行高效运行的技术保障。信息系统的建设,对于我国国有商业银行内部控制体系的建立是至关重要的。

1. 建立信息收集、加工机制

商业银行日常处理的信息是广泛而繁杂的,不论是内部信息还是外部信息,首先应该对大量的信息进行合理的筛选、校对以及整合,从而提高信息的可用性。从内部信息来讲,商业银行应该建立与其相适应的信息系统,持续、有效地收集经营活动所产生的各种信息。然后通过财务会计资料、经营管理资料、调研报告、项目报告、内部刊物、办公网络等渠道,将内部信息传递给银行员工,并做到及时有效,真实完整。对于外部信息,例如客户资料,监管机构法规政策以及沟通反馈信息,应该筛选整合,并妥善保存。

2. 提高信息的传递效率

收集信息的最终目的是为了使用,所以高效的信息传递成为工作的重点之一。我国国有商业银行虽然经过机构改组,但是组织机构依然相对繁杂。过多的分支机构,庞大的规模,过长的管理链,都是阻碍信息在银行内部高效传递的障碍。不能及时传递信息,就失去其作用,也给商业银行带来潜在的风险。所以,我国国有商业银行应该建立起一套专项的内部控制信息传递系统,主要围绕商业银行的主要业务和主要的风险控制点,要求各业务工作人员在发现问题的第一时间就及时地向相关的信息部门上报。比如开展座谈会、研讨会等,来加强上下级之间、各部门之间的信息传递。通过各种方法的结合,才能使商业银行各部门的管理人员以及基层员工更好地理解银行的各项战略政策。

3. 加强信息技术的运用

近年来,随着科技的不断发展,新技术在信息系统中得到越来越广泛的应用。我们要积极利用现代化的计算机技术,来提高信息传递的速度,银行应该针对自身的经营情况,开发适合自身的信息系统,做到信息能够高效传递,同时保证其准确性、完整性及安全性。

(三)规范控制活动

1. 完善内部控制体系的建设

由于金融危机的冲击,国际国内金融环境以及国内金融政策的变化,所以在完善内控体系的过程中,要根据业务发展变化情况,梳理现行业务制度,不但要继续关注信用风险,还要针对市场风险、操作风险等日趋突出的风险设置内控流程。每一项业务可能面临多重风险,所以要制定统一的业务标准和操作要求,确保针对各项业务的制度和程序都具有充分性、明确性和适宜性。

2. 加强重点业务内控建设

(1)授信业务。

实行职责明确、相互制约的审贷分离制度,使信贷调查、信用审批与贷后监控职能相分离。针对外部金融环境变化和各行授信业务发展特点优化业务流程和升级信贷系统,并及时修订信贷业务管理制度;理顺信贷业务工作机制,强化专业化流程管理,制定授信政策与合规管理、信贷系统运行与统计分析管理、授信人员培训管理等流程,加大对各地区授信管理中心的管理力度;深入调研市场、走访客户,做好审批事前控制工作,提高审批效率和质量;优化信贷投放结构,定期进行风险排查,全面跟踪和监控重点风险行业客户,加快风险客户调整,防止信贷资金违规流向高风险领域。

（2）资金业务。

搭建统一的资金交易平台,将自营资金业务与资产管理业务严格分离,在各个资金交易岗位间建立监督制约机制;针对市场变化,统一管理票据融资业务,调整理财产品研发策略和流程,加强全过程风险控制;完善危机事件快速反馈机制,明确各类报告及危险事件的报告和处理路线;建立资金交易风险评估和控制系统,开发量化风险管理模型,完善交易业务信息管理系统功能;加强对分行资金相关业务和管理人员的专业技能与管理技能培训,定期进行资格考试和认定。

（3）中间业务。

中间业务主要有信用卡业务、网上银行业务、投资银行业务、资产托管业务、理财业务等。针对信用卡业务,银行应注重制度和信息系统建设,完善授权与交易监控规则,强化数据分析和业务风险防范能力;针对网上银行业务,银行要完善网银系统,升级网银操作版本,制定相关制度规范以加强风险控制;针对投资银行业务,建立职责分离制度,明确业务经办和符合双重检验制度,通过风险敞口限额管理进行风险总量限制,实现对所有的科学决策和严格的把关;针对资产托管业务,应该加强事前、事中控制,在业务准入环节建立内审机制,构建领先的内控体系,争取获得托管内控的国际认可。

（4）存款和柜台业务。

要加强存款成本控制,通过调控保证金存款和公中长期存款、强化存款付息率考核等措施,达到解约付息成本的目的;通过专业自查、稽核检查,及时揭示和防范存款业务中的道德风险和操作风险;设立"总会计岗",形成与营业室经理相互补充、相互制约的柜台风险控制体系;强化集中事后监督改革,逐步将监督重点由规范性监督向资金风险监督转变。

（5）会计业务控制。

要严格按照国家统一的会计准则制度,对会计工作进行统一管理,针对所有业务活动建立标准的会计核算制度,明确会计核算、对账和事后监督的相关流程,确保会计信息的真实、完整和合法,防止设置账外账、乱用会计科目以及编制和报送虚假会计信息的现象发生。针对会计凭证、会计账簿、会计报告以及重要会计业务事项文档等重要会计档案制定管理制度,防止资料篡改行为的发生,以备查阅。完善内部控制的技术手段商业银行的控制管理越来越多地依赖信息技术,所以除了要制定完善的控制制度,还应加大力度建立科学高效的管理信息系统,如柜台业务处理与自动服务系统、跨行业务与清算系统、金融信息与决策支持系统,加强信息技术在产品服务及业务应用方面的创新,同时还要提高信息服务水平,充分发挥信息技术在信息传递方面独特的优势。

八、建立适合中国银行业的内部评级模型

新资本协议提供的两种计算信用风险的方法中,外部评级法的基本因素即外部评级机构的缺失和不规范使得这一方法在中国施行的结果会差强人意,而内部评级法源于西方商业银行长期经营和发展的经验积累,积淀并汇集了领先的管理思想、管理方法和控制技术,也是目前西方发达国家银行全面采用的风险评估方法,因此,实行内部评级法便成为中国银行业的较好选择。为此,大型先进银行在技术选择上应以建立内部评级法为目标。

1. 优化内部评级系统,逐步升级信用评级系统

(1)规范和清理业务处理系统数据。

业务处理系统的数据是风险管理信息系统的基础数据来源,短期内商业银行一项紧迫的工作就是清理、规范授信业务处理系统中的数据。规范数据录入标准,规范系统内客户、合同、账务和五级分类数据,对银行各级分支机构的数据质量进行非现场检查和纠正,并建立长期的数据质量管理机制,确保用于风险分析的数据质量。为提高数据的质量,银行内部要加强对企业会计报表的审核,在抽样的基础上建立违约样本,选择最能反映中国企业风险特点的指标等等。

(2)推进数据差异分析和风险管理数据模型建设。

商业银行现有的授信业务系统数据模型已不能完全适应当前业务发展和风险管理的要求,对下一代银行核心系统数据模型应早做准备。按照满足新资本协议内部评级法初级法的基础数据要求,进行现状与目标的差异分析,在此基础上指导下一代风险管理数据模型的开发。

(3)探索建立用于单一客户准入退出和贷款定价的系统。

利率市场化的改革将使我国商业银行风险管理水平在自主定价方面显现出来。对单一客户风险的把握要从定性为主逐步向定性分析与定量度量客户违约概率相结合的方式转变,尝试进行不同级别客户违约概率的测算,将其作为客户准入退出和贷款定价的基础。这就要求大连地区商业银行改造现有的风险管理信息系统,连续采集建立客户违约概率模型需要的数据,并建立和校验模型。在评级方面,虽然我国银行信用评级的主流方法是综合打分法,但是这并不意味着我国商业银行不具备应用新的统计方法或统计模型的条件。根据已有的关于中国企业评级的实证研究成果,我们应该更加积极主动的采取其他方法。

2. 借鉴风险管理成熟的商业银行采用优秀的内部评级制度

当今世界,国外许多银行采用优秀的数学模型,包括穆迪 RISKCA、KMV、ALTMAN、标普 MEU、VAR 等,这些模型在全球各国银行业得到广泛好评。商业银行应该尽早采用这些成熟的数学模型。但是,这些评级模型在评定时仅仅依靠财务比率分析,部分模型还要引入公司股价、市场利率、各币种汇率变化等市场变量,这对发达国家银行业的评级比较适用。但大连地区商业银行在内部评级时,不仅要参考西方国家设计评级模型时的主导思想、理论根基、操作方式,又要与本地实情充分的结合,不仅要充分考虑到样本量的不足、融资市场的活跃程度、利率市场化进程、企业财务欺诈现象、道德及诚信因素等、省份间经济不平衡导致的差别等国内独有的现象,而且也要独立研究属于自己并适用当地的模型框架和参数指标。商业银行应与有关政府部门和科研机构一起,结合自身特点,对有关风险度量模型进行改进,或"量体裁衣"式地开发新的风险度量模型,使银行的风险度量和控制工作更加适应金融业竞争日益激烈的新形势。

3. 对风险计量模型的监督检查

建立风险计量模型是实现对风险模拟、定量分析的前提和基础,那么对风险计量结果的正确性保障是风险计量模型实施过程中的监督检查。风险计量模型中进行监督检查的范围应该涵盖:风险计量模型在建立过程中的数学原理、数学逻辑和所模拟的数学函数是否正确;用于计量的工具、参数是否恰当,监测风险的假设、历史样本的分布是否合理;有没有对管理体系进行制度的建立,如若业务和产品产生变化,或者产生其他突发事件,是否有具体的流程安排;对于内部风险计量模型调整、验证和升级流程是否完整的建立;风险操控中,管理人员对于模型设立原理是否充分理解,并能按步骤应用其结果。内部管理中对风险计量目标、风险计量的方法、评估结果报告体系是否流畅并健全。

九、建立和完善银行风险信息系统、内部数据系统

我国商业银行信息化起步较晚,所存在的问题在于数据库资料基础欠缺,且数据分布缺乏合理性、数据质量较低。同时,信息系统也存在着流通不畅现象。这些相关问题没有得到及时解决,商业银行内部评级系统的开展和应用将极严重地受到制约。由此可见,我国各地商业银行应该做到:

(一)对数据系统的建立和完善

巴塞尔新资本协议中对于违约问题的相关规定阐释表明,银行应确定违约

的概率范围、做好违约损失的预防和暴露违约敞口所产生的风险防控,另外也详细明确了应建立内部数据库模型以及涉及风险类相关业务的管理系统的建设规范,内容主要涵盖:如果银行使用初级内部评级法,那么需要至少具备 5 年以上的业务数据,以此为基础预判并适量验证违约时间发生的概率;如果银行采用高级内部评级法,那么银行内部只要储存有 7 年以上的历史业务数据便可以预判违约损失率。另外要求银行评级的历史数据需要长期保留,将此数据作为完善系统的信息基础和对系统内容进行检验的标准依据。根据此项要求,商业银行对于数据清理和数据补录的相关工作需加快脚步,银行业监管机构因逐步建立并实行统一、全面、合理、有效、严格的标准,制定大连地区数据质量合规的各项规章制度,同时要确保数据的全面性、及时性和准确性;要通过收集大量和连续的客户信息和市场信息,对客户的风险和市场的风险进行识别和预警,合理确定风险防范的措施;尽快建立数据管理全程责任制,明确数据管理各个环节相关岗位的职责,实行问责制;从内控制度建设和考核机制方面进行改进,解决统计信息失真问题,及时更新基础信息,确保用于风险管理分析的信息来源真实可靠。

(二)对信息系统的建立和完善

商业银行在风险管理信息自下而上的汇报过程中,依然存在着交叉和冗余的现象。风险信息汇报的路径并未完全清晰化,对于报告董事会决策的事项和报告高级管理层决策的事项之间缺乏十分明确的区分。因此,应该建立起畅通的风险信息汇报路径,使风险的存在和发展情况及时、有效、准确地到达董事会和高级管理层。此外,信息系统还应该对所采集的数据进行分析、解读,帮助银行高级管理层及时发现风险,并在风险化解过程中给予数据支持。风险信息系统还必须能满足识别、储存、抽取和分析基础数据的要求。最重要的是,要建立起各个部门对信息系统的责任制度,包括银行内部各授信业务部门负有基础信息的采集、质量控制及更新维护责任,采集过程中需保证基础信息的合规性、准确性、完整性;风险管理部门负责对授信基础信息及据此产生的结论进行审核。总部的稽核部负责对信息的真实性、准确性、及时性进行抽查和独立审计。

十、构建银行业全面风险管理体系

(1)建立良好的风险管理文化。

我国在风险管理文化建设方面的落后,将影响我国建立全面风险管理体系的进程和全面风险管理的速度。中国银行应该适时加强高级管理层对全面风险管理的紧迫性和重要性的认识,全面风险管理体系的建设工作才能得以顺利进行;其次银行应该注重对各个员工的风险管理知识的教育,特别要注重对专业风险管理人才的培养,形成全行上下整体风险意识的提高。

(2)完善公司治理结构,为风险管理打好坚实的基础。

股权结构是公司治理结构的基础问题,在股权相对集中的资本结构下,各大股东都有动力和能力发现经营者存在的问题,同时由于股东的压力,经营者也会有足够的经营激励去改善企业经营管理水平,因此,保持股权相对集中的资本结构是目前我国商业银行的较优选择。针对目前我国国有商业银行控股股东持股比例过高的问题,要逐步实现商业银行的产权主体多元化。通过建立清晰多元化的产权结构来推进治理结构的优化,形成有一定刚性约束的资本经营机制。

(3)完善全面风险管理的设置。

中国银行应该在风险管理委员会下成立三个执行委员会,即信用风险执行委员会,市场风险执行委员会和操作风险执行委员会,并根据各自风险的特点构建独立的风险管理体系,建立集中化、扁平化、专业化的信用风险管理体系,实现信用风险管理的规划集中和决策集中,逐步探索扁平化、专业化管理。建立分账户、集中化的市场风险管理体系,按交易账户和自由账户由总行层面统筹体系,在各个部门、各级分支机构设立操作风险管理岗位,具体实施辖内操作风险的管理。

(4)自上而下制定并实施风险管理战略。

董事会应制定明确的经营战略和风险管理战略,负责资本金的管理,规划资本的最佳结构并提出筹资方案,确定资本金在经济区域、业务主线及不同行业之间的配置;对银行风险管理的长期投入进行规划,负责银行整体风险的监测。风险管理战略应在系统内得到充分的认识,其制定、审批、分解执行和监督的流程必须得到相应的组织制度保障。风险管理部门对于风险管理责任的承担不仅表现为风险管理的失败及损失发生后的事后责任追究,更重要的是承担事前责任,包括为防范风险损失发生而建立起有效的内部控制体系、为有效利用资本承担风险和增强市场竞争力而将风险承担和管理政策作为金融机构管理的最高战略决策、系统推动风险资本配置和风险管理的过程等。

(5)加强风险管理技术建设,尝试引入风险计量工具,强化风险整体管理能力。

先进的风险管理技术的应用,是构建银行风险管理体系的重要基础。由于我国市场经济体制和金融监管体系的发展还不完善,现代风险管理模型与技术在我国引进的总体环境并不成熟,存在不少制度和技术上的制约。因此,在加强风险管理技术建设的过程中,我们不仅要学习西方银行风险管理方式与技术所体现的风险管理思想和理念,还要充分考虑我国的实际情况和现实条件,尤其是一些根本性、制度性的前提条件。

(6)培养从事风险管理的专业队伍。

建立全面风险管理体系需要培养、建立和长期拥有一批具有深厚的风险管理理论基础、数理基础和计算机技术的专业人员。我国商业银行需要长期培养、挖掘和储备符合条件的人才,并设法保持其稳定性,防止人才流失。对于风险管理的核心技术,最好将其分散化,以防止个别人才流失对整个风险管理体系的冲击。同时,还要注意对现有人员的定期培训和优化调整,及时更新风险管理人员的知识体系,确保全面风险管理体系的先进性和实用性。

(7)加强信息系统建设,提升风险预警评价水平。

中国银行应该在推进基础设施和系统建设的基础上,加强与同业合作的信息化对接;推进数据中心的建设和管理优化,提升数据处理和营运管理能力;强化信息安全保障工作,加快数据灾难备份工作步伐,加强信息安全评估和安全监督检查力度,防范金融信息犯罪行为。不断优化、完善现有信息系统中的风险控制功能,以及与业务发展不相适应的内容;研发合规管理、非现场审计等风险管理信息系统,以科技手段监控各类业务的违规操作,为各级决策层、管理层风险管理提供准确、及时、有效的风险预警,分析等量化数据,及时消除风险隐患,全面提升风险预警评价水平。

(8)完善激励约束机制,优化资源配置。

中国银行可以借鉴其他企业的操作模式,积极探索股权激励、期权激励等激励方式,建立完善符合自身实际的风险管理及小考核体系与奖励制度,调动员工主动管理风险、防范风险的积极性。逐步推行绩效薪酬管理风险,延期支付代理制度,对在规定期限内其高级管理人员和相关员工职责内的风险损失超常暴露,应将相应期限内已发放的绩效薪酬全部追回,并停止支付所有未支付部分。在系统内尝试建立风险管理奖励基金,依据风险管理绩效考评结果,对取得突出工作成绩的单位和个人给予精神和物质的奖励。

附录

附表1 特定市场风险计提比率对应表

类　别	发行主体外部评级	特定市场风险资本计提比率
政府证券	AA－以上（含AA－）	0%
	A+至BBB－ （含BBB－）	0.25%（剩余期限不超过6个月）
		1.00%（剩余期限为6至24个月）
		1.60%（剩余期限为24个月以上）
	BB+至B－（含B－）	8.00%
	B－以下	12.00%
	未评级	8.00%
合格证券	BB+以上（不含BB+）	0.25%（剩余期限不超过6个月）
		1.00%（剩余期限为6至24个月）
		1.60%（剩余期限为24个月以上）
其他	外部评级为BB+以下（含）的证券以及未评级证券的资本计提比率为证券主体所适用的信用风险权重除以12.5。	

附表2 时段和权重

票面利率不小于3%	票面利率小于3%	风险权重	假定收益率变化
不长于1个月	不长于1个月	0.00%	1.00
1～3个月	1～3个月	0.20%	1.00
3～6个月	3～6个月	0.40%	1.00
6～12个月	6～12个月	0.70%	1.00
1～2年	1.0～1.9年	1.25%	0.90
2～3年	1.9～2.8年	1.75%	0.80
3～4年	2.8～3.6年	2.25%	0.75
4～5年	3.6～4.3年	2.75%	0.75

续表

票面利率不小于3%	票面利率小于3%	风险权重	假定收益率变化
5～7 年	4.3～5.7 年	3.25%	0.70
7～10 年	5.7～7.3 年	3.75%	0.65
10～15 年	7.3～9.3 年	4.50%	0.60
15～20 年	9.3～10.6 年	5.25%	0.60
20 年以上	10.6～12 年	6.00%	0.60
	12～20 年	8.00%	0.60
	20 年以上	12.50%	0.60

附表 3　时区和权重

时　区	时　段	同一区内	相邻区之间	1 区和 3 区之间
1 区	0～1 个月	40%	40%	100%
1 区	1～3 个月	40%	40%	100%
1 区	3～6 个月	40%	40%	100%
1 区	6～12 个月	40%	40%	100%
2 区	1～2 年	30%	40%	100%
2 区	2～3 年	30%	40%	100%
2 区	3～4 年	30%	40%	100%
3 区	4～5 年	30%	40%	100%
3 区	5～7 年	30%	40%	100%
3 区	7～10 年	30%	40%	100%
3 区	10～15 年	30%	40%	100%
3 区	15～20 年	30%	40%	100%
3 区	20 年以上	30%	40%	100%

附表4 交易账户信用衍生产品转换规则

		多头 / 信用保护卖方	空头 / 信用保护买方
信用违约互换	一般市场风险	如有任何费用或利息的支付,则视为持有无特定市场风险债券多头	如有任何费用或利息的支付,则视为卖出无特定市场风险债券空头
	特定市场风险	视为持有信用参考实体多头,如为合格证券的情况,则视为持有互换风险暴露	视为持有信用参考实体空头,如为合格证券的情况,则视为卖出互换空头
总收益互换	一般市场风险	如有任何费用或利息的支付,则视为持有信用参考实体多头,及卖出无特定市场风险债券空头	如有任何费用或利息的支付,则视为卖出信用参考实体,及持有无特定市场风险债券多头
	特定市场风险	视为持有信用参考实体多头	视为卖出信用参考实体空头
信用联系票据	一般市场风险	视为持有票据发行方多头	视为卖出票据发行方空头
	特定市场风险	视为持有票据发行方以及信用参考实体多头,如为合格证券的情况,则视为持有票据发行方多头	视为卖出信用参考实体空头,如为合格证券的情况,则视为卖出票据发行方空头
首次违约信用互换	一般市场风险	如有任何费用或利息的支付,则视为持有无特定市场风险债券多头	如有任何费用或利息的支付,则视为卖出无特定市场风险债券空头
	特定市场风险	视为持有所有参考实体多头,特定市场风险资本要求以可能的最大支出作为上限,如为合格证券的情况,则视为持有信用衍生品多头	视为卖出特定市场风险资本要求最高的参考实体空头(针对风险暴露),或视为卖出特定市场风险资本要求最低的信用参考实体空头(针对对冲头寸)
第二次违约信用互换	一般市场风险	如有任何费用或利息的支付,则视为持有无特定市场风险债券多头	如有任何费用或利息的支付,则视为卖出无特定市场风险债券空头
	特定市场风险	视为持有所有参考实体多头,但不包括特定市场风险资本要求最低的信用参考实体多头,特定市场风险资本要求以可能的最大支出作为上限,如为合格证券的情况,则视为持有信用衍生品多头	视为卖出特定市场风险资本要求最高的参考实体空头(针对风险暴露),当存在首次违约保护的情况下,视为卖出第二个特定市场风险资本要求最低的信用参考实体空头,或当特定市场风险资本要求最低的信用参考实体已发生违约的情况下,视为卖出信用参考实体空头(针对对冲头寸)

附表 5 总收入构成说明

	项目	内容
1	利息收入	金融机构往来利息收入,贷款、投资利息收入,其他利息收入等
2	利息支出	金融机构往来利息支出、客户存款利息支出、其他借入资金利息支出等
3	净利息收入	1 减 2
4	手续费和佣金净收入	手续费及佣金收入 - 手续费及佣金支出
5	净交易损益	汇兑与汇率产品损益、贵金属与其他商品交易损益、利率产品交易损益、权益衍生产品交易损益等
6	证券投资净损益	证券投资净损益等,但不包括:银行账户"拥有至到期日"和"可供出售"两类证券出售实现的损益
7	其他营业收入	股利收入、投资物业公允价值变动等
8	净非利息收入	4 加 5 加 6 加 7
9	总收入	3 加 8

附表 6 业务条线归类目录

1 级目录	2 级目录	业务种类示例
公司金融	公司和机构融资	并购重组服务、包销、承销、上市服务、退市服务、证券化,研究和信息服务,债务融资,股权融资,银团贷款安排服务,公开发行新股服务、配股及定向增发服务、咨询见证、债务重组服务、财务顾问与咨询,其他公司金融服务等
	政府融资	
	投资银行	
	咨询服务	
交易和销售	销售	交易账户人民币理财产品、外币理财产品、在银行间债券市场做市、自营贵金属买卖业务、自营衍生金融工具买卖业务、外汇买卖业务、存放同业、证券回购、资金拆借、外资金融机构客户融资、贵金属租赁业务、资产支持证券、远期利率合约、货币利率掉期、利率期权、远期汇率合约、利率掉期、掉期期权、外汇期权、远期结售汇、债券投资、现金及银行存款、中央银行往来、系统内往来、其他资金管理等
	做市商交易	
	自营业务	
	资金管理	

续表

1级目录	2级目录	业务种类示例
零售银行	零售业务	零售贷款、零售存款、个人收入证明、个人结售汇、旅行支票、其他零售服务
	私人银行业务	高端贷款、高端客户存款收费、高端客户理财、投资咨询、其他私人银行服务
	银行卡业务	信用卡、借记卡、准贷记卡、收单、其他银行卡服务
商业银行	商业银行业务	单位贷款、单位存款、项目融资、贴现、信贷资产买断卖断、担保、保函、承兑、委托贷款、进出口贸易融资、不动产服务、保理、租赁、单位存款证明、转贷款服务、担保／承诺类、信用证、银行信贷证明、债券投资(银行账户)、其他商业银行业务
支付和结算〔注〕	客户	债券结算代理、代理外资金融机构外汇清算、代理政策性银行贷款资金结算、银证转账、代理其他商业银行办理银行汇票、代理外资金融机构人民币清算、支票、企业电子银行、商业汇票、结售汇、证券资金清算、彩票资金结算、黄金交易资金清算、期货交易资金清算、个人电子汇款、银行汇票、本票、汇兑、托收承付、托收交易、其他支付结算业务
代理服务	托管	证券投资基金托管、QFII 托管、QDII 托管、企业年金托管、其他各项资产托管、交易资金第三方账户托管、代保管、保管箱业务、其他相关业务
	公司代理服务	代收代扣业务、代理政策性银行贷款、代理财政授权支付、对公理财业务、代客外汇买卖、代客衍生金融工具业务、代理证券业务、代理买卖贵金属业务、代理保险业务、代收税款、代发工资、代理企业年金业务、其他对公代理业务
	公司受托业务	企业年金受托人业务、其他受托代理业务
资产管理	全权委托的资金管理	投资基金管理、委托资产管理、私募股权基金、其他全权委托的资金管理
	非全权委托的资金管理	投资基金管理、委托资产管理、企业年金管理、其他全权委托的资金管理
零售经纪	零售经纪业务	执行指令服务、代销基金、代理保险、个人理财、代理投资、代理储蓄国债、代理个人黄金业务、代理外汇买卖、其他零售经纪业务
其他业务	其他业务	无法归入以上八个业务条线的业务种类

注：为银行自身业务提供支付结算服务时产生的操作风险损失，归入行内接受支付结算服务的业务条线。

参考文献

[1] 徐建业,赵晋,李元成. 金融监管在中国 [M]. 青岛:中国海洋大学出版社, 2005.

[2] 陈崎,赵波,赵晋. 走入 WTO 的中国金融 [M]. 北京:海洋出版社,2000.

[3] 巴曙松,朱元倩. 巴塞尔资本协议 III 研究 [M]. 北京:中国金融出版社, 2011.

[4] 付正辉. 商业银行资本管理与风险控制 [M]. 北京:经济日报出版社,2005.

[5] 张荔. 发达国家金融监管比较研究 [M]. 北京:中国金融出版社,2003.

[6] 亚当·斯密.《国家财富的性质和原因研究》(下册). 北京:商务印书馆, 1974.

[7] 米歇尔·科罗赫,丹·加莱,罗伯特·马克.《风险管理》[M]. 北京:中国财政经济出版社,2005

[8] 尹洪霞,刘振海. 中央银行与银行监管 [M]. 北京:中国金融出版社,2005.

[9] 爱德华·肖. 经济发展中的金融深化 [M]. 上海三联出版社,1988.

[10] 叶辅靖. 全能银行比较研究 [M]. 北京:中国金融出版社,2001.

[11] 陈元. 中央银行职能——美国联邦储备体系的经验 [M]. 北京:中国金融出版社,1995.

[12] 刘毅,杨德勇,万猛. 金融业风险与监管 [M]. 北京:中国金融出版社, 2006.

[13] 谢平,许国平. 路径选择—金融监管体制改革与央行职能 [M]. 北京:中国金融出版社,2004.

[14] (美)明斯基,石宝峰. 稳定与不稳定的经济 [M]. 张慧贲译. 北京:清华大学出版社,2010.

[15] 周玮,杨兵兵. Bssel II 在中资银行的实践 [M]. 北京:中国人民大学出版社,2006.

[16] 李忠民. 金融家、金融行为与金融监管研究 [M]. 北京:经济科学出版社, 2009.

[17] 赵霜茁. 现代金融监管 [M]. 北京:对外经济贸易大学出版社,2004.

[18] 白锐. 主要发达国家金融监管体制比较研究 [D]. 长春:吉林大学硕士学位论文,2007.

[19] 祁绍斌. 巴塞尔协议和中国银行业监管研究 [D]. 杨凌:西北农林科技大学博士学位论文,2012.

[20] 刘泽. 巴塞尔新资本协议及其在大连市银行业风险管理的应用研究 [D]. 吉林长春:吉林大学硕士学位论文,2013.

[21] 郑凌云. 德国金融监管体制的演变 [D]. 广州:暨南大学硕士学位论文,2006.

[22] 周媛. 西方国家金融监管改革及中国金融监管模式的选择 [D]. 长沙:长沙理工大学硕士学位论文,2011.

[23] 陈静. 美国银行监管体制改革方案及对我国的启示 [J]. 昆明:经济问题探索,2010(9).

[24] 张庆. 论德国银行监管体制与结构模式 [D]. 成都:西南财经大学博士学位论文,2008.

[25] 白锐. 主要发达国家金融监管体制比较研究 [D]. 长春:吉林大学硕士学位论文,2007.

[26] 于孝建. 巴西金融监管对我国金融监管的启示 [J]. 中国科技论文在线,2006(03).

[27] 杨宏宇,林剑云. 巴西银行业评析及对我国的启示 [J]. 上海:世界经济情况,2002(2).

[28] 熊继洲. 韩国银行体制变革的经验与启示 [J]. 长春:经济纵横,2005(3).

[29] 崔善花. 韩国银行业风险频发对我国金融监管的警示 [J]. 长春:经济纵横,2005(3).

[30] 朴鲁哲. 金融稳定中的韩国金融监管体系:变迁、争议与改革 [D]. 北京:中国社会科学院研究生院博士学位论文,2011(4).

[31] 金融界. 新加坡银行的对外开放与监管 [Z]. 2006(12).(网络)

[32] 潘舜耀,吴皆宜. 新加坡银行业改革及其效应分析 [J]. 北京:国际金融研究,2003(06).

[33] 吴海兵. 新加坡银行监管机制研究 [J]. 中国科技论文在线,2004(09)(网络)

[34] 刘昕. 商业银行流动性风险管理研究 [D]. 沈阳:辽宁大学博士学位论文,2010(6).

[35] 徐淼鑫. 韩国银行业市场结构与绩效研究 [D]. 沈阳: 辽宁大学硕士学位论文, 2010 (5).

[36] 王华庆. 中国银行业的现状、挑战及未来展望 [Z]. 北京:《金融时报》高端论坛, 2010 (9).

[37] 李俊杰. 中国银行业现状、发展前景及监管任务 [Z]. 北京: 国际经济评论, 2004 (2).

[38] 罗琪.《巴塞尔资本协议Ⅲ》对我国商业银行资本监管的挑战和对策研究 [D]. 湖南长沙: 湖南大学硕士学位论文, 2012 (4).

[39] 张天祀. 危机后中国银行业监管体系完善研究. 上海: 复旦大学博士学位论文 [D], 2010 (9).

[40] 宋仁虎. 巴塞尔新资本协议与我国商业银行全面风险管理组织架构的重构 [D]. 大连: 东北财经大学硕士学位论文, 2012 (12).

[41] 杨忠君. 巴塞尔协议框架下的中国银行业监管 [D]. 成都: 西南财经大学博士学位论文, 2011 (12).

[42] 马颖童. Basel Ⅲ 的资本监管探究及其对中国银行业的影响分析 [D]. 山东济南: 山东大学硕士学位论文, 2012 (5).

[43] 张夕. 巴塞尔协议Ⅲ及其对我国银行业的影响探究 [D]. 大连: 东北财经大学硕士学位论文, 2012 (12).

[44] 乔方亮. 次贷危机后巴塞尔协议的演进及在中国的推进路径选择 [D]. 天津: 南开大学博士学位论文, 2010 (5).

[45] 翟付保. 基于 Basel Ⅲ 新框架的我国银行资本监管研究 [D]. 合肥: 安徽大学硕士学位论文, 2012 (5).

[46] 王青. 论巴塞尔新资本协议对我国商业银行制度改革的推进 [D]. 沈阳: 东北大学博士学位论文, 2010 (4).

[47] 李婧超. 我国商业银行内部控制问题研究 [D]. 天津: 天津财经大学硕士学位论文, 2012 (5).

[48] 刘迎春. 我国商业银行信用风险度量和管理研究 [D]. 大连: 东北财经大学博士学位论文, 2011 (12).

[49] 林土瑞. 新巴塞尔协议对我国银行业监管的影响及制度完善 [D]. 北京: 北方工业大学硕士学位论文, 2012 (4).

[50] 王静. 新巴塞尔协议框架下有效银行监管研究 [D]. 上海: 复旦大学博士学位论文, 2010 (4).

[51] 王靓. 巴塞尔协议对我国银行业的影响及对策研究 [D]. 长春: 吉林大学

硕士学位论文, 2012（04）.

[52] 宋国才. 巴塞尔协议监管变革及对中国商业银行的挑战 [D]. 北京: 外交学院硕士学位论文, 2012（06）.

[53] 李婧超. 我国商业银行内部控制问题研究 [D]. 天津: 天津财经大学硕士学位论文, 2012（05）.

[54] 吴刘杰. 资本约束下我国商业银行盈利模式的转型研究 [D]. 苏州: 苏州大学博士学位论文, 2013（03）.

[55] 项卫星, 李宏瑾, 马秋华. 银行监管职能从中央银行分离: 一个值得注意的趋势 [J]. 北京: 世界经济, 2001（11）.

[56] 湛泳. 日本金融监管的改革与变化 [J]. 北京: 经济导刊, 2006（1-2）.

[57] 黄刚. 对金融高管薪酬机制与金融危机关系的分析 [J]. 北京: 商场现代化, 2010.

[58] 欧阳锋. 滥用衍生工具的潜在威胁—巴林银行案例分析 [D]. 上海: 同济大学硕士论文, 2008（2）.

[59] 岳毅. 释放资本管理的正能量 [J]. 北京: 金融会计, 2013（02）.

[60] 王兆星. 国际金融监管改革的理论与实践逻辑 [J]. 北京: 中国金融, 2013（12）.

[61] 王兆星. 未来十年的中国银行业 [J]. 北京: 中国金融, 2012（18）.

[62] 有关网站:

中国人民银行 http://www.pbc.gov.cn/

中国银行业监督管理委员会 http://www.cbrc.gov.cn/index.html

巴塞尔委员会 http://www.bis.org